JANE ROBERTS

Individuum und Massenschicksal

Gespräche mit Seth

Der Mensch als Urheber allen Umweltgeschehens
Ein Seth-Buch
mit Anmerkungen
und Fußnoten von Robert F. Butts

Aus dem Amerikanischen übersetzt
von Monika Kind

GOLDMANN VERLAG

Originaltitel:
The Individual and the Nature of Mass Events
Originalverlag:
Prentice Hall, Inc., Englewood Cliffs, New Jersey, USA

Der Goldmann Verlag
ist ein Unternehmen der Verlagsgruppe Bertelsmann

Made in Germany · 3/91 · 1. Auflage
Genehmigte Taschenbuchausgabe

Umschlaggestaltung: Design Team München
Umschlagfoto: Vierow, Andechs
Druck: Elsnerdruck, Berlin
Verlagsnummer: 12100
DvW · Herstellung: Heidrun Nawrot
ISBN 3-442-12100-0

Für Rob

Inhaltsverzeichnis

Wir haben nie jemandem irgendwelche Anweisungen gegeben, was zu tun sei, außer dieser einen: sich offenen Blicks den Möglichkeiten des Bewußtseins zu stellen.

Jane Roberts, 19. April 1978

Anmerkung von Robert F. Butts: *Seth äußerte sich oft recht unverblümt bei der Erörterung der medizinischen Glaubensüberzeugungen und der Praktiken unserer Gesellschaft sowie ihrer bisweilen ziemlich unerfreulichen Auswirkungen. Zugleich jedoch milderte er seine Ausführungen in Passagen wie der folgenden, die der 870sten Sitzung (Kapitel 10) entnommen ist:*

»Ganz generell möchte ich sagen, daß ihr zum Arzt gehen solltet, wenn ihr euch wegen eures Gesundheitszustands ernstliche Sorgen macht, denn andernfalls würden euch eure eigenen Glaubensvorstellungen zuviel Angst machen. Aber macht einmal den Anfang mit Beschwerden, die im Grunde harmlos wiewohl lästig sind, und versucht, selber damit ins reine zu kommen. Versucht herauszufinden, was euch plagt und warum. Wenn ihr Kopfweh habt oder eine einfache Magenverstimmung oder chronische, doch nicht ernsthafte Beschwerden wie Stirnhöhlenkatarrh oder Heuschnupfen – denkt daran, daß euer Körper wirklich imstande ist, sich selbst zu heilen.«

Ein psychisches Manifest

Mein Leben definiert sich selbst,
und so auch das deine.
Überlassen wir die Priester
ihren Himmeln und Höllen
und überantworten wir die Wissenschaftler
ihrem sterbenden Universum
mit seinen zufällig entstandenen Sternen.
Wagen wir es, ein jeder für sich,
unseres Traumes Pforten zu öffnen
und die nichtamtlichen Grenzübergänge
zu erforschen,
wo wir beginnen.

Jane Roberts

(Dies ist der erste Vers eines langen Gedichts, das Jane Ende Juli 1979 schrieb, als Seth seine Arbeit an »Individuum und Massenschicksal« abschloß. Das Gedicht ist unter anderem eine leidenschaftliche psychische Unabhängigkeitserklärung als Antwort auf die in diesem Buch dargelegten Ideen Seths.)

Einführung

Eine Trance ist ein stark persönlichkeitsgebundenes Phänomen. Es stellt die Abkehr des Bewußtseins von der uns bekannten äußeren Wirklichkeit und die Hinwendung zu einer inneren Wirklichkeit dar. Doch wie persönlich eine Trance auch erlebt werden mag, sie bleibt der uns allen vertrauten, gemeinsamen Erscheinungswelt verhaftet. Ich werde vom Geschehen dieser Welt berührt und Sie auch; also kann ich, selbst wenn ich in Trance sitze und als Seth Bücher diktiere, schließlich doch nicht allzuweit von unserer gemeinsamen Wirklichkeit abschweifen. Der Stuhl, auf dem ich sitze, während ich für Seth spreche, ist ein Fabrikat unserer Zeit. Das Glas Wein auf dem Teetischchen vor mir, die Zigaretten und der in Serienproduktion hergestellte Tisch, sie alle weisen darauf hin, daß – zur Zeit wenigstens – meine Reisen in andere Wirklichkeiten, und seien sie noch so abenteuerlich, in der materiellen Welt eines Geschehens, an dem wir alle teilhaben, verwurzelt sind.

Robert F. Butts, mein Mann, sitzt drüben auf der Couch und notiert sich wörtlich, was ich als Seth sage; er überträgt diese Mitteilungen »aus einer anderen Welt« mit einem zeitgemäßen Kugelschreiber auf gutes, weißes Briefpapier. Im Zuge meiner ASW-Kurse wurden die Sitzungen mit Seth immer auf Tonband aufgenommen, und eben diese Woche kam Seth einmal durch, als ich gerade Rundfunkaufnahmen machte, die zu einem späteren Zeitpunkt gesendet werden sollten. So bleibt die Technologie dieser Welt mit all ihren Begleiterscheinungen unserem Leben durchaus nicht fremd.

Zum Beispiel diktierte Seth *»Individuum und Massenschicksal«*, als sich der Unglücksfall in dem Atomkraftwerk von Three Mile Island bei Harrisburg ereignete, und falls sich der Vorfall zu einer Katastrophe ausgeweitet hätte, wäre unser Chemung County ein Quartier für Flüchtlinge geworden. Natürlich haben sich seit unserer ersten Sitzung Ende 1963 viele spektakuläre Ereignisse auf nationaler Ebene abgespielt; doch nahm Seth auf solche Vorkommnisse nur selten Bezug, und dies auch nur dann, wenn wir ihm deswegen Fragen gestellt hatten.

In dem vorliegenden Buch jedoch erörtert Seth eingehend, wie unsere persönlich erlebten Wirklichkeiten mit Erfahrungen der Massen verschmelzen. Aus diesem Grund macht er öffentliche Schauplätze solchen Geschehens zum Gegenstand seiner Betrachtungen und bringt eine ganze Menge Material sowohl, wie gesagt, zur Affäre von Three Mile Island wie auch beispielsweise zu dem Massenselbstmord von Jonestown. Beide Vorkommnisse ereigneten sich in der Zeit, als Seth dieses Buch diktierte, und obwohl sie sich in der Gegenwart abgespielt haben, stellen sie in ihren Verflechtungen und Konsequenzen typische Beispiele dar.

Robs Notizen stellen für den vorliegenden Band, wie dies schon bei den vorangegangenen »Seth-Büchern« der Fall war, die notwendige äußere Orientierung her. Er beschreibt den äußeren Rahmen unseres täglichen Lebens, in dem Seth zweimal pro Woche so temperamentvoll »auftritt«, meine Brille herabschubst und damit den Beginn meiner Trance signalisiert. Außerdem haben natürlich meine eigenen Stimmungen, Überlegungen, Freuden und Kümmernisse an solchen Tagen ihr irdisches Netz in meinem Gemüt gesponnen. Vielleicht war ich in meiner eigenen schriftstellerischen Arbeit mehr oder weniger gut vorangekommen. Vielleicht war es ein ruhiger Tag gewesen; vielleicht waren auch Gäste gekommen, oder es hatte irgendeines der normalen häuslichen Hochs und Tiefs gegeben.

Zum Beispiel starb, während Seth dieses Buch diktierte, unser Kater Billy. Seth erörterte gerade den Vorfall von Three Mile Island; doch unterbrach er, weil wir so bekümmert waren, eine Weile sein Diktat für das Buch und gab uns ausgezeichnetes Material über das Bewußtsein von Tieren vor und nach dem Tode durch – denn es gibt große und kleine »Tragödien«, und die alltäglichsten Vorkommnisse in unserem Zuhause bieten Seth Gelegenheit, das Leben selbst zu kommentieren.

So fiel, selbst wenn meine Aufmerksamkeit anderswohin gerichtet war und mein Bewußtsein sich nach innen wandte, ein Lichtstrahl von jenem anderen Blickpunkt her auf unsere Welt, fast so, als wachte plötzlich eine Figur aus unseren Träumen auf, träte aus dem Traum hervor und nähme sich die Freiheit, die Welt unseres Alltagsbewußtseins zu kommentieren. Das ist vielleicht kein guter Vergleich – Seth ist alles andere als eine Traumfigur, und ich träume übrigens so gut wie nie von ihm –, aber er *ist* eine Persönlichkeit, deren Wirklichkeitsebene eine andere als die unsere ist, eine Energiepersönlichkeit, die zwar durch mich Bücher schreibt, jedoch von seinem Standpunkt aus und nicht von meinem.

In diesem Buch erörtert er unsere Religionen, Wissenschaften, Kultphänomene und Glaubensüberzeugungen, vor allem auch in medizinischer Hinsicht, mit kompromißlosem Scharfsinn und großer Weisheit – so als ob er für einen tiefverborgenen Teil der menschlichen Psyche stünde, der es besser weiß und der es immer schon besser gewußt hat, als ob er nicht nur mit meiner Stimme, sondern für viele andere Menschen spräche und als ob er für die Wahrheiten stünde, die zu vergessen wir uns erlaubt haben.

Welche Wahrheiten? Daß unsere Träume zur Mittagszeit wahr werden; daß unsere Gefühle und Überzeugungen zu der von uns erlebten Wirklichkeit werden; daß, tiefgründiger formuliert, wir die Geschehnisse sind, an denen wir teilhaben, und daß Mord um eines Ideals willen immer noch Mord ist. Vor allem aber erinnert uns Seth an etwas, das wir als Kinder wußten: Wir wollen das Gute.

»Ihr selbst schafft euch eure Wirklichkeit.« Diese Feststellung ist eine der grundlegenden Thesen von Seths Material, die er fast von Anbeginn der Sitzungen vorbrachte und in all seinen Büchern wieder und wieder bekräftigte. In diesem Buch allerdings geht Seth noch weiter, indem er die Behauptung vertritt, daß unsere persönlichen Impulse als Triebkraft zur Entfaltung der uns innewohnenden Fähigkeiten in einer Weise wirken, die der gesamten Menschheit und ebenso der natürlichen Evolution von Nutzen ist. Er spricht dabei von unseren alltäglichen Impulsen – Antrieben, Gefühlsregungen und Eingebungen –, Impulsen also, die man uns als gefährlich, chaotisch und widersprüchlich zu sehen gelehrt hat. Seth vertritt die Ansicht, daß wir nicht auf uns selbst vertrauen können, wenn wir gleichzeitig unseren Impulsen mißtrauen. Es geht in diesem Buch oft um den Sinn unserer Impulse und um die Gründe ihres geringen Ansehens in den Augen von Wissenschaft und Religion. Seth zufolge aber sollen unsere Impulse uns *helfen*, auf einer persönlichen Grundlage unsere eigenen Wirklichkeiten zu schaffen in einer Weise, die sowohl unser Privatleben als auch unsere Zivilisation und Kultur bereichern würde.

Aber wenn wir das Gute wollen, wie kommt es dann, daß wir uns manchmal in die nichtswürdigsten Handlungsweisen verstricken? Seth stellt sich solchen Fragen ohne Zaudern, und er befaßt sich mit den Motivationen sowohl des Fanatikers als auch des Idealisten. Die Menschen *sind* idealistisch! Zahlreiche Leserinnen und Leser jeglichen Alters schreiben uns, um zu fragen, wie sie ihr eigenes Potential entwickeln und dadurch mithelfen können, eine »bessere Welt« zu schaffen. Sie sind von tiefer Besorgnis erfüllt und verabscheuen die sozialen Mißstände, die sie rings um sich her sehen, ganz gleich, ob sie nun unmittelbar davon betroffen sind oder nicht. In diesem Buch zeigt Seth ganz klar, wie jeder einzelne von uns in konstruktiver Weise zur Wirklichkeit der Gesellschaft beitragen kann und wie wir vermeiden können, Enttäuschungen oder blindem Fanatismus zum Opfer zu fallen.

Da wir alle mit den Geschehnissen in der Welt verknüpft sind, ist es dringend notwendig, daß wir verstehen, auf welche Weise wir in jegliches Umweltgeschehen und sogar in globale Vorgänge verflochten sind, und daß wir einsehen, wie unsere negativen Vorstellungen über uns selbst und die Menschheit als Ganzes Verhältnisse herbeiführen können, die alles andere als ideal und von den Zielen, die wir uns gesetzt haben, weit entfernt sind. Deshalb erklärt uns Seth unter anderem auch, wie die Theorien von Sigmund Freud und Charles Darwin unser Vorstellungsvermögen und unsere Fähigkeiten einschränken.

Rob und ich wuchsen natürlich auch in der Begriffswelt Freuds und Darwins auf. Und wir waren auch nicht magisch gefeit gegen die unseligen Auswirkungen einer derart engen Sichtweise. Diese Theorien haben, zusammen mit der religiösen Vorstellung vom sündhaften Selbst, ihre Spuren in unser aller Leben hinterlassen. Rob und mir wurde jedoch durch die Seth-Sitzungen eine neue, umfassendere Weltanschauung vermittelt, die wir an unsere Leserinnen und Leser weitervermitteln, und diese Weltanschauung entfaltet sich immer weiter. Sie ist noch lange nicht vollendet. Die Antworten sind noch nicht alle eingebracht. Wir lernen immer noch, die richtigen Fragen zu stellen.

Als Seth dieses Manuskript zu diktieren begann, war ich mit meiner persönlichen Arbeit an der Idee »heroischer Impulse« (als verschieden von unseren alltäglichen Impulsen) beschäftigt, die uns als innere Triebkräfte zu konstruktivem Handeln drängen. In diesem Buch aber stellt Seth fest, daß wir lernen müssen, unseren *alltäglichen* Impulsen zu vertrauen! Selbst ich war befremdet! Unsere *alltäglichen* Impulse? Genau die also, die ich nicht zur Kenntnis nahm, wenn ich nach den »heroischen« Ausschau hielt? Dann endlich begann ich zu verstehen: Unsere alltäglichen Impulse *sind* heroisch, trotz unseres Mißverstehens. In gewisser Hinsicht ist das ganze vorliegende Buch ein Vertrautmachen mit unseren Impulsen – jenen, denen wir folgen, und jenen, die wir unterdrücken.

Ich habe mich selbst viel mit meinen Impulsen herumgeärgert; ich bin ihnen nur gefolgt, wenn sie mich dorthin zu führen versprachen, wohin ich wollte, und ich beschnitt sie drastisch, wenn ich befürchtete, daß sie mich von meiner Arbeit ablenken würden. Wie viele andere Menschen glaubte auch ich, daß es wohl keinen unzuverlässigeren Weg gäbe, irgendein Ziel zu erreichen, als seinen Impulsen zu folgen – außer beim Schreiben, wo mir Impulse der »schöpferischen« Art höchst willkommen waren. Infolge meiner Überzeugungen hatte ich jahrelang unter einer sehr schmerzhaften Arthritis zu leiden, die sich unter anderem auf das Unterdrücken von Bewegungsimpulsen zurückführen ließ.

Wenn Seth mir früher sagte, ich solle dem inneren Selbst vertrauen, so erklärte ich mich einverstanden und stellte mir irgendein hypothetisches inneres Selbst vor, das irgendwo von meinen bewußten Absichten getrennt existierte. Aber als Seth im Verlauf dieses Buches immerfort wiederholte: »Vertraue deinen Impulsen!«, da ging mir endlich ein Licht auf – und seitdem geht es mir körperlich sehr viel besser. Dieses entfernt scheinende innere Selbst war also gar nicht so weit entfernt; »es« teilte sich durch *meine* Impulse mit. In gewisser Weise sind Impulse die Sprache der Psyche.

Aber wie steht es dann mit den widersprüchlichen oder aggressiven oder gar mörderischen Impulsen? Wie sollte man denen vertrauen können? Seth beantwortet diese und viele andere Fragen, bis wir uns beim Lesen seiner Erklärungen wundern, wie wir nur unsere eigene Natur so zu mißdeuten vermochten, daß wir eben jenen Botschaften mißtraut haben, die uns zu unserem eigenen spirituellen Wachstum wie auch dem der Menschheit führen sollten.

Und welche Rolle spiele ich in alledem? Ich verstehe sie als eine Rückbesinnung auf die ursprüngliche Rolle des Dichters, die darin liegt, die Tiefen seiner eigenen Psyche zu erkunden und sich gegen allgemein akzeptierte psychische Grenzen zu stemmen, bis sie nachgeben und sich ein neuer mystischer Bereich auftut – die Psyche des Menschen, der Menschheit selbst – in einer überwältigenden Schau der inneren Wirklichkeit, die dann der Dichter den Menschen vermittelt, indem er seine Vision in Worte, Rhythmen und Gesänge übersetzt.

So waren wahrscheinlich die Dichter der Frühzeit halb Schamane und halb Prophet, und sie sprachen für die Naturkräfte, für die »Geister« der Lebenden und der Toten, indem sie ihre Visionen von der Einheit des Menschen mit dem Universum in Sprache übersetzten. Sie sprachen ihre Botschaften, sangen ihre Gesänge, intonierten laut ihre Visionen. Vielleicht ist dies der Grund, weshalb Seth *spricht* und sich in erster Linie durch Worte und nicht, beispielsweise, durch automatisches Schreiben mitteilt. Seths Bücher sind in erster Linie gesprochene Hervorbringungen. Vielleicht sind die Seth-Sitzungen selbst eine Rückbesinnung auf irgendeine längst vergangene Zeit, in der wir das notwendige Wissen über uns selbst auf ebensolche Weise empfingen: indem einer von uns für die anderen die Reise in das »kollektive Unbewußte« unternahm – eine Reise, die irgendwie die Persönlichkeit veränderte und erweiterte –, um nachher seine Visionen, so gut er es vermochte, mitzuteilen.

Wenn dem so ist, dann können solche »Zwischenwelt«-Persönlichkeiten bemerkenswert beständig sein; und wenn sie sich schon unseren Vorstellungen von Individualität entsprechend herausbilden, so können sie uns doch sogar an Komplexität bei weitem übertreffen. Selbst angenommen, Seth sei lediglich ein mit *meinem* unbewußten Trancematerial ausgefülltes psychisches Modell, so beweist er uns doch wahrhaftig, wie unzulänglich unser Begriff der Persönlichkeit ist und läßt uns indirekt erkennen, daß wir selber noch einen weiten Weg zu gehen haben, um unser volles Potential auszuschöpfen.

So denke ich also, daß es um mehr geht. Ich denke, daß Seth tatsächlich ein Modell für das *ist*, was wir sein könnten; daß er für jenen Teil unser selbst spricht, der niemals auch nur für eine Minute all den Unsinn über das sündhafte Selbst geglaubt hat.

Was nun meine Beziehung zu Seth und seine Beziehung zu mir betrifft, so müssen wir, wie ich denke, aufgrund unserer jahrelangen Verbindung ein einzigartiges psychologisches Bündnis eingegangen sein. Irgendwie bin ich zum Teil Seth, und zumindest während der Sitzungen muß Seth zum Teil Jane sein, in einer Art beiderseitigen psychischen Einverständnisses. Seth ist auf meine Stimme angewiesen, um zu sprechen, auch benötigt er mein Leben als Bezugsrahmen, und ganz gewiß haben sich infolge der Sitzungen meine Bewußtseinsinhalte enorm erweitert. Natürlich lebe ich mein tägliches Leben im Bewußtsein dieser Verbindung, und es gehört jetzt seit Jahren zu meiner Alltagsroutine, zweimal wöchentlich »zu Seth zu werden«.

So bildet zum Beispiel diese Einführung meinen einzigen bewußt erarbeiteten Beitrag zum ganzen vorliegenden Buch. Doch sicher sind, wie Seth oft feststellt, selbst die unbewußten Komponenten unserer Persönlichkeit in Wirklichkeit bewußt! Es ist alles eine Frage des Brennpunkts, in dem sich Bewußtsein zentriert. Nicht daß Seth einfach ein anderer Brennpunkt meines Bewußtseins wäre! Denn es ließe sich in ebendiesem Zusammenhang durchaus zu Recht auch sagen, ich sei der Brennpunkt *seines* Bewußtseins. Vielmehr steht Seth für jene viel umfassendere, höherdimensionierte Psyche, der unser menschliches Bewußtsein entspringt. Das, worum es bei alledem geht, ist eben die Erforschung des menschlichen Bewußtseins, seines Umfangs und seiner Reichweite. In welchem Maße verändert es sich, wenn es sich jenseits der gewohnten Wirklichkeiten einstellt?

Aber wie immer wir versuchen, Seths Wirklichkeit zu umreißen – von einem bin ich inzwischen überzeugt: Er bringt uns unser tiefstes Wissen über uns selbst, die Welt, das Universum und den Ursprung des Seins zum Bewußtsein. Nicht daß Seth irgendeine Art von Allvermögen für sich beanspruchte! Das tut er nicht. Sein Material liefert jedoch offenkundig solche Übersetzungen vitalen unbewußten Wissens und bietet uns intuitive Eröffnungen, die Seth zufolge auch nicht merkwürdiger sind als jene, die uns durch die Natur selbst zuteil werden; nur haben wir die Botschaften der Natur zu verstehen verlernt. Es sind Eröffnungen, die, wie Seth sagt, nicht geheimnisvoller sind als jene, die uns in Augenblicken der Inspiration zuteil werden. Aber auch solche Mitteilungen haben wir zu entziffern verlernt. Ja, es gibt nicht wenige Menschen, die sich vor Inspirationen geradezu fürchten.

Ich denke, daß solche Phänomene in einem entwicklungsgeschichtlichen Sinne wichtig waren, indem sie das menschliche Bewußtsein zu entfalten halfen. Und obgleich solches Material häufig entstellt gewesen oder ebensohäufig von der Hand gewiesen worden sein mag, so mußte es doch auf jeden Fall immer wieder neu gedeutet werden, damit es der jeweiligen Erfahrung der Menschen im Rahmen ihres zeitbedingten Verständnisses entsprach.

A propos komplexe psychologische Sachverhalte! Gerade heute wurde mir ein vortreffliches Beispiel für die hier erörterten Ideen geliefert. Als ich die obenstehenden Passagen niederschrieb, schienen mich die Worte selbst in einem bestimmten Rhythmus vorwärtszutragen. Mir war, als bezöge ich Energie und Wissen aus einer Quelle, die jenseits meiner mir bekannten Möglichkeiten lag. Da es später

Nachmittag war, machte ich eine Pause, um ein Weilchen zu schlafen. Weitere Ideen strömten mir zu, die ich im Schlafzimmer eilig niederschrieb. Das subjektive Tempo nahm weiter zu und beschleunigte sich immer mehr – dann stieß ich gegen eine psychische Wand und konnte den Entwurf nicht weiter ausführen. An diesem Punkt erkannte ich plötzlich Seth an den »Rändern« meines Bewußtseins. Im nächsten Augenblick war ich eingeschlafen. Als ich eine halbe Stunde später erwachte, ging ich das Nachtessen zubereiten. Rob und ich aßen zu Abend und sahen die Nachrichten im Fernsehen. Dann ging ich in mein Arbeitszimmer zurück.

Kaum hatte ich mich gesetzt, da kam ein solcher Schub von Material, daß ich mit dem Schreiben kaum nachkommen konnte, und ich griff den Faden dort wieder auf, wo zuvor meine Ideen ausgesetzt hatten. Ich erhielt mehrere Kapitelüberschriften für – ja tatsächlich – Seths *nächstes* Buch, während ich noch die Einleitung für das vorliegende schrieb! Hinter jedem Titel beziehungsweise jedem Thema ahnte ich Wissensbereiche, die zwar für Seth, nicht aber für mich, Jane, zugänglich zu sein schienen. Doch hatte es unmittelbar vor dem Hereinbruch des Materials einen Moment gegeben, in dem ich eine sonderbare psychische Schwelle zu spüren meinte, einen gewissen beschleunigten Zustand, der, zumindest in diesem Fall, eine Überschneidung von Seths und meinen Gedanken signalisierte. Dann kam ein kurzer Moment psychischer Ruhe, eine Art neutrale Pause, in der Seths vages Erscheinungsbild in mir aufzutauchen begann.

In unserer darauffolgenden nächsten Sitzung bestätigte Seth, daß das Material einen Teilentwurf für sein geplantes neues Buch darstelle und daß der Titel, den ich, während er noch dieses Buch diktierte, »aufgeschnappt« hatte, korrekt sei. So wird er, obwohl er im Moment, da ich dies zwei Tage später niederschreibe, noch nicht damit begonnen hat, mit Sicherheit an einem dieser Tage mit dem Diktat seines nächsten Buches beginnen. Meine Brille wird fortgewischt werden. Seth wird wieder sagen: »Nun, Diktat«, und Rob wird eine neue Titelseite für sein Notizbuch aufmachen.

Die Seth-Sitzungen und Seths Bücher sind natürlich nicht aus dem Zusammenhang mit der Beziehung zwischen Rob und mir zu lösen. Rob ist weit mehr als ein bloßer Registrator oder Schreiber des Materials. Sein beachtlicher Verstand hat mich mit seinen Fragen und seiner sondierenden Art stets angeregt, mein Bestes zu geben; er war für mich immer wie ein unsichtbarer, doch spürbar vorhandener Bildschirm, der mir erlaubte, mich selbst und die Sitzungen so klar wie möglich zu sehen. Ohne seine Ermutigung und aktive Teilnahme gäbe es wohl kaum die Seth-Sitzungen in ihrer gegenwärtigen Form.

Während Seths Bücher in die Öffentlichkeit hinaus gehen, ergeben sich die Sitzungen selbst im Rahmen unseres Privatlebens. Doch vollzieht sich dieses Leben simultan mit Geschehnissen, die in der Arena der Öffentlichkeit stattfinden und die Massen bewegen, Geschehnisse, von denen wir manchmal nur leicht gestreift, manchmal auch drastisch in Mitleidenschaft gezogen werden. In diesem Buch beschreibt Seth das Existenzkontinuum, das uns alle zusammenhält und das unsere persönlichen Erfahrungen in das Umweltgeschehen, ja sogar auch in das Weltgeschehen miteinfließen läßt. Diese Welt ist sowohl Ihre Welt wie auch die unsere. Das vorliegende Buch kann uns allen ein Wegweiser sein bei dem Bemühen, diese unsere gemeinsame Welt zu einer besseren Welt zu machen.

Jane Roberts

Erster Teil: »Naturgewalten« – Epidemien und Naturkatastrophen

I

Der natürliche Körper und seine Abwehrkräfte

Sitzung 801, Montag, den 18. April 1977

(Ich möchte den Randbemerkungen für die erste Sitzung des hier vorliegenden Buches die folgenden Hinweise vorausschicken, um wenigstens einen kurzen Abriß der Lebensarbeit zu geben, auf die meine Frau Jane und ich uns mit den »Seth-Büchern« eingelassen haben. Seth ist ein überaus kreativer »Energiepersönlichkeitskern«, wie er sich selbst bezeichnet, und er spricht durch Jane, während sie sich in Trance oder einem Zustand der Bewußtseinsspaltung befindet. Ich schreibe diese Anmerkungen im August 1979, also kurz nachdem Seth das Diktat dieses Buches abgeschlossen hatte.

Natürlich habe ich einige der maßgebenden Punkte schon in der Einleitung zu den früher erschienenen Büchern dieser Reihe erörtert, wiewohl der Abwechslung halber auf unterschiedliche Weise. Zugleich aber möchten Jane und ich, daß jedes Buch ein abgeschlossenes Ganzes bildet, so daß die »neue« Leserin, der »neue« Leser von Anfang an versteht, worum es sich handelt. Genauere Einzelheiten zu einigen der hier von mir erwähnten Themen werden im Verlaufe dieses Buches zur Sprache kommen, oder die Leser werden diesbezüglich auf andere schon vorliegende Bücher verwiesen werden.

»Individuum und Massenschicksal« ist das sechste Buch, das Seth diktiert hat. Alle »Seth-Bücher« sind natürlich unter Janes aktiver Mitarbeit entstanden und ebenso der meinen insofern, als ich dieses Material wörtlich niederschreibe und dann meine Anmerkungen hin-*

---

* Bei den fünf früher erschienenen Seth-Büchern handelt es sich neben dem grundlegenden Werk »*Das Seth-Material – Ein Standardwerk esoterischen Wissens*« in der Reihenfolge ihrer Veröffentlichung um »*Gespräche mit Seth – Von der ewigen Gültigkeit der Seele*«, »*Die Natur der persönlichen Realität – Ein neues Bewußtsein als Quelle der Kreativität*«; und »*Die Natur der Psyche – Ihr menschlicher Ausdruck in Kreativität, Liebe, Sexualität*«.

zufüge. Oft bleibt Jane kaum eine Erinnerung an die Informationen, die sie für Seth sprechend liefert.

Sie begann im Dezember 1963 für ihn zu sprechen, und es hat durchaus nicht den Anschein, als ob sie in ihrer Ergiebigkeit nachlassen würde. Manchmal ist ihre Stimme als Seth äußerst kraftvoll, mit einem für mich ganz unbeschreiblichen Tonfall. Wenn sie sich im Trancezustand befindet, werden ihre blaugrauen Augen sehr viel dunkler, leuchtender und durchdringender. Seth nennt Jane mit dem Männernamen »Ruburt« und mich »Joseph«. Wie er sagt, bedeuten diese »Wesensnamen« einfach, daß wir uns in unserem gegenwärtigen Leben mehr mit den männlichen Aspekten unserer Wesenheiten identifizieren; auch unsere Gesamtselbst sind an sich weder männlich noch weiblich, sondern enthalten eine Anzahl anderer Selbst (beiderlei Geschlechts), mit denen wir in Beziehung stehen oder an denen wir durch Reinkarnationserfahrungen oder in noch anderer Weise teilhaben.

Wir halten gewöhnlich zwei wöchentliche »Sitzungen« oder »Treffen« mit Seth ab, die regelmäßig drei oder vier Stunden dauern; doch im Grunde könnte Seth vierundzwanzig Stunden täglich bis an unser Lebensende sprechen, ohne daß das Material je erschöpft wäre, auf das er sich für uns einstimmen kann. Das Problem liegt lediglich darin, daß Jane und ich das nicht lange durchhalten würden! Seths erstaunliche Kreativität, die er in den Sitzungen entfaltet, lockt uns also immer weiter voran, was immer wir auch über seine »Wirklichkeit oder Nichtwirklichkeit« denken mögen und was immer auch er uns über sich selbst erzählen mag.

Doch sind Janes Fähigkeiten mit der Produktion der »Seth-Bücher« – sowie einer großen Menge noch nicht veröffentlichten Materials – nicht erschöpft, denn sie hat auch zehn »eigene« Bücher geschrieben, unter anderem Lyrik und Romane sowie parapsychologische Abhandlungen aus der Perspektive ihres eigenen Bewußtseins. Sie schreibt zur Zeit an mehreren weiteren Büchern. Auf alle Fälle sei vermerkt, daß ihr ganzes Werk jetzt geprägt ist von dieser einzigartigen, sich ständig erweiternden Sicht des Bewußtseins, wie sie durch Seth in der Zusammenarbeit mit ihr zum Ausdruck kommt. Das gilt auch für meine Arbeit.

Das will wirklich eine ganze Menge heißen. Wir haben tatsächlich die Absicht, den Rest unseres Lebens damit zu verbringen, die Verästelungen dieser »einzigartigen, sich ständig erweiternden Sicht des Bewußtseins« zu studieren. Wir haben noch eine Unmenge Fragen zu

Seths Wirklichkeit und seinen Ideen sowie Janes Rolle (und meiner) in alledem – das heißt im Grunde, Fragen über das Bewußtsein selbst – Bewußtsein, das, wie ich früher einmal schrieb, in unendlichen Variationen zu sich selbst kommt, ob nun verkörpert oder nicht.

Für den Moment wollen wir einmal behaupten, daß Jane und ich besser als früher verstehen, daß unserem Bewußtsein keine Grenzen gesetzt sind außer denjenigen, die wir ihm durch unsere individuellen Wahrnehmungen und unser Verständnis selbst setzen. Das Bewußtsein bringt alles hervor; zumindest spiegelt alles, was wir kennen, die Schöpfungen des Bewußtseins wider, und der Möglichkeit nach sind unsere sublimen geistigen und physischen Schöpfungen unendlich. Die Idee der Unendlichkeit wird hier angesprochen – eine Vorstellung, deren Tragweite uns unbehaglich ist; denn obwohl man von Seths Material sagen kann, daß es jedem von uns eine Unendlichkeit schöpferischer Möglichkeiten zuspricht, sind wir uns doch klar über das Unvermögen des Verstandes, alle die einem solchen Gedanken innewohnenden Qualitäten wirklich zu erfassen.

Ich glaube, Seth könnte Jane und mir einiges Amüsantes dazu sagen; er könnte uns einmal humorvoll mahnen, den Ernst der Sache nicht zu übertreiben und neben dem Studium seines Materials in unserem Alltag der einfachen, spontanen Lebens- und Schaffensfreude genügend Raum zu geben. Aber es ist nicht immer ganz leicht, eine solche Ausgewogenheit beizubehalten. Seth hat Jane schon zweimal Mut zusprechen müssen, seit er seinen Teil an der Arbeit für dieses Buch im August 1979 abgeschlossen hatte. Er gab Empfehlungen durch, auf die ich noch zurückkommen werde, als Jane sich wieder einmal Sorgen zu machen begann wegen ihrer Verantwortung für sein Material und für die Reaktionen, die es bei anderen Menschen auslöst. Vor allem war es die ständig wachsende Flut der Leserzuschriften auf die Seth-Bücher, die solche Gefühle in ihr weckte. So ist es wirklich interessant zu beobachten, auf welche Weise der Seth-Bereich von Janes Persönlichkeitsstruktur [was immer auch Seths Wirklichkeit sein mag] jene anderen Bereiche bestärkt, welche sich all den Anforderungen, die sich aus ihrer gegenwärtigen geistigen und körperlichen Existenz ergeben, gewachsen zeigen müssen – und wir trachten unablässig, besser zu verstehen, wie Seth dies vermag. Neben seinen Empfehlungen berührte Seth auch gewisse andere Punkte, die uns schon oft beschäftigt haben. So anläßlich einer persönlichen Sitzung vom 29. August 1979:)

Jedem Individuum wohnt ein Vermögen zu Wachstum und Werterfüllung inne, dem Genüge getan werden muß. Es ist diese Kraft, die das körperliche Wachstum ermöglicht, die Kraft, die hinter dem Ungeborenen steht. Ihr kennt im vorhinein die Natur der Zeitepoche, in die ihr hineingeboren werdet. Ihr *(Jane und Rob oder Ruburt und Joseph)* wurdet beide mit bestimmten Fähigkeiten geboren, und ihr wußtet im voraus, daß ihr den Rahmen konventioneller Lebensauffassungen würdet erweitern müssen, um Raum für die Entfaltung dieser Fähigkeiten zu schaffen. In gewisser Weise schenken sie euch beiden ein zweites Leben, denn in dem alten Rahmen gab es keine Möglichkeit, einen befriedigenden oder kreativen Weg zu verfolgen.

Ihr beide habt das Material, das ich euch gab, genutzt; und was ihr ganz von selbst durch dieses Material gelernt habt, ist beträchtlich – manches so mühelos, daß ihr euch eurer Leistungen nicht einmal bewußt seid. In einigen Bereichen hängt ihr noch an alten Glaubensüberzeugungen, aber es gibt unendlich viel, das zu tun ihr mit wachsendem Verständnis noch imstande sein werdet, viel mehr, als was ihr schon erreicht habt.

Ihr solltet gewissermaßen euch selbst, in vielfacher und bedeutender Hinsicht, als im Jahre 1963 geboren betrachten *(als diese Sitzungen begannen)*. Ihr beide – denn es geht euch beide an – habt nicht nur einen neuen Bezugsrahmen geschaffen, von dem aus ihr und andere die Natur der Realität genauer erkunden könnt, sondern ihr habt auch sozusagen von Grund auf angefangen, um das Material zu erhalten, zu lernen, ihm zu vertrauen und es dann auf euer eigenes Leben anzuwenden – auch wenn »die Fakten noch nicht alle eingebracht« waren. Nie stand euch all das Material geschlossen zur Verfügung wie jetzt und jederzeit euren Lesern. Also sag Ruburt, er soll sich selbst nicht so streng beurteilen, und er soll bei alledem nicht ganz seinen Sinn für das Spielerische vergessen ...

(Aus der regulären Sitzung vom 3. September 1979:)

Alles schöpferische Tun ist im Grunde voller Freude. Es ist Spiel im höchsten Sinne dieses Wortes, immer lebendig und voller Bewegung. Die Sitzungen und unser Werk können dazu beitragen, eine im geistigen Sinne ganz neue Generation von Menschen hervorzubringen. Ideen verändern die Chromosomen; die Sitzungen aber und Ruburts Bücher und so weiter müssen zunächst und vor allen Dingen Ausdruck der Schaffensfreude sein – Gesten spontanen Ausdrucks, die mühelos neue Ordnungen bilden ... Du malst, weil du gerne malst, und vergißt zu Recht, daß ein Künstler sich so oder anders zu verhalten habe. Laß Ruburt vergessen, daß ein Schriftsteller oder ein Medium sich so oder anders zu verhalten habe. Ruburts Spontaneität läßt all seine kreativen Fähigkeiten hervorbrechen. Es wäre Vermessenheit zu versuchen, einer solchen spontanen Kreativität Disziplin oder eine sekundäre Ordnung aufzuerlegen. Kreativität bringt ganz von selbst eine natürliche Ordnung hervor, wie sie vollkommener gar nicht sein könnte.

(In diesen beiden Auszügen sind inspirierende Gedanken enthalten, besonders was Seths Ansichten über Werterfüllung betrifft und über die Freude und Spontaneität, die allem schöpferischen Tun innewohnen. Während ich dieses Material tippte, kamen mir einige Notizen in den Sinn, die ich eines Tages niedergeschrieben hatte und mit denen ich in Gedanken spielte:

»Es gibt heute tatsächlich nichts in der Welt, das sich mit den Sitzungen vergleichen ließe. Erst gestern abend kam, während ich noch darüber nachdenke, wie ich ›Individuum und Massenschicksal‹ für die Leserschaft zusammenstellen soll, Seth mit neuem Material durch, das, wie er sagte, Teil eines a n d e r e n *Buches sein wird. Ich solle mir immer wieder klarmachen, daß jede Sitzung, die Jane und ich abhalten, ein* e i n m a l i g e s *Vorkommnis in der Welt sei.*

Diese Behauptung ist natürlich bei weitem nicht so anmaßend, wie sie zunächst klingt, denn jede Handlung, die irgendein Mensch irgendwo setzt, ist ebenfalls einmalig in der Welt. Doch will ich darüber hinaus sagen, daß die Sitzungen wirklich etwas ganz Ursprüngliches und Bedeutendes sind dank ihrer Inhalte, die der Menschheit neue schöpferische Einsichten und Hoffnungen vermitteln, die man anderswo meist vergeblich suchen würde. In diesem Sinne ist die Sache mit Seth eine beachtliche Leistung Janes. Ich glaube wirklich, daß ein vertieftes Studium des Seth-Materials unerhört zu unserem Selbstverständnis beitragen würde ...«

Nun aber zu diesem Buch: Seine Thematik reicht weit zurück. Sie klingt schon in den »Gesprächen mit Seth« an und wird auch in der »Natur der persönlichen Realität« bruchstückhaft erörtert. Jane und ich glauben deshalb, der Zeitpunkt sei günstig, Seth diesbezüglich Fragen zu stellen. Gerade vor zwei Wochen, in der 800sten Sitzung, hatte er das Diktat der »Natur der Psyche«* abgeschlossen. Die letz-*

---

* Meine Erwähnung der Titel von Janes »alten« Büchern erfolgt nicht in der Absicht, den Leser zu verwirren, sondern um zu zeigen, wie Jane und ich stets an mehreren

ten zwei Wochen haben wir unsere planmäßigen Sitzungen eingestellt und hauptsächlich mit Korrekturlesen verbracht. Wir waren daher ziemlich übernächtig von all den Tagen und Nächten konzentrierter Arbeit, aber wir wollten die heutige Sitzung dennoch abhalten.

Ich saß Jane gegenüber im gedämpften Licht unseres stillen Wohnzimmers und schrieb an diesen Notizen, während ich darauf wartete,

---

Buchprojekten gleichzeitig arbeiten. An bloß einem Buch auf einmal zu arbeiten wäre zu einfach: immer, wie es scheint, ist etwas Neues im Gange. Wenn ein Buch oder Manuskript abgeschlossen ist, erscheint ein nächstes fast wie von selbst, und alles bewegt sich miteinander fort bis zur nächsten größeren Veränderung. Dieser vielschichtige Arbeitsprozeß spiegelt einerseits Janes große Begabung als Schriftstellerin und einer Sensitiven wider; andererseits verweist er auf unsere unausgesetzte Arbeit an ihrem Werk und unser Verfahren, dieses Werk in Form handlicher, leicht lesbarer Bücher vorzulegen.

Beachten Sie, daß wir, obwohl Seth das Diktat für den ersten Band der *»›Unknown‹ Reality«* vor fast drei Jahren (im Juni 1974) abgeschlossen und ich meine Anmerkungen und Anhänge dafür vor sechs Monaten fertiggestellt hatte, erst jetzt zum Ende des langwierigen und komplizierten Vorgangs kommen, den die Betreuung eines Manuskripts durch alle Stadien der Buchproduktion bedeutet, bis es auf dem Buchmarkt erscheint. Zuletzt lesen wir die Korrekturfahnen, und der erwähnte Band wird im Juli dieses Jahres (1977) herauskommen.

Drei Jahre sind eine lange Zeit für ein Menschenleben. Was haben Jane und ich während all dieser Zeit getan? Wir waren mit einer ganzen Reihe von Projekten gleichzeitig beschäftigt. Die Aufarbeitung von längst Vergangenem kann gleichermaßen faszinierend und frustrierend sein. Irgendwie bringe ich, eingetaucht in all die Einzelheiten der Vergangenheit, diese wieder zum Leben, so daß sie noch einmal Teil der Gegenwart wird; und diese Koinzidenz ruft mir Seths Idee der Gleichzeitigkeit aller Zeit ins Gedächtnis; sie ist es, die für mich – vom Traumzustand einmal abgesehen – jener paradoxen Vorstellung am nächsten kommt, daß alles gleichzeitig existiert und daß sich alles miteinander *verändert;* denn jedesmal, wenn ich einen meiner vergangenen Augenblicke von der Gegenwart her betrachte, verändere ich sowohl jene Vergangenheit als auch die Gegenwart selbst.

Außer an dem schon erwähnten Buch arbeiteten wir in diesen drei Jahren an Janes *»Adventures in Consciousness«*, ihrem Gedichtband *»Dialogues of the Soul and mortal Self in Time«* und *»Psychic Politics«*. Im März 1975 zogen wir aus dem Apartmenthaus im Geschäftszentrum von Elmira in unser vor der Stadt gelegenes »Hügelhaus« um. Danach begann unsere Arbeit an der *»Natur der Psyche«* und an *»The World View of Paul Cezanne«*.

Im Januar 1977 erhielten wir eine geheime Telefonnummer, denn die mehr als sechshundert Anrufe pro Monat wurden uns zuviel. Zugleich begann Jane mit der Niederschrift von *»James«*. Auch hielt Jane regelmäßig ihre wöchentlichen ASW-Kurse ab und erledigte ihre umfangreiche Korrespondenz. Zu alledem hielten wir planmäßig die Seth-Sitzungen ab, empfingen Besucher und gaben zahlreiche Rundfunk- und Zeitungsinterviews.

daß sie ihre Brille abnehmen und mühelos in Trance fallen würde. Ich hatte eine vertraute Empfindung von Vorfreude bei dem Gedanken, daß ich gleich eine exzellente Sitzung würde aufzeichnen können. Da überraschte uns Seth. Es ist 21.31 Uhr.)

Nun: Guten Abend.

(»Guten Abend, Seth.«)

Ihr könnt nicht die Natur von Massenphänomenen welcher Art auch immer zu verstehen beginnen, sofern ihr nicht den noch größeren Bezugsrahmen betrachtet, in dem sie sich ereignen. Der einzelne Mensch macht seine persönlichen Erfahrungen im Kontext seiner psychologischen und biologischen Verfassung. Sie können im Grunde nicht von seinen religiösen und weltanschaulichen Überzeugungen und Empfindungen, seiner kulturellen Umwelt und politischen Prägung getrennt werden.

(Unser junger Tigerkater Billy hatte in der Küche auf einem Stuhl geschlafen. Nun wachte er auf, streckte sich, sprang zu Boden und lief hinüber zu Jane, die für Seth sprach. Billy setzte an, um ihr auf den Schoß zu springen. Ich hob ihn auf und ging mit ihm zur Kellertür. Jane blieb in Trance.)

Allerliebste kleine Geschöpfe haben Seltenheitswert.

(»Ja«, gab ich Seth über meine Schulter hinweg zur Antwort. Seth hatte kürzlich in einer Sitzung bemerkt, daß Billy »ein allerliebstes kleines Geschöpf« sei. Und das ist er auch. Ich brachte ihn in den Keller, wo er jede Nacht schläft.)

All diese Gegebenheiten wirken zusammen, um so etwas wie ein Spalier von Verhaltensweisen zu bilden. Es können sich Dornen oder Rosen daran emporranken. Das heißt, das Individuum wird der Welt nach außen hin entgegenwachsen und praktische Erfahrungen machen und sie gestalten, indem es, einer Ranke vergleichbar, aus seinem Mittelpunkt hervorsprießt und aus dem Stoff der materiellen Realität ein Geflecht von angenehmen oder gefälligen und unangenehmen oder dornigen Vorkommnissen bildet.

Die Erfahrungsranke dieser Analogie wird auf ganz natürliche Weise aus »psychischen« Elementen gebildet, die für die subjektive Erfahrung so notwendig sind wie Sonne, Wasser und Luft für die Pflanzen. *(Laut und humorvoll:)* Ich möchte mich nicht zu sehr in diese Analogie – bitte, Joseph, in Sperrschrift – v e r s t r i c k e n ; da jedoch die persönliche Erfahrung des Individuums im Lichte all dieser Gegebenheiten gesehen werden muß, so können Massenphänomene nur verstanden werden, wenn man sie in einem sehr viel größeren Zusammenhang als gewöhnlich betrachtet.

Die Frage der Epidemien zum Beispiel kann nicht allein vom biologischen Standpunkt aus beantwortet werden. Es ist dabei eine umfassende und weitreichende psychische Disposition zahlreicher Menschen im Spiel, und sie entspricht den Bedürfnissen und Wünschen der Betroffenen – Bedürfnisse, die, nach euren Begriffen, in einem Bezugsrahmen religiöser, psychologischer und kultureller Wirklichkeiten entstehen, die von den biologischen Auswirkungen nicht zu trennen sind. Ich habe viele wichtige und entscheidende Themen, darunter die Wirklichkeitserfahrungen von Massen, bisher noch nicht eingehend erörtert, da zunächst einmal die Bedeutung des Individuums und die ihm innewohnende Kraft zur Gestaltung seiner persönlichen Erfahrungen hervorzuheben war. Erst jetzt, nachdem die Natur der persönlichen Realität hinlänglich gewürdigt ist, kann ich aufzeigen, wie sich individuelle Wirklichkeiten, indem sie sich ausweiten und Verbindungen miteinander eingehen, zusammenballen, um riesige Massenreaktionen auszulösen – wie es zum Beispiel der Übergang zu einer offensichtlich neuen historischen und kulturellen Epoche ist: der Aufstieg oder der Sturz von Herrschaftssystemen; die Geburt einer neuen Religion, die alle früheren beiseitefegt; Massenbekehrungen; Massenmorde in Form von Kriegen; eine plötzliche Welle tödlicher Epidemien; Heimsuchung durch Erdbeben, Überschwemmungen und andere Naturkatastrophen; das unerklärliche Auftreten von Epochen, die große Kunst, Architektur oder Technologie hervorbringen.

(Nach einer Pause, einer von vielen, um 21.57 Uhr:) Ich sagte, es gibt keine geschlossenen Systeme. Das heißt auch, daß, weltweit begriffen, Ereignisse wie Elektronen herumwirbeln, wobei sie auf alle psychischen und sensitiven wie auch biologischen Systeme einwirken. Es ist wahr, daß jeder Mensch für sich allein stirbt, denn niemand anders kann diesen Tod für ihn sterben. Es ist ebenso wahr, daß mit jedem Tod ein Teil der Menschheit stirbt, um mit jeder Geburt wiedergeboren zu werden, und daß jeder individuelle Tod sich innerhalb des größeren Existenzzusammenhangs des ganzen Menschengeschlechts vollzieht. Der Tod steht im Dienst der Arterhaltung und dient zugleich den Absichten des einzelnen, denn kein Tod kommt ungebeten.

Eine Epidemie zum Beispiel dient den unbewußten Absichten jedes von ihr betroffenen Einzelmenschen, während sie zugleich ihre Aufgabe im größeren Bezugsrahmen der Gattung erfüllt.

Wenn man glaubt, daß Epidemien von Viren verursacht werden und ihre biologischen Aspekte in den Vordergrund rückt, dann scheinen die Lösungen auf der Hand zu liegen: Man untersucht die Natur eines jeden Virus, entwickelt einen dementsprechenden Impfstoff und verabreicht der Bevölkerung pro Kopf eine geringe Dosis der Krankheit; daraufhin wird der Körper des Menschen selbst sie bekämpfen und gegen die Krankheit immun werden.

Die solchen Prozeduren zugrunde liegende Kurzsichtigkeit wird im allgemeinen wegen der tatsächlichen kurzfristigen Vorteile nicht zur Kenntnis genommen. So entwickeln zum Beispiel Menschen, die gegen Kinderlähmung geimpft wurden, diese Krankheit nicht. Die Tuberkulose wurde durch die Anwendung dieses Verfahrens weitgehend besiegt. Doch kommen dabei große, unberechenbare und heimtückische Faktoren mit ins Spiel – aufgrund eben jenes beschränkten Blickwinkels, unter dem solche Massenepidemien betrachtet und behandelt werden.

Zunächst einmal sind die Ursachen nicht biologischer Natur. Die Biologie ist bloß Träger einer »tödlichen Absicht«. Sodann besteht ein Unterschied zwischen dem im Laboratorium erzeugten Virus und demjenigen, das den Körper bewohnt – ein Unterschied, der zwar vom Körper, nicht aber von euren Laborinstrumenten wahrgenommen wird.

Geduldet euch einen Moment ... In gewisser Weise produziert der Körper Antikörper und errichtet natürliche Immunschranken als Reaktion auf, sagen wir, eine Impfung. Aber die Körperchemie ist auch verwirrt, denn sie »weiß«, daß sie auf etwas reagiert, das keine »echte Krankheit«, sondern eine biologische Nachahmung des Eindringens von Erregern ist.

Insofern ist – und ich sage das ohne Übertreibung – die biologische Integrität des Körpers infiziert. Er wird nun vielleicht auch Antikörper gegen andere »ähnliche« Krankheiten bilden und seine Abwehr so übertreiben, daß das Individuum schließlich von einer anderen Krankheit befallen wird.

(22.19 Uhr.) Da nun aber niemand krank wird, der die Krankheit nicht aus irgendeinem psychologischen Grunde braucht, bleiben viele Menschen von derartigen Infektionen verschont. In der Zwischenzeit jedoch finden Mediziner und andere Wissenschaftler immer neue Vi-

ren, gegen die die Bevölkerung geimpft werden »muß«. Jedes Virus wird gesondert betrachtet. Alle wetteifern miteinander, um einen neuen Impfstoff gegen das neueste Virus zu entwickeln. Viele dieser Maßnahmen gründen sich auf Vorhersagen. Die Wissenschaftler »sagen voraus«, wie viele Menschen von einem bestimmten Virus, das eine bestimmte Anzahl von Todesfällen verursacht hat, »befallen« werden könnten. Dann wird die Bevölkerung im Zuge vorbeugender Maßnahmen zu der neuen Impfung gebeten.

(Nachdrücklich:) Viele Menschen, die an der Infektion nicht erkranken würden, werden dann vorsorglich geimpft. Das Immunsystem des Körpers wird aufs äußerste gefordert und unter solchen Umständen manchmal, je nach Art der Impfung, überfordert.* Menschen, die sich seelisch-geistig für den Tod entschieden haben, werden auf jeden Fall sterben, entweder an jener Krankheit oder an einer anderen oder an den Nebenwirkungen der Impfung.

Geduldet euch einen Moment ... Die innere Wirklichkeit und die persönliche Erfahrung sind der Ursprung aller Massenphänomene. Der Mensch kann sich nicht aus dem Zusammenhang seiner körperlichen Existenz herauslösen. Der kulturelle, religiöse und weltanschauliche Hintergrund seiner Überzeugungen sowie seine psychische Natur bilden gemeinsam den Kontext, in dem sich sowohl die psychischen Erlebnisse des einzelnen wie auch die von ganzen Massen geteilten Erfahrungen abspielen. *(Laut, dann im Flüsterton:)* Dieses Buch wird sich mit der Natur der großen, alles mitreißenden, immer

---

* Ich habe ein ganz persönliches Interesse an Seths Auslassungen über Impfungen. Ich selbst habe, wie auch Jane, einige unerfreuliche Erfahrungen gemacht. So unterzog ich mich zwei »Schutzimpfungen«, bevor Jane 1963 als Seth zu sprechen begonnen hatte. Eine davon führte zu einer starken Reaktion auf das Serum, die mich für zwei Wochen arbeitsunfähig machte; die andere hatte eine teilweise Lähmung zur Folge, die mehrere Tage andauerte. Ich ließ diese Impfungen, wiewohl mit einigem Widerstand, aufgrund des üblichen Drucks seitens der Ärzteschaft und meines Elternhauses über mich ergehen. Es wurde von mir »erwartet«, daß ich mich impfen ließ; es war »gut« für mich. Noch heute trage ich einen warnenden Hinweis in der Brieftasche mit mir herum, der eine Beschreibung meiner Reaktionen auf mehrere Impfstoffe sowie die sehr nachdrückliche Feststellung enthält, daß ich im Falle von Bewußtlosigkeit infolge eines Unfalls keine wie auch immer geartete Impfung erhalten darf. Zwar glaube ich eigentlich nicht mehr, daß ich einem der angegebenen Impfstoffe zum Opfer fallen würde, möchte aber auch nicht unbedingt herausfinden, was passieren *könnte*.

Die Impfprogramme dürften jedoch in unserer Gesellschaft kaum eingestellt werden; sie sind Teil unseres medizinischen Glaubenssystems. Ich hoffe aber, Seth werde auf das Thema der Massenimpfungen in diesem Buch noch näher eingehen.

stark emotionsgeladenen religiösen, politischen, sozialen oder biologischen Vorgänge beschäftigen, die oft genug den einzelnen zu verschlingen drohen oder ihn, der auf Gedeih und Verderb ihrer Gewalt anheimgegeben ist, mit sich nach oben zu tragen scheinen.

Welche Beziehung besteht zwischen dem Individuum und jenen gigantischen, durch die Natur, durch politische Systeme, ja sogar durch Religionen ausgelösten Bewegungen, von denen riesige Menschenmengen ergriffen werden? Worin besteht die Wechselwirkung zwischen Massenbekehrungen, Massenhysterie, Massenheilungen, Massenmord und dem Individuum? Das sind die Fragen, denen wir in diesem Buch nachgehen werden. Sein Titel wird *»Individuum und Massenschicksal«* lauten.

(Lauter: Ihr könnt Pause machen oder die Sitzung beenden, ganz wie ihr wollt.)

(22.35 Uhr. »Dann werden wir Pause machen.«)

Und ihr könnt sagen, daß eure Frage über Epidemien als Anregung im richtigen Augenblick kam; denn da ihr sie gestellt habt, kommt sie auch von den Lesern unserer Bücher.

(Jane kam aus ihrer Trance in einer Art staunenden Schweigens – was bedeutete, daß sie, wie es eher selten vorkommt, eine Ahnung hatte von dem, worüber Seth gesprochen hatte.

»Also bitte, wer in aller Welt hat was vor?« fragte ich sie. Wir lachten. »Dieses Material gehört ja zu einem neuen Buch! Ich hatte schon ziemlich bald das Gefühl, daß ihr, dein Spießgeselle und du, etwas aushecken würdet!«

»Ach, das ist einfach unglaublich«, sagte sie. »Mit etwas Derartigem habe ich überhaupt nicht gerechnet – du kannst das ruhig notieren, damit es einer von uns in zwei, drei Jahren tippen kann ... Ich kann es noch immer nicht fassen ...«

Jane hatte ja erst kürzlich begonnen, das endgültige Manuskript der »Natur der Psyche« ins reine zu schreiben. Sie schrieb auch an einem eigenen Buch. Ich fand jedoch, es müsse für sie anregend sein zu wissen, daß Seth ein neues Vorhaben plante. Die Ironie der Situation war nicht gering, denn ich war es gewesen, der ihr im Juli 1975 glatt ins Gesicht gesagt hatte, sie würde mit der »Natur der Psyche« ja nur beginnen, um ein Seth-Buch »zum Spielen« zu haben. [Auch hatte ich sehen wollen, was sie und Seth gewissermaßen auf Bestellung liefern würden.] Aber diesmal hielt Seth mich zum Narren und begann mit dem neuen Buch, kaum nachdem er das alte abgeschlossen hatte. Das war mir aber, wie ich Jane voller Begeisterung sagte, durchaus recht. Es ist immer ein Vergnügen, an einem Seth-Buch zu arbeiten. Es komme dabei, sagte ich ihr, auch nicht darauf an, wie viele Manuskripte sich bei ihr stapeln, bevor noch ein Vertragsabschluß oder eine Veröffentlichung abzusehen sei, und im übrigen könne sie glücklich sein, nicht an Ideenmangel zu leiden! Dem stimmte Jane zu. Dessenungeachtet machte sie sich Sorgen, was wir mit all dem Material anfangen würden, das sich Jahr um Jahr bei uns weiterhin anhäuft. Mittlerweile ist es ganz ausgeschlossen, daß wir alles noch bei Lebzeiten veröffentlicht sehen werden.

»Mein Verstand arbeitet auf Schleichwegen«, sagte sie. »Ich habe dir nicht alles verraten. Eigentlich hatte ich an so etwas wie ein Frage- und Antwortspiel gedacht, falls wir ein neues Buch anfangen sollten.« Selbst diese Idee kam für mich überraschend, da sie mit keiner Silbe ein Buch erwähnt hatte! Seth kam kurz zurück, während wir noch miteinander sprachen.)

(22.39 Uhr.) Wir haben mit dem ersten Teil begonnen, und er wird lauten »›Naturgewalten‹ – Epidemien und Naturkatastrophen«.

(Einen Augenblick später:) Erstes Kapitel: »Der natürliche Körper und seine Abwehrkräfte«.

(»Ich bin wirklich überrascht! Ich hatte davon noch heute abend keine Ahnung«, sagte Jane, sobald sie wieder Jane war – woraufhin sie wieder einmal eindringlich einige unserer nie endenden Fragen über das Phänomen Seth erörterte: Welcher Teil ihrer Persönlichkeit oder Wesenheit – ob man diesen Teil nun als Seth oder was immer bezeichnen wollte – war mit der Planung, ja der Organisation dieses neuen Buchprojekts am Werk gewesen? Und wie konnte sich ein solcher schöpferischer Prozeß vollziehen, ohne daß ihrem Bewußtsein die leiseste Ahnung davon gekommen wäre? Und so weiter.

Wir aßen eine Kleinigkeit, während wir über das neue Buch diskutierten. Ich las Jane mehrere Male den Titel vor. Sie schien nicht besonders davon angesprochen. »Ich weiß nicht, ob ich mit der Sitzung fortfahren soll oder nicht«, sagte sie schließlich. »Ich warte einfach ab. Bisher ist mir noch nichts gekommen ...« Um 23.25 Uhr ging es schließlich, mit vielen Pausen, weiter.)

Sterben ist eine biologische Notwendigkeit nicht nur für das Individuum, sondern um das Fortbestehen der Gattung zu gewährleisten. Sterben ist eine psychologische und spirituelle Notwendigkeit, denn nach Ablauf einer gewissen Zeit kann die Fülle der immer neuen geistig-seelischen Energien nicht länger in Fleisch und Blut übersetzt werden.

In seinem tiefsten Innern weiß jedes Individuum, daß es körperlich sterben muß, um – bitte in Sperrschrift – geistig und seelisch zu überleben. Das Selbst entwächst dem Fleisch. Doch hat, insbesondere seit der Verbreitung von Charles Darwins Theorien, das Einverständnis mit der Tatsache des Todes einen Anstrich von Schwäche erhalten; heißt es doch ihm zufolge, daß nur die Starken überleben.

In gewisser Weise haben Epidemien und gesellschaftlich akzeptierte Krankheiten die soziologische Funktion, einen gesellschaftlich annehmbaren Grund für den Tod zu liefern – der Grund ist gewissermaßen ein Kunstgriff derjenigen, die schon zu sterben beschlossen haben und zugleich das Gesicht wahren wollen. Das soll natürlich nicht heißen, daß solche Individuen sich in eurem Sinn zu sterben bewußt entschlossen haben. Derartige Entschlüsse bleiben oft *(nachdrücklich)* nur halbbewußt. Die Betreffenden mögen fühlen, daß sie ihren Lebenszweck erfüllt haben. Doch können derartige Entscheidungen auch auf einer anderen Art von Überlebenswillen beruhen als dem vom Darwinismus her geläufigen.*

Was nicht verstanden wird, ist die Tatsache, daß ein Individuum sich zu leben entscheidet, bevor es ins Leben tritt. Ein Selbst ist nicht einfach das Wesen einer Persönlichkeit, die aufgrund zufälliger biologischer Abläufe Mensch geworden ist. Jeder Mensch, der geboren

---

* Seths Durchsagen sind bemerkenswert klar und unzweideutig; aber gelegentlich kommt er auch einmal mit einem unbeholfenen, unbefriedigend oder unvollständig formulierten Satz durch. Bei solchen Gelegenheiten formulieren Jane und ich den Satz leicht um. Wenn ich noch während Seths Durchsage irgendeine Auslassung bemerke, frage ich sofort nach. In solchen Fällen macht Jane den Irrtum sofort ausfindig, wenn sie mein Manuskript der Sitzung durchliest.

Abgesehen von solchen geringfügigen Abänderungen oder von persönlichen Informationen, die wir im allgemeinen weglassen, legen wir Seths Material so vor, wie wir es erhalten und nehmen – gelegentlich zum Leidwesen Dritter – keinerlei willkürliche Auslassungen vor. Wir halten es für wichtig, daß diese Durchsagen genau so vorgelegt werden, wie Jane sie bringt; denn schließlich ist die Art und Weise, wie sie dargeboten werden, ein grundlegender Teil des ganzen Seth-Phänomens. Und das Tempo des Diktats nicht minder. Ich möchte Sie daran erinnern, daß die Seth-Bücher *gesprochene* und keine geschriebenen Bücher sind und daß Seth ja keine Gelegenheit hat, das Manuskript zu revidieren. Offenbar sind es Janes Begabung und Übung als Schriftstellerin, die den Fortgang der Sitzungen bestimmen. Mehr als einmal hat sie gesagt: »Ich bin eine medial begabte Schriftstellerin und kein schriftstellerndes Medium.«

wird, wünscht, geboren zu werden. Er stirbt, wenn dieser Wunsch nicht länger wirksam ist. Weder eine Epidemie noch eine Krankheit, noch eine Naturkatastrophe – auch nicht die verirrte Kugel aus dem Gewehrlauf eines Mörders – wird einen Menschen töten, der nicht sterben will.

Man hat sich gern mit dem Willen zum Leben gebrüstet, doch selten hat sich die Wissenschaft der Psychologie mit dem ganz aktiven Willen zum Tode beschäftigt. In seinem natürlichen Ausdruck ist das nicht ein morbider, angstvoller, neurotischer oder feiger Versuch, dem Leben zu entfliehen, sondern eine entschieden positive, »gesunde« Beschleunigung eben eines anderen Überlebenswillens: Der Mensch hegt den inständigen Wunsch, die Körperwelt zu verlassen, so wie er einst das Haus seiner Kindheit zu verlassen wünschte.

(23.44 Uhr.) Ich spreche hier nicht von dem Wunsch, Selbstmord zu begehen, der eine ganz bewußte Zerstörung des Körpers durch eigenmächtiges, gewaltsames Handeln bedingt. Idealerweise würde dieser Todeswunsch einfach die Verlangsamung der Lebensprozesse im Körper bewirken, die allmähliche Ablösung der Psyche vom Fleisch, in anderen Fällen wiederum, je nach Veranlagung des Individuums, ein unvermitteltes natürliches Aussetzen der Lebensprozesse im Körper.

Ohne Störung sind das Selbst und der Körper so miteinander verwoben, daß ihre Trennung sich sanft und mühelos vollziehen würde. Der Körper würde automatisch den Wünschen des inneren Selbst folgen. Im Falle eines Suizids zum Beispiel handelt das Selbst gewissermaßen in Nichtübereinstimmung mit dem Körper, der noch seinen eigenen Lebenswillen hat.

(Nach langer Pause, einer von vielen:) Ich werde noch mehr über den Suizid zu sagen haben; doch ist es nicht meine Absicht, einem Menschen, der sich selbst das Leben nimmt, Schuld zuzuweisen. In vielen derartigen Fällen wäre ohnehin ein natürlicher Tod infolge von »Krankheit« erfolgt. Oft hat ein Mensch, der zu sterben wünscht, ursprünglich nur einen Teil des Erdenlebens, beispielsweise die Kindheit, zu erleben beabsichtigt. Dieser Absicht kommt die Absicht der Eltern entgegen. Ein solcher Sohn oder eine solche Tochter könnte zum Beispiel von einer Frau geboren werden, die zwar die Erfahrung des Gebärens machen wollte, doch aus irgendwelchen Gründen nicht den Wunsch hegte, jahrelang ein Kind großzuziehen.

(23.57 Uhr. Das Telefon begann zu läuten. Das plötzliche Geräusch

kam als ein Schock, so tief war unsere beiderseitige Konzentration. Doch Jane kam nicht aus der Trance. Als Seth blickte sie mich an, und ich blickte zurück, ohne den Anruf zu beantworten. Glücklicherweise hörte das Läuten bald auf.)

Eine solche Mutter würde ein Bewußtsein anziehen, das vielleicht den Wunsch hegte, die Kindheit, nicht aber das Erwachsenendasein neu zu durchleben, oder eines, das der Mutter ein paar dringend benötigte Lehren erteilen könnte. Ein solches Kind würde mit zehn, zwölf Jahren oder noch früher eines natürlichen Todes sterben. Doch würde vielleicht mit Hilfe der Wissenschaft das Kind viel länger am Leben erhalten werden, bis sich ein solcher Mensch mit einem Erwachsenendasein konfrontiert findet, das ihm sozusagen aufgenötigt wurde.

Ein Autounglück oder sonst ein Unfall, auch Suizid, könnte die Folge sein. Der Mensch kann einer Epidemie zum Opfer fallen, aber die Reibungslosigkeit des biologischen oder psychologischen Ablaufs ist verlorengegangen. Ich spreche hier nicht dem Selbstmord zu Worte, denn allzuoft ist dieser in eurer Gesellschaft das bedauerliche Resultat widersprüchlicher Glaubensüberzeugungen – und doch ist es zutreffend zu sagen, daß alle Tode Suizide und alle Geburten von Kind und Eltern beabsichtigt sind. Insofern unterscheiden sich Vorkommnisse wie Bevölkerungsexplosionen in manchen Teilen der Erde nicht von Epidemien, Erdbeben und anderen Katastrophen. *(Lange Pause.)*

In Kriegszeiten vermehren sich die Menschen automatisch: Sie schaffen für die Umgekommenen Ersatz. Andererseits werden der Bevölkerung, wenn sich die Gattung übermäßig vermehrt, automatische Kontrollen auferlegt. Doch werden diese Kontrollen den Absichten und Zwecken der betroffenen Individuen in jeder Hinsicht entsprechen.

(Nachdrücklich:) Ende des Diktats, Ende der Sitzung. Meine herzlichsten Grüße ...

(0.12 Uhr. Nachdem Jane einige Zeilen Material für sich selbst gebracht hatte, kam sie unvermittelt aus einer sehr tiefen Trance, ohne als Seth gute Nacht zu sagen. »Ich kann mich an nichts seit Beginn der Sitzung erinnern«, sagte sie. Wir waren müde.

Ich weiß natürlich noch nicht, wie ich meinen Anteil an diesem Buch werde halten können; aber Sie werden, wenn Sie das abgeschlossene Werk zur Hand nehmen, auf einen Blick all die von mir getroffenen Entscheidungen erkennen: ob die Anmerkungen zu den Sitzun-

gen länger oder kürzer, zahlreich oder sparsam sind, wie oft ich mich auf die anderen Seth-Bücher beziehe und so weiter.

»Also«, sagte ich zu Jane, als wir zu Bett gingen, »im Moment denke ich, daß ich nur kurze Anmerkungen und keinen Anhang machen werde. So kommt es schneller zur Fertigstellung des Manuskriptes und zur Veröffentlichung des Buches.« Mir ist nur zu bewußt, wieviel Zeit ich tatsächlich auf die Fertigstellung der Manuskripte, insbesondere der letzten Seth-Bücher verwende; mich bedrückt oft das Gefühl, deren Veröffentlichung hintanzuhalten, wenn Seth sein Diktat schon vor ein oder zwei Jahren abgeschlossen hat.)

Sitzung 802, Montag, den 25. April 1977

(Die planmäßige Sitzung für letzten Mittwoch abend fiel aus. Wie ich schon erwähnt habe, wird die Veranda auf der Vorderseite unseres »Hügelhauses« umgebaut. Am Donnerstag haben die Arbeiter den Zement für den neuen Fußboden gegossen. Heute haben sie die Verschalungen für die Treppenstufen zur Veranda installiert und ebenfalls ausgegossen. Erfreulicherweise hatten wir schönes Wetter. 21.47 Uhr.)

Guten Abend.

(»Guten Abend, Seth.«)

Diktat. *(Pause.)* Nun: In einem gewissen Sinne sind Epidemien die Erscheinungsform eines Massenselbstmords der Betroffenen. Biologische, soziologische und sogar wirtschaftliche Faktoren mögen dabei eine Rolle spielen, daß ganze Gruppen von Individuen aus verschiedenen Beweggründen zu einem bestimmten Zeitpunkt sterben wollen, in einer Weise jedoch, daß sich ihr individuelles Sterben zu einer generellen Aussage verdichtet.

Auf einer bestimmten Ebene stellen solche Todesfälle eines Massensterbens einen Protest gegen die Zeit dar, in der sie stattfinden. Die Betroffenen haben jedoch auch ihre persönlichen Gründe. Diese Gründe variieren natürlich von einem Individuum zum anderen; alle Betroffenen jedoch »wünschen ihren Tod, um einer Absicht zu dienen«, die über persönliche Anliegen hinausreicht. Ein solches Massensterben hat also zum Teil den Zweck, die Überlebenden dahinzubringen, die Lebensbedingungen in Frage zu stellen, denn unbewußt weiß die Menschheit sehr wohl, daß es Gründe für ein solches Massensterben gibt, die jenseits der landläufigen Auffassungen liegen.

Es gab Zeiten und Zivilisationen, in denen die Not der Armen so furchtbar, so unerträglich war, daß die Pest ausbrach und diese die weitgehende Zerstörung der gesellschaftlichen, politischen und wirtschaftlichen Zustände zur Folge hatte. Die Pest raffte arm und reich gleichermaßen dahin, so daß die Besitzenden aus ihrer Selbstzufriedenheit aufgerüttelt und daran erinnert wurden, daß auch den Armen ein Mindestmaß an menschenwürdigem Leben und Wohlbefinden an Leib und Seele eingeräumt werden mußte, denn ihre Unzufriedenheit hatte drastische Folgen für jedermann. Ihr Sterben war ein einziger Protest*.

Für sich gesehen war jedes Todesopfer ein »Opfer« von Apathie, Verzweiflung und Hoffnungslosigkeit, wodurch automatisch die Abwehrkräfte des Körpers verringert wurden. Doch derartige Gemütszustände verringern nicht nur die Widerstandskräfte, sie beschleunigen und verändern auch die chemischen Abläufe im Körper, beeinträchtigen deren Ausgewogenheit und bereiten den Boden für Krankheiten vor. Zahlreiche Viren, die ihrem Wesen nach todbringend sein können, tragen unter normalen Bedingungen zur Gesundheit des Körpers bei, indem sie gewissermaßen Seite an Seite mit anderen Viren existieren, wobei jedes auf seine Weise dazu beiträgt, das Gleichgewicht des Organismus aufrechtzuerhalten.

Wenn jedoch infolge destruktiver Gemütszustände bestimmte Viren zu verstärkter Aktivität angeregt oder diese überproduziert werden, dann werden sie »tödlich«. Auf der Körperebene können sie in der für den jeweiligen Stamm charakteristischen Weise weitergegeben werden. So wuchern hinlänglich schwerwiegende individuelle seelische Probleme buchstäblich zu Seuchen aus, von denen ganze Teile der Gesellschaft erfaßt werden. *(Lange Pause.)*

Das Umfeld, in dem eine Epidemie ausbricht, gibt Aufschlüsse

---

* Nach landläufiger Auffassung wurden (und werden noch immer) die Erreger verschiedenster Seuchen, wie zum Beispiel der Beulenpest, des berüchtigten »Schwarzen Todes«, durch Flöhe von infizierten Ratten auf den Menschen übertragen. Andere Nager übertragen andere Seuchen. In Seths Sichtweise ist es die tiefe Unzufriedenheit der Menschen, die – so komplex ist das System wechselseitiger Beeinflussung und Einwirkung sämtlicher Lebensformen – periodisch große Seuchen wie beispielsweise die Pest mitausgelöst hat. Zum Beispiel sollen im Rom des dritten Jahrhunderts täglich mehrere tausend Menschen gestorben sein. Es gibt Schätzungen, wonach während eines Zeitraums von zwanzig Jahren drei Viertel der Bevölkerung Europas und Asiens zugrunde gingen; es gab die Große Pest im London des Jahres 1665, und so fort.

über die politischen, sozialen und wirtschaftlichen Umstände, die zum Ausbruch einer Seuche geführt haben. Oft geht derartigen Ausbrüchen ein fehlgeschlagener Versuch, die bestehenden politischen oder sozialen Verhältnisse zu ändern, voraus – das heißt, die Seuchen brechen aus, nachdem eine Protestbewegung geeinigter Massen gescheitert ist oder als aussichtslos empfunden wurde. In Kriegszeiten treten sie oft in Gruppen einer Bevölkerung auf, die den Krieg, in den ihr Land verwickelt ist, ablehnen.

Am Anfang steht die psychische Ansteckung: Verzweiflung breitet sich rascher aus als eine Moskitoplage oder irgendein Krankheitserreger. Die seelische Verfassung aktiviert ein Virus, das eigentlich passiv ist. *(Pause um 22.16 Uhr.)*

Verzweiflung mag zwar den Eindruck von Passivität erwecken, weil sie alles äußere Handeln als vergeblich empfindet – doch ihre Feuerbrände wüten im Innern, und eine Ansteckung solcher Art springt über von Bett zu Bett und von Herz zu Herz. Doch sie befällt nur diejenigen, die in der gleichen Verfassung sind; dessenungeachtet setzt sie so gewissermaßen eine Lawine in Gang, einen Prozeß der Beschleunigung, der im Verhalten ganzer Bevölkerungsgruppen zum Ausdruck kommen kann.

Glaubt ihr nun, daß es nur ein einziges Leben gibt, dann müssen solche Konsequenzen natürlich als in höchstem Maße unheilvoll erscheinen; und nach euren Begriffen sind sie ja auch wirklich alles andere als erfreulich. Aber wiewohl jedes Opfer einer Epidemie seinen eigenen Tod stirbt, so wird doch dieser individuelle Tod Teil einer massiven gesellschaftlichen Protestbewegung. Das Leben der hinterbliebenen nächsten Angehörigen erfährt eine tiefe Erschütterung; und je nach dem Ausmaß der Epidemie werden die verschiedensten Elemente des gesellschaftlichen Lebens ausgehöhlt, verändert, neu geordnet. Bisweilen werden infolge solcher Epidemien Regierungen gestürzt und Kriege verloren.

Und es gibt da auch noch tiefere biologische Zusammenhänge mit dem innersten Herzen der Natur. Ihr seid biologische Geschöpfe. Euer stolzes menschliches Bewußtsein beruht auf der immensen »unbewußten« Unversehrtheit eures körperlichen Seins. So gesehen ist euer Bewußtsein ebenso natürlich wie euer Zeh. Demzufolge ist jedoch eure seelische Verfassung für die Unversehrtheit der Menschheit von ausschlaggebender Bedeutung. Verzweiflung und Apathie sind biologische »Feinde«. Soziale Gegebenheiten, politische Zustände,

Wirtschaftsstrategien und selbst religiöse oder weltanschauliche Bezugssysteme, die derartige Seelenzustände nähren, fordern biologische Vergeltungsschläge heraus. Sie wirken wie Feuer auf eine Pflanze.

Epidemien dienen also mehreren Zwecken. Sie sind ein Warnsignal, daß bestimmte Zustände nicht geduldet werden können. Auf biologischer Ebene herrscht ein Zustand der Empörung, der sich so lange Ausdruck verschafft, bis die Verhältnisse verändert werden.

(Nach langer Pause um 22.31 Uhr:) Geduldet euch einen Moment ... In den Zeiten der Großen Pest, die England heimsuchte, gab es Menschen, die, obwohl befallen, nicht an ihr starben; und es gab auch solche, die von der Krankheit unberührt blieben und sich um die Kranken und Sterbenden kümmerten. Die Überlebenden nun, die in das Geschehen tätig miteinbezogen waren, sahen sich selbst in einem völlig anderen Licht als jene, die der Seuche zum Opfer fielen. Sie hielten sich von der Verzweiflung frei und erfuhren, aktiv handelnd, sich selbst als nützlich und nicht als ohnmächtig. Oft traten sie aus bis anhin wenig heldenhaften Lebenssituationen hervor und zeichneten sich durch große Tapferkeit aus. Die Furchtbarkeit des Geschehens machte sie, die vordem Unbeteiligte gewesen waren, zu Betroffenen.

Der Anblick der Sterbenden vermittelte ihnen Einsichten in den Sinn des Lebens und weckte in ihnen neue politische, soziale und spirituelle Ideen, so daß, wie ihr sagen würdet, die Toten nicht umsonst gestorben sind. Epidemien zeigen infolge ihres öffentlichen Auftretens öffentliche Probleme auf – Probleme, die den einzelnen Menschen in gesellschaftlicher Hinsicht ebenso in eine seelische Katastrophe zu stürzen drohen, wie es durch ihre körperliche Manifestation in biologischer Hinsicht geschieht. *(Pause.)*

Darin liegt auch der Grund für Ausmaß und Grenzen der verschiedenen Epidemien – weshalb sie den einen Landstrich verheeren und den anderen verschonen, warum ein Familienangehöriger stirbt und der andere überlebt; denn innerhalb sogar auch solchen Massengeschehens gestaltet doch immer der einzelne noch seine persönliche Wirklichkeit. *(Pause um 22.42 Uhr.)*

Geduldet euch einen Augenblick ... In eurer Gesellschaft werden wissenschaftlich fundierte medizinische Glaubensüberzeugungen wirksam und Methoden der schon erwähnten Präventivmedizin angewendet, die durch ein Verfahren [der Impfung] im gesunden Individuum eine ganz geringfügige Erkrankung bewirken, wodurch in der Folgezeit Immunität gegenüber einem massiveren Befall gewährleistet ist. Dieses Verfahren mag im Hinblick auf eine bestimmte Krankheit für diejenigen, die daran glauben, recht wirksam sein. Was wirkt ist jedoch der Glaube *(lauter)* und nicht das Verfahren.*

Ich empfehle nicht, daß ihr das Verfahren aufgebt, da es offenbar bei so vielen erfolgreich wirkt; doch solltet ihr verstehen, warum es die erwünschten Resultate zeitigt. Eine so geartete medizinische Technologie ist jedenfalls äußerst spezifisch – man kann euch nicht mit dem Willen zu leben impfen oder mit dem Eifer, der Lebensfreude und Selbstgenügsamkeit des gesunden Tieres. Falls ihr beschlossen habt zu sterben, dann werdet ihr, vor der einen Krankheit in dieser Weise beschützt, prompt von einer anderen befallen werden oder einen Unfall haben. Die Immunisierung kann auch, während sie in spezifischer Weise wirkt, bereits bestehende Glaubensüberzeugungen über die Ohnmacht des Körpers weiter verstärken. Es könnte sich zeigen, daß der Körper, sich selbst überlassen, genau die Krankheit entwickeln würde, die gerade »in Mode« ist, so daß der spezifische Sieg im Sinne eurer Glaubensüberzeugungen schließlich zu einer Niederlage führen kann.

---

* Gelegentlich betont Seth ein Wort oder einen Satz, indem er die Stimme – manchmal zu großer Lautstärke – anhebt. Solches Material bringe ich dann meistens, auch wenn Seth es nicht ausdrücklich verlangt, gesperrt gedruckt ein, damit deutlich werde, was betont wurde. Im gedruckten Endresultat sieht das ziemlich gleich aus, aber während der Sitzung ist der Unterschied sehr groß.

Jane verfügt über große Energie und Ausdruckskraft, wenn sie für Seth spricht; diese Qualitäten sind für mich oft so spürbar, als wäre die Stimme greifbar. Während unserer persönlichen Sitzungen und derjenigen für das Buch bleibt Seths Stimme gewöhnlich ganz im Konversationston, und er spricht auch langsam genug, daß ich mühelos mit dem Schreiben nachkomme. Doch ist die Seth-Stimme hinsichtlich Umfang und Sprechtempo ganz erstaunlicher Steigerungen fähig, und der gehobene Ausdruck kann allem Anschein nach beliebig lange durchgehalten werden. Ich war Zeuge einiger beachtlicher Kundgaben solcher Art, die über mehrere Stunden gingen. Doch kommt es in unseren regulären Sitzungen nie zu solchen Übertreibungen. Zudem ist Jane nie erschöpft, wenn sie für Seth spricht – vielmehr berichtet sie von einem Zuwachs an Energie, der sowohl subjektiv wie objektiv festzustellen ist. Und sie hat oft gesagt, daß sie der Seth-Stimme oder der dahinterstehenden Energie gewissermaßen wie ein Reiter »aufsitzt«.

Wir beide haben über die Effekte der Seth-Stimme schon in anderen Büchern berichtet, und wir bemühen uns, sie immer besser zu verstehen.

Aber ihr habt nun einmal euer medizinisches System. Es ist nicht meine Absicht, es zu untergraben, denn es untergräbt sich ganz von selbst. Einige meiner Feststellungen können freilich nach euren Kriterien nicht bewiesen werden und mögen nahezu lästerlich klingen. Und doch ist in der ganzen Geschichte der Menschheit nicht ein einziger Mensch gestorben, der nicht sterben wollte – ganz gleich, wie hochentwickelt jeweils die medizinische Technologie war. Spezielle Krankheiten haben bestimmte symbolische Bedeutungen, die sich der Zeit und dem Ort ihres Auftretens entsprechend wandeln.*

---

* Vergleichen Sie die Fußnote auf Seite 31.

Ungeachtet all der Nachteile von Impfkampagnen empfiehlt Seth offenbar doch nicht, daß wir gegenwärtig darauf verzichten sollen, da wir mehrheitlich von ihrer Wirksamkeit überzeugt sind. Es mag noch einige Zeit vergehen, bis die persönlichen Glaubensüberzeugungen tragfähig genug sein werden, daß wir uns solcher medizinischen »Krücken« entledigen können. Immerhin können wir versuchen, derartige Abhängigkeiten zu verringern (wie jetzt Jane und ich) und zu verhindern, daß einem Spritzen verpaßt werden, bloß weil sie gerade »en vogue« sind.

In der *»›Unknown‹ Reality«*, Band 1, Sitzung 704, äußerte sich Seth wie folgt: »Ihr könnt eine Reihe von Krankheiten aufzählen, die aufgrund von Impfungen oder anderen Präventivmaßnahmen praktisch ausgerottet sind ... Demnach muß es als Gipfel der Dummheit erscheinen, wenn jemand wie ich zu behaupten wagte, daß das Individuum über irgendeine Art wirksamen Schutzes gegen Krankheiten verfügt ... Viele preisen den Arzt, der eine Krankheitsdisposition ›rechtzeitig‹ erkannt und wirksame Gegenmaßnahmen ergriffen hat, so daß die Krankheit überwunden werden konnte. Freilich kann man nie genau wissen, was sonst mit jenen Menschen geschehen wäre, die zu sterben wünschten. Wenn sie nicht an der Krankheit gestorben sind, dann sind sie vielleicht einem Unfall ›zum Opfer gefallen‹ oder im Krieg oder in einer Naturkatastrophe umgekommen. Vielleicht wurden sie wieder gesund, ob sie nun behandelt worden waren oder nicht, um weiter ein produktives Leben zu führen. Ihr könnt es nicht wissen. Ein Mensch, der zu sterben bereit ist, wird, von einer Krankheit errettet, sich prompt eine andere zuziehen oder sonst einen Weg finden, seinem Wunsch zu genügen. Euer Problem liegt im Lebenswillen und in den Mechanismen der Psyche.«

Jedenfalls lassen Jane und ich noch immer unsere Katzen gegen Katzenstaupe und Infektionen der Atemwege impfen; Haustiere, die wie die unseren aus Tierheimen kommen, haben bereits in einem infizierten Milieu gelebt. Hätten wir kleine Kinder, würden wir vermutlich dafür sorgen, daß sie die »notwendigen«, das heißt die von der Schulbehörde geforderten Immunisierungen erhielten. Ich möchte allerdings hinzufügen, daß es heute zwar zahlreiche Impfstoffe gegen Kinderkrankheiten gibt, daß sie jedoch zum großen Teil vielen Eltern gar nicht bekannt sind. Einige dieser Impfstoffe – etwa die gegen Keuchhusten, Mumps, Masern, Windpocken oder Röteln – sind noch sehr umstritten. Sie sind oft nur von partieller Wirkung und können eine Reihe von unter Umständen schwerwiegenden Nebenwirkungen auslösen. Deshalb möchten Jane und ich allen Eltern nachdrücklich empfehlen, sich intensiv mit dem Für und Wider jeder Impfung auseinanderzusetzen, der ihre Kinder sich unterziehen sollen.

(22.56 Uhr.) Gedulde dich einen Augenblick ... Sind deine Hände müde?

(»Nein.«)

(Nach längerer Pause:) In jüngerer Vergangenheit gab es eine große Diskussion über das Überleben des Stärkeren im Sinne von Darwins Lehre.* Doch wurde wenig Gewicht auf die Lebensqualität oder das Überleben selbst gelegt; das heißt, man ist kaum der Frage nachgegangen, was denn das Leben erst eigentlich lebenswert macht. Es wird ganz einfach keinen Grund geben für den Fortbestand einer Art und somit auch eurer Gattung, wenn ihr Leben nicht lebenswert erscheint.

Zivilisationen sind buchstäblich gesellschaftliche Gattungen. Sie sterben, wenn sie keinen Grund zum Leben sehen, doch legen sie den Keim für andere Zivilisationen. Eure persönlichen Seelenzustände en masse schaffen das spezifische kulturelle Klima eurer Zivilisation. In gewisser Weise ist also das Überleben eurer Zivilisation buchstäblich von der Verfassung jedes einzelnen von euch abhängig; und diese Verfassung ist zunächst eine spirituelle, psychische Verfassung, die den physischen Organismus aus sich hervorbringt. Dieser Organismus ist mit dem biologischen Zustand jedes anderen Menschen wie auch mit jeglichem Lebewesen, und sei es noch so klein, im Innersten verbunden.

Neuer Absatz: Trotz aller »realistischen« pragmatischen Behauptungen des Gegenteils ist der natürliche Zustand des Lebens ein Zustand der Freude und Selbstgenügsamkeit – ein Zustand, in dem jede Handlung ihre Wirkung zeitigt und die Vollmacht zum Handeln ein natürliches Recht darstellt. Ihr würdet dies ganz deutlich bei der Betrachtung von Pflanzen, Tieren und allem anderen Leben erkennen,

---

* Der englische Naturforscher Charles Darwin (1809–1882) lehrte in seiner Theorie der organischen Evolution, daß alle Pflanzen und Tiere sich aus ihren eigenen Vorformen durch aufeinanderfolgende Generationen aufgrund von Vererbung geringfügiger Abweichungen entwickeln, wobei diejenigen Formen, die ihrer Umwelt am besten angepaßt sind, die größten Überlebenschancen haben. Überraschenderweise entwickelte ein anderer englischer Naturforscher, Alfred Wallace (1823–1913), zur gleichen Zeit eine ähnliche Theorie, und die beiden Männer publizierten ihr Werk zur gleichen Zeit in derselben wissenschaftlichen Zeitschrift im Jahre 1858. Im darauffolgenden Jahr veröffentlichte Darwin sein Werk *»Vom Ursprung der Arten«*.

Seth würde sicher sagen, daß dies kaum ein Zufall war. Mehrmals hat er darauf hingewiesen, daß neue Ideen in einer bestimmten Geschichtsepoche oft in mehrfacher Ausprägung gleichzeitig auftreten.

wenn euch nicht eure gegenteiligen Glaubensüberzeugungen so blind dafür machten. Ihr würdet es in der Aktivität eures Körpers spüren, in dem die vitale individuelle Zustimmung eurer Zellen das ungeheuer komplizierte Ergebnis eures physischen Wesens bewirkt. Diese Aktivität sorgt ganz natürlich für Gesundheit und Vitalität.

Ich spreche nicht von irgendeiner romantisch verklärten, »passiven«, saft- und kraftlosen spirituellen Welt, sondern von einer klaren, unbehinderten Wirklichkeit, in der das Gegenteil von Apathie und Verzweiflung herrscht.

Dieses Buch wird daher den Faktoren gewidmet sein, die am besten die geistige, seelische und körperliche Lebensfreude fördern, jenen biologischen und psychischen Komponenten also, die einer Gattung ihr Fortbestehen als wünschenswert erscheinen lassen. So geartete Aussichten fördern das Zusammenwirken sämtlicher Lebensformen auf allen Ebenen. Keine Art lebt im Wettstreit mit der anderen; vielmehr wirkt eine jede mit an der Schaffung einer Umwelt, in der alle Arten in kreativer Weise miteinander existieren können.

(Nachdrücklich:) Ende des Diktats. Dieses Buch wird ein Knüller! Ihr könnt die Sitzung beenden oder Pause machen, wie ihr wollt.

(»Wir werden Pause machen.«)

(23.17 Uhr. Janes Wiedergabe war durchweg sehr intensiv gewesen, wiewohl sie zahlreiche, zum Teil lange Pausen eingelegt hatte. Anfangs hatte sie sich zwar gefragt, ob sie wirklich eine Sitzung abhalten wollte; aber wie schon bei anderen derartigen Gelegenheiten kam sie, nachdem sie erst einmal begonnen hatte, mit ausgezeichnetem Material durch. Wiederaufnahme des Diktats in gleicher Weise um 23.37 Uhr.)

Ich werde also noch kurz fortfahren: Ihr lebt in einer Gemeinschaft von Körpern; vor allem aber lebt ihr in einer Gemeinschaft von Gedanken und Gefühlen. Diese sind es, die eure körperlichen Aktivitäten auslösen. Sie beeinflussen unmittelbar das Verhalten eures Körpers. Anders ist die Erfahrung der Tiere; doch haben auch die Tiere auf ihre Weise individuelle Absichten und Anliegen. Ihre Gefühle sind gewiß nicht minder intensiv als die euren. Sie träumen, und sie gehorchen der Vernunft auf ihre Weise.

Sie machen sich keine »Sorgen«. Sie fürchten kein Unheil, solange in ihrer unmittelbaren Umgebung keine Anzeichen dafür sprechen. Sich selbst überlassen brauchen sie keine Präventivmedizin. Haustiere jedoch werden gegen Krankheiten geimpft. In eurer Gesellschaft ist das fast zu einer Notwendigkeit geworden. In einer »völlig natürlichen« Umgebung gäbe es gar nicht so viele lebende Welpen und Kätzchen. Es gibt unterschiedliche Stufen der körperlichen Existenz, und in dieser Hinsicht weiß die Natur, was sie tut. Wenn eine Art oder Gattung sich übermäßig vermehrt, treten zum Beispiel in vermehrtem Maße Epidemien auf. Das gilt für Mensch und Tier gleichermaßen.

Die Lebensqualität ist das oberste Kriterium. Neugeborene Jungtiere sterben entweder rasch, natürlich und schmerzlos, bevor sich ihr Bewußtsein voll auf diese Welt eingestellt hat, oder sie werden von ihren Müttern getötet – nicht weil sie schwach oder lebensunfähig wären, sondern weil die äußeren Lebensbedingungen nicht so beschaffen sind, daß sie jene Lebensqualität gewährleisten, die ein Überleben – hier in Anführungszeichen – »lebenswert« macht.

Das Bewußtsein jedoch, das sich so kurzfristig verkörpert hatte, ist nicht ausgelöscht; es wartet, nach euren Begriffen, auf bessere Lebensbedingungen.

Es gibt auch »Probefahrten« der Gattungen bei Mensch und Tier, bei denen nur gleichsam ein rascher Blick auf das Leben im Körper geworfen wird, und mehr nicht. Epidemien, von denen Tierbestände hingerafft werden, sind also auch biologische und seelische Aussagen, wobei jedes Einzelwesen weiß, daß nur seine eigene höchste Verwirklichung der Lebensqualität auf individueller Ebene genügt und somit zum massenhaften Überleben der Gattung beitragen kann. *(Pause um 23.55 Uhr.)*

Leiden ist überhaupt nicht n o t w e n d i g e r w e i s e gut für die Seele, und die Geschöpfe der Natur suchen es sicher nicht. Es gibt ein natürliches Mitgefühl, ein biologisches Urwissen, aus dem heraus eine Tiermutter weiß, ob die gegebenen Lebensbedingungen ihrem Jungen zuträglich sein werden oder nicht. Tiere begreifen instinktiv ihre Beziehung zu den großen Lebenskräften. Sie werden instinktiv ein Junges verhungern lassen, solange sein Bewußtsein noch diffus ist, anstatt es in widrige Lebensumstände zu entlassen.

Unter natürlichen Umständen käme es unter den Menschen aus den gleichen Gründen viel öfter zu Fällen einer Totgeburt oder eines spontanen Abortus. Zwischen allen Elementen der Natur besteht ein gegenseitiges Geben und Nehmen dergestalt, daß bestimmte Individuen sich beispielsweise Frauen zu Müttern wählen, die wohl die Erfahrung der Schwangerschaft, nicht aber die der Geburt zu machen wünschen, während sie selbst zwar die Erfahrung des Ungeborenen, nicht aber notwendigerweise die des Kindes machen wollen. In solchen Fällen handelt es sich oftmals um »Teilpersönlichkeiten«, die zwar eine Kostprobe von der körperlich-materiellen Welt erhalten wollen, aber noch nicht bereit sind, sich aktiv mit ihr auseinanderzusetzen. Doch jeder Fall ist ein Einzelfall, daher sind dies lediglich allgemeine Aussagen.

Viele Kinder, die eigentlich allem Anschein nach an »Kinderkrankheiten« hätten sterben sollen, überleben dennoch aufgrund ihrer anders gearteten Absichten. Die Macht der Gedanken und Gefühle ist zwar unsichtbar, doch gestaltet sie allein aktiv alle euch bekannten körperlich-materiellen Vorgänge.

Tiere wie Menschen können in der Tat soziale Feststellungen treffen, die in einem biologischen Zusammenhang ihren Ausdruck finden. Jungtiere, die beispielsweise von Hunde- oder Katzenkrankheiten befallen werden, ziehen es vor zu sterben, wodurch sie auf die Tatsache hinweisen, daß ihnen die Lebensqualität individuell und *en masse* weitgehend abgeht. Ihre Beziehung zur eigenen Art ist aus dem Gleichgewicht geraten. Sie können weder ihre Fähigkeiten und Kräfte voll gebrauchen, noch erfahren sie eine Kompensation im Sinne einer förderlichen seelischen Beziehung zum Menschen – vielmehr finden sie sich beiseitegeschoben, ungewollt und ungeliebt. Und ein Tier, das nicht geliebt wird, will nicht leben.

Liebe geht Hand in Hand mit Selbstachtung und dem Vertrauen in individuelle biologische Lebensfreude und Unversehrtheit. In diesem Sinne sind die Gründe für Epidemien bei Mensch und Tier die gleichen.

Ein Tier kann in der Tat Selbstmord begehen. Auch eine Rasse oder Gattung ist dazu imstande. Die Würde einer lebensvollen Existenz erfordert, daß eine gewisse Erfahrungsqualität gewahrt bleibt.

(Emphatisch:) Ende des Diktats, Ende der Sitzung! Meine herzlichsten Grüße! *(Im Flüsterton:)* Hab Vertrauen in Ruburts gebesserte gesundheitliche Verfassung. Einen schönen guten Abend!

(»Danke gleichfalls, Seth. Gute Nacht!«)

(0.17 Uhr. Vergleichen Sie Janes Material über ihren »Gesundheitszustand« in ihrer Einführung zu diesem Buch. In letzter Zeit hat sich ihr Zustand wesentlich gebessert.)

Sitzung 803, Montag, den 2. Mai 1977

(Jane hatte beim Diktat dieses Buches durch Seth von Anfang an das Gefühl, daß nur einmal pro Woche – am Montag abend – eine Buchsitzung abgehalten würde. So konnte sie zwischendurch an anderen Sachen arbeiten. Sie hat an ihrem eigenen Buch »James« gearbeitet, Lyrik geschrieben, gemalt und mir geholfen, meine Anmerkungen zum Manuskript der »Natur der Psyche« im Rohentwurf durchzugehen und teilweise neu zu formulieren. Trotz all dieser Arbeiten fühlt sie sich in ihrem körperlichen und geistigen Befinden erfrischt angesichts der täglichen Freude an dem zauberhaften Aufblühen eines neuen Frühlings. 21.43 Uhr.)

Guten Abend.

(»Guten Abend, Seth.«)

Diktat: Eure Wissenschaftler sind im Begriff, die körperliche Beziehung des Menschen zur Natur zu verstehen. Die Menschheit ist Teil der Natur und existiert nicht außerhalb von ihr.

Es werden zunehmend Fragen aufgeworfen hinsichtlich der Wirkung des Menschen auf seine Umwelt. Doch gibt es auch eine innere Umwelt. Sie verbindet sämtliche wie auch immer gearteten Bewußtseinsformen auf eurem Planeten miteinander. Diese mentale oder psychische, auf jeden Fall aber unkörperliche Umwelt befindet sich in einem Zustand immerwährenden Fließens, dauernder Bewegung. Und es ist diese Aktivität, die euch alle äußeren Erscheinungen liefert.

Geduldet euch einen Moment ... Eure Sinneswahrnehmung ist, im physikalischen Sinne, ein Resultat des Funktionierens von Organen, die außerhalb ihrer Beziehung zu euch selbst keine Wirklichkeit zu haben scheinen. Diese Organe bestehen selbst aus Atomen und Molekülen, die ihr eigenes Bewußtsein haben. Sie haben demnach ihre eigenen Weisen des Empfindens und Erkennens. Sie arbeiten für euch und ermöglichen euch, die Erscheinungswelt wahrzunehmen.

Eure Ohren scheinen doch ganz gewiß ein permanentes Zubehör zu sein, und eure Augen nicht minder. Ihr sagt: »Meine Augen sind blau« oder: »Meine Ohren sind klein.« Und doch verändert sich die physische Substanz dieser Sinnesorgane unablässig, während ihr um nichts klüger werdet. Während euer Körper durchaus zuverlässig, dauerhaft und solide zu sein scheint, werdet ihr nicht des fortwährenden Austauschs zwischen ihm und der körperlich-materiellen Umwelt gewahr. Es schert euch keinen Deut, daß die physische Substanz eures Körpers heute von völlig anderen Atomen und Molekülen als vor sieben Jahren gebildet wird oder daß eure Hände, die euch so vertraut sind, wirklich nichts mehr von auch nur dem winzigsten Partikelchen Materie wissen, aus der sie einst bestanden.

Ihr nehmt euren Körper als fest und dauerhaft wahr. Doch sind die Sinne, die zu einer solchen Folgerung gelangen, ihrerseits das Ergebnis des Verhaltens von Molekülen und Atomen, die sich buchstäblich zusammenfinden, um die Organe zu bilden, indem sie ein Muster von Fleisch und Blut ausfüllen. Jeglicher Gegenstand eurer Wahrnehmung wird auf seine Art in gleicher Weise gebildet.

Die Dingwelt, die ihr erkennt, besteht aus unsichtbaren Mustern. Diese Muster sind »plastisch« insofern, als für die Dauer ihrer Existenz ihre endgültige Form eine Frage von Wahrscheinlichkeiten ist, die vom Bewußtsein gesteuert werden. Eure Sinne nehmen diese Muster auf ihre Weise wahr. Die Muster selbst können auf unzählige Weisen »aktiviert« werden. Da draußen *(mit spaßhaftem Nachdruck)* gibt es was zu beobachten. *(Lange Pause, eine von vielen, um 22.04 Uhr.)*

Euer Sinnesapparat ist es, der bestimmt, welche Form dieses Etwas annehmen wird. Die Dingwelt entsteht vor euren Augen, doch sind eure Augen selbst Teil dieser Welt. Ihr könnt eure Gedanken nicht sehen, also macht ihr euch nicht klar, daß sie Form und Gestalt haben, nicht anders als beispielsweise die Wolken. Wie es Luftströmungen gibt, so gibt es auch Gedankenströmungen, und die mentalen Muster der menschlichen Gedanken und Gefühle steigen auf wie Flammen aus einer Glut oder Dampf aus heißem Wasser, um wieder wie Asche oder Regen niederzufallen.

Alle Elemente der unsichtbaren inneren Umwelt wirken zusammen. Sie bilden beispielsweise die zeitlichen Wettermuster, welche örtlich und *en masse* entäußerte mentale oder psychische Zustände sind. Diese Wettermuster stellen demnach eine physische Version der emotionalen Zustände der Menschen dar. Punkt.

(Einmal mehr erwachte unser Kater Billy von einem Schläfchen und lief zu Jane hinüber. Diesmal sprang er ihr auf den Schoß und richtete sich, die Vorderpfoten gegen ihre Brust gestemmt, auf, während er ihr prüfend ins Gesicht schaute. Jane, als Seth, streichelte ihn. Ich rief Billy zu mir her. Er kam, verweilte kurz auf meinem Schoß und rollte sich dann auf dem Kissen neben mir zusammen.)

(Amüsiert:) Du kannst sagen, daß ich das Kätzchen gestreichelt habe!

Nun: Der materielle Planet ist offensichtlich ebenfalls in immerwährender Wandlung begriffen, während er operationell oder realistisch oder pragmatisch gesehen relativ fest und beständig zu sein scheint. Die stoffliche Materie des Planeten setzt sich ebenfalls aus unendlich vielen Schwärmen einzelner Bewußtseinsfunken zusammen, von denen ein jeder, während er zu dem gemeinschaftlichen Ganzen des Unternehmens beiträgt, seine eigene Wirklichkeit erfährt. *(Lange Pause.)*

Der Begriff der Naturkatastrophe ist verständlicherweise mit Vorurteilen belastet, wodurch die damit verbundenen ungeheuren schöpferischen und verjüngenden Elemente, die für das Leben auf dem Planeten und somit für die Menschheit wesentlich sind, außer acht gelassen werden. Die Beständigkeit des Planeten beruht auf solchen Wandlungen und Veränderungen, genauso wie zum Beispiel die Beständigkeit des Körpers von der Geburt und dem Tod der Körperzellen abhängt.

(22.20 Uhr.) Es liegt eigentlich auf der Hand, daß die Menschen sterben müssen – nicht nur weil ihr sonst bis zur Selbstvernichtung eure Welt übervölkern würdet, sondern auch weil die Natur des Bewußtseins neue Erfahrungen, neue Herausforderungen und Leistungen erheischt. Das zeigt sich überall in der Natur.* *(Pause.)*

---

* Das Seth-Material über das Sterben und die Natur des Bewußtseins erinnerte mich sofort an die in der Sitzung 801 gefallenen Äußerungen: »Sterben ist eine biologische Notwendigkeit ... In seinem tiefsten Innern weiß jedes Individuum, daß es körperlich sterben muß, um geistig und seelisch zu überleben. Das Selbst entwächst dem Fleisch.«

Ich habe über diese Passagen viel nachgedacht. Seths Ideen über die wahre Natur und die Notwendigkeit des Sterbens stehen in direktem Widerspruch zu dem, was wir heute in wachsendem Maße zu lesen bekommen. Manche Wissenschaftler behaupten, daß wir Menschen noch vor der Jahrtausendwende imstande sein werden, unser körperliches Leben entscheidend, ja fast unbegrenzt zu verlängern. Andere behaupten, daß wir technisch kurz vor der Fabrikation künstlicher Körperteile wie auch vor dem Bau von Mikrocomputern stehen, die dem Körper eingepflanzt werden sollen, um sein Funktionieren zu steuern. All diese Fortschritte, zusammen mit dem »Besiegen« von Krankheit, Schmerz und Leiden, plus Gentechnik, sollen den Menschen demnächst ein Leben auf fast unbegrenzte Zeit ermöglichen.

Das sind allerdings zur Zeit noch recht grandiose Behauptungen. In diesem Jahrhundert ist es der Wissenschaft vorläufig erst gelungen, die Lebenserwartung des Menschen um einige Jahre zu steigern. Viel bliebe noch zu tun, wenn sich diese Voraussagen be-

Gäbe es keinen Tod, so müßtet ihr *(lächelnd)* ihn erfinden – denn der Lebenszusammenhang eines unsterblichen Menschen wäre so eingeschränkt wie *(mit verhaltener Dramatik)* die Erfahrung eines großen Bildhauers, der nur über einen einzigen Steinblock verfügte. Die Schöpfung des Bildhauers ist materielle Realität, da sie als Gegenstand existiert und mit euren Sinnen wahrgenommen werden kann wie eure Welt auch. Doch entstammt das Werk des Bildhauers seiner inneren Umwelt, eigentlich Wahrscheinlichkeitsmustern. Diese Muster sind keineswegs inaktiv. Sie sind von dem Wunsch besessen, verwirklicht zu werden. Hinter der Erscheinungswelt sind geistig-seelische Zustände am Werk, die unablässig zur Formgebung drängen, wobei es freilich noch andere Formen gibt als die euch bekannten.

Ein Stuhl ist für euch einfach ein Stuhl. Wenn Ruburt für mich

---

wahrheiten sollten. Erstaunlicherweise aber scheint sich niemand den Kopf zu zerbrechen über die spirituelle Problematik oder über die enormen gesellschaftlichen Folgen und sogar rechtlichen Probleme, die sehr rasch auftreten würden, wenn das »ewige Leben« auch nur annäherungsweise in Reichweite zahlreicher Menschen käme. Wie könnte das Bevölkerungswachstum bewältigt werden? Nach welchen Kriterien sollte entschieden werden, wer der bevorzugten Behandlung teilhaftig wird und wer nicht? Einzelne Familien oder nur Individuen, nur Genies oder jedermann? Und wer sollte die zur Lebensverlängerung erforderlichen Maßnahmen finanzieren? Versicherungen oder der Wohlfahrtsstaat, so daß dann Beamte entscheiden würden, wessen Leben verlängert wird?

Die ganze Idee, Leben künstlich zu verlängern, ist falsch und nur auf der Menschen bewußte Angst vor dem Tod als der völligen und endgültigen Auslöschung zurückzuführen. Würde im übrigen medizinische Technologie eine fast unbegrenzte Lebensdauer bieten können, hätte die Angst vor einem Unfalltod groteske Folgen und könnte die Verhaltensfreiheit der Menschen nachhaltig einschränken. Denn welcher halbwegs »Unsterbliche« möchte sich dann noch Gefahren aussetzen wollen, wie sie etwa in der See-, Luft- und Raumfahrt oder anderen risikoreichen Berufen gegeben sind? Andererseits würde ironischerweise die Selbstmordrate beträchtlich ansteigen, wenn die Begleitumstände einer künstlich verlängerten Lebenszeit den Menschen erst einmal zu Bewußtsein käme. Die Menschen würden sich, wenn sie endlich die Notwendigkeit und Wünschbarkeit des biologischen Todes erkannt hätten, in vielen Fällen einfach »ausschalten«.

Jane und ich finden es nicht wünschenswert, auch nur zweihundert Jahre alt zu werden. »Ich würde schon ganz gern hundert werden, falls ich bis dann in Form bliebe«, sagte Jane, als wir die vorstehenden Gedanken durchsprachen. Die kommenden Generationen aber werden, glauben wir, nicht zögern bei der Entscheidung, so lange wie möglich zu leben, bis sich die Ironie künstlicher Lebensverlängerung einmal offenbaren würde.

spricht, sitzt er auf einem solchen. Wenn ihr dieses Buch lest, sitzt ihr vermutlich auf einem Stuhl, einem Sessel, einer Bank, oder ihr liegt auf einer Couch – lauter durchaus solide, gegenständliche Möbelstükke. Die Atome und Moleküle innerhalb eurer Stühle und anderer Gegenstände sind jedoch äußerst alert, also lebendig und munter, obwohl ihr ihnen nicht die Eigenschaft des Lebendigseins zubilligt. Wenn Kinder Ringelreihen spielen, bilden sie im Vollzug ihrer Bewegungen in der Luft lebendige Kreise. Bei diesem Spiel freuen sie sich an der Bewegung ihrer Körper, doch sie identifizieren ihre Bewegungen nicht mit den von diesen erzeugten wirbelnden Kreisen. Die Atome und Moleküle, die einen Stuhl ausmachen, spielen eine andere Art von Ringelreihen und sind in fortwährender Bewegung begriffen, wobei sie ein bestimmtes Muster bilden, das ihr als Stuhl wahrnehmt.

Diese unterschiedlichen Bewegungen sind so voneinander abweichend, daß euch der Stuhl, wie euer Körper, als beständig und dauerhaft erscheint. Die Atome und Moleküle freuen sich wie die Kinder an ihrer Bewegung – die aus eurer Sicht als solider Gegenstand im Raum erscheint –, ohne eine »Idee« davon zu haben, daß ihr eben jene ihre Bewegung als Stuhl betrachtet und dementsprechend benutzt.

So nehmt ihr die Aktivität der Atome wahr. Doch wird die Übereinkunft auf mentaler oder psychischer Ebene getroffen und ist niemals völlig »bindend«, obwohl sie dies zu sein scheint. Niemand nimmt fortwährend denselben Stuhl wahr, obwohl vielleicht ein gegebener Stuhl von verschiedenen Blickwinkeln her gesehen »derselbe« zu sein scheint.

Der Tanz der Atome und Moleküle findet in eurem Daseinsbezirk andauernd statt. In einem umfassenderen Sinne ist ein Stuhl nie derselbe Stuhl. All dies ist zu berücksichtigen, wenn wir Massenphänomene erörtern.

Ihr könnt Pause machen.

(22.42 Uhr. Janes Trance war tief gewesen, doch erinnerte sie sich, wie Billy ihr auf den Schoß geklettert war und sein Gesicht dem ihren genähert hatte. »Seth hat das großartig gefunden«, sagte sie. Um 23.14 Uhr ging es weiter.)

Ein Wissenschaftler, der das Gehirn eines Idioten oder eines Genies untersucht, wird nur die physische Substanz des Gehirns selbst vorfinden. Nicht eine einzige Idee wird er in den Hirnzellen lokalisieren können. Ihr könnt eine Idee weitervermitteln, ihr könnt ihre Auswirkungen spüren, aber ihr könnt sie nicht sehen, wie ihr den Stuhl sehen könnt. Nur ein Narr würde jedoch behaupten, daß Ideen nichtexistent seien oder ihnen ihre Bedeutung absprechen.

Ihr könnt irgendeinen bestimmten Traum im Gehirn auch nicht lokalisieren. Die feste Materie eurer Welt ist das Ergebnis des Spiels eurer Sinne auf der Grundlage innerdimensionaler Aktivität, die ebenso wirklich und doch so ungreifbar ist wie der Schauplatz einer Idee oder eines Traums.

Es fällt euch nicht weiter schwer zu sehen, daß Samen die Früchte der Erde hervorbringen, und zwar ein jeder die seiner Art entsprechenden. Kein Same ist einem anderen gleich. Doch kann man Samen begrifflich nach Gattungen ordnen. Ihr werdet eine Orange nicht mit einer Weintraube verwechseln. In gleicher Weise bilden Gedanken und Gefühle allgemeine Muster und bringen so in eurer Welt ein bestimmtes Geschehen zustande. In dieser Hinsicht sind eure Gedanken und Gefühle die »Saat« der Dingwelt, indem sie Materialisationen bewirken.

Gesellschaftspolitisch habt ihr euch recht gut organisiert, indem ihr in Dörfern, Städten, Distrikten, Bundesländern und so weiter lebt, die alle ihre eigenen Sitten, Bräuche und regionalen Sonderrechte haben. Von diesen ist das Land oder der Staat selbst in keiner Weise berührt. Es sind normative Festlegungen, die praktischen Zwecken, nämlich der organisatorischen Durchführung bestimmter Absichten und Anliegen dienen. Ihnen zugrunde liegen gesellschaftspolitische Muster, unsichtbar, aber eminent wirksam, jedoch auch weit maßgebendere mentale beziehungsweise psychische Muster, in denen die Gedanken und Gefühle der Menschheit organisiert sind – oder vielmehr sich selbst auf natürliche Weise organisieren.

Die Gedanken und Gefühle eines jeden Menschen fließen in diese Gedankenformation mit ein und bilden dadurch die psychische Atmosphäre der Erde. Dieser Atmosphäre entstammen die natürlichen irdischen Muster, aus denen eure Jahreszeiten mit all ihren Unterschieden und Auswirkungen entstehen. Ihr seid, allem Anschein zum Trotz, niemals die Opfer von Naturkatastrophen, denn ihr selbst habt an deren Entstehung mitgewirkt. Ihr habt schöpferischen Anteil an den großen Zyklen der Erde. Niemand kann für euch geboren werden oder für euch sterben; und doch sind Geburt und Tod niemals ein isoliertes Ereignis, sondern eines, an dem der ganze Planet teilnimmt. Und in persönlicher Hinsicht wiederum trägt jede Gattung nicht nur für ihr Überleben Sorge, sondern auch für die Qualität ihres Lebens und ihrer Erfahrungen.

So gesehen führen Naturkatastrophen letztlich zur Berichtigung einer Situation, die der erforderlichen Lebensqualität in keiner Weise entsprach, so daß eine Korrektur notwendig wurde.

Bin ich zu schnell?

(»Nein«, sagte ich, obwohl Jane-Seths Diktattempo beachtlich war.)

Die »Opfer« sind auf spiritueller, psychologischer und biologischer Ebene freiwillig an solchem Geschehen beteiligt. Manche von denen, die sich unter den Todesopfern befinden, wären andernfalls zum Beispiel an langwierigen Krankheiten gestorben. Das Wissen um solche Vorgänge wohnt den Zellen inne und wird dem Individuum auf die eine oder andere Weise, oft in Träumen, mitgeteilt. Damit ist nicht gesagt, daß solches Wissen den Träumern zu Bewußtsein kommt; viele Menschen wissen untergründig um Bevorstehendes und geben sich gleichzeitig den Anschein, es nicht zu wissen.

(23.44 Uhr.) Andere haben ihre Lebensaufgaben erfüllt; sie wollen sterben und suchen nach einer Möglichkeit, das Gesicht zu wahren. Doch wollen die Menschen, die einen solchen Tod wählen, einen dramatischen Tod mitten im tätigen Leben sterben, und sie sind selbst im Augenblick des Todes mit dem triumphierenden inneren Wissen um die Macht des Lebens erfüllt. In ihrem letzten Augenblick fühlen sie sich eins mit der Macht der Natur, die sie doch allem Anschein nach zerstört hat.

Diese Identifikation führt oft – wiewohl nicht immer – zu beschleunigten Bewußtseinserfahrungen und bezieht solche Individuen in eine Art »Gruppen-Todeserfahrung« mit ein, in der alle Betroffenen »gleichzeitig« zu einer anderen Wirklichkeitsebene aufbrechen. Diese Menschen hatten, lange bevor die Katastrophe geschah, die Möglichkeit eines solchen Geschehnisses unterschwellig wahrgenommen, und sie konnten sich bis zum letzten Augenblick dafür entscheiden, ihm auszuweichen. Tiere wissen, altbekannten Berichten zufolge, im voraus um Wetterbedingungen. Diese Art der Wahrnehmung ist ein Teil auch eures biologischen Erbes. Der Körper ist bereit, obwohl ihr auf der bewußten Ebene nichts zu wissen scheint.

Es gibt unzählige Wechselbeziehungen zwischen der inneren Umwelt des Körpers und den Wettermustern. Die archaischen Gefühle der Identifikation mit Unwettern sind durchaus gerechtfertigt, und in dieser Hinsicht ist der »Realismus« des Fühlens dem Realismus der Logik weit überlegen. Wenn ein Mensch sich als Teil eines Unwetters fühlt, so sprechen diese Gefühle buchstäblich die Wahrheit. Die Logik befaßt sich mit äußeren Bedingungen, mit den Beziehungen von Ursache und Wirkung. Intuitive Einsichten entstammen unmittelbarer innerer Erfahrung allerpersönlichster Natur; mit ihr sind subjektive Bewegungen und Aktivitäten verbunden, deren Geschwindigkeit nach euren Begriffen diejenige des Lichtes bei weitem übertrifft, sowie Simultanereignisse, für deren Wahrnehmung eure vom Prinzip der Ursache und Wirkung geprägte Logik viel zu langsam ist.*

(Nach langer Pause:) Auch in dieser Hinsicht laufen die Aktivitäten der Innenwelt zu rasch ab, als daß ihr ihnen intellektuell zu folgen vermöchtet. Eure Intuition jedoch kann euch Hinweise auf solche Phänomene geben. Die Bevölkerung eines Landes ist selbst verantwortlich für Dürreperioden, Erdbeben, Überschwemmungen und Wirbelstürme – wie auch für des Landes reiche Ernten und die Fülle seiner Naturprodukte, seiner Industrieerzeugnisse und seiner kulturellen Leistungen; und jedes dieser Elemente hängt mit jedem anderen zusammen.

Wenn es an der spirituell und biologisch notwendigen Lebensqualität fehlt, dann werden Korrekturen vorgenommen. Ein politisches Problem kann, wenn politische Mittel versagen, durch eine Naturka-

---

* Sowohl Seth als auch Jane haben in früheren Büchern vom Phänomen der Überlichtgeschwindigkeit gesprochen, Seth zum Beispiel bei der Erörterung seiner »Bewußtseinseinheiten«. Albert Einstein demonstrierte in seiner speziellen Relativitätstheorie, daß in unserem Universum größere Geschwindigkeiten als die des Lichtes für eine Energiebeziehungsweise Signalübertragung nicht möglich sind (die Vakuumlichtgeschwindigkeit stellt die obere Grenzgeschwindigkeit dar). Doch haben einige Physiker in jüngster Zeit über gewisse »Partikel« theoretisiert, die in einem nicht weiter bekannten Prozeß durch die Fortbewegung in Überlichtgeschwindigkeiten entstehen sollen. Auch wurde über astronomische Beobachtungen mehrerer sehr weit entfernter Objekte berichtet, die sich wesentlich schneller als das Licht fortzubewegen scheinen. Eine befriedigende Erklärung für diese Erscheinungen steht noch aus.

Wenn man freilich die Welt der »Partikel« verläßt – ganz gleich, wie klein oder physikalisch »hauchzart« sie sind oder wie immer sie sich verhalten (jeder Partikel ist ja zugleich auch Welle), dann dürften wohl alle Einschränkungen wegfallen, auch die der speziellen Relativitätstheorie. Wie im Falle seiner Bewußtseinseinheiten könnten Seths »subjektive Bewegungen und Aktivitäten«, seine »Simultanereignisse« in dem allem zugrunde liegenden nichtphysikalischen, höherdimensionalen Universum sehr wohl die Regel sein.

tastrophe berichtigt werden. Die drängenden schöpferischen Energien der Menschen werden sich zur Geltung bringen.

Die Vortrefflichkeit der Menschen findet durch die Künste und anderweitige kulturelle Kreativität, durch technologische oder soziologische Leistungen ihren Ausdruck. Die Menschheit sucht ihren großen Befähigungen gemäß zu leben. Jeder physische Körper gleicht der Welt auf seine stets besondere Weise. Er verfügt über die ihm eigenen Verteidigungs- und Abwehrkräfte wie auch über enorme Fähigkeiten und Wachstumskräfte, und eine jede Komponente strebt nach einer Qualität des Daseins, die auch seinen geringsten Komponenten die ihrer Natur gemäße spirituelle und biologische Erfüllung bringt.

(Herzhaft:) Ende des Diktats. Ende der Sitzung; es sei denn, ihr habt noch Fragen.

(»Ich glaube nicht, Seth.«)

Also meine herzlichsten Grüße und einen schönen guten Abend!

(»Danke, gleichfalls, Seth!«)

(0.08 Uhr. Jane kam aus einer ausgezeichneten Trance, bevor ich mit dem Schreiben fertig war ...)

Sitzung 804, Montag, den 9. Mai 1977

(Gestern war Janes Geburtstag, und ein paar Vorkommnisse ergaben sich als hübsche Geschenke im Umkreis dieses Tages. Vor zwei Tagen hat sie zum erstenmal auf unserer neuen Veranda gearbeitet; sie saß in dem schräg einfallenden Sonnenlicht und schrieb die Informationen nieder, die sie medial von der »Weltanschauung« des amerikanischen Philosophen und Psychologen William James auffing, der von 1842 bis 1910 lebte. Sie hat jetzt eine Menge Material für ihr Buch über James. In ihrem Entwurf der Einleitung zur »Natur der Psyche« definiert Jane Weltanschauung als »lebendes psychologisches Bild eines einzelnen Lebens mit seinem Wissen und seiner Erfahrung, das ansprechbar und lebensfähig bleibt, lange nachdem das Leben im Körper erloschen ist«.

Ferner erhielt sie heute von ihrem Verlag, der Prentice-Hall, für dieses Buch den Vertrag. Sie zieht es jetzt vor, einen Verlagsvertrag erst dann offiziell zu unterschreiben, wenn der größere Teil der Arbeit bereits abgeschlossen ist.

21.44 Uhr. Seth kam unvermittelt und grußlos durch:)

Nun: Diktat. Der Körper ist in seiner biologischen Aussage ein spiritueller, psychischer und sozialer Zustandsbericht. Er ist zweifellos Ausdruck des Individuums, doch läßt er sich nicht verbergen, indem er im üblichen Sinne »da ist, wo man selber ist«.

Der individuelle Körper ist, was er ist, weil er im Kontext mit anderen seinesgleichen existiert. Ich will damit sagen, daß der Körper in einer gegebenen Gegenwart die biologische Vergangenheit gleichgearteter Geschöpfe voraussetzt. Er setzt auch Zeitgenossen voraus. Würde zum Beispiel ein erwachsener Mensch von einem Wesen aus einer anderen Welt wahrgenommen werden, so wären gewisse Tatsachen offensichtlich. Selbst wenn ein solcher Außerirdischer ein vereinzeltes Mitglied eurer Gattung in einem sonst unbewohnten Land anträfe, so könnte der Fremdling aus dem Aussehen und Verhalten des Individuums bestimmte Rückschlüsse ziehen. *(Lange Pause.)*

Wenn der »Erdenbewohner« spräche, würde der Fremde natürlich sofort wissen, daß ihr kommunizierende Wesen seid, und er würde in den Lauten Muster erkennen, die eine sinnvolle Absicht enthalten. Auf die eine oder andere Weise sprechen alle Geschöpfe eine Sprache, was auf eine viel umfassendere soziobiologische Beziehung schließen läßt, als man gemeinhin annimmt. Von der äußeren Erscheinung [des Erdenbewohners] könnte der Fremdling – falls er es nicht bereits wüßte – das verhältnismäßige Vorhandensein der verschiedenen Elemente auf eurem Planeten ableiten; er könnte darauf aus der Art eurer Fortbewegung, eurem körperlichen Zubehör und eurer physischen Sehweise schließen.

Während also jedes Individuum bei seiner Geburt ganz persönlich ins Leben tritt, so stellt zugleich jede Geburt buchstäblich eine Bemühung – eine triumphierende Bemühung – von seiten eines jeden Mitglieds einer jeden Art dar, denn das empfindliche Gleichgewicht des Lebens erfordert für jede Geburt ganz präzise Bedingungen, die keine Art allein, nicht einmal für ihresgleichen, gewährleisten kann. Der Same muß wachsen. Die Tiere müssen sich vermehren. Die Pflanzen müssen ihren Beitrag leisten. In dieser Hinsicht ist die Photosynthese die allem zugrunde liegende Voraussetzung.*

---

* Photosynthese ist der noch immer nicht restlos verstandene Prozeß, durch den das grüne Chlorophyll der Pflanzen die Energie des Sonnenlichts verwendet, um aus Wasser und Kohlendioxyd Kohlenhydrate zu gewinnen. Dieses »gespeicherte Sonnenlicht« dient dann anderen Lebewesen als Nahrungsmittel.

Die Jahreszeiten müssen einigermaßen beständig bleiben. Regen muß fallen, aber nicht zuviel. Unwetter müssen toben, aber nicht allzu zerstörerisch. Hinter alledem steht eine gemeinschaftliche Unternehmung biologischer und psychischer Natur. Dies alles könnte unser hypothetischer Fremdling von einem einzigen menschlichen Individuum ablesen, und wir werden später noch einmal auf unseren Außerirdischen zurückkommen. *(Lange Pause um 22.05 Uhr.)*

Zellen besitzen »soziale« Eigenschaften. Sie haben die Tendenz, sich mit anderen Zellen zusammenzuschließen. Sie kommunizieren von Natur aus. Sie wollen sich von Natur aus bewegen, Punkt. Nicht etwa daß ich, indem ich solche Feststellungen treffe, die Zelle personifizieren möchte; doch das Verlangen nach Kommunikation und Bewegung ist eine Eigentümlichkeit nicht nur von Mensch und Tier. Der Wunsch des Menschen, in andere Welten vorzudringen, ist auf seine Weise so natürlich wie der Drang der Pflanze, ihre Blätter der Sonne zuzuwenden.

Die räumlich-körperliche Welt des Menschen mit all ihren Zivilisationen und unterschiedlichen Kulturen, ja selbst mit ihren Technologien und Wissenschaften repräsentiert im Grunde den eingeborenen Drang der Gattung, zu kommunizieren, sich nach außen zu bewegen, schöpferisch zu sein und erahnte innere Wirklichkeiten in anschaulich-konkrete Formen zu übersetzen. Das denkbar privateste Leben ist immer noch eine sehr soziale Angelegenheit. Der weltabgewandteste Einsiedler ist immer noch abhängig nicht nur von seinen eigenen Körperzellen, sondern von der Welt der Natur mit all ihren Lebewesen. Der Körper ist also, ungeachtet seiner persönlichen Natur, auch eine Äußerung öffentlicher, sozialer und biologischer Natur. Ein gesprochener Satz hat in jeder Sprache eine bestimmte Struktur. Er setzt als körperlich gegebene Vorbedingung einen Mund und eine Zunge voraus; er setzt Denkvermögen voraus und eine Welt, in der die Laute eine Bedeutung haben, sowie ein sehr präzises praktisches Wissen um die Natur von Lauten, die Kombination ihrer Muster, die Anwendung von Wiederholungen und die Kenntnis des Nervensystems. Nur wenige, die dies jetzt lesen, verfügen über derartige Kenntnisse, doch sind die allermeisten sehr wohl imstande, gut zu sprechen.

Irgendwie also verfügt euer Körper doch wohl zweifellos über eine Art ganz pragmatischer Information und verhält sich dementsprechend. Ihr könnt fast jede Idee vermittels eurer Stimme wunschgemäß zum Ausdruck bringen, auch wenn ihr euch kaum irgendeine klare Vorstellung macht von der Art und Weise, wie sich der Vorgang des Sprechens in euch vollzieht.

Der Körper ist auf Handlung eingestellt. Er erweist sich auf pragmatische Weise praktisch, und er möchte vor allem erforschen und sich mitteilen. Kommunikation setzt eine soziale Natur voraus. Der Körper enthält in sich schon alles, was er braucht, um sich durchzusetzen. Der Körper selbst wird das Kind anregen, zu sprechen, zu kriechen und zu gehen und seinesgleichen zu suchen. Aufgrund biologischer Kommunikation werden die Körperzellen des Kindes seiner räumlich-dinglichen Umgebung gewahr – Temperatur, Luftdruck, Wetterbedingungen, Nahrungszufuhr –, und der Köprer reagiert auf diese Bedingungen und trifft im Nu eventuell notwendige Anpassungsmaßnahmen.

Auf der Zellebene existiert die Welt in einer Art allgemeinen sozialen Austauschs, in dem die Geburt und der Tod einer Zelle allen anderen bekannt sind und in dem der Tod eines Frosches und der Tod eines Sterns gleich schwer wiegen. Auf der Ebene *eurer* Aktivität jedoch bilden auch die höchstpersönlichen Gedanken, Gefühle und Intentionen einen Teil der inneren Umwelt der Kommunikation. Diese innere Umwelt ist für das Wohlbefinden der Gattung ebenso lebenswichtig und unerläßlich wie die räumlich-stoffliche Welt. Sie stellt die große Reserve dar, das psychische Massenpotential, wie andererseits der Planet Erde eine Reserve des stofflichen Potentials darstellt. Wenn in einem anderen Teil der Welt ein Erdbeben geschieht, dann bleibt die Landmasse eures eigenen Lebensraums davon nicht unberührt. Wenn andere Teile der Welt von *psychischen* Erdbeben erschüttert werden, dann seid auch ihr, und gewöhnlich in gleichem Maße, davon betroffen.

So fühlen auch, wenn ein Teil eures Körpers verwundet ist, andere Körperteile die Auswirkungen der Wunde. Ein Erdbeben kann für das Gebiet, in dem es stattfindet, eine Katastrophe sein, obgleich es durch sein Auftreten Unausgewogenheiten ausgleicht und daher dem Leben des Planeten förderlich ist. Die Hilfsmaßnahmen in einem Erdbebengebiet sind durchgreifend, und auch andere Länder schikken Hilfe. Kommt es in einem Bereich des Körpers zu einem »Ausbruch«, so werden gleichfalls Hilfsmaßnahmen an Ort und Stelle getroffen, und auch von anderen Teilen des Körpers wird Hilfe zu den betroffenen Teilen geschickt.

Der körperliche Ausbruch ist aber, obgleich er in der betroffenen Zone als Katastrophe erscheinen mag, ebenfalls eine Maßnahme des körpereigenen Systems, die ergriffen wurde, um das Gesamtgleichgewicht des Körpers sicherzustellen. Biologisch repräsentiert daher Krankheit das gesamte Abwehrsystem in Aktion.

(22.42 Uhr.) Ich versuche, es einfach darzustellen – aber ohne diese oder jene Krankheiten würde der Körper nicht durchhalten. Gebt mir einen Augenblick Zeit ... Zunächst einmal muß der Körper in einem Zustand dauernden Wandels sein, wobei er Entscheidungen trifft, die viel zu rasch vor sich gehen, als daß ihr ihnen zu folgen vermöchtet, Entscheidungen, durch die die Hormonspiegel ausgeglichen werden und die Ausgewogenheit aller Systeme des Körpers aufrechterhalten wird, und zwar nicht nur in Beziehung auf sich selbst – den Körper –, sondern auch zu seiner Umwelt, die sich ebenfalls in ständigem Wandel befindet. Auf biologischer Ebene produziert der Körper oft seine eigenen »Präventivmedizinen« oder »Impfungen«, indem er beispielsweise neue oder fremde Substanzen in seiner Umgebung, die ihm Natur, Wissenschaft oder Technik liefern, ausfindig macht. Er assimiliert solche Substanzen in geringen Dosen, indem er sich eine »Krankheit« zuzieht, die, sich selbst überlassen, bald wieder verschwände, indem der Körper sie so weit wie möglich nutzen oder sich mit »einem scheinbaren Eindringling« vergesellschaften würde.

Der betreffende Mensch mag sich indisponiert fühlen, doch der Körper assimiliert und verwertet auf solche Weise Substanzen, die sonst als körperfremd bezeichnet werden müßten. Durch solche Methoden immunisiert er sich selbst. Der Körper existiert jedoch in Konkurrenz mit dem Bewußtsein – und das denkende Bewußtsein schafft sich seine innere Vorstellungswelt. Die Zellen, die den Körper bilden, versuchen nicht, diese innere Umwelt zu verstehen. Sie verlassen sich, was das Vorhandensein nichtbiologischer Gefahren betrifft, auf eure Einschätzung der Lage. Sie sind somit auf euer Urteil angewiesen.

(Nach langer Pause:) Wenn diese gedankliche Einschätzung der Lage mit der biologischen übereinstimmt, dann habt ihr eine gute Arbeitsgemeinschaft mit eurem Körper. Er kann dann rasch und unmittelbar reagieren. Wenn ihr jedoch eine Bedrohung oder Gefahr verspürt, für die der Körper keine biologische Entsprechung finden kann, obwohl er durch zellulare Kommunikation die Umwelt körperlich absucht, dann muß er sich auf euer Urteil verlassen und so

reagieren, als bestünde eine Gefahr. Daher wird der Körper in gewissem Maße auf eingebildete Gefahren genau so reagieren wie auf biologisch tatsächlich vorhandene. Das hat zur Folge, daß sein Abwehrsystem häufig überreizt wird.

Der Körper ist also gut ausgerüstet, um seine Stellung in der körperlich-materiellen Welt zu behaupten, und seine Abwehrsysteme sind in dieser Hinsicht unfehlbar. Euer denkendes Bewußtsein jedoch steuert eure in die Zeit eingebundene Wahrnehmung und interpretiert diese Wahrnehmung, indem es sie in mentale Muster einordnet. Der Körper muß sich, wie schon gesagt, auf diese Interpretationen verlassen. Die biologische Grundlage allen Lebens ist eine [solche] der Liebe, des Göttlichen, des Zusammenwirkens aller Kräfte, und sie setzt einen sicheren körperlichen Zustand voraus, aus dem heraus jedes Einzelwesen jeder Gattung sich frei fühlt, aktiv zu suchen, wessen es bedarf, und mit anderen seiner Art zu kommunizieren. *(Pause um 23.01 Uhr.)*

Geduldet euch einen Augenblick ... Man gefällt sich darin zu glauben, daß die Tiere der Vorstellungskraft ermangelten, aber das ist ein durchaus irriger Glaube. Zum Beispiel wissen sie um die Paarung, bevor die Zeit dafür gekommen ist. Sie alle lernen durch Erfahrung, und ungeachtet all eurer gegenteiligen Auffassungen ist Lernen ohne innere Vorstellungskraft auf allen Ebenen unmöglich.

Die Vorstellungskraft der Tiere ist zwar, wie ihr es seht, begrenzt; doch ist sie nicht bloß auf vorausgegangene Erfahrung beschränkt. Tiere können sich Geschehnisse vorstellen, die ihnen noch nie zugestoßen sind. Freilich sind die Fähigkeiten des Menschen in dieser Hinsicht weitaus komplexer, denn in seiner Vorstellung befaßt er sich auch mit Wahrscheinlichkeiten. Er kann, ausgestattet mit nur dem einen Körper, zu jeder beliebigen Zeit eine unendlich große Zahl von Ereignissen vorwegnehmen, von denen jedes Geschehnis wahrscheinlich bleibt, bis er es aktualisiert.

Der Körper des Menschen, der auf dessen Gedanken, Gefühle und Überzeugungen reagiert, muß sich daher mit sehr viel mehr Daten befassen und braucht einen klar abgesteckten Bereich, in dem präzises Handeln möglich ist.

Macht Pause.

(»Danke.« – Pause von 23.09 bis 23.35 Uhr.)

Das Abwehrsystem des Körpers ist automatisch, und doch ist es in gewissem Maße eher ein sekundäres als ein primäres System, da es als solches nur dann mobilisiert wird, wenn dem Körper Gefahr droht.

Die vornehmliche Aufgabe des Körpers liegt nicht nur im Überleben, sondern vor allem darin, ein gewisses Ausmaß an Lebensqualität aufrechtzuerhalten, aus der sich Gesundheit und Erfüllung ganz von selbst ergeben. Eine klar umrissene, biologisch gerechtfertigte Angst oder Besorgnis alarmiert den Körper und gibt ihm die Möglichkeit, unbehindert und natürlich zu reagieren. So mag es beispielsweise vorkommen, daß ihr Zeitung lesend eine Straße überquert, und bevor ihr euch eines heranbrausenden Autos überhaupt klar bewußt werdet, ist euer Körper schon mit einem Sprung der Gefahr ausgewichen. Der Körper erfüllt seine Aufgabe. Obwohl es jeglicher bewußten Angst ermangelte, war da eine biologisch vorhandene Angst, die die entsprechende Reaktion auslöste.

Wenn ihr jedoch in einer allgemeinen Angsthaltung lebt, dann fehlen dem Körper klare Richtlinien zum Handeln, und er ist der Möglichkeit beraubt, angemessen zu reagieren. Betrachtet es einmal so: Ein Tier – es muß nicht einmal ein Tier in freier Wildbahn sein, es kann ein ganz gewöhnlicher Hund oder eine Katze sein – reagiert in bestimmter Weise. Wachsam registriert es alle Vorgänge in seinem Umkreis. Eine Katze fühlt sich jedoch nicht von einem Hund bedroht, der sich vier Häuserblocks entfernt hinter einem Gatter befindet, und sie fürchtet auch nicht, was geschähe, wenn dieser Hund aus seinem Zwinger ausbrechen und ihren heimeligen Hinterhof heimsuchen würde.

Zahlreiche Menschen schenken demgegenüber ihrer Umgebung kaum ihre Aufmerksamkeit; vielmehr konzentrieren sie sich aufgrund ihrer vorgefaßten Meinung ausschließlich auf »den bissigen Hund vier Häuserblocks weiter«; das heißt, sie sprechen nicht auf das an, was in Raum und Zeit konkret vorhanden und wahrnehmbar ist, sondern halten sich statt dessen bei nur vielleicht oder bloß vermeintlich drohenden Gefahren auf, wobei sie andere, relevante und unmittelbar vorliegende Gegebenheiten ganz außer acht lassen.

Das Gemüt signalisiert dann Gefahr. Doch da eine Gefahr körperlich nicht besteht, kann der Körper nicht klar darauf reagieren. Er reagiert daher auf eine pseudobedrohliche Situation und bleibt sozusagen im Leerlauf stecken. Das Resultat ist Konfusion auf biologischer Ebene. Der Körper muß in spezifischer Weise auf gegebene Situationen eingehen können.

Das rundum zufriedenstellende Gefühl von Gesundheit, Vitalität und Spannkraft ist ein Zustand allgemeinen Wohlbefindens – der jedoch durch vielfältige spezifische Anpassungsvorgänge herbeigeführt wird. Sich selbst überlassen kann sich der Körper gegen jede Krankheit verteidigen, aber er kann sich nicht angemessen gegen eine übertriebene allgemeine Angst des Individuums vor Krankheiten zur Wehr setzen. Er spiegelt dann zwangsläufig eure Gefühle und eure Einschätzung der Lage wider. Üblicherweise nun werden aber von eurem Gesundheitswesen ebenso viele Krankheiten e r z e u g t wie geheilt, denn ihr fühlt euch von allen möglichen Krankheitssymptomen verfolgt und seid voller Furcht vor dem scheinbaren Hang des Körpers zur Krankheit – und kaum je wird die Vitalität des Körpers oder sein natürliches Abwehrsystem ins rechte Licht gerückt.

Der persönliche Krankheitsfall ereignet sich daher in einem gesellschaftlichen Kontext. Dieser Kontext ist das Ergebnis von zu Glaubenssätzen verdichteten Überzeugungen, die die betroffene Person mit den Massen teilt, Überzeugungen, die auf allen kulturellen Ebenen ineinander verwoben sind und somit persönlichen und öffentlichen Zwecken dienen. *(Pause um 23.56 Uhr.)*

Es handelt sich um all jene Krankheiten, die man im allgemeinen den verschiedenen Altersgruppen zurechnet. Die Leiden der Betagten entsprechen genau euren gesellschaftlichen und persönlichen Glaubensüberzeugungen und der Struktur eures Familienlebens. Tiere haben im Alter ihre eigene Würde; und ebenso sollte es sich doch mit alten Menschen verhalten. Senilität ist eine unnötige mentale und psychische Seuche. Man wird davon »befallen«, weil man, wenn man jung ist, glaubt, daß alte Menschen zu nichts mehr taugen. Und da es keine Schutzimpfungen gegen Glaubensüberzeugungen gibt, werden junge Menschen, wenn sie alt werden, zu »Opfern« der eigenen Einstellung.*

---

* Seth hat sicher recht, wenn er sagt, daß »Senilität eine körperliche und mentale Seuche« sei, wenn man bedenkt, daß schon Millionen Menschen darunter gelitten haben und daran gestorben sind. Ich mußte mitansehen, wie mein Vater von Senilität allmählich zugrundegerichtet wurde; er starb im November 1971 im Alter von 81 Jahren.

Natürlich können die Glaubenssätze, die man sich in jungen Jahren erworben hat, geändert werden; und nach Seth (und auch Janes und meiner Ansicht nach) wäre dieser Veränderungsprozeß die beste »Schutzimpfung« gegen Senilität. Während ich mitansehen mußte, wie mein Vater alt und hinfällig wurde und sein Gedächtnis verlor, fragte ich mich immer wieder, warum er nicht bewuß· und willentlich seine Ansprechbarkeit

Die Art der Krankheiten ändert sich im Laufe der Geschichte. Manche kommen in Mode, andere veralten. Sämtliche Epidemien jedoch sind Massenkundgebungen biologischer und seelischer Natur. Sie verweisen euch auf die vorherrschenden Glaubensüberzeugungen ganzer Gruppen, ganzer Massen, welche zu materiellen Umständen geführt haben, die in jeder Hinsicht untragbar sind. Oft gehen sie mit Kriegen Hand in Hand. Es sind biologische Protestkundgebungen. *(Lange Pause.)*

Wann immer die Lebensqualität durch die herrschenden Umstände bedroht ist, wird es zu einer solchen Massenkundgebung kommen. Die Lebensqualität darf ein gewisses Maß nicht unterschreiten, wenn die Individuen einer bestimmten Gattung oder Art – jeglicher Art – sich entwickeln sollen. Für euch Menschen kommt aufgrund eurer spirituellen, mentalen und psychischen Fähigkeiten darüber hinaus eine weitere Dimension hinzu, die wiederum biologisch relevant ist.

Zum Beispiel muß es einfach die Freiheit geben, Ideen zum Ausdruck zu bringen, einen individuellen Spielraum innerhalb eines weltweit anerkannten sozialen und politischen Kontextes, der jedem einzelnen Individuum erlaubt, seine besonderen Fähigkeiten und Begabungen entfalten und damit seinen Beitrag für die Menschheit lei-

---

für das Leben einer Revision unterzog – und warum ich nie ein Anzeichen dafür entdeckte, daß er es überhaupt *wünschte*. Ich hatte das deutliche Gefühl, daß es ihm möglich gewesen wäre, seine Glaubenssätze in bezug auf das Leben zu revidieren und daß ihm das großen Gewinn gebracht hätte. Und es war auch nicht einfach mein Wunschdenken, das mir eingab, er möge sich ändern, nur um mir angesichts seines fortschreitenden Verfalls den Schmerz zu ersparen. Der freiwillige Rückzug meines Vaters aus der Welt und dem Leben lag für alle klar zutage. Jane und ich und andere Familienmitglieder mußten aber diesem fortschreitenden Verfallsprozeß mehr oder weniger untätig zusehen, da wir nicht wußten, was wir hätten tun können.

Nun wird neuerdings in medizinischen Kreisen davon gesprochen, daß viele Fälle von Senilität durch eine »langsame Virusinfektion« und nicht nur durch den herkömmlichen Alterungsprozeß und das Nachlassen der Gehirnfunktionen verursacht sein sollen. Man hofft aufgrund der bis anhin unbewiesenen Spekulation, daß derartige Infektionen eines Tages medikamentös behandelt werden könnten. Wie dem auch sei, ob nun Senilität durch den Alterungsprozeß oder durch Infektion bewirkt wird, entscheidend sind wiederum die Glaubensüberzeugungen, die entweder den Körper befähigen, bis weit ins hohe Alter gesund zu funktionieren, oder aber ihn veranlassen, ohne Not hinfällig zu werden.

Während ich diese Fußnote niederschrieb, wies Jane darauf hin, daß ein Teil meiner Ausführungen in der ersten Fußnote zur Sitzung 803 hierher paßt. Natürlich muß Senilität durch eine Kombination körperlicher und mentaler Übungen oder Techniken überwunden werden, wenn die Menschen wesentlich länger leben sollen.

sten zu können. Die Voraussetzung für ein solches Klima der Freiheit jedoch stellen so manche nicht allgemein akzeptierte Ideen dar – und doch ist die menschliche Natur so beschaffen, daß die biologische Bedeutung grundlegender Ideen nicht allzusehr vernachlässigt werden kann.

Die Qualität eures Lebens wird in wachsendem Maße durch die subjektive Wirklichkeit eurer Gefühle und Gedankenkonstruktionen bestimmt. Glaubensüberzeugungen, die Angst und Verzweiflung nähren, sind biologisch destruktiv. Sie legen das Körpersystem lahm. Wenn dem aktiven Widerstand der Massen gegen unhaltbare soziale oder politische Zustände der Erfolg versagt bleibt, dann greifen andere Maßnahmen Platz, und nicht selten treten diese in Form von Epidemien oder Naturkatastrophen auf. Das Übel wird auf die eine oder andere Weise beseitigt.

Doch sind derartige Zustände das Resultat von Glaubensüberzeugungen, die ihren Ursprung im Denken nehmen, weshalb die entscheidende Arbeit auf der mentalen Ebene geleistet werden muß.

(Nachdrücklich:) Ende der Sitzung!

(»Okay.«)

Meine herzlichsten Grüße und einen schönen guten Abend!

(»Danke, Seth. Gute Nacht.«)

(0.15 Uhr. Seth beendete die Sitzung unvermittelt, wie er sie auch begonnen hatte. Jane hatte das Material für ihn in einem gleichmäßigen, intensiven Tempo so mühelos gebracht, daß ich angenommen hatte, sie würde noch eine Zeitlang weitermachen. Sie sagte, die Sitzung sei zu ihrem Ende gekommen, weil ich gebeten hatte, das Wort »entscheidend« zu wiederholen, das ich beim ersten Male nicht verstanden hatte. Da Jane, wie sie mir jetzt erklärte, in dem Material »schon drei oder vier Sätze weiter« war, wurde sie durch meine Frage genötigt, noch einmal auf das eben Gesagte zurückzublicken. Und da beschloß sie plötzlich, weil sie wußte, daß es spät war, und obwohl sie in Trance war, die Sitzung abzubrechen. Zugleich aber fühlte sie sich durchaus imstande, noch eine Stunde weiterzumachen.)

Sitzung 805, Montag, den 16. Mai 1977

(Janes Vorstellungen – und meine auch – haben sehr viel deutlichere Konturen angenommen, seit ich vor einem Monat schrieb, daß sie

daran dächte, die Hälfte unserer Garage in ein Arbeitszimmer mit anschließender rückwärtiger Veranda zu verwandeln. Nun sind wir also übereingekommen, dieses Projekt im Sommer in die Tat umzusetzen. Bestimmt wird das eine langwierige und geräuschvolle Angelegenheit werden. Jetzt, da er die Veranda vor dem Hauseingang fertiggestellt hat, kann unser Bauunternehmer jederzeit mit seiner Arbeit an der Rückseite des Hauses beginnen. – Beginn um 21.28 Uhr.)

Guten Abend.

(»Guten Abend, Seth.«)

Diktat: Ein Tier hat ein Gefühl für seine eigene biologische Integrität. Ein Kind ebenfalls. Bei allen Lebensformen wird jedes Einzelwesen in eine schon für es vorgesehene Welt hineingeboren, deren Gegebenheiten seinem Wachstum und seiner Entwicklung förderlich sind. In dieser Welt beruht seine eigene Existenz auf der gleichwertigen Existenz aller anderen Einzelwesen und Arten, so daß ein jedes Lebewesen zum Ganzen der Natur beiträgt.

In diesem Lebensraum ergibt sich ein soziales Zusammenwirken auf biologischer Grundlage, das die Tiere auf ihre Weise verstehen und das auch für euren Nachwuchs eine selbstverständliche Gegebenheit ist. Die nötigen Mittel werden bereitgestellt, damit die Bedürfnisse des Einzelwesens erfüllt werden können. Die Erfüllung dieser Bedürfnisse fördert die Weiterentwicklung des Individuums, seiner Gattung und infolgedessen auch diejenige aller anderen Lebewesen der Natur.

Natürlich ist das Überleben wichtig, aber es ist nicht das oberste Anliegen einer Art; vielmehr ist es eine Voraussetzung dafür, daß die vorrangigen Ziele erreicht werden. Natürlich muß eine Gattung überleben, damit das geschehen kann; doch wird sie ein Überleben bewußt vermeiden, wenn widrige Umstände die für grundlegend erachtete Lebensqualität nicht gewährleisten.

Eine Gattung, die das Fehlen dieser Qualität empfindet, kann auf die eine oder andere Weise ihren Nachwuchs vernichten, und zwar nicht etwa deshalb, weil dieser sonst nicht lebensfähig wäre, sondern einfach weil ein solches Überleben so qualvoll und eine derartige Herabwürdigung des naturgemäßen Lebens wäre, daß sie einer Verhöhnung jeglicher natürlichen Würde gleichkäme.

Jede Gattung sucht die Entfaltung ihrer Anlagen und Fähigkeiten in einem gesicherten Rahmen, der Spielraum zum Handeln bietet. In diesem Zusammenhang wird es unter ganz bestimmten Umständen, die den Tieren wohlvertraut sind, gefährlich: Man weiß, wer das Beutetier und wer der Jäger ist. Doch selbst das Tier, das von der Natur zur Beute eines Raubtiers vorgesehen ist, fürchtet den »Jäger« nicht, wenn er satt ist; auch wird das Raubtier ihm dann nicht nachstellen.

Es gibt unter den Tieren auch ein gefühlsmäßiges Aufeinanderabgestimmtsein, das euch vollständig entgeht, und biologische Mechanismen, wodurch die Tiere, die die natürliche Beute anderer Tiere sind, ihre Rolle im Naturgeschehen »verstehen«. Sie nehmen aber nicht den Tod vorweg, bevor er eintritt. Durch den todbringenden Akt wird das Bewußtsein aus dem Körper hinausgetrieben, und so gesehen ist er nicht ohne Barmherzigkeit.

Tiere im Naturzustand erfreuen sich zeit ihres Lebens ihrer Kraft und ihres Selbstwertes. Sie regulieren ihre eigenen Geburten – und ihren eigenen Tod. Ihrem Leben eignet eine Qualität, die es ihnen immer wieder ermöglicht, ihre Kräfte und Fähigkeiten zu erproben. In ihrem unmittelbaren, das Lebensgefühl steigernden Kontakt mit dem Naturgeschehen erfreuen sie sich am Spiel der Gegensätze zwischen Hitze und Kälte, Ruhe und Bewegung. Notfalls werden sie auswandern, um bessere Lebensbedingungen zu suchen. Sie spüren sich nahende Naturkatastrophen und werden gefährdete Gebiete nach Möglichkeit verlassen. Sie werden ihre Angehörigen beschützen und den Umständen und Gegebenheiten entsprechend ihre Verwundeten pflegen. Selbst im Kampf um die Vorherrschaft zwischen den jungen und den alten männlichen Tieren einer Herde wird der Verlierer unter natürlichen Umständen nur selten den Tod finden. Gefahren werden präzis ausgemacht, so daß angemessene körperliche Reaktionen möglich sind.

Das Tier weiß um seine Existenzberechtigung und um seinen Platz im Naturzusammenhang. Es wird von diesem Sinn für seine biologische Unversehrtheit gehalten und getragen.

Der Mensch jedoch hat mehr zu bewältigen. Er hat mit Gefühlen und Überzeugungen zu tun, die oft so unbestimmt, so vieldeutig sind, daß klare Richtlinien zum Handeln fehlen. Der Körper ist oft ratlos, wie er reagieren soll. Wenn ihr beispielsweise euren Körper für etwas Sündiges haltet, dann könnt ihr nicht erwarten, glücklich zu sein, und an Gesundheit wird es euch sehr wahrscheinlich mangeln, denn eure düsteren Glaubensüberzeugungen werden die psychologische und biologische Unversehrtheit, mit der ihr geboren wurdet, brandmarken.

Die Menschheit befindet sich in einem Übergangszustand, einem von vielen. Dieser eine begann, generell gesprochen, als der Mensch versuchte, sich von der Natur abzusondern, um jene besondere Art von Bewußtsein zu entwickeln, die jetzt die eure ist. Dieses Bewußtsein ist jedoch nichts Endgültiges, sondern etwas, das dazu bestimmt ist, sich weiter »zu verändern und zu entwickeln«. Im Verlaufe dieser Entwicklung wurden gewisse künstliche Trennungslinien gezogen, die jetzt beseitigt werden müssen.

(22.03 Uhr.) Als weiser gewordene Geschöpfe müßt ihr zu der Natur zurückkehren, die euch hervorgebracht hat – nicht nur als fürsorgliche Wärter und Pfleger, sondern als Partner der anderen Lebensformen auf Erden. Ihr müßt aufs neue die Spiritualität eures biologischen Erbes entdecken. Die allermeisten der zur Zeit vorherrschenden religiösen, wissenschaftlichen und überhaupt kulturell bedeutsamen Lehrmeinungen haben eher einem Gefühl der Machtlosigkeit, der Unfähigkeit und des drohenden Verhängnisses Vorschub geleistet. Sie haben ein Bild geschaffen, in dem der Mensch und seine Welt ein unbedeutendes Zufallsprodukt ist, isoliert zwar, doch allem Anschein nach von einem launischen Gott regiert. Das Leben wird als »Jammertal« erachtet, als beinahe so etwas wie eine üble Infektion, von der die Seele nur durch den Tod geheilt werden kann.

Religiöse, wissenschaftliche, auch medizinische, und die meisten unsere Kultur, Zivilisation und Gesellschaft behandelnden Publikationen stellen groß Gefahren heraus, bagatellisieren die Sinnhaftigkeit des menschlichen Lebens oder betrachten gar den Menschen als Fehlentwicklung, als den halb wahnsinnigen, verirrten Mitbewohner eines im übrigen wohlgeordneten Naturreichs. Die eine oder andere oder auch alle der oben angeprangerten Überzeugungen werden von zahlreichen Denksystemen verfochten. Allesamt belasten sie den biologischen Sinn des Individuums für seine ganzheitliche Unversehrtheit, fördern sie das gefahrenorientierte Denken und verringern daher den Bereich psychologischer Sicherheit, die zur Aufrechterhaltung der möglichen Lebensqualität notwendig ist. Die Abwehrsysteme des Körpers geraten in mehr oder minder große Verwirrung.

Nun habe ich nicht die Absicht, eine Abhandlung über die biologischen Strukturen des Körpers und ihr Zusammenwirken zu liefern; vielmehr möchte ich nur solche Informationen vermitteln, die zur Zeit noch nicht allgemein bekannt und im übrigen auch im Hinblick auf die Gedanken wichtig sind, die hier noch zur Sprache kommen sollen. Es geht mir um Grundlegenderes. Die Abwehrmechanismen des Körpers werden das ihre tun, wenn man sie nur gewähren läßt und wenn die psychologische Luft von den eigentlichen »Krankheitserregern« gereinigt ist.

2

Massensuggestionen, Krankheitsplanung, Glaubensepidemien und mentale »Schutzimpfungen« gegen Verzweiflung

Fortsetzung der Sitzung 805, Montag, den 16. Mai 1977

(Pause um 22.15 Uhr.) Zweites Kapitel: »Massensuggestionen«. *(Einminütige Pause).* »Krankheitsplanung, Glaubensepidemien und mentale ›Schutzimpfungen‹ gegen Verzweiflung.«

(Nach langer Pause um 22.20 Uhr:) Indem ich in diesem Buch einige der verhängnisvollen Erfahrungsbereiche des Individuums und der Massen näher beleuchten werde, möchte ich zugleich auch einige praktische Lösungsvorschläge machen – unter dem Motto »Worauf man sich konzentriert, das bekommt man!«* Eure bildhaften Vorstel-

---

* Als Seth durchkam mit: »Worauf man sich konzentriert, das bekommt man!«, fiel mir ein, daß er diesen Ausspruch vor Jahren schon einmal getan hatte und daß ich diese Worte auf einen Merkzettel geschrieben und in unserer Wohnung, die wir in Elmira damals innehatten, an die Wand geheftet hatte. Ich wußte, daß dieser Merkzettel uns ein paar Jahre später bei unserem Umzug in das Hügelhaus begleitet hatte, in dem wir jetzt wohnen. Nach der Sitzung von heute abend fand ich ihn wieder – datiert 26. Februar 1972. Das Zitat stammt aus einer persönlichen Sitzung, die Jane während unseres Ferienaufenthalts in Marathon, Florida, abgehalten hatte.

Es war eine ungeplante Sitzung an unserem letzten Abend in Marathon gewesen. Wir hatten uns allerlei Sorgen wegen unserer Lebensziele gemacht und uns gefragt, welche Rolle das Seth-Material für uns noch spielen würde. Wir fühlten uns zu dem Leben in Marathon, wo ganzjährlich ein vorzügliches Klima herrscht und der Wohnwagen als Bleibe zum Lebensstil gehört, sehr hingezogen. Es erschien uns als ein offeneres, einfacheres und angenehmeres Leben; andererseits glaubten wir nicht, es uns leisten zu können. Das *»Seth-Material«* war Mitte 1970 veröffentlicht worden, aber es verkaufte sich nur langsam; und die *»Gespräche mit Seth«* waren noch nicht erschienen; wir waren gerade erst mit den Fahnenkorrekturen fertig geworden. Ich hatte vor den Ferien meinen Job in einer Werbeagentur aufgegeben und hatte noch keine festen Pläne in bezug auf meine weitere Arbeit außer der Absicht, Jane so viel wie möglich zu helfen. Zu Hause warteten viele Verpflichtungen auf uns. Obwohl Janes Vater wie auch der meine lungen verwirklichen sich selbst. Das ist an sich nichts Neues, aber ihr müßt verstehen, wie eure Massenkommunikationssysteme sowohl die »positiven« wie auch die »negativen« Tendenzen verstärken.

Zunächst werde ich euch also vor Augen führen, wie ihr als einzelne Individuen und insgesamt als Träger eurer Zivilisation euer Gefühl der Sicherheit und Geborgenheit untergraben habt; doch werde ich euch auch Wege zeigen, um euch in diesen grundlegenden und lebensnotwendigen Empfindungen biologischer Unversehrtheit und in euren Fähigkeiten spiritueller Einsicht zu bestärken, wodurch eine gewaltige Steigerung eurer geistigen und körperlichen Existenz möglich wird.

Eure Glaubensüberzeugungen haben Gefühle des Unwerts er-

---

im Vorjahr gestorben waren, lebten unsere Mütter noch; Janes Mutter in einem Pflegeheim im nördlichen New York und meine auf dem Familienbesitz der Butts in Sayre, Pennsylvanien, das nur achtzehn Meilen von Elmira entfernt liegt. Zu einem Leben im Wohnwagen überzuwechseln hätte bedeutet, dem größten Teil unserer Habe wie Bildern, Möbeln, Akten, Büchern zu entsagen, was wir kaum über uns gebracht hätten, und all unsere Freunde zu verlassen; und wie umständlich würde es sein, mit einem Verlag zusammenzuarbeiten, der sich weit weg im Norden in New Jersey befand! Jane war dazu noch eher bereit als ich, aber im Grunde wußten wir, daß unsere Idee des Fortgehens eher so etwas wie ein gemeinsamer Traum war oder eine wahrscheinliche Wirklichkeit, die wir in diesem Leben nicht zu erproben gedachten. Janes Mutter sollte drei Monate nach unserer Rückkehr sterben, die meine etwas mehr als ein Jahr später.

Seths Hinweise an jenem letzten Abend in Marathon halfen uns, unsere Sicherheit wiederzufinden. Im folgenden ein Auszug aus dem Sitzungsprotokoll:

»Ihr beide lebt in einer Beziehung, die nicht nur einzigartig, sondern auch ein Sprungbrett für schöpferisches Handeln ist. Ihr habt Gaben, die euch Befriedigung gewähren, die ihr aber unbekümmert für gegeben nehmt. Sie sind so sehr Teil eurer Existenz, daß ihr sie nicht einmal bewußt wahrnehmt.

Diese besondere Konstellation solltet ihr mit keiner anderen vergleichen. Sie ist einmalig, und weil sie es ist, enthält sie schier unerschöpfliche Möglichkeiten. Gilt euer Augenmerk vor allem euren Beschränkungen, so baut ihr euch euer eigenes Gefängnis. Erfreut ihr euch aber der Freiheiten, die euch zu Gebote stehen, dann vergrößern sie sich ganz von selbst. Ihr befindet euch im Augenblick in einer klar vorgezeichneten Situation. Ihr könnt nicht eine Zeit purer Glückseligkeit erwarten, die von Problemen nichts weiß. Das liegt nicht in der Natur des Lebens oder der Existenz.

Die Probleme, die sich euch stellen, sind denkbar schöpferischer Natur. Es sind Herausforderungen, die große Potentiale freisetzen können. Eure volle Arbeitskraft und eure schöpferischen Impulse werden aktiviert und kommen im gleichen Maße zum Zuge, in dem ihr eure Probleme in kreativer Weise bewältigt und versteht. Aber ihr solltet euch nicht auf sie konzentrieren und eure Augen nicht vor den Freuden und Freiheiten, die ihr habt, verschließen. *Worauf man sich konzentriert, das bekommt man! Das ist die einzige Grundregel.*« (Der Schlußsatz wurde von mir, Robert Butts, hervorgehoben.)

zeugt. Indem ihr euch künstlich der Natur entfremdet habt, habt ihr das Vertrauen in sie verloren, erfahrt ihr sie oft als feindlich. Eure Religionen gestanden dem Menschen eine Seele zu und sprachen sie den anderen Arten ab. Eure Körper gehörten somit der Natur an und eure Seelen Gott, der unberührt von seinen Schöpfungen für sich blieb.

Eure wissenschaftlichen Lehrmeinungen sagen euch, daß eure ganze Welt rein zufällig entstanden sei. Eure Religionen sagen euch, daß der Mensch sündhaft sei: Dem Körper darf man nicht trauen, die Sinne können euch vom rechten Weg abbringen. In diesem Labyrinth von Glaubenssätzen ist euch der Sinn für euren eigenen Wert und das Gefühl für die Sinnhaftigkeit eures Lebens weitgehend abhanden gekommen. Ein Klima der Angst und des allgemeinen Mißtrauens wird erzeugt, und nur zu oft ist das Leben bar aller heroischen Möglichkeiten. Der Körper kann nicht auf ein Gefühl genereller Gefährdung reagieren. Unter solchen Gegebenheiten wird er fortwährend unter Druck gesetzt und versucht, die Gefahr dingfest zu machen. Seiner Veranlagung nach sucht er euch handelnd zu beschützen. Darum sammelt er eine Menge Streß an, so daß oftmals spezifische Krankheiten oder bedrohliche Situationen geradezu »fabriziert« werden, um den Körper von Spannungen zu befreien, die unerträglich geworden sind.

Sicher haben viele von euch persönliche Erfahrungen mit intensiver geistiger Konzentration, bei der die Aufmerksamkeit auf einen ganz bestimmten Wahrnehmungsbereich gerichtet wird. Es gibt da viele Methoden und Schulen; immer aber entsteht eine hochsuggestible psychische Verfassung, in der spirituelle, mentale und materielle Ziele verfolgt werden. Es ist unmöglich, sich ohne Absicht geistig zu konzentrieren und zu meditieren; das Vorhaben selbst ist schon sein eigenes Ziel. Unseligerweise liefern euch aber viele Programme eures Gesundheitswesens und die Werbeeinschaltungen in den Massenmedien Massensuggestionen der abträglichsten Sorte. Ich spreche beispielsweise von TV-Sendungen, in denen spezifische Krankheitssymptome gezeigt und ausführlich erörtert werden und in denen zudem die Zuschauer aufgefordert werden, ihren Körper nach derartigen, geistig vorweggenommenen Symptomen abzusuchen. Ich beziehe mich auch auf all die Warnungen, durch die in ebenso bedauerlicher Weise auf Krankheiten aufmerksam gemacht wird, von denen die einzelne Person zwar keinerlei Symptome an sich entdeckt, die aber, wie man ihr warnend vorhält, als verheerende Vorgänge im Körperinnern auftreten können, auch wenn die Person sich vollkommen gesund fühlt. So führen die von religiösen, wissenschaftlichen und kulturellen Glaubenssätzen ausgehenden Suggestionen zu generalisierten Ängsten und Befürchtungen und wirken wie Blaupausen für Krankheiten, die vom Einzelmenschen gewissermaßen gebrauchsfertig übernommen werden können. Er kann dann sagen: »Natürlich fühle ich mich kraft- und lustlos oder voller Angst, da ich diese oder jene Krankheit habe.«

Die Appelle zu Vorsorgeuntersuchungen im Hinblick auf Brustkrebs, verbunden mit der Aufforderung zu Selbstuntersuchungen, haben mehr Krebsfälle verursacht, als *(sehr, sehr nachdrücklich)* durch irgendwelche Behandlungsmethoden geheilt wurden. Sie bewirken eine intensive geistige Konzentration auf den Körper in Verbindung mit negativen Bildvorstellungen, welche die Körperzellen angreifen.*

---

* Jane meinte dazu: »Wir sind überzeugt, daß negative Suggestionen eine ebenso reale Gefahr sind wie eine Überdosis Röntgenstrahlen. Sicherlich haben etliche Frauen bei sich Krebs durch Eigenuntersuchungen entdeckt und dadurch vielleicht ihr Leben gerettet. Doch gibt es keine Möglichkeit herauszufinden, welche Rolle negative Suggestionen bei der Entstehung ihrer Krankheit gespielt haben.

Bei manchen Frauen ruft das Unterlassen von Eigenuntersuchungen ebenso viel Angst hervor wie die Untersuchungen selbst – und da diese Frauen die offiziellen medizinischen Glaubenssätze übernommen haben, ist es besser für sie, diese Untersuchungen durchzuführen. Bei dieser wie bei allen Fragen, die die Gesundheit betreffen, sollte jede Frau für sich alles Für und Wider abwägen, ihre Glaubensvorstellungen sorgfältig überprüfen und dann ihre eigenen Entscheidungen treffen.«

Ich möchte Sie daran erinnern, was Seth uns in der Sitzung 804, insbesondere durch seine Ausführungen auf Seite 62, wissen ließ; lesen Sie das bitte noch einmal. Jane und ich finden es äußerst interessant, daß die Medien gerade letzte Woche ausführlich berichteten über die schon zwei Jahre währende Kontroverse von Krebsspezialisten bezüglich der Frage, ob bei Frauen, besonders den unter fünfzigjährigen, routinemäßig Mammogramme (Röntgenbefunde) gemacht werden sollten, um Brustkrebs schon im Frühstadium zu erkennen.

An der Debatte beteiligten sich die in der Krebsforschung führenden Organisationen der USA. Für Aufsehen sorgten zum Beispiel mehrere wissenschaftliche Berater am regierungseigenen National Cancer Institute, das ausgedehnte Untersuchungen an vielen tausend Frauen verschiedener Altersstufen durchführt: Diese haben den routinemäßigen Durchleuchtungen jüngerer Frauen Einhalt geboten. Es liegen Äußerungen dieser Wissenschaftler vor, denen zufolge solche Bestrahlungen möglicherweise mehr Krebs *verursachen* als heilen. Viele Millionen Dollar und viel Zeit und Mühe werden immer noch auf solche Forschungsprogramme verwandt. Derartige Studienprogramme abzuändern dürfte sich wegen der tiefverwurzelten Glaubenssysteme als schwierig erweisen. Auch ökonomische Faktoren spielen da mit hinein. Ganz abgesehen von den großen Summen, die beispielsweise mit den »offiziellen« Programmen verknüpft sind, haben auch viele private Radiologen Mammographien als recht lukrative Sache erkannt.

Nun sind viele Frauen sehr unsicher hinsichtlich der Frage, ob man Mammogramme machen lassen müsse. Das Verfahren ist leider nicht unfehlbar; auch haben Fehlinterpretationen eine Reihe von krebsfreien Frauen bewogen, sich Operationen, oft radikalen Mastektomien, zu unterziehen. Mehr noch: Jede dieser Frauen muß in dem Glauben leben, daß sie Krebs hatte und muß fortwährend auf Anzeichen eines Wiederauftretens achten – Zeichen, die sie nicht findet. Außerdem werden sie in regelmäßigen Abständen weiteren Röntgenuntersuchungen unterzogen. Sie können sich auch, wie das manche ältere Krebspatienten erfahren mußten, Probleme mit dem Arbeitgeber oder mit der Versicherung einhandeln.

Eine besondere Kontroverse in diesem Zusammenhang, die aber viel weniger publik geworden ist, betrifft die »prophylaktische subkutane Mastektomie«, das heißt das Entfernen der Brüste, *bevor* die betreffenden Frauen überhaupt Brustkrebs entwickelt haben. Diesen Frauen wurde gesagt, daß sie laut Statistik »mit hoher Wahrscheinlichkeit« an Krebs erkranken würden. Hier spielen neue diagnostische Verfahren mit hinein: die Erforschung der Familiengeschichte der »Patientin«, die Erforschung der Dichte und der Struktur des Gewebes ihrer Brust aufgrund der Muster von Mammogrammen und das Ausfindigmachen von *möglicherweise* prämalignen Zellveränderungen. Bei dieser präventiven Operation läßt der Chirurg die Brustwarzen und die Haut der Brüste übrig und füllt sie mit einer Plastik- oder Silikoneinlage auf.

Zur Zeit gibt es mehr Ärzte, die die Notwendigkeit prophylaktischer Mastektomien ablehnen als solche, die sie befürworten. Diejenigen, die gegen die Prozedur sind, führen die Fehler ins Feld, die in der Diagnose möglich sind, die Fehlinterpretation mammographischer Muster mitinbegriffen. Auf jeden Fall aber sind dabei negative Suggestionen, die in die Zukunft projiziert werden, im Spiel insofern, als das Individuum gesagt bekommt, daß es seinen eigenen unberechenbaren Körpervorgängen, die jeden Augenblick außer Kontrolle geraten können, auf Gnade und Ungnade ausgeliefert ist.

Auch als letzten Ausweg bieten prophylaktische Mastektomien offensichtlich keinen zuverlässigen Schutz, nachdem einige Frauen danach Krebs im Bereich der Brustwarzen entwickelt haben. Jane und ich fragen uns jedoch, wie viele »statistisch gefährdete« Frauen sich Operationen unterzogen haben, die sie gar nicht nötig gehabt hätten, denn sicher hätte eine signifikante Anzahl von ihnen keinen Krebs entwickelt. Natürlich lassen sie sich nicht prozentual ermitteln. Wenn bewiesen werden könnte, daß die meisten der Frauen mit »hohem Risiko« tatsächlich an Krebs erkranken, dann würde sich die Streitfrage, ob solche Mastektomien von allgemeinem Wert sind oder nicht, erübrigen; so jedoch, wie jetzt die Dinge liegen, sind die Frauen am Ende nur einmal mehr verwirrt hinsichtlich der Frage, wer denn nun recht habe und was zu tun sei. Es sind großangelegte Untersuchungen geplant, an denen sich auch das National Cancer Institute beteiligen wird, um die ganze Frage der prophylaktischen Mastektomien zu erforschen. Untersucht werden heutzutage auch die Zusammenhänge zwischen dem Gefühlsleben und der Krebsentstehung.

Jane und ich sind uns der Errungenschaften und Verdienste der medizinischen Wissenschaft bewußt; ihr weltweiter Beitrag ist aus unserer Zivilisation nicht wegzudenken. Demgegenüber verweisen wir auf die Seth-Kundgaben der Sitzung 804. Dort werden nicht nur die Abwehrmechanismen des Körpers und wie er »sich selbst immun macht« erörtert, sondern auch die negativen Glaubenssätze unserer Zivilisation hinsichtlich Körper und Krankheit herausgestellt. Wir finden, das Material sei so gut, daß es mehr als einmal gelesen zu werden verdient.

(Noch nachdrücklicher:) TV-Durchsagen des öffentlichen Gesundheitsdienstes über erhöhten Blutdruck erhöhen ihrerseits den Blutdruck von Millionen Fernsehzuschauern.

Eure gängigen Vorstellungen über den Sinn der Präventivmedizin erzeugen also genau jene Art von Angst, die krank macht. Sie untergraben das dem Individuum eigene Gefühl körperlicher Sicherheit und mehren den Streß, während sie dem Körper einen spezifischen, detaillierten Krankheitsplan anbieten; vor allem aber geht ihr Einfluß dahin, das Gefühl der Entfremdung des Individuums vom eigenen Körper zu verstärken und ein Gefühl der Ohnmacht und Gespaltenheit zu nähren.

Macht Pause.

(Nach einer Pause von 22.45 Uhr bis 23.09 Uhr:) Eure Arzneimittelwerbung ist nicht minder krankheitsfördernd. Viele Veröffentlichungen, die euch Erleichterung durch ein bestimmtes Medikament versprechen, leisten in Wahrheit der Krankheit Vorschub durch das, was sie euch suggerieren, und begründen überdies eine Abhängigkeit von dem betreffenden Medikament. Ein klassisches Beispiel hierfür liefern die Kopfschmerztabletten. Nirgends erwähnen die Veröffentlichungen privater Arzneimittelfirmen oder des öffentlichen Gesundheitsdienstes die natürlichen Abwehrkräfte des Körpers, seine Integrität, Vitalität und Kraft. Nie werden in euren Presseberichten, in Fernseh- oder Rundfunkprogrammen die Gesunden hervorgehoben. Die medizinischen Statistiken befassen sich mit den Kranken. Über die Gesunden werden Untersuchungen kaum angestellt.

Mehr und mehr Nahrungsmittel, Medikamente und Umweltbedingungen werden auf die Liste der krankmachenden Faktoren gesetzt. Milchprodukte, Fleisch, Kaffee, Tee, Eier und Fette kamen auf die schwarze Liste. Und doch haben es Generationen vor euch fertiggebracht, von solchen Nahrungsmitteln zu leben, die damals sogar als gesundheitsfördernd galten. Wahrhaftig, selbst seiner eigenen natürlichen Umwelt gegenüber scheint der Mensch allergisch geworden zu sein, ein Opfer schon bloßer Witterungsverhältnisse.

Es stimmt, daß eure Umwelt chemische Schadstoffe enthält, die früher nicht vorhanden waren. Doch ist der Mensch innerhalb vernünftiger Grenzen biologisch imstande, solche Materialien zu assimilieren und bestimmte Chemikalien sogar zu seinem Vorteil zu verwenden.

Fühlt sich der Mensch jedoch ohnmächtig und in einem Zustand generalisierter Angst befangen, dann kann er selbst die natürlichsten und ursprünglichsten Bestandteile seiner Nahrung in Gift verkehren. Eure Medien, insbesondere das Fernsehen, wie auch eure Künste und Wissenschaften überschwemmen euch mit Suggestionsinhalten der Massen. Eure Literaten liefern euch Romane, in denen Antihelden porträtiert werden, und oft genug zeichnen sie das individuelle Dasein als sinnlos, bar jeder Möglichkeit, der persönlichen Verwirrung und Angst handelnd entgegenzutreten.

Viele – wiewohl nicht alle – Romane oder Filme ohne eigentliche Handlung verdanken sich diesem Glauben an die Ohnmacht des Menschen. In solchem Zusammenhang ist Handlung niemals heroisch, und der Mensch ist überall Opfer einer fremden und feindlichen Welt. Auf der anderen Seite haben eure so gewöhnlichen, literarisch wertlosen, jedoch gewalttätigen Fernsehdramen tatsächlich eine soziale Funktion, indem sie nämlich dem Gefühl generalisierter Angst in einer speziellen Situation konkreten Ausdruck verleihen, um sie dann dramatisch aufzulösen. Was zählt, ist die individuelle Aktion. Die Handlung mag stereotyp und die Darstellung schauderhaft sein, in altbewährter Weise siegt jedoch der »Gute«.

(23.30 Uhr.) In solchen Sendungen zeichnen sich tatsächlich die generalisierten Ängste der Nation ab. Zudem aber handelt es sich bei ihnen um – von der Intelligentsia verachtete – Volksdramen, in denen der Mann der Straße heroische Züge entwickeln, auf ein klares Ziel hinsteuern und als Sieger triumphieren kann.

Oft überzeichnen solche Filme die Welt eurer Kultur, und freilich kommt die Lösung meistens durch Gewalt zustande. Aber die zugrunde liegenden Glaubenssätze eurer höheren Bildung führen euch in eine noch trostlosere Szenerie, wo jegliches Handeln, auch die gewaltsamste Aktion von Menschen, die sich zum äußersten getrieben fühlen, sinnlos ist. Der einzelne Mensch braucht aber das Gefühl, daß seine Handlungen zählen. Er fühlt sich zur Gewalttätigkeit nur als zu seiner letzten Zuflucht gedrängt – und Krankheit *ist* oft diese letzte Zuflucht. *(Lange Pause.)*

Eure Fernsehdramen, die Räuber-und-Gendarm-Spiele, die Spionagefilme sind primitiv, aber sie lösen Spannungen, was man von den TV-Veröffentlichungen des Gesundheitsdienstes nicht eben behaupten kann. Der Zuschauer eines Krimis kann sagen: »Natürlich fühle ich mich nicht sicher, natürlich habe ich Angst, da ich in einer solchen Welt der Gewalt lebe!« Das unbestimmte Angstgefühl findet so einen

Grund zu seiner Rechtfertigung. Doch solche Sendungen bieten wenigstens eine dramatisch angelegte Lösung, während die Durchsagen des öffentlichen Gesundheitsdienstes nur fortschwärendes Unbehagen erzeugen. Derartige Konzentrationsübungen der Massen verschlimmern lediglich eine Situation, die an und für sich schon schlimm genug ist.

Im großen ganzen also haben Filme mit gewalttätiger Handlung eine Funktion zu erfüllen insofern, als sie den einzelnen Menschen in dem Gefühl bestärken, daß ihm Macht gegeben sei, in eine gegebene Situation handelnd einzugreifen. Der Gesundheitsdienst bringt bestenfalls den Arzt als Vermittler ins Spiel. Es wird erwartet, daß ihr euren Körper zu einem Arzt bringt, gerade so wie ihr euer Auto zu einer Werkstatt bringt, damit die reparaturbedürftigen Teile ausgebessert werden. Euer Körper wird wie ein außer Kontrolle geratenes Fahrzeug betrachtet, das dauernd überprüft werden muß.

Der Arzt ist so etwas wie ein biologischer Mechaniker, der euren Körper viel besser kennt als ihr selbst. Diese die Medizin und deren Vertreter betreffenden Glaubensüberzeugungen sind nun in die wirtschaftlichen und sozialen Strukturen eurer Kultur eingebettet; insofern kann man nicht allein den Medizinern oder ihrem Berufsstand die Schuld zuschieben. Euer wirtschaftliches Gedeihen ist ebenfalls Teil eurer persönlichen Realität. Viele wahrhaft ihrem Beruf verpflichtete Ärzte wenden die medizinische Technologie durchaus mit spirituellem Verständnis an, doch sind auch sie Opfer der von ihnen gehegten Glaubensüberzeugungen.

Wenn ihr keine Kopfschmerzmittel mehr kauft, könnte es passieren, daß euer Onkel oder ein Nachbar seine Arbeit verliert und seine Familie nicht mehr ernähren kann und daher auch nicht mehr über die Mittel verfügt, die Waren zu kaufen, die *ihr* verkauft. Man kann einen Lebensbereich vom anderen nicht trennen. Eure persönlichen Glaubensüberzeugungen, die ihr mit den Massen teilt, bilden eure kulturelle Wirklichkeit. Eure Gesellschaft ist nicht eine Sache für sich, die außerhalb eurer selbst existiert; vielmehr ist sie das Ergebnis der individuell gehegten Glaubensüberzeugungen jedes ihrer einzelnen Mitglieder. Es gibt keine Gesellschaftsschicht, die ihr nicht auf die eine oder andere Weise mitbeeinflußt. Eure Religionen stellen die Sünde in den Vordergrund, eure Mediziner stellen die Krankheit in den Vordergrund. Eure etablierten Wissenschaften stellen Theorien in den Vordergrund, denen zufolge die Welt aus Chaos und Zufall entstanden sei. Eure Psychologen stellen den Menschen als Opfer seiner sozialen Umwelt und Geschichte in den Vordergrund. Eure fortgeschrittensten Denker stellen die Schändung des Planeten in den Vordergrund, oder sie konzentrieren sich auf die der Welt bevorstehende Katastrophe, oder sie sehen die Menschen wieder einmal als Opfer der Gestirne.

Viele eurer neu zum Leben erweckten okkulten Schulen sprechen von einer erstrebenswerten Abtötung allen Wünschens und Wollens, von der wünschenswerten Vernichtung des Ego, von der Transmutation stofflich-materieller Elemente in subtilere Seinsformen des Geistes. Und allemal leidet darunter die klare spirituelle und biologische Unversehrtheit des Individuums, und die kostbare Unmittelbarkeit des Momentanen geht euch weitgehend verloren.

Das Erdenleben gilt dann als dunkle, trübe Übersetzung einer grandioseren Existenz und nicht als die einzigartige, schöpferische und lebendige Erfahrung eurer Existenz, die es doch sein sollte. Der Körper wird sabotiert und desorientiert. Die klaren Kommunikationswege zwischen Geist und Körper werden verschüttet; Krankheiten und Leiden, individuell und *en masse,* sind die notwendige Folge, damit ihr zu anderen Einsichten gelangt.

(Unvermittelt:) Ende der Sitzung.

(»Sehr gutes Material!«)

Meine herzlichsten Grüße.

(»Gute Nacht, Seth«, sagte ich um 23.59 Uhr. Ich hatte eigentlich angenommen, daß er noch eine Weile länger durchkommen würde.)

Sitzung 806, Samstag, den 30. Juli 1977

(Dies ist die erste Sitzung für »Individuum und Massenschicksal« nach elf Wochen Pause. Und was haben Jane und ich während all dieser Zeit gemacht – im Verlauf dieses fast vollen Vierteljahres unserer körperlichen Existenz?

Nach Abschluß der Sitzung 805 legten wir eine sechswöchige Pause ein. Das war nicht geplant; es ergab sich einfach so, bis uns schließlich klar wurde, daß Jane einfach eine Veränderung ihrer Arbeitsroutine brauchte. Wir hatten eine Menge anderer Dinge zu tun. Ich war immer noch tagtäglich damit beschäftigt, Anmerkungen und Nachträge für Band 2 der »›Unknown‹ Reality« zu schreiben. Jane erhielt am 4.

Juni die Druckfahnen für »Cézanne« und machte sich an deren Korrektur. Am 14. Juni begann »unser« Bauunternehmer die Hälfte unserer Garage in ein Arbeitszimmer für Jane umzubauen und eine große rückwärtige Veranda anzufügen. Dieser Umbau war viel geräuschvoller und störender als die frühere Arbeit an der vorderen Veranda und nötigte uns zu einigen Änderungen unserer Tagesarbeit. Vermehrte Nachtarbeit mußte uns um diese Störungen herummanövrieren.

Am 9. Juli erhielten wir von der Prentice-Hall unsere ersten Belegexemplare von Band 1 der »›Unknown‹ Reality«. Das war für uns wirklich eine Freude, denn es bedeutete die erste Veröffentlichung eines Seth-Buches nach dreijähriger Pause [»Die Natur der persönlichen Realität« war 1974 herausgekommen]. Mitte Juli begann unsere Freundin Sue Watkins die letzten Passagen des endgültigen Manuskripts der »Natur der Psyche« in die Maschine zu tippen. Jane hatte mir bei der Vorbereitung der ersten fünf Kapitel geholfen; aber da wir beide so beschäftigt waren, baten wir Sue um ihre Mithilfe für den Rest. Als es dann zu dieser 806ten Sitzung kam, hatte Jane den ersten handschriftlichen Entwurf zu »James« praktisch abgeschlossen. Sie hat auch schon die Einleitung dafür zu schreiben begonnen.*

Um noch einmal auf das Ende unseres »Urlaubs zu Hause« zurückzukommen: Am 25. Juni begann Jane mit einer Serie von zehn Sitzungen, die wir zur Abwechslung Montag und Samstag abends (statt in unserer gewohnten Montag-Mittwoch-Routine) abhielten. Wir beschlossen dann, diese Sitzungen als privat einzustufen oder jedenfalls nicht als Arbeit an dem vorliegenden Buch »Individuum und Massenschicksal«. Dieses Material ist zu einem Teil ausgesprochen privater Natur, zum anderen von allgemeinem Interesse, das heißt, seine Veröffentlichung könnte eine Hilfe für andere Menschen bedeuten. Diese unsere Feststellung führte zu Fragen, die uns schon früher beschäftigt haben: Welche Sitzungen beziehen sich auf ein spezielles Buchprojekt, welche nicht? Und was, wenn sie indirekt dazugehören, von Seth aber

---

* Sue Watkins ist in einer Reihe von Janes Büchern erwähnt und gelegentlich auch zitiert worden, erstmals im *»Seth-Material«*. Jane begann ihre ASW-Kurse im September 1967. Wir lernten Sue im September 1968 kennen. Einen Monat später trat sie dem Kurs bei und wohnte ihm mehr oder minder regelmäßig bei bis zum Ende der Kurse im Februar 1975. Zur Zeit arbeitet Sue an einem Roman, und sie ist Mitherausgeberin einer Wochenzeitung in einer kleinen Stadt fünfzig Meilen nördlich von Elmira, N.Y.

nicht als Buchdiktat bezeichnet werden? In den betreffenden Augenblicken ist mir vielleicht nicht klar, daß ich ihn deswegen fragen sollte; oder ich fange erst später an, Mutmaßungen über die Verwendung des einen oder anderen Materials anzustellen. So wissen wir zum Beispiel, daß Seth eine bestimmte Zahl von Sitzungen als ausdrücklich für dieses Buch bestimmt kennzeichnen wird, doch behalten wir uns vor, weiteres Material als Ergänzung in Betracht zu ziehen.

Die Sitzung 806 ist ein solches Beispiel. Strenggenommen ist es kein Diktat für das Buch, doch geben wir hier Auszüge davon wieder; denn Seth erörterte die Begriffe »Geschehnis« und »Erinnerung« mit anderer Akzentuierung und streifte Aspekte der Reinkarnation * *– al-*

---

* Jane verwandte vor meinem Geburtstag (ich wurde am 20. Juli 58 Jahre alt) eine Menge Zeit auf die Herstellung eines Skizzenbuches mit Gedichten und Farbzeichnungen als Geschenk für mich. In ihrer überaus originellen Lyrik und Graphik berührte sie mancherlei Themen. Über Reinkarnation schrieb sie:

Für Rob
Wurdest du einst im Winter geboren,
in Europas Eis und Schnee,
wo Dörfer ins nächtliche Dunkel sich kauern
und Wölfe die Hügelschluchten durchstreiften?
Oder zerriß, braunhäutiges Saugkind, dein Schrei
Ägyptens frühe Morgendämmerung?
Wie viele Wiegenfeste kamen und gingen,
Wie viele Lande schon waren dir Heimat?
Wie vieler Liebender Flüstern verwob sich
den Mustern deines Gemüts?
Wie viele Söhne und Töchter entsprangen
deinen Lenden oder deinem Schoß?
Wie viele Stimmen flüstern in meiner
glückwünschend mit an deinem Geburtstag,
und welche Lieben richten dir
in deinen Vergangenheiten
ein Festmahl mit Kuchen und Wein?

Und in »modernerer« Version:

Für Rob
Wir haben hier heute geparkt,
und die grüne Welt wirbelte
dschungelgeschwind
im Geschäftsviertel über dem Fluß,
und wie ein Großstadtbuschmann war ich im Einklang,

les Themen, die mit jener unfaßlichen, wahrhaft undefinierbaren Qualität zusammenhängen, die er simultane Zeit nennt. Ich bitte Sie, stets der Tatsache eingedenk zu bleiben, daß Seths »Zeit«, ganz gleich, welches Thema von welchem Gesichtspunkt aus immer er gerade erörtert, all dem zugrunde liegt, was unsere Sinne in lineare, konkrete Erfahrung und Realität übersetzen. Ich mache mir auch folgendes immer wieder klar: Seth, wie er sich selbst definiert, ist ein »Energiepersönlichkeitskern« und allem Anschein nach nicht so sehr in den Zeitablauf eingebunden wie wir; doch früher einmal, in der Sitzung 14 vom 8. Januar 1964, wies er darauf hin, daß Zeit »noch eine gewisse Art von Wirklichkeit« für ihn darstelle. Ich werde daher in Fußnoten auf alle möglichen Arten von »Zeit« eingehen.)

(21.23 Uhr:) Guten Abend.

(»Guten Abend, Seth.«)

Erster Teil der Sitzung.

Da Geschehnisse nicht in den konkreten, ein für allemal abgeschlossenen Versionen, als die ihr sie zu sehen gelernt habt, ihr Bewenden finden, muß es auch mit dem Gedächtnis eine andere Bewandtnis haben.

Ihr müßt eurer Kreativität und der unabgeschlossenen Natur aller Geschehnisse eingedenk bleiben; denn sogar in ein und demselben Leben stellt eine bestimmte Erinnerung selten die »wahre Version« eines vergangenen Vorkommnisses dar. Das ursprüngliche Geschehen wird von jeder der beteiligten Personen natürlich aus einer anderen Perspektive erlebt, so daß sich die Implikationen und grundlegenden Bedeutungen des Geschehens entsprechend dem Blickwinkel jedes daran Beteiligten voneinander unterscheiden. Ein bestimmtes Geschehnis, das nach euren Begriffen zum erstenmal stattfindet, beginnt auf die Teilnehmer »einzuwirken«. Jeder bringt seinen persönlichen Hintergrund, sein besonderes Temperament und buchstäblich tausend verschiedene Farbnuancen mit ein – so daß es für jeden der

---

in Gedankenwipfeln mich wiegend,
beim Stocken und Weiterfließen des Verkehrs,
präzis wie Rituale der Tierwelt,
nahezu förmlich; Motoren donnernd,
dann summend, pausierende Räder,
Scheinwerfer hypnotisiert in der Sonne.
Du bist auf die Bank gegangen
zu einem Tauschhandel, so urtümlich wie Stammestänze.

Teilnehmer an einem Geschehen eine nur ihm eigentümliche Version dieses Geschehens gibt.

Im gleichen Augenblick, da es stattfindet, beginnt es sich schon zu wandeln, indem es durch neu hinzukommende »Ingredienzien« gefiltert wird; und es wird darüber hinaus durch jedes darauffolgende Geschehen unmerklich weiter verändert. Die Erinnerung an ein Vorkommnis ist demnach ebensosehr von der Gegenwart wie von der Vergangenheit gefärbt. Gedankenverbindungen lösen Erinnerungen aus und bringen erinnerte Geschehnisse in neue Zusammenhänge, wodurch diese Geschehnisse wiederum neue Formung und Färbung erfahren.

Ihr seid an eine Zeitenfolge gewöhnt, so daß ihr euch an etwas erinnert, das zu einer bestimmten Zeit in der Vergangenheit geschah. Gewöhnlich könnt ihr Geschehnisse auf diese Weise einordnen. Es gibt sozusagen neurologische Nischen, so daß der Körper, indem er Aktivität registriert, Geschehnisse biologisch einordnen kann. Diese neurologischen Impulse sind auf die biologische Welt, wie ihr sie kennt, eingestellt.

Nach diesen Kriterien bleiben demgegenüber Erinnerungen aus vergangenen oder zukünftigen Leben schattenhaft. Im großen ganzen ist es notwendig, daß die unmittelbare Körperreaktion auf diejenige Zeitperiode eingestellt ist, die ihr wahrnehmt. Andere Lebenserinnerungen werden sozusagen unterhalb jener stärkeren Impulse mitgeschwemmt – wobei sie in gewissem Sinne nie zur Ruhe kommen, so daß man sie genauer betrachten könnte; vielmehr bilden sie gewissermaßen die Unterströmung, die von den Ereignissen eures gegenwärtigen Lebens überlagert wird.

Wenn solche Erinnerungen aus anderen Leben an die Oberfläche steigen, dann sind sie natürlich von ihm gefärbt, und ihre Rhythmen stimmen nicht überein. Sie sind nicht so präzis in euer Nervensystem eingebunden wie eure regulären Erinnerungen. Eure Gegenwart verdankt ihre Empfindung von Tiefe eurer Vergangenheit, so wie ihr sie versteht. In gewisser Weise bildet aber auch die Zukunft eine Art Tiefenperspektive zu den gegenwärtigen Geschehnissen. Eine Wurzel dringt in alle Richtungen vor, Geschehnisse ebenso. Aber die Wurzeln von Geschehnissen reichen durch eure Vergangenheit, Gegenwart und Zukunft.

Ihr könnt, indem ihr eure Denkprozesse zu verlangsamen oder in spielerischer Weise zu beschleunigen sucht, Erinnerungen aus anderen Leben – vergangenen oder zukünftigen – wahrnehmen. Bis zu einem gewissen Grade erlaubt ihr euren neurologischen Impulsen, sich bemerkbar zu machen. Das mag oft mit einem Gefühl von Vagheit einhergehen, denn ihr habt ja kein vorgefertigtes Schema von Zeit und Ort, mit dem ihr solche Erinnerungen strukturieren könntet. Solche Übungen bringen auch die Gegebenheiten eures eigenen Gegenwartslebens mit ins Spiel, denn ihr folgt automatisch Wahrscheinlichkeiten aus der Sicht eures eigenen Blickwinkels.

Es wäre äußerst schwierig, in eurem Wirklichkeitsbereich zu operieren ohne die – wenngleich fiktive – Voraussetzung konkreter, abgeschlossener Ereignisse. Ihr gestaltet aber eure vergangenen Leben in diesem Leben so sicher, wie ihr auch eure zukünftigen Leben schon jetzt gestaltet.

Gleichzeitig weilt jedes eurer vergangenen und zukünftigen Selbst eben jetzt in seinem je eigenen Sosein; und das soeben Gesagte gilt auch für sie. Es ist theoretisch möglich, ein tieferes Verständnis hierfür durch ein vertieftes aufmerksames Eingehen auf die Geschehnisse eures eigenen Lebens zu gewinnen. Indem ihr eine ganze Anzahl für selbstverständlich genommener Annahmen über Bord werft, mag es euch gelingen, eine Erinnerung zu erhaschen. Aber nun unterlaßt es, sie zu strukturieren – eine äußerst schwierige Aufgabe, denn solches Strukturieren erfolgt inzwischen mit nahezu automatischer Sicherheit.

(22.01 Uhr.) Die Erinnerung wird, wenn man nicht eingreift, nicht strukturiert; sie wird schimmern, beben, immer andere Formen annehmen und sich vor eurem inneren Auge verwandeln, so daß ihre Gestalt wie ein psychologisches Kaleidoskop erscheint, durch dessen Brennpunkt auch die anderen Ereignisse eures Lebens hindurchschimmern und sich wandeln werden. Durch eine solche Erinnerungsübung kann man auch Erinnerungen aus anderen Leben heraufrufen. Ränder, Ecken und Spiegelungen werden aufscheinen, vielleicht als Überlagerungen von Erinnerungen, die ihr als diesem Leben zugehörig erkennt.

Eure Erinnerungen dienen der Organisation eurer Erfahrungen und folgen wiederum bekannten neurologischen Sequenzen. Erinnerungen aus anderen Leben, aus Zukunft und Vergangenheit, prallen oft von diesen Sequenzen mit einer zu raschen Bewegung ab, als daß ihr ihnen zu folgen vermöchtet.

Vielleicht erinnert ihr euch in einem stillen Augenblick, unvorbereitet, an ein Vorkommnis aus diesem Leben, das jedoch mit einem sonderbaren Gefühl verbunden ist, als ob irgend etwas daran, irgendeine Empfindung nicht in die Zeitnische paßt, in die das betreffende Ereignis gehört. In solchen Fällen ist die Erinnerung von einer anderen gefärbt; eine Erinnerung aus einem künftigen oder vergangenen Leben wirft ihren Schatten auf das erinnerte Vorkommnis. Der Erinnerung haftet teilweise etwas traumartig Fließendes an.

Das geschieht öfter, als ihr es euch eingesteht; denn im allgemeinen weist ihr das befremdliche Gefühl einfach von der Hand und laßt denjenigen Teil der Erinnerung fallen, der sich nicht einfügen läßt. Solche Momente bilden jedoch echte Durchsinterungen. Ihr könnt, indem ihr wachsam seid und solche Gefühle abfangt, lernen, den wie fließenden, gleitenden Teil der im übrigen deutlichen Erinnerung als Sammellinse zu nutzen. Durch Assoziationen kann diese Sammellinse dann weitere Erinnerungen aus Vergangenheit oder Zukunft auslösen. Auch im Traumzustand tauchen Hinweise auf, und zwar mit größerer Häufigkeit, weil euch dort jene fließende, gleitende Empfindung, in welcher der Ablauf der Geschehnisse sich nach eigenen Gesetzmäßigkeiten zu vollziehen scheint, wohlvertraut ist.

Träume, in denen Vergangenheit und Gegenwart ineinander verwoben sind, bilden dafür ein Beispiel, ebenso Träume, in denen Zukunft und Vergangenheit ineinanderfließen, und Träume, in denen Zeit als wandelbares Element erscheint.

Macht jetzt eure Pause.

(Nach einer Pause von 22.14 bis 22.44 Uhr:) Nun: In gewissem Sinne sind Vergangenheit, Gegenwart und Zukunft in komprimierter Form in jedem Moment eurer Erfahrung enthalten.

Jeder dieser Augenblicke ist daher ein Durchlaß zu eurer Gesamtexistenz. Die Geschehnisse, die in eurer Wahrnehmung eben jetzt stattfinden, sind einfach spezifisch, aber das geringste Element in der Erfahrung jedes einzelnen Augenblicks steht auch symbolisch für andere Zeiten und Ereignisse. So ist jeder Augenblick wie ein Mosaik, nur folgt ihr in eurer gegenwärtigen Lebensgeschichte lediglich einer Farbe oder einem Muster und laßt die anderen außer acht.

Wie ich [in anderen Büchern] erwähnt habe, könnt ihr tatsächlich die Gegenwart einigermaßen verändern, indem ihr ganz bewußt ein im Gedächtnis gespeichertes Vorkommnis abändert. Eine Synthese dieser Art kann bei vielen Gelegenheiten in bezug auf andere Menschen von Nutzen sein.

Eine solche Übung ist nicht etwa irgendeine theoretisch ausgeklügelte oder nicht praktikable esoterische Methode; vielmehr ist sie ein höchst präzises, geschwindes und dynamisches Verfahren, dem in der Gegenwart beheimateten Selbst durch Auflösung der Ängste eines vergangenen Selbst wirksam zu helfen. Jenes vergangene Selbst ist auch keineswegs etwa hypothetisch, sondern es existiert noch immer, ist erreichbar und vermag seine Reaktionen zu ändern. Ihr braucht keine Zeitmaschine, um die Vergangenheit oder die Zukunft zu verändern.

Eine solche Technik ist außerordentlich wertvoll. Nicht nur sind Erinnerungen nicht »tot«, sie verändern sich auch fortwährend. Viele von ihnen verändern sich nahezu vollständig, ohne daß ihr dessen gewahr werdet. In seiner Lehrzeit als Romanschriftsteller beschrieb Ruburt *(Jane)* eine bestimmte Episode mit einem Priester aus seiner Jugendzeit in zwei oder drei unterschiedlichen *(unveröffentlichten)* Versionen. Jede dieser Versionen stellte zur Zeit ihrer Niederschrift seine getreue Erinnerung an das Vorkommnis dar. Während sich die bloßen Fakten mehr oder minder gleichblieben, waren die Unterschiede hinsichtlich Bedeutung und Interpretation von einer Version zur anderen so drastisch verschieden, daß die Verschiedenheiten die Übereinstimmungen bei weitem überwogen.

Da die besagte Episode bei zwei oder drei verschiedenen Gelegenheiten Verwendung fand, konnte Ruburt sehen, wie sein Gedächtnis sich veränderte. Meistens jedoch nehmen die Menschen gar nicht wahr, daß ihre Erinnerung sich derartig wandelt oder daß sich die Geschehnisse, deren sie sich zu erinnern glauben, von Mal zu Mal stark unterscheiden.

Das aber liegt daran, daß vergangene Geschehnisse weiterwachsen. Sie sind nicht in sich abgeschlossen. Wenn ihr euch das klarmacht, versteht ihr auch, daß zukünftige Leben, von eurem Bezugsrahmen her gesehen, sehr schwer zu erklären sind. Ein nach euren Begriffen abgeschlossenes Leben ist so wenig abgeschlossen oder erledigt wie jedes andere Geschehnis. Da ist lediglich ein Punkt, wo euch in eurem Bezugsrahmen etwas außer Sicht gerät, aber das ist im Grunde so artifiziell wie Perspektive in einem Gemälde.

Nicht daß das innere Selbst nicht um all dies wüßte; doch hat es sich bereits einen Bezugsrahmen oder bestimmten Daseinsmodus erwählt, in dem bestimmte Weisen des Erlebens vor anderen zur Geltung kommen.

(23.05 Uhr. Jetzt ging Seth zu dem persönlicheren zweiten Teil der Sitzung über, in dem er in bezug auf Jane erklärte, wie sie in diesem Leben ihrem vergangenen Selbst ihr gegenwärtiges Wissen vermitteln konnte, so daß sie dank der daraus entstehenden »psychologischen Synthese« besser gerüstet war, mit bestimmten Herausforderungen fertigzuwerden. – Ende um 23.44 Uhr.)

Sitzung 814, Samstag, den 8. Oktober 1977

(Mit einer Ausnahme, auf die ich später zurückkommen werde, hat es eine weitere lange Periode – neun Wochen – ohne Sitzungen für das Buch gegeben. Jane war dennoch während dieser Zeit sehr aktiv, denn Seth kam mit einer Sonderserie von siebzehn Sitzungen durch, die nicht dem Buch gewidmet, sondern persönlicher Art waren, und doch berühren sie eine große Anzahl von Themen allgemeiner Natur.

In den letzten zwanzig Wochen kamen tatsächlich nur in einer Sitzung Seth-Kundgaben für dieses Buch und in achtundzwanzig Sitzungen andere Themen durch. »Vielleicht hat er das Buch schon längst beendet und bloß vergessen, uns Bescheid zu sagen«, neckte ich Jane. »Vielleicht wird dieses das bis anhin kürzeste Buch.« »Ständiges Buchdiktat kann aber auch ganz schön einengend sein«, meinte sie und erinnerte mich daran, daß die Sitzungen nur wenige Wochen nach Abschluß der »Natur der Psyche« in jenen für »Individuum und Massenschicksal« ihre Fortsetzung gefunden hatten. »Es ist einfach so: Infolge der Konzentration auf den Stoff der Bücher kommt eine Menge anderer Themen zu kurz ... Unterbrechungen im Buchdiktat geben uns wenigstens Gelegenheit zu Abstechern in andere Richtungen – die Sitzungen sind so abwechslungsreicher.«

Das erfordert seitens Jane eine größere Flexibilität und stellt für uns auch eine Herausforderung dar, denn aufgrund der Fülle des Materials, das wir während der Unterbrechung des Diktats für dieses Buch angesammelt haben, sehen wir uns genötigt, nach Möglichkeiten zu suchen, wenigstens einiges davon zu veröffentlichen, damit auch andere Nutzen daraus ziehen können. Die Herausforderung besteht darin, unsererseits Zeit für die notwendige redaktionelle Arbeit nebst Anmerkungen zu finden, um ein solches Manuskript publikationsreif zu machen: Dafür bräuchten wir wohl gut ein Jahr. Jane und ich haben überlegt, ob wir dieses hypothetische Buch mit dem hier erarbeite-

ten kombinieren sollten, aber wir konnten uns ausrechnen, daß dabei höchstwahrscheinlich ein viel zu umfangreiches Buch herauskommen würde, noch umfangreicher als Band 2 der »›Unknown‹ Reality«, der unseres Erachtens schon reichlich umfangreich ist. Auch bestehen zwischen den erwähnten unterschiedlichen Materialien gewisse subtile Unterschiede, wenn man auch sagen muß, daß jedes Thema, das Seth behandelt, auf die eine oder andere Weise einen Teil seiner Gesamtschau bildet. Anders gesagt: Während der Unterbrechung des Diktats für dieses Buch wurde eigentlich soviel Stoff produziert, daß dieser ein weiteres Buch füllen könnte – um das wir uns, vorläufig wenigstens, nicht kümmern können. *

---

* Es drängen sich mir einige Kommentare über das Schreiben und das Malen auf, die ich schon immer machen wollte, da ich mich täglich mit beidem beschäftige.

Während ich die Materialfülle sortierte, die Seth-Jane in den letzten Wochen produziert hat, wurde ich wieder einmal von Staunen ergriffen angesichts der Herausforderungen, die der Kunst des Schreibens innewohnen. Das gemalte Bild kann in jedem Moment seiner Entstehung mit einem Blick erfaßt werden, die Wahrnehmung des geschriebenen Wortes jedoch erfordert viel mehr Zeit, ganz gleich, wie schnell man zu lesen und zu verstehen vermag. Mit einem einzigen Blick hat der bildende Künstler einen unmittelbaren Zugriff auf das gesamte in Arbeit befindliche Werk; er kann sagen, was er getan und noch zu tun hat, was er vielleicht noch abändern oder »in Ordnung bringen« muß, selbst wenn es ihm nicht gelingt. Nicht so der Schriftsteller, der sich, während er liest, des bildenden Künstlers simultaner Wahrnehmung zugunsten linearer Wahrnehmung begeben muß, während er eine Vielzahl von Entscheidungen trifft im Hinblick auf die Satzstruktur, auf das, was er verwenden und was er auslassen will, und so weiter.

Manchmal kommt der Maler in mir dem Schriftsteller visuell zu Hilfe, indem ich Seiten mit Material und Notizen nebeneinander auf ein bis zwei Tischen auslege. Dann kann ich sehen, was ich als Ganzes zu machen versuche, und kann teils intuitiv, teils verstandesmäßig Entscheidungen treffen hinsichtlich der Anordnung von Passagen, die mir Schwierigkeiten bereiten. Bei diesem Vorgehen fühle ich mich allemal sowohl angeregt als auch herausgefordert. Es scheint immer zu funktionieren, obwohl ich manchmal noch ziemlich viel Zeit brauche. Diese Methode ist auch sehr hilfreich, um jener anfänglichen Ungeduld des Malers in mir zu begegnen, wenn sich der Schriftsteller in mir einer komplizierten Situation gegenübersieht.

Natürlich kenne ich die derzeitigen Theorien der Wissenschaft über die mutmaßliche unterschiedliche Funktion der beiden Gehirnhälften: für logische Aktivitäten wie auch das Schreiben soll die linke Hälfte zuständig sein, für intuitive künstlerische Fähigkeiten die rechte. Mag sein – aber schließlich kann Schreiben ebenfalls auf Intuition beruhen und Kunst demgegenüber auf logische Weise produziert werden. Wenigstens muß dem Gehirn als Ganzem (seine beiden Hälften sind im Innersten durch das Corpus callosum miteinander verbunden) ein grundlegendes schöpferisches Vermögen innewohnen. Die beiden Hemisphären dürften viel stärker zusammenwirken, als gemeinhin an-

Jane hatte den ganzen September hindurch an »James« gearbeitet, danach schrieb sie eine Zusammenfassung des Buches, so daß ihr Herausgeber, Tam Mossman, es seinem Verlag, der Prentice-Hall, empfehlen konnte. Am 12. September hatte Jane einen sehr lebhaften Traum, der, wie sie glaubt, seinen Ursprung in einem ihrer vergangenen Leben in der Türkei hat. In ihrem Traum kam ein Knabe vor, Prinz Emir, der in einer taufrischen Welt lebte, in der es noch keinen Tod gab. Drei Tage später schlug Tam gelegentlich eines Telefongesprächs vor, Jane solle auf der Grundlage ihres Traums von Emir ein Kinderbuch »für Leser jeden Alters« schreiben. Am nächsten Tage rief er nochmals an, diesmal, um ihr die überaus erfreuliche Mitteilung zu machen, daß der Verlag »James« zur Veröffentlichung angenommen hatte.*

Dann kam in einer persönlichen Sitzung am Abend des 17. September 1977 Seth mit einem faszinierenden Konzept durch: »Bezugssystem 1 und Bezugssystem 2«. Jane und ich waren von den praktischen, weitreichenden Folgen, die sich aus diesem Konzept ergeben, so beeindruckt, daß wir nun beide bestrebt sind, unser Alltagsleben danach auszurichten. Kurz und sehr vereinfacht gesagt, ist Seth zufolge das Bezugssystem 2 oder die innere Wirklichkeit der schöpferische Ursprung, aus dem heraus wir alle Geschehnisse gestalten, und durch die Konzentration unserer Aufmerksamkeit können wir daraus alles beziehen, was wir für ein konstruktives, positives Leben im Bezugssystem 1 oder in der Welt unserer körperlich-stofflichen Wirklichkeit brauchen. Wir haben Seth bereits gebeten, in diesem Buch ausführlicher auf die beiden Bezugssysteme einzugehen, zumal die Grundidee

---

genommen wird. Es gibt so vieles, was wir über das Gehirn noch nicht wissen (von Geist und Seele ganz zu schweigen). Vermutlich verstellen uns *Glaubenssätze* hinsichtlich solcher Abgrenzungen den Blick auf das wunderbare ganzheitliche Funktionieren unseres Gehirns.

»Aber Seth liefert allem Anschein nach sein Material verbal, und das ist alles«, schrieb Jane, nachdem sie diese Fußnote gelesen hatte. »Selbst in einem langen Buch geht er nicht durch diese kognitiven Prozesse, die Rob erwähnt. *Ich* tue das, wenn ich schreibe oder meine Arbeit korrigiere. Falls ich irgend etwas von jener Arbeit als Seth tue, dann geschieht das so unbewußt und rasch, daß ich dessen nicht gewahr bin. Und Seths Texte erfordern fast keinerlei Abänderungen.«

* Ich möchte Sie daran erinnern, daß Jane bereits Inspiration und Material für zwei Bücher aus ihrem erstaunlich schöpferischen Traumzustand empfangen hat: für *The Education of Oversoul Seven«* und *»James«*. Für »Seven« kamen ihr zum Beispiel zwei ganze Kapitel, während sie träumte.

*direkten Bezug auf die individuellen und kollektiven Erfahrungen eines jeden Menschen nimmt.**

Nun zu der »einen Ausnahme«, die ich zu Beginn dieser Anmerkungen erwähnte. Es ist die Sitzung 812 vom 1. Oktober 1977, von deren Erörterungen zumindest einiges auch Buchdiktat ist. Anlaß dafür war ein Besuch, den wir kürzlich von einem Leser, der offenbar unter Verfolgungswahn leidet, erhielten. Seth gab auf diese Begegnung hin Jane wichtige Kundgaben über Paranoia durch (nicht für den Betreffenden selbst, dem Jane jedoch später schrieb) und bat uns dann, das Sitzungsprotokoll beiseite zu legen; es würde einem späteren Kapitel von »Individuum und Massenschicksal« eingefügt werden.

Unmittelbar vor der Sitzung heute abend sagte Jane, sie glaube, daß nun weiteres Buchdiktat folge. – 21.43 Uhr.)

Nun, guten Abend –

(»Guten Abend, Seth.«)

– und, wie Ruburt schon vermutet hat, Diktat, in Fortführung unserer letzten offiziellen Sitzung für das Buch *(806)*. Ordentlich von Anfang an – die Passagen über Paranoia *(aus der Sitzung 812)* werden später folgen. Als Ruburt vor ein paar Tagen an einem seiner Bücher schrieb, hörte er eine Durchsage des öffentlichen Gesundheitsdienstes. Der Sprecher ließ alle Rundfunkhörer von Amts wegen wissen, daß nun die Grippesaison begonnen hatte. In bestimmtem Ton gab er ihnen zu verstehen, daß ältere Personen und Personen mit diesen und jenen Krankheiten sich unverzüglich einer Schutzimpfung unterziehen sollten.

Nebenbei erwähnte der Sprecher, daß es keine eindeutigen Beweise für einen ursächlichen Zusammenhang zwischen früheren Grippeimpfungen und dem Auftreten dieser eigentümlichen Krankheit gebe, von der auch einige der früher Geimpften befallen worden wa-

---

* Ich sollte auch anmerken, daß Seth einen einzigen kurzen, ziemlich mysteriösen Hinweis auf ein Bestehen von System 3 und 4 gegeben hat. Zwei Tage, nachdem er zum erstenmal über sein Konzept von System 1 und System 2 gesprochen hatte, kam er in einer anderen persönlichen Sitzung mit folgender Aussage durch (Jane und ich müssen ihn noch bitten, das weiter auszuführen): »Es gibt übrigens gemäß unserer Definition ein System 3 und ein System 4 – doch alle derartigen Bezeichnungen dienen, um es noch einmal zu sagen, nur der Verdeutlichung. Die Wirklichkeiten verfließen miteinander.«

ren.* Alles in allem war das eine ziemlich aufschlußreiche Durchsage, die einige Rückschlüsse auf Biologie, Wissenschaft und Religion zuläßt. »Die Grippesaison« ist in gewisser Weise ein Beispiel für ein psychologisch vorfabriziertes Muster, das unter Umständen eine vorfabrizierte Epidemie auslösen kann.

Hinter solchen Durchsagen steht die Autorität des medizinischen Berufsstandes, und die Autorität eurer Kommunikationssysteme obendrein. Ihr könnt die Stimme, die über das Radio kommt, nicht in Frage stellen. Sie ist körperlos und »weiß Bescheid«.

Wieder einmal wurden besonders die älteren Menschen erwähnt. Offenbar versteht es sich von selbst, daß sie besonders anfällig für Krankheiten sein müssen. Diese Anfälligkeit ist ein Faktum medizinischer Erfahrung. Sie ist allerdings ein Faktum ohne Grundlage in der biologischen Realität des Menschen. Es handelt sich um ein bloß suggeriertes Faktum. Die Ärzte sehen die Auswirkungen dieser Suggestion auf den Körper, die deutlich genug sind, um als Beweis für eben jene Anfälligkeit gewertet werden zu können.

Noch heute bleiben in manchen isolierten Bergregionen der Erde die Alten von Krankheit verschont, und ihre Vitalität ist ungebrochen. Sie erfreuen sich bester Gesundheit, bis sie sterben. Die Glaubenssysteme dieser Menschen entsprechen, das müßt ihr einsehen, der Praxis ihres Lebens. Sie haben auch keinen Ärztestand im Hintergrund. Wir werden später noch einmal auf dieses Thema zurückkommen.

Hierzulande jedoch habt ihr etwas, das fast schon auf ein soziales Programm zum Krankwerden hinausläuft – die »Grippesaison« oder auch die »Grippewelle«. Als Gedankenprojektion der Massen hat sie einen medizinischen und ökonomischen Hintergrund. Natürlich ist der Ärztestand an der Suggestion beteiligt. Im Spiel sind weiters wirtschaftliche Interessen, die von den größten Apotheken bis zu den

---

* Seth bezog sich auf das Guillain-Barre-Syndrom, Lähmungserscheinungen, die bei einer kleinen Zahl von 1976 im Zuge des Programms zur Bekämpfung der Schweinegrippe Geimpften auftraten. Aus verschiedenen Gründen brach die Regierung das sehr kostspielige und umstrittene Programm im vergangenen Dezember plötzlich ab. Dann äußerte sich im Mai dieses Jahres eine Reihe sowohl innerhalb als außerhalb der Regierung tätiger Wissenschaftler übereinstimmend dahingehend, daß die Grippeimpfungen das Guillain-Barre-Syndrom *ausgelöst* haben, der Grund für diese bei einigen Personen aufgetretene Reaktion jedoch nicht bekannt sei. Jane und ich hatten uns nicht impfen lassen.

kleinsten Drogerien, von den Supermärkten bis zu den Krämerläden um die Ecke reichen.

Pillen, Tropfen und Injektionen zur Bekämpfung der Grippe füllen die Schaufensterauslagen, um auch diejenigen, die sie sonst vielleicht nicht beachtet hätten, an die bevorstehenden Schwierigkeiten zu erinnern. Das Werbefernsehen setzt eine neue Lawine in Gang, so daß ihr *(amüsiert)* nahtlos den Übergang von der Heuschnupfensaison zur Grippesaison vollziehen könnt, ohne irgendwelche medikamentösen Verabreichungen zu versäumen.

Ein Husten im Juli wird vermutlich nicht weiter tragisch genommen und ist rasch vergessen. Ein Husten in der Grippesaison jedoch ist entschieden verdächtig – und unter solchen Umständen, vor allem mitten in einer unerquicklichen Arbeitswoche, kommt leicht der Gedanke auf: Sollte ich morgen nicht besser zu Hause bleiben? Es wird buchstäblich von euch erwartet, daß ihr die Grippe kriegt. Sie bietet eine willkommene Gelegenheit, allen möglichen Problemen auszuweichen. Manche Aufgeweckte spüren unterschwellig sehr wohl, was da eigentlich läuft. Sie haben weiter nichts zu tun, als den Einflüsterungen der Gesellschaft, die ihnen auf Schritt und Tritt folgen, Gehör zu schenken. Und tatsächlich: die Temperatur steigt! Vor lauter Besorgnis wird die Kehle trocken. Latente Viren – die bisher keinen Schaden gestiftet hatten – werden aktiviert.

(22.10 Uhr.) Auch die Hersteller von Mänteln, Stiefeln und Handschuhen preisen ihre Erzeugnisse an. Doch herrscht in jenen Sparten mehr Vernunft insofern, als in ihrer Werbung der Akzent auf der Gesundheit liegt; so, wenn sie beispielsweise den vergnügten Skifahrer oder den wetterharten Seefahrer abbilden. Doch auch sie behaupten bisweilen, daß ihre Erzeugnisse euch vor Grippe und Erkältungen, kurz, vor der Anfälligkeit eurer Natur beschützen.

Die gelobten Schutzimpfungen sind im großen und ganzen von geringem Nutzen; doch sind sie potentiell gefährlich, besonders wenn sie verordnet werden, um einer Epidemie vorzubeugen, die noch gar nicht aufgetreten ist. Sie mögen in Einzelfällen nützlich sein, doch insgesamt richten sie Schaden an, indem sie eure Körperfunktionen durcheinanderbringen und biologische Reaktionen auslösen, die sonst vielleicht gar nicht aufgetreten wären.*

Die Grippesaison überschneidet sich nun auch noch mit der Weih-

* Früheres Material über Impfungen findet sich in Kapitel 1, Sitzungen 801 und 802.

nachtszeit, da den Christen gesagt wird, daß sie frohgemut sein sollen, daß sie ihren Mitmenschen eine selige Rückkehr in die natürliche Wunderwelt der Kindheit wünschen und Gott im Kind Ehre erweisen sollen. Doch leider ist die christliche Weihnachtslegende für den heutigen Menschen verwirrend und mangels inneren Zusammenhangs kaum noch tragfähig. Der religiöse Glaube hat die Verbindung zum täglichen Leben verloren. Viele Menschen vermögen nicht mehr, die unterschiedlichen Inhalte ihres Glaubens und ihres Denkens und Fühlens miteinander zu vereinbaren, und zu Weihnachten kommt ihnen deutlicher als sonst die riesige Kluft zwischen ihren wissenschaftlichen Glaubensüberzeugungen und ihren religiösen Glaubenssätzen zu Bewußtsein. Sie fühlen sich außerstande, mit einem derartigen mentalen und spirituellen Dilemma fertigzuwerden. So kommt es gerade zur Zeit des »Freuet euch!« oft zu Depressionen, die noch verstärkt werden durch die Weihnachtsmusik und die Schaufensterauslagen, durch die religiösen Hinweise darauf, daß der Mensch als Ebenbild Gottes erschaffen wurde, und durch wieder andere Hinweise darauf, daß dieser gottgegebene Körper – allem Anschein nach außerstande, für sich selbst zu sorgen – von Natur aus dazu bestimmt ist, ein Opfer von Unheil und Krankheit zu werden.

So ist die Weihnachtszeit in eurer Gesellschaft Ausdruck der Hoffnungen des Menschen, während die Grippesaison seine Ängste widerspiegelt und die Kluft zwischen beiden zum Vorschein bringt.

Der Arzt ist ja auch Privatperson; hier spreche ich von ihm nur in seiner professionellen Eigenschaft: Für gewöhnlich tut er sein Bestes innerhalb des Systems der Glaubensüberzeugungen, die er mit seinen Mitmenschen teilt. Diese Glaubensüberzeugungen existieren nicht isoliert für sich, sondern sie stellen natürlich eine Verquickung von Glaubenssätzen wissenschaftlicher und religiöser Art dar, wie sehr sich diese auch voneinander unterscheiden mögen.

Die christliche Tradition deutet Krankheit als Strafe Gottes oder zumindest als gottgesandte Prüfung, die es standhaft zu ertragen gilt; sie betrachtet den Menschen als sündige Kreatur, behaftet mit dem Makel der Erbsünde und g e z w u n g e n, im Schweiße seines Angesichts zu arbeiten. Das wissenschaftliche Weltbild zeigte den Menschen als Zufallsprodukt eines gleichgültigen Universums, als eine Kreatur ohne jede tiefere Bedeutung, deren Bewußtsein Produkt eines bloß z u f ä l l i g entstandenen physiologischen Mechanismus der Evolution ist, außerhalb dessen ihm keine Wirklichkeit eignet. Die

Wissenschaft ist in dieser Hinsicht wenigstens konsequent. Das Christentum jedoch fordert die zum Leiden geborenen Geschöpfe ex officio dazu auf, sich zu freuen, und die Sünder, zu kindlicher Unschuld zurückzufinden; es fordert sie auf, einen Gott zu lieben, der eines Tages die Welt zerstören und sie in die Hölle verdammen wird, wenn sie ihm nicht Ehre erweisen.

Aufgerieben zwischen zwei derart widersprüchlichen Glaubenssystemen werden viele Menschen gerade in der Weihnachtszeit körperlich krank. Kirchen und Spitäler sind meistens die größten Gebäude einer Stadt, wie auch die einzigen, die den Menschen ohne amtliche Bewilligung auch am Sonntag offenstehen. Ihr könnt eure Gesundheit nicht von eurem persönlichen Wertsystem trennen, und häufig genug profitieren die Spitäler von den Schuldgefühlen, welche die Religionen ihren Bekennern eingeflößt haben.

Ich spreche jetzt von Formen der Religion, die derart mit dem gesellschaftlichen Leben verquickt sind, daß jeder Sinn für die grundlegende religiöse Integrität verlorengeht. Der Mensch ist von Natur aus religiös.

Macht Pause. *(22.40 bis 23.10 Uhr.)*

Diktat: Das religiöse Empfinden ist eine der grundlegenden Eigenschaften des Menschen. Es ist der am meisten außer acht gelassene Bereich der menschlichen Psyche. Es gibt ein natürliches religiöses Wissen, mit dem wir geboren werden. Ruburts Buch »*The Afterdeath Journal of an American Philosopher: The World View of William James*« erläutert dieses Gefühl sehr anschaulich. Es ist eine in verbale Begriffe übersetzte biologische Spiritualität, die da spricht: »Das Leben ist ein Geschenk. Ich bin ein einzigartiges, der Achtung wertes Geschöpf in der natürlichen Welt, die mich umgibt, mir meinen Lebensunterhalt gewährt und mich an die größere Quelle gemahnt, der ich selbst und die Welt entstammen. Mein Körper ist seiner Umwelt wunderbar angepaßt, und auch er kommt mir zu aus jener unbekannten Quelle, die sich in allen Erscheinungen der materiellen Welt offenbart.«

Dieses Gefühl schenkt dem Organismus Zuversicht, Freude und die unablässig überquellende Kraft zum Wachstum. Es fördert Wißbegier und Kreativität und stellt das Individuum in eine Welt, die gleichermaßen spirituell und natürlich ist.

Organisierte Religionen stellen allemal den Versuch dar, dieses Grundgefühl in kulturellen Begriffen neu zu definieren. Es gelingt ihnen selten, weil sie in ihren Vorstellungen zu eng und zu dogmatisch werden, bis die kulturellen Strukturen die feinere, in ihnen enthaltene Substanz schließlich ganz überwiegen.

Je toleranter eine Religion ist, desto näher kommt sie dem Ausdruck jener inneren Wahrheiten. Dem Individuum jedoch eignet seine eigene spirituelle und biologische Integrität, die Teil des menschlichen Erbes und das Recht jeglicher Kreatur ist. Der Mensch kann nicht seiner eigenen Natur mit Argwohn begegnen und zugleich der Natur Gottes vertrauen, denn Gott ist sein Wort für die Quelle seines Seins – und wenn sein Sein durch einen Makel getrübt ist, dann muß dies auch für seinen Gott gelten.

Eure persönlichen Glaubensüberzeugungen verschmelzen mit denen anderer Menschen und stellen eure kulturelle Wirklichkeit dar. Daher werden die verzerrten Ansichten der Schulmedizin und anderer Wissenschaften oder jeder vergleichbaren Gruppierung euch nicht etwa aufgezwungen; sie sind vielmehr das Resultat all eurer gemeinsam gehegten Glaubensüberzeugungen – in separate Disziplinen aufgefächert. Ärzte zum Beispiel sind oft alles andere als gesund, weil sie so besessen sind von jenen spezifischen, die Gesundheit betreffenden Glaubensüberzeugungen, daß sie ihre Aufmerksamkeit stärker als andere auf diesen Bereich fixieren. Die Idee des Vorbeugens hat ihre Wurzel in der Angst – etwas Erfreulichem würde man ja nicht vorbeugen wollen. So kommt es, daß die Präventivmedizin oft gerade eben dasjenige Übel verursacht, dem sie vorzubeugen sucht. Nicht nur nährt und unterhält der bloße Gedanke an Vorbeugung ein ganzes System von Befürchtungen, häufig lösen Maßnahmen zur Vorbeugung einer Krankheit in einem gesunden Körper auch Reaktionen mit Nebeneffekten aus, wie sie im Falle einer tatsächlichen Erkrankung auftreten würden.

(23.32 Uhr.) Eine spezifische Krankheit wird natürlich auch ihre Auswirkungen auf andere Bereiche des Körpers haben, Auswirkungen, die noch nicht einmal untersucht oder auch nur bekannt sind. Sie können daher bei Impfungen nicht mitberücksichtigt werden. Auch kann es vorkommen, daß Menschen durch die Impfung ihrerseits zu Krankheitsüberträgern werden und andere infizieren.

Es gibt Menschen, die sehr selten krank werden, ganz gleich, ob sie geimpft werden oder nicht, und die gesundheitlich widerstandsfähig sind. Ich will nicht sagen, daß alle Menschen negativ auf Impfungen ansprechen. Im Prinzip jedoch sind Impfungen nicht gut, wobei mir durchaus bewußt ist, daß die Geschichte der Medizin mich zu widerlegen scheint. Zu gewissen Zeiten, und vor allem in der Zeit der Geburt heutiger medizinischer Wissenschaft, übte der Glaube an die Schutzwirkung von Impfungen als Träger neuer Hoffnung wenn nicht bei der Bevölkerung so doch bei der Ärzteschaft große Suggestionskraft aus. Doch muß ich leider sagen, daß die wissenschaftliche Medizin ebenso viele Krankheiten verursacht wie geheilt hat. Wenn sie Leben rettet, so liegt der Grund dafür in dem intuitiven heilerischen Wissen des Arztes; oder der Patient ist so beeindruckt von den großen, um seinetwillen unternommenen Anstrengungen, daß er gewissermaßen aus zweiter Hand von seinem eigenen Selbstwert überzeugt wird.

Geduldet euch einen Moment ... Die Ärzte werden natürlich auch fortwährend von zahlreichen Leuten in Anspruch genommen, die keinerlei Verantwortung für ihre eigene Gesundheit übernehmen, die den Arzt um Operationen anflehen, die sie gar nicht brauchen. Der Arzt wird auch von Patienten aufgesucht, die gar nicht gesund werden wollen und den Arzt und seine Verordnungen als Rechtfertigung für weiteres Kranksein gebrauchen. Sie sagen dann, der Arzt tauge nichts, das Medikament wirke nicht, und schieben dem Arzt die Verantwortung zu für eine Lebensweise, die zu ändern sie nicht gewillt sind.

Auch der Arzt befindet sich im Dilemma zwischen seinen religiösen und seinen wissenschaftlichen Überzeugungen. Bisweilen geraten sie miteinander in Konflikt, und im übrigen bestärken sie ihn in dem irrigen Gefühl, daß der menschliche Körper, sich selbst überlassen, sich jede erdenkliche Krankheit zuziehen würde.

Macht Pause. *(22.45 Uhr bis 0.01 Uhr.)*

Noch einmal: Ihr könnt euer Wertsystem und eure allerpersönlichsten Werturteile weder von eurem persönlichen noch von dem Erfahrungsbereich der Massen trennen.

In diesem Land fließen eure Steuerdollar in zahlreiche klinische Experimente und Projekte der Präventivmedizin, und zwar deshalb, weil ihr den nur auf euer Wohl gerichteten Intentionen eures eigenen Körpers mißtraut. In gleicher Weise fließen die Gelder eurer Staatskasse in die militärische Rüstung, um Krieg zu verhindern; denn wenn ihr schon eurem eigenen Körper mit Mißtrauen begegnet, wie könnt ihr dann euren Mitmenschen irgendwelches Vertrauen entgegenbringen?

Tatsächlich besteht also wenig Unterschied zwischen euren medizinischen Präventivmaßnahmen und euren aberwitzig teuren militärischen Präventivmaßnahmen. In beiden Fällen wird die Katastrophe in Gedanken vorweggenommen – einmal im Hinblick auf den wohlvertrauten Körper, der jederzeit das Opfer von tödlichen Krankheiten werden kann, denen er scheinbar wehrlos ausgeliefert ist, zum andern im Hinblick auf die übertriebene, allgegenwärtige Gefahr von außen, mit der man jeden Augenblick zu rechnen hat.

(Nachdrücklich:) Krankheit muß bekämpft, bezwungen, ausgerottet werden. Der Körper erscheint nachgerade als Schlachtfeld, feindlichen Mächten preisgegeben, denn viele Menschen trauen ihm so wenig, daß er höchst verdächtig erscheinen muß. Es ist dann so, als wolle der Mensch sich mit der Natur messen. Es gibt Leute, die betrachten sich als selbsterwählte Patienten, etwa so, wie jemand von sich sagt: Ich bin Student. Sie neigen dazu, sich durch vorbeugende Maßnahmen gegen die jeweilige Modekrankheit oder die Krankheit der Saison zu wappnen und sich somit die Hauptlast der unheilvollen Aspekte der Medizin aufzubürden, wenn überhaupt kein Grund dafür vorliegt.

(0.13 Uhr.) Geduldet euch einen Moment ...

(Nun brachte Seth einige Passagen für Jane und mich und beendete die Sitzung um 0.22 Uhr.)

Sitzung 815, Samstag, den 17. Dezember 1977

(Nun ist eine weitere lange Periode – diesmal von zehn Wochen – seit der letzten Seth-Sitzung für dieses Buch verstrichen. Da dies die dritte derartige Pause zwischen zwei Buchsitzungen ist, sollten Jane und ich uns eigentlich daran gewöhnt haben. Übrigens machen solche langen Intervalle mir mehr Sorgen als ihr. Ich bleibe gern bei einer einmal begonnenen Sache, um möglichst geradlinig zum Abschluß zu kommen. Wenn die Sitzungen nicht auf diese Weise laufen, fühle ich mich irgendwie unbehaglich, wobei ich mir allerdings sage, daß vermutlich eine Anzahl von kompensierenden Faktoren mit im Spiele sein dürften. In diesem Falle halfen mir zwei verschiedene Feststellungen, faktisch die eine und philosophisch die andere, meine Gemütsruhe zu bewahren.

Erstens kam Seth während der zehnwöchigen Unterbrechung in ei-

*ner Serie von achtzehn ausgezeichneten Sitzungen durch, die wieder einmal nicht auf Material für dieses Buch hinausliefen. Entsinnt man sich zweitens der Ideen Seths über simultane Zeit, daß nämlich im Grunde alles gleichzeitig geschieht [selbst unter Berücksichtigung von Seths eigenem Zugeständnis, daß Zeit »immer noch eine Art Wirklichkeit« für ihn habe], dann ist es kaum von Bedeutung, wie lang eine Pause zwischen zwei spezifischen Sitzungen währt; es gibt keine wirkliche Trennung. Für jegliches Thema oder Projekt kann das Diktat wieder aufgenommen werden, wann immer die Beteiligten – Seth/Jane und ich – dies wünschen, und dann ist es so, als habe die Unterbrechung nie stattgefunden. Denn in Trance wird Jane wieder mit Seth übereinstimmen in jener nahezu »zeitlosen« Umgebung, in der er einen großen Teil seines Seins hat.**

So haben wir denn beschlossen, uns einfach anzupassen, wie immer auch dieses Buch schließlich zustande kommen mag im Hinblick auf die Länge der Zeit und die Anzahl der Sitzungen. Wir haben nicht die Absicht, Seth zu fragen, wann das Buch fertig sein wird. Doch haben wir ihn gebeten, sein Konzept der Bezugssysteme 1 und 2 für das Buch eingehender zu erörtern, und er hat uns es zu tun versprochen. Auch hat er dazu bereits eine ganze Menge in dem nicht für das Buch bestimmten Material durchgegeben, das Jane seit der Sitzung 814 gebracht hat.

*Zur Zeit steht es so, daß ich mit den Nachträgen zu Band 2 der »›Unknown‹ Reality« praktisch fertig bin – was aber nur heißt, daß ich immer noch eine Reihe von Anmerkungen zu den Buchsitzungen selbst zu schreiben habe und daß mir noch eine Menge Arbeit für die einführenden Bemerkungen und das Nachwort zu tun bleibt. Bald nachdem Tam Mossman Anfang Oktober Jane vorgeschlagen hatte, daß sie ein Buch über ihren Traum von Emir*** *schreiben solle, nahm sie mit dem ihr eigenen Enthusiasmus die Arbeit an diesem Projekt*

---

* Die grundlegende Simultaneität der Zeit ist von allen Ideen Seths, wie ich finde, die faszinierendste. Jene »geräumige Gegenwart« enthält alle Geschehnisse nebeneinander, so daß sie in der Ursache-und-Wirkung-Kausalität der organisatorischen Fähigkeiten unserer begrenzteren Sinne gedeutet werden können. Ich schrieb schon früher über das Umstrukturieren der Vergangenheit und die simultane Zeit in der Fußnote zur Sitzung 801, Seite 26 f. Vergleichen Sie auch das Material über Seth und seine simultane Zeit in den einführenden Anmerkungen zur Sitzung 806.

** Vergleichen Sie die einführenden Anmerkungen zur Sitzung 814. Jane nennt ihr neues Buch *»Emir's Education in the Proper Use of Magical Powers«*.

auf. Der Traum wurde zum ersten Kapitel des Buches und bildet die Grundlage der übrigen; es macht ihr großen Spaß, die Geschichte zu schreiben, und sie schickt Tam ein Kapitel nach dem anderen, wie sie aus ihrer Schreibmaschine kommen – eine für sie ganz neue Arbeitsweise. Sie weiß noch nicht, wie lang »Emir« werden wird. Ende Oktober unterschrieb sie den Verlagsvertrag für die Veröffentlichung von »James« und lieferte Ende November das fertige Manuskript ab. Sue Watkins mit all ihrer eigenen schriftstellerischen und Zeitungsarbeit ist nahezu fertig mit der Reinschrift des von ihr übernommenen Teils des endgültigen Manuskripts der »Natur der Psyche«, während ich noch etwas Zeit auf einige der Anmerkungen dafür verwenden muß.

Während wir so mit unseren Angelegenheiten beschäftigt waren, sind die kürzer werdenden, überaus farbigen und oft warmen Oktobertage in den November übergegangen, und im Laufe des Monats ist es zunehmend kälter geworden; seit dem Erntedankfest hat es schon ein paarmal geschneit, und in ein paar Tagen wird nun der Winter offiziell beginnen. Ich habe Blätter zusammengeharkt, Holz in der Garage aufgeschichtet, Sturmfenster eingesetzt und dafür gesorgt, daß unser Hügelhaus für die kalten Tage gerüstet ist.

Wir halten noch immer die Sitzungen am Montag und Samstag abend ab, eine Routine, die wir seit der Sitzung 805 vor genau sieben Monaten [am 16. Mai] beibehalten haben. Als wir für die Sitzung von heute abend Platz nahmen, sagte Jane, sie habe das Gefühl, daß Seth einiges Material für »Individuum und Massenschicksal« bringen werde, doch war sie sich dessen nicht ganz sicher. Sie hatte heute noch einmal die Sitzungsprotokolle für das Buch durchgelesen. – 21.22 Uhr.)

Guten Abend.

(»Guten Abend, Seth.«)

Diktat. Ich möchte euch keinen Schreck einjagen, aber das Diktat gilt der Fortsetzung unseres letzten Kapitels *(Kapitel 2).*

(Nicht ohne Humor:) Ruburt und Joseph haben sich einen Farbfernseher angeschafft, und fortan ist ihre Fernsehwelt nicht mehr auf Schwarz und Weiß beschränkt. Ich habe das Fernsehen verschiedentlich als Analogie verwendet und möchte das jetzt einmal mehr tun, um die Art und Weise zu verdeutlichen, in der sich Geschehnisse materiell herauskristallisieren, und um zu versuchen, die Methoden darzustellen, mit denen das Individuum die speziellen Geschehnisse auswählt, die es dann in eurer Wirklichkeit persönlich erfährt.

Nicht nur dient das Fernsehen tatsächlich als ein Medium gemeinsamer Konzentrationsübungen für die Massen, es liefert euch auch äußerst detaillierte Traumfabrikate, Massenträume, an denen jeder einzelne Zuschauer teilnimmt. Es gilt hier, einige Unterscheidungen zu treffen, und so werde ich die Bezeichnungen »System 1« und »System 2« verwenden, um meine Ausführungen zu verdeutlichen.*

Wir wollen die körperlich-materielle Erscheinungswelt, in der ihr eure Erfahrungen macht, System 1 nennen. In System 1 seht ihr euch

---

* Obwohl dies die erste Sitzung für dieses Buch ist, in der Seth System 1 und System 2 erörtert hat, sind Jane und ich mit seinen diesbezüglichen Ideen schon wesentlich besser vertraut als Sie, die oder der Sie dieses Buch jetzt lesen. Vergleichen Sie jedenfalls die einführenden Anmerkungen zur Sitzung 814. Seit er die beiden Bezugssysteme in der ausgelassenen, nicht für das Buch bestimmten Sitzung vom 17. September eingeführt hat, hat Seth sie in 17 der 23 ausgelassenen Sitzungen erwähnt, die inzwischen stattgefunden haben.

Doch hatte er Bezugssystem 1 und 2 erst in sieben Sitzungen erörtert, als ich im Hinblick auf diese beiden Begriffe am 26. Oktober eine Passage mit Suggestionsformeln niederschrieb. Diese spontane Niederschrift faßte nicht nur zusammen, was ich bisher durch das neue Material erfahren hatte, sondern sie gab mir auch etwas an die Hand, das ich täglich wieder lesen konnte. Ich habe Abschriften davon an die Wände meines Mal- und meines Schreibzimmers geheftet.

Natürlich ist dieser Text auf meine eigenen Glaubensüberzeugungen und Bedürfnisse zugeschnitten, und einige der in ihm enthaltenen Folgerungen werden Ihnen vielleicht erst klarerwerden, wenn weiteres Material über die Bezugssysteme im Fortgang dieses Buches folgt. Doch stelle ich hier meinen Versuch in einen möglichst engen Zusammenhang mit dem Zeitpunkt seiner Entstehung, so daß jedermann, der daran Interesse hat, die Formeln im Sinn behalten und schließlich vielleicht die eigene Version zum persönlichen Gebrauch verfassen kann. Jane hat das getan; wir finden, daß ein tägliches gelegentliches Lesen unserer respektiven »Credos« hinsichtlich der Bezugssysteme 1 und 2 uns sehr viel bringt. Ich schrieb also am 26. Oktober:

»Ich bin von tiefem, gläubigem Vertrauen erfüllt, daß alles, was ich mir in diesem Leben wünsche, von Bezugssystem 2 erfüllt werden kann. Es gibt nichts, was in System 2 nicht möglich wäre. Das schöpferische Bezugssystem 2 kann all das aus sich hervorbringen, was ich erstrebe: gute Gesundheit, Freude am Malen und Schreiben, das Gedeihen meiner wunderbaren Beziehung mit Jane, Janes eigene Gesundheit und spontane Kreativität sowie die wachsende Verbreitung ihrer Bücher. Ich weiß, daß ungeachtet ihrer Vielfalt all diese positiven Zielsetzungen in Bezugssystem 2 realisiert werden, um dann in Bezugssystem 1 in Erscheinung zu treten. Ich bin von gläubigem Vertrauen erfüllt, daß alles, was ich mir im Leben wünsche, durch die schöpferische Kraft von System 2 für mich Wirklichkeit wird. Ich brauche mich nicht um Einzelheiten zu kümmern, denn ich weiß, daß dem Bezugssystem 2 die unendliche, schöpferische Kraft innewohnt, alles zu bewerkstelligen, was ich mir wünsche. Mein tiefes, gläubiges Vertrauen in die schöpferische Güte von Bezugssystem 2 ist alles, was nötig ist.«

beispielsweise Fernsehsendungen an. Ihr habt eine große Auswahl an Programmen. Es gibt Sendungen, die ihr bevorzugt. Ihr verfolgt bestimmte Serien oder bestimmte Schauspieler. Ihr seid Zuschauer der euch gebotenen Dramen und habt kaum eine Ahnung, wie es eigentlich möglich ist, daß sie überhaupt auf eurem Bildschirm erscheinen. Dennoch hegt ihr beim Kauf eines Fernsehapparats keinerlei Zweifel daran, daß er erwartungsgemäß funktionieren wird, ganz gleich, ob ihr nun mit Elektronik vertraut seid oder nicht. Punktum.

Ihr schaltet mit absehbaren Folgen von einer Wellenlänge zur anderen. Das Programm von Kanal 9 wird nicht plötzlich auf Kanal 6 erscheinen. Auch die Schauspieler, die in solchen Produktionen mitwirken, haben kaum eine vage Vorstellung von den technischen Vorgängen, die erforderlich sind, damit ihre Abbilder auf euren Bildschirmen erscheinen können. Ihre Aufgabe ist die Darstellung, und sie setzen ganz selbstverständlich voraus, daß die Techniker mithalten.

Nun gibt es da auch irgendwo einen Programmdirektor, der sich um sämtliche Programme kümmern muß. Sendungen müssen rechtzeitig eingespielt und geeignete Darsteller müssen engagiert werden. Unser hypothetischer Direktor weiß, welche Schauspieler frei sind, wer von ihnen Charakterrollen bevorzugt, wer den Helden oder die Heldin spielt, und welcher strahlende Don Juan allemal das Mädchen erobert – und wer, ganz allgemein gesprochen, die Bösewichte spielt und wer die Guten.

Ich brauche nicht im einzelnen die vielfältigen Vorgänge zu schildern, die erforderlich sind, damit ihr eure Lieblingssendung sehen könnt. Ihr drückt einfach auf einen Knopf, und schon ist sie da, während euch die ganze Hintergrundarbeit verborgen bleibt; ihr nehmt sie einfach als gegeben. Ihr braucht lediglich am Abend die gewünschte Sendung einzuschalten. Natürlich sehen auch noch eine Menge anderer Zuschauer diese Sendung, doch wird jeder einzelne in ganz individueller Weise darauf reagieren.

(21.40 Uhr.) Wir wollen uns nun für einen Augenblick vorstellen, daß die Geschehnisse in der materiellen Welt auf die gleiche Weise zustande kommen – daß ihr euch die Geschehnisse, die auf dem Bildschirm eurer Wahrnehmung aufblitzen, selber aussucht. Ihr seid mit den Geschehnissen eures eigenen Lebens durchaus vertraut, denn natürlich seid ihr euch selbst Held oder Heldin, Bösewicht oder Opfer oder was auch immer. Aber ebensowenig, wie ihr wißt, was alles in

den Fernsehstudios ablaufen muß, bevor ihr eine Sendung anschauen könnt, so wenig wißt ihr, was in dem schöpferischen System der Wirklichkeit abläuft, bevor ihr Ereignisse auf der körperlich-materiellen Ebene erlebt. Wir wollen jenes riesige »unbewußte« mentale und universelle Studio System 2 nennen.

In diesem Buch werde ich versuchen, euch zu sagen, was sich hinter der Bühne abspielt. Ich will versuchen, die Verfahren aufzuzeigen, mit denen ihr eure täglichen Programme auf der materiellen Ebene wählt, und beschreiben, wie diese persönlichen Entscheidungen mit den Entscheidungen anderer Menschen Verbindungen eingehen und verschmelzen, so daß sie eine Wirklichkeit bilden, die ihr mit den Massen teilt, eine Massenwirklichkeit. Doch kehren wir noch einmal zu unserem Fernsehapparat zurück. Ihr könnt eine Sendung, die euch mißfällt, abschalten. Es ist euch freigestellt, ein Produkt, dessen Vorzüge euch angepriesen werden, zu kaufen oder nicht zu kaufen. Das Fernsehen zeigt euch eure Gesellschaft wie in einem Spiegel. Der Flimmerkasten spiegelt in Millionen Wohnzimmern die ungeheuren Träume und Ängste, die Hoffnungen und Schrecknisse wider, die sich in der Privatsphäre des Individuums abspielen.

Es besteht eine gewisse Wechselwirkung zwischen dem Fernsehen und eurem Leben; doch verursacht das Fernsehen nicht euer Leben. Es verursacht auch nicht die Geschehnisse, die es abbildet. Bei eurem großen Glauben an die Technologie haben viele Menschen oft den Eindruck, als sei das Fernsehen beispielsweise die Ursache von Gewalt oder »lockeren Sitten«. Das Fernsehen spiegelt wider. Ja, man könnte sagen, daß es nicht einmal verzerrend wirkt, obwohl es Verzerrungen reflektieren mag. Die Autoren der Fernsehskripts und ihre Darsteller sind auf das »Gemüt der Massen« eingestimmt. Sie sind weder Führer noch Gefolgschaft; sie schaffen lediglich getreue Abbilder der Wirklichkeit, eingestimmt, wie sie es sind, auf die allgemein vorherrschenden emotionalen und psychischen Muster des Zeitgeistes.

Sie wählen auch die Stücke aus, in denen sie auftreten. Jeder hat sein bevorzugtes Rollenfach, und sei es die Rolle des Einzelgängers. Für den Schauspieler macht natürlich seine Rolle einen wesentlichen Teil seiner persönlichen Erfahrung aus, während die Zuschauer andererseits weitgehend als Beobachter an der Vorstellung teilnehmen.

Ihr entnehmt euren Zeitungen und Zeitschriften das jeweilige Angebot an Fernsehfilmen und Nachrichten oder sonstigen Sendungen.

Auf gleiche Weise nehmt ihr, ganz allgemein gesprochen, die »Sendungen« zur Kenntnis, die euch auf der räumlich-materiellen Ebene als Erfahrungen eurer eigenen Nation und der ganzen Welt dargeboten werden. Ihr entscheidet, an welchen dieser Abenteuer ihr teilnehmen wollt und welche euch im täglichen Leben oder in System 1 zum Erlebnis werden sollen.

Das innere Szenario, die Gesamtproduktion, die eurer Erfahrung vorausgeht, wird in dem riesigen mentalen Studio von System 2 erstellt. Dort werden alle Einzelheiten arrangiert, die scheinbar zufälligen Begegnungen, das unerklärliche Zusammentreffen von Umständen, die erforderlich sind, bevor ein bestimmtes Ereignis in der Wirklichkeit eurer Erscheinungswelt stattfindet.

Macht Pause. *(22.02 bis 22.19 Uhr.)*

Von der Ebene eures Bewußtseins aus und mit seinen Reserven allein könntet ihr euren Körper nicht eine Stunde lang am Leben erhalten. Ihr würdet gar nicht wissen, wie das zu bewerkstelligen wäre, denn euer Leben fließt selbsttätig und spontan durch euch hindurch. Ihr nehmt die Einzelheiten einfach für gegeben: die Atmung, die inneren Prozesse der Nahrungsverwertung und Ausscheidung, den Blutkreislauf und die Aufrechterhaltung eurer psychologischen Kontinuität. All das wird für euch besorgt durch das, was ich System 2 genannt habe.

In dieser Hinsicht geschieht wahrlich alles zu eurem Besten. Ja, es funktioniert sogar weniger reibungslos, je mehr ihr euch um euren Körper sorgt. In der Spontaneität, mit der euer Körper funktioniert, ist offenbar ein äußerst feiner Sinn für Ordnung am Werk. Wenn ihr einen Fernsehapparat einschaltet, so scheint das Bild von nirgendwoher auf den Bildschirm zu kommen – und doch ist dieses Bild das Resultat präziser Ordnung und Planung.

Schauspieler suchen Agenturen auf, um herauszufinden, in welchen Produktionen sie mitwirken könnten. So besucht auch ihr »Agenturen« in euren Träumen. Ihr wißt um die verschiedenen Schauspiele, deren Produktion in der Welt der materiellen Wirklichkeit in Erwägung gezogen wird. Im Traumzustand macht ihr euch also oft mit Schauspielen wahrscheinlicher Realität vertraut. Besteht Interesse, bewerben sich Schauspieler in genügender Zahl und sind ausreichende Mittel vorhanden, dann wird das Spiel fortgesetzt. Wenn ihr in anderen Realitäten des Bewußtseins weilt, besucht ihr jene schöpferische innere Agentur, in der alle Produktionen der körperlich-materiellen Wirklichkeit ihren Anfang nehmen müssen. Dort trefft ihr auf andere, die an dieser Art von Schauspiel ebenfalls interessiert sind. Um bei unserer Analogie zu bleiben: Techniker, Schauspieler und Autoren kommen zusammen – nur wird in diesem Falle das Ergebnis ein Live-Geschehen sein statt bloß eines der über euer Fernsehen ausgestrahlten Filme. Katastrophenfilme, Bildungsprogramme und religiöse Darbietungen werden geplant. Sie alle werden »in Lebensgröße« in der räumlich-materiellen Welt stattfinden.

Vorkommnisse dieser Art kommen als Resultat individueller Glaubensvorstellungen, Wünsche und Intentionen zustande. So etwas wie eine Zufallsbegegnung gibt es nicht. Ein Tod ereignet sich nie zufällig, ebensowenig eine Geburt. In der schöpferischen Atmosphäre von System 2 sind alle Intentionen bekannt. Man könnte sagen, daß keine Handlung höchstpersönlich bleibt. Euer Nachrichtenwesen bringt euch in eurem Wohnzimmer Ereignisse zur Kenntnis, die überall in der Welt stattfinden. Doch ist das noch viel umfassendere innere Kommunikationssystem von ungleich mächtigerer Reichweite, und jeder mentale Akt wird dem multidimensionalen Bildschirm von System 2 eingeprägt. Dieser Bildschirm ist jedermann zugänglich, und in anderen Bewußtseinsrealitäten, besonders in den Stadien des Schlafs und Traums, sind die Ereignisse jener inneren Wirklichkeit genauso immergegenwärtig und leicht zugänglich wie die Ereignisse, die sich in der materiellen Wirklichkeit abspielen, im Wachzustand.

(22.40 Uhr.) Es ist, als ob System 2 einen endlosen Informationsdienst enthielte, der euch augenblicklich mit jedem beliebigen Wissen, das ihr gerade benötigt, in Kontakt bringt, der Kommunikationskreisläufe zwischen euch und anderen schafft und der mit blitzartiger Geschwindigkeit Wahrscheinlichkeiten berechnet. Das alles vollzieht sich jedoch nicht in der unpersönlichen Funktionsweise eines Computers, sondern aus einer liebenden Intention heraus, die euer und aller Individuen Bestes will.

Ihr könnt also nicht euren eigenen Vorteil auf Kosten anderer suchen. Ihr könnt nicht System 2 dazu benutzen, einem anderen Menschen ein Geschehen aufzuzwingen. Es müssen nämlich gewisse Vorbedingungen erfüllt werden, bevor ein angestrebtes Ergebnis konkret in Erscheinung tritt.

(22.45 Uhr.) Geduldet euch einen Moment ... Ich werde versuchen, die Arbeit an unserem Buch künftig voraussagbarer zu gestalten, unter Beibehaltung unserer eigenen Diskussionen und der Beantwor-

tung der Fragen, die sich euch vielleicht stellen werden. Doch möchte ich eigentlich unser System-2-Material im allgemeinen mehr für das Buch verwenden. Ihr könnt von unserem [anderen] Material verwenden, was immer ihr wollt, aber das Buch selbst wird sich nicht darauf beziehen.

(Der Abschluß der Sitzung wird also vertagt. Seth sagte um 23.12 Uhr gute Nacht.)

Zweiter Teil:
Bezugssystem 1 und Bezugssystem 2

3
Mythen, Ereignisse und ihre inneren Ursachen

Sitzung 817, Montag, den 30. Januar 1978

*(Seths Feststellung am Schluß des Diktats der 815ten Sitzung »Ich werde versuchen, die Arbeit an unserem Buch künftig voraussagbarer zu gestalten« zeugt von seiner guten Absicht, aber die Sache kam doch wieder anders. Zunächst kam Jane und mir die Ferienzeit dazwischen, und Sitzung 816, die am Tag nach Weihnachten stattfand, bezog sich überhaupt nicht auf die Arbeit am Buch. Dann hielten wir ab Anfang Januar acht Sitzungen ab, die sich mit Fragen befaßten, die wir lange beiseitegeschoben hatten; einige davon waren persönlicher Natur, andere wiederum nicht. Indes behielten wir unsere routinemäßigen Sitzungen jeden Montag und Samstag bei und waren im übrigen weiter mit all unseren anderen Projekten beschäftigt.**

Wir durchlebten einen wahrhaft kalten und winterlichen Monat mit einer Reihe heftiger Schneestürme in der letzten Woche, den schlimmsten seit mehr als zehn Jahren. – 21.35 Uhr.)

Guten Abend.

(»Guten Abend, Seth.«)

Diktat: Neues Kapitel mit dem Titel: »Mythen, Ereignisse.« *(Lange Pause.)* »Und ihre inneren Ursachen.«

Geduldet euch einen Moment ... Bevor wir erörtern, welche Rolle der Einzelmensch beim Zustandekommen von wie immer geartetem Umweltgeschehen, an dem ganze Massen beteiligt sind, spielt, müssen wir uns zunächst die inneren Ursachen vergegenwärtigen, die zu

---

* Mit diesen »anderen Projekten« war unsere Arbeit an »Emir« und an Band 2 der »*›Unknown‹ Reality*« gemeint. Vor zwei Wochen lieferte Sue Watkins die beiden letzten Kapitel des Manuskripts der »*Natur der Psyche*« ab, die sie für uns getippt hat; wir müssen das Buch noch durchgehen und die Anmerkungen dazu fertigstellen. Dann erhielt Jane gestern von ihrem Verlag die Korrekturfahnen von »James«, und so werden wir die nächste Woche über auch dieses Werk noch einmal sorgfältig durchgehen.

einem Geschehen in Form konkreter und realer Ereignisse führen. Die alles mit sich fortreißende Gewalt von Naturereignissen kann man nur verstehen, wenn man in einen Bereich ihrer Wirklichkeit Einblick nimmt, der sich eurer Wahrnehmung entzieht. Deshalb müssen wir die innere Triebkraft von Naturereignissen erforschen.

Ein Naturforscher untersucht die Außenseite der Natur. Selbst die Forschungsarbeit mit Atomen und Molekülen oder [hypothetischen] Partikeln, die sich schneller als das Licht bewegen, bezieht sich auf die Teilchennatur der Wirklichkeit. Der Wissenschaftler sucht für gewöhnlich nicht das Herz der Natur. Ganz sicher betreibt er nicht das Studium ihrer Seele.

Alles Sein ist Manifestation von Energie – eine emotionale Manifestation von Energie. Der Mensch kann das Wetter nach Kriterien von Luftdruck und Luftströmungen interpretieren. Er kann Verwerfungslinien beobachten mit dem Bemühen, Erdbeben zu verstehen. Das funktioniert auch alles – äußerlich und bis zu einem gewissen Grad. Doch ist die Psyche des Menschen emotionell nicht nur ein Teil seiner körperlich-materiellen Umwelt, vielmehr ist sie zuinnerst mit allen Manifestationen der Natur verbunden. Unter Zuhilfenahme der im letzten Kapitel eingeführten Bezeichnungen läßt sich sagen, daß die emotionale Identifikation des Menschen mit der Natur eine stark empfundene Wirklichkeit in System 2 ist. Und dort müssen wir die Antworten auf die Frage nach der Beziehung des Menschen mit der Natur suchen. Dort, in Bezugssystem 2, erscheint die Natur der Psyche ganz klar, so daß ihre großen Bewegungen und Rhythmen verständlich werden. Die Manifestationen physischer Energie folgen emotionellen Rhythmen, die auch von den empfindlichsten Instrumenten nicht registriert werden können.

Warum kommt ein Mensch um, während ein anderer am Leben bleibt? Warum wird ein ganzer Landstrich von einem Erdbeben verwüstet? Worin liegt die Beziehung des Individuums zu solchen ganze Massen von Menschen ereilenden Katastrophen? Bevor wir mit der Erörterung derartiger Fragen beginnen können, müssen wir wieder den Blick auf eure Welt richten und ihren Ursprung erkunden, denn gewiß entspringen eure Welt und die Natur ein und demselben Prinzip. Im Zuge dieser Betrachtungen werden wir das ganze Buch hindurch immer wieder Unterscheidungen zu treffen haben zwischen einem Geschehen selbst und der Bedeutung solchen Geschehens.

Allem Anschein nach ist eure Welt etwas gegenständlich Feststehendes und Tatsächliches, und das tägliche Leben in ihr gründet sich auf die euch bekannten Geschehnisse und Fakten. Ihr trefft klare Unterscheidungen zwischen dem Tatsächlichen und dem bloß Vorgestellten, zwischen Fakten und Phantasieerfahrungen. Ihr nehmt es im allgemeinen für selbstverständlich, daß der derzeitige Wissensstand, über den ihr als Volk verfügt, auf wissenschaftlichen Prinzipien beruht, die gesichert und unanfechtbar sind. Zweifellos hat sich doch die technologische Entwicklung auf der Grundlage gesicherter konkreter Fakten vollzogen.

Die Ideen, Phantasien und somit die Mythen der Welt scheinen von der geläufigen Erfahrung weit entfernt zu liegen – und doch hat alles, was euch als Wissen und Erfahrung zum Bewußtsein kommt, seinen Ursprung in jener schöpferischen Dimension des Seins, die ich als Bezugssystem 2 bezeichne. Man könnte sagen, daß eure Tatsachenwelt einem Wurzelgrund aus Phantasie und Imagination, somit Mythen entsprießt, dem all die unzähligen Einzelheiten eurer Lebenszusammenhänge entstammen. Was aber sind Mythen, und was verstehe ich unter diesem Begriff?

Mythen sind nicht Verzerrungen tatsächlicher Wirklichkeit; vielmehr sind sie der Schoß, durch den das Tatsächliche geboren werden muß. In Mythen kommt eingeborenes Wissen um die Natur der Realität, eingebettet in imaginative Begriffe und beseelt von einer schöpferischen Kraft so stark wie die Natur selbst, zum Ausdruck. Mythenschöpfung ist eine natürliche seelische Fähigkeit, eine elementare Funktion der Psyche, die in einem gesamtseelischen Zusammenwirken mythische Abbilder der inneren Wirklichkeit erschafft. Diese Abbilder dienen als Modell, das der Organisation eurer Zivilisationen zugrunde liegt und das zugleich ein Instrument der Wahrnehmung bildet, durch dessen Linse ihr die Vorkommnisse eures Lebens als Einzelpersonen in ihrem geschichtlichen Zusammenhang seht und interpretiert.

(22.06 Uhr.) Wenn ihr Mythen akzeptiert, dann nennt ihr sie freilich Tatsachen, denn so sehr werden sie Teil eures Privat- und Berufslebens und auch eurer Gesellschaft, daß sie euch als offensichtlich und selbstverständlich erscheinen. Mythen sind daher Ausdruck gewaltiger psychischer Dramen und von tieferer Wahrheit als das, was ihr Tatsachen nennt. Sie bringen das immerwährende Schauspiel der Realität hervor. Es muß also klar verstanden werden, daß ich, wenn

ich von Mythen spreche, die Natur des psychischen Geschehens miteinbeziehe, dessen fortwährende Realität in System 2 existiert und die Muster bildet, die dann in eurer Welt interpretiert werden.

Jemand, der von einer Naturkatastrophe betroffen ist, mag sich die Frage stellen: Ereilt mich die Strafe Gottes, und wofür? Ist die Vergeltung Gottes Ursache der Katastrophe? Ein Wissenschaftler könnte statt dessen fragen: Hätten wir mit besserer Technologie das Unglück irgendwie voraussehen und viele Menschenleben retten können? Und er mag, frei von Emotionen, das Unglück einfach als das unpersönliche Walten der blinden Natur deuten, die weder wußte noch sich darum scherte, was ihr zum Opfer fiel.

Auf jeden Fall aber lassen solche Situationen augenblicklich Fragen entstehen, Fragen im Hinblick auf die persönliche Realität und Lebensrichtung des Menschen, seine Beziehung zu Gott, zu seinem Planeten und zum Universum. Er beantwortet diese Fragen entsprechend seinen eigenen Glaubensüberzeugungen. Schauen wir uns also ein paar davon an.

Macht Pause. *(22.18 bis 22.27 Uhr.)*

Nun: Mythen sind natürliche Erscheinungen, die ebenso unzweifelhaft aus der Psyche des Menschen aufsteigen, wie sich gewaltige Gebirge aus dem Erdinneren emportürmen. Ihre tiefere Wirklichkeit jedoch ist in System 2 als Quellenmaterial für die euch vertraute Welt vorhanden.

In diesem Sinne entstehen die großen Religionen eurer Zivilisationen aus Mythen, die ihren Charakter im Laufe der Jahrhunderte verändern, so wie auch Gebirge entstehen und vergehen. Die Gebirge könnt ihr sehen. Es wäre lächerlich, ihre Wirklichkeit zu leugnen. Eure Mythen seht ihr etwas weniger unmittelbar, doch treten sie in all euren Tätigkeiten offen zutage, und sie bilden die inneren Strukturen eurer Zivilisationen in all ihrer Mannigfaltigkeit.

In diesem Sinne sind also das Christentum und eure anderen Religionen-Mythen, deren Aufdrift durch ein inneres Wissen hervorgerufen wurde, dessen immense Dimensionen sich bloßer Faktizität entziehen. In diesem Sinne ist auch eure Wissenschaft wesentlich mythisch. Das zu erkennen mag einigen von euch schon schwieriger erscheinen, denn sie scheint ja so gut zu funktionieren. Andere wiederum werden zwar geneigt sein, die Wissenschaft unter ihrem mythischen Aspekt zu sehen, doch sehr davor zurückscheuen, Religion, so wie ihr sie versteht, im gleichen Lichte zu sehen. Doch sind es all diese Ideen, die in größerem oder geringerem Ausmaß eure Interpretation allen Geschehens bestimmen.

In diesem zweiten Teil des Buches beschäftigen wir uns vorwiegend mit aus eurer Sicht katastrophalen Ereignissen in der Natur. Wiederum wird es für manche keine Frage sein, daß Naturkatastrophen eine Vergeltung Gottes oder doch zumindest eine Mahnung des Himmels sind, Buße zu tun, wogegen für andere eine solche Katastrophe ihrem Wesen nach völlig neutral und unpersönlich ist und in keinerlei ursächlichem Zusammenhang mit der Gefühlswirklichkeit des Menschen steht. Weil ihr euch selbst von der Natur absondert, seid ihr außerstande, ihre Manifestationen zu verstehen. Allzuoft verstellen euch eure Mythen den Ausblick. Wenn Mythen standardisiert und allzu buchstäblich genommen werden, wenn ihr beginnt, sie allzueng mit der Tatsachenwelt zu verknüpfen, mißdeutet ihr sie völlig. Wenn Mythen als Tatsachen genommen werden, haben sie immer bereits an Wirklichkeit eingebüßt. Unter dem Druck solcher Nötigung verflüchtigt sich ihre Macht.

(22.43 Uhr.) Geduldet euch einen Moment ... Die meisten Menschen interpretieren ihre Lebenswirklichkeit, ihre Siege und Niederlagen, ihre Gesundheit oder Krankheit, ihr Glück oder Unglück im Licht einer mythischen Wirklichkeit, die als solche nicht erkannt wird. Was verbirgt sich hinter diesen Mythen, worin liegt der Ursprung ihrer Macht?

Tatsachen sind zwar sehr dienlich, doch sind sie immer nur ein schwacher Aufguß der Wirklichkeit. Anhand tatsächlichen Geschehens werden gewisse Erfahrungen kurzerhand als wirklich und andere als nicht wirklich deklariert. Die Psyche aber läßt sich nicht so einengen. Sie hat ihre Existenz in einem Seinsbereich, in dem es alle Möglichkeiten gibt. Sie erschafft Mythen wie das Meer den Schaum. Mythen sind ursprünglich psychische Hervorbringungen von so großer schöpferischer Kraft, daß sie zum Ursprung ganzer Zivilisationen und Kulturen werden. Die ihnen innewohnende Symbolkraft und emotionelle Wertigkeit prägen sich der materiellen Welt so tief ein, daß sie nie mehr die gleiche sein wird wie zuvor.

Sie werfen ihr Licht auf historische Ereignisse, denn sie sind die Ursache dieser Ereignisse. Sie verknüpfen und verweben die innere, unsichtbare, doch tief empfundene ewige psychische Erfahrung des Menschen mit den raumzeitlichen Geschehnissen seiner Erdentage und strukturieren in ihrer Kombination Gedanken und Glaubensüberzeugungen wirksam von einer Zivilisation zur anderen. In System 2 waltet die innere Macht der Natur in beständigem Wandel. Die Träume, Hoffnungen, Bestrebungen und Ängste des Menschen wirken in unablässiger Bewegung aufeinander ein, und aus dieser Bewegung entsteht das Geschehen eurer Welt. In dieses Ineinanderwirken ist natürlich nicht nur der Mensch, sondern auch die Gefühlswirklichkeit aller Lebensformen irdischen Bewußtseins, das der Mikrobe und des Gelehrten, des Froschs und des Sterns, miteinbezogen. Ihr deutet die Erscheinungen eurer Welt im Sinne der von euch akzeptierten Mythen. Ihr organisiert also die materielle Erscheinungswelt anhand von Ideen. Nur die Wahrnehmungen, die eure Ideen bestätigen, werden von euch verwertet. Der physische Körper selbst jedoch ist durchaus imstande, die Welt nach ganz anderen Kriterien zu ordnen als bloß nach dem einen euch vertrauten.

Ihr sondert euch von der Natur und ihren Absichten in weit größerem Maße als die anderen Lebewesen ab. In ihren gewaltigen Ausbrüchen erscheint euch die Natur wie ein Widersacher. In solchen Zeiten müßt ihr also, um eine Erklärung für die scheinbar feindselige Absicht der Natur zu finden, entweder nach Gründen außerhalb eurer selbst suchen, oder aber ihr müßt sie als absolut gleichgültig hinstellen.

Von seiten der Wissenschaft wurde oft gesagt, daß der Natur am Einzelwesen wenig, daß ihr nur am Bestand der Art gelegen ist; und so kommt es, daß ihr euch oft als Opfer in einem allgemeinen Kampf ums Überleben seht, in dem eure persönlichen Intentionen keinen Pfifferling zählen.

Ende des Diktats. Ende der Sitzung, es sei denn, ihr habt noch Fragen.

(»Nein, ich glaube nicht.«)

Ihr könnt euch auf allerlei Gutes gefaßt machen. Mehr will ich jetzt nicht sagen.

(»Okay.«)

Meine herzlichsten Grüße und einen schönen guten Abend.

(»Danke, Seth. Gute Nacht.«)

(23.02 Uhr. Janes Vortrag in Trance war ausgezeichnet gewesen – gleichmäßig und konzentriert.)

Sitzung 818, Montag, den 6. Februar 1978

(Am letzten Mittwoch abend fand keine Sitzung statt, weil Jane und ich damit beschäftigt waren, die Korrektur von »James« durchzusehen. Ich hatte die Abzüge heute postfertig gemacht, blieb dann aber zu Hause, denn gegen Mittag kam ein schwerer Schneesturm auf. Als wir uns um 21.15 Uhr für die Sitzung bereitmachten, stürmte es heftiger denn je. Meterhohe Schneewehen häuften sich gegen die Nordseite des Hauses und unsere Veranda auf der Westseite. Laut Wetterbericht soll der Sturm die Nacht hindurch andauern.

Wir warteten eine Stunde und vier Minuten auf den Beginn der Sitzung – etwas bisher nie Dagewesenes. Wir schwiegen immer wieder lange. Um 22.05 Uhr sagte Jane: »Ich habe so ein Gefühl, als würde irgendwo da hinten eine Menge Material zusammengestellt; es ist bloß noch nicht bis hierher durchgedrungen. Sonderbar ... ich glaube, ich habe mich noch nie so wie eben jetzt gefühlt, sonst würde ich mir einfach sagen, na wenn schon, und etwas anderes anfangen. Aber wenn heute abend keine Sitzung stattfindet, dann muß ich in der nächsten herausfinden, warum es diesmal nichts gewesen ist. Es ist so, als könnte ich um zwei Uhr früh aufwachen und sagen: ›O mein Gott, hier ist es ...‹«

Die sonderbaren Empfindungen Janes gaben den Ausschlag, daß wir diese Sitzung hier einflechten, obwohl es sich nicht um für das Buch Diktiertes handelt. Seth kam mit interessantem Material über die Kommunikation zwischen seiner und unserer Wirklichkeit durch und vermittelte uns Einsichten, nach denen wir immer gesucht haben, wenn wir das ganze Umfeld der Seth-Erfahrung zu verstehen suchten, und wenn wir schon solche Informationen erhalten, möchten wir sie auch anderen zugute kommen lassen. Doch waren wir wahrhaftig nicht darauf gefaßt, daß Seth Bezugssystem 3 erörtern würde, da wir noch immer mit der Aneignung seines Materials über Bezugssystem 1 und 2 beschäftigt sind.

»Eigentlich müßten wir, so wie wir hier warten, frustriert sein, wenn nicht alles so zeitlos zu sein schiene«, sagte Jane, während wir immer noch wartend dasaßen. »Hast du nicht auch dieses Gefühl?« Ich bejahte. Das warme Wohnzimmer mit seinem milden Lampenschein und der Sturm draußen schienen von zeitloser Dauer. Unser Hügelhaus ist so gut isoliert, daß wir die Angriffe des Sturms nur wie aus weiter Ferne hören, abgesehen von gelegentlichem Geklap-

per der Metalljalousien. Dann endlich, um 22.19 Uhr, kam Seth durch.)

Guten Abend.

(»Guten Abend, Seth.«)

Nun: Ich weiß nicht so recht, wie ich es in Worte fassen soll, um es zu erklären, aber man könnte vielleicht sagen, daß ich Reisen unternehme – allerdings durch psychische Realitäten, durch seelische Landschaften. Solche Reisen sind nach euren Begriffen »keine Frage der Zeit«. Doch muß ich für unsere Sitzungen zahlreiche Aktivitäten zeitlich aufeinander abstimmen, so daß ich manchmal bei euch und zugleich andernorts in Anspruch genommen bin.

Ihr habt einen Sturm. Die Wetterexperten sprechen von örtlichen Wetterbedingungen und dem Ineinanderfließen von Luftströmungen; meine Reisen indes vollziehen sich in Bereichen, wo Bewußtsein ineinanderfließt. Ich weiß nicht, ob ich besonders darauf hingewiesen habe, aber ihr müßt verstehen, daß ich mich in einem Zustand unablässigen Wachstums, fortwährender Ausdehnung und Entwicklung befinde. Erinnert euch an Ruburts Episoden mit der [psychischen] Bibliothek.* Das sind Beispiele für weit geringere Versionen meiner Aktivitäten, und doch reise ich in diesem Sinne, um eine Analogie zu gebrauchen, zu vielen großen Universitäten des Geistes.

Wieder läßt sich manches nur schwer erklären, denn Information und Wissen werden fortwährend transformiert – werden gewissermaßen immer neu geboren aufgrund der Beschaffenheit der Gedanken selbst. Wahrgenommenes Wissen wird durch die Veranlagung des jeweils wahrnehmenden Bewußtseins verwandelt. Es nimmt zu und erfährt zugleich eine Verfeinerung. Es ist eine fortwährende Sprache, eine Sprache jedoch, die sich selbst transformiert. Wenn ich »zu diesen Sitzungen komme« oder »spreche«, dann tausche ich mit anderen ein Realitätssystem aus von einer Komplexität, die kein Computer bewältigen könnte. Die grundlegende Art und Weise, in der eure persönliche Wirklichkeit zur Wirklichkeit des von euch erfahrenen Massengeschehens beiträgt, entzieht sich eurer Wahrnehmung wie auch eurem Verständnis. Unbewußt trägt jeder einzelne zur Schaffung die-

* In »*Psychic Politics*« hat Jane ausführlich die Entdeckung und Verwendung ihrer immateriellen Bibliothek beschrieben.

ser Wirklichkeit bei. Ich indessen bin mir dieser Aktivitäten bewußt, wiewohl im Hinblick auf sehr viele Wirklichkeiten.*

In gleicher Weise, wie ich versuche, eure Erkenntnisfähigkeit zu steigern und eure Begabungen weiterzuentwickeln, so bin ich auch in anderen Welten tätig. Obwohl unsere Begegnungen in eurer Zeit und im Raum eurer Wohnung stattfinden, muß dem primär eine subjektive, innere Begegnung zugrunde liegen, eine Überschneidung von je eigenem mit anderem Bewußtsein, die dann als körperlich-materiell erfahren wird.

Die Begegnungen selbst finden in einer System-3-Welt statt. Dieses Bezugssystem existiert, wiederum im Sinne einer Analogie, um einen weiteren Schritt von eurem Bezugssystem 2 entfernt**. Ich will hier nicht eine Hierarchie von »Höherem« und »Niedrigerem« andeuten; vielmehr stellen die Bezugssysteme verschiedene Aktionsbereiche dar. Unsere Begegnungen finden also ursprünglich jenseits der Sphäre statt, in der es ausschließlich entweder um eure materielle Welt oder um den inneren geistig-seelischen Bereich geht, dem eure gegenwärtige Erfahrung entspringt.

In den vergangenen Jahren ist es einige wenige Male vorgekommen, daß Ruburt vor einer Sitzung eine Distanz zwischen uns verspürte oder daß das Material noch nicht richtig vorlag. Ich habe schon erklärt, daß ich euch manchmal ein »Tonband« dalasse, und normalerweise werden solche Momente dadurch überbrückt. Heute abend jedoch verspürte Ruburt nicht nur eine Distanz, sondern auch die Komplikationen, die meine Aktivitäten zur Folge haben.

(22.45 Uhr.) Geduldet euch einen Moment ... Bis zu einem gewissen Grad seid ihr beide daran beteiligt, jedoch auf Weisen, die zu erklären mir nahezu unmöglich ist. Doch ist das bitte nicht buchstäblich zu nehmen. Teile eures Bewußtseins wohnen meinem Bewußtsein inne, und so werdet ihr bis zu einem gewissen Grade mitgetragen, wohin ich gehe – etwa so, wie Staubkörnchen im Herbstwind von einem Ort zum anderen wehen. *(Scherzhaft:)* Ich möchte euch nun ganz und gar nicht mit Staubkörnchen vergleichen, doch habt ihr bis zu einem gewissen Grade Anteil an meinen Reisen. Ihr werdet

---

* Jane und ich wollen Seth bei Gelegenheit bitten, uns auf eine Weise, die uns ihrem Verständnis irgendwie näherbringen könnte, einige der anderen Wirklichkeiten zu erklären, in denen er existiert und von denen aus er »spricht«.

** Dies ist das zweite Mal, daß Seth ganz kurz Bezugssystem 3 erwähnt hat.

über das Gelände eurer gewohnten Wahrnehmung hinausgetragen, so daß Teile von euch subjektive Szenarien flüchtig wahrnehmen. Diese erregen eure Neugier, selbst wenn euch gar nicht zu Bewußtsein kommt, daß ihr sie wahrnehmt. Und diese Neugier wirkt als Ansporn.

Eure Absichten und Beweggründe, eure Interessen, Bedürfnisse und Wünsche, eure Eigenschaften und Fähigkeiten haben einen unmittelbaren Einfluß auf unser Material, da sie es sind, die euch überhaupt erst dazu gebracht haben.

Ihr wollt, daß das Material in eurer Welt zur Auswirkung kommt. Das ist ein natürlicher und durchaus verständlicher Wunsch: »Der Existenzbeweis für den Pudding liegt darin, ihn zu essen«, und so weiter. Doch seid ihr natürlich auch Mitspieler in einem immensen Schauspiel, dessen Haupthandlungen außerhalb eurer Welt in jenen Bereichen stattfinden, aus denen eure Welt hervorgegangen ist – und ihr seid in erster Linie die Ureinwohner jener anderen Bereiche, wie jedes Individuum und jedes Wesen überhaupt.

Jene Bereiche sind alles andere als einsam, düster und chaotisch. Sie unterscheiden sich auch durchaus von jeglicher Vorstellung eines Nirwanas oder Nichtseins. Sie bestehen aus in endloser Spiralbewegung begriffenen Existenzzuständen, in denen verschiedene Arten von Bewußtsein einander begegnen und miteinander kommunizieren. Es sind keine unpersönlichen Bereiche, vielmehr wirken sie unablässig aufeinander ein in innigstem Austausch. Dieses Aufeinanderwirken ist ein rings um euch her stattfindendes Geschehen, und ich möchte gern, daß ihr ihm gedanklich entgegenstrebt, daß ihr versucht, euer Wahrnehmungsvermögen so weit auszudehnen, daß ihr seiner Existenz doch ein wenig gewahr werdet.

Diese Bezugssysteme sind, obwohl ich sie gesondert bespreche, eines im anderen vorhanden, und jedes greift auf das andere über. In einem gewissen Sinne seid ihr in all diese Wirklichkeiten eingetaucht. So hing zum Beispiel dein Konflikt mit den Notizen* in eigentümlicher Weise mit einem durch die Notwendigkeit der Faktenzusammenstellung bedingten Ordnungsbedürfnis zusammen, das sich dann je-

* Wenn Band 2 der »*›Unknown‹ Reality*« veröffentlicht sein wird, können Sie meine Notizen zu den Sitzungen 715 und 716 nachlesen. Ich schilderte dort eine Reihe von Episoden, in denen ich mich als Hauptmann einer römischen Streitmacht zu Beginn des ersten Jahrhunderts n. Chr. sah.

doch übertrug, so daß du deine römische Welt und diese gegenwärtige auseinanderhalten und nicht – wie es dir passierte – assoziativ miteinander vermengen wolltest, was dich dann bei der Verfassung deiner Anmerkungen in Verlegenheit brachte. Subjektiv wolltest du die beiden Welten zusammenlegen, um Ähnlichkeiten und dergleichen zu erforschen, praktisch jedoch wolltest du sie für deine Notizen auseinanderhalten.

Versucht nach Möglichkeit, diesen größeren Existenzzusammenhang, in dem ihr euer Sein habt, zu erspüren. Eure Bemühungen werden reichlich belohnt werden. Natürlich geht es nicht um ein bloß intellektuelles Akzeptieren der Idee, sondern um ihre gefühlsmäßige Verwirklichung. Ruburt wollte Material für dieses Buch, und das ist recht so. Das Buch ist wichtig. Das Buch hat seinen Sinn in eurer Welt, aber mir ist daran gelegen, daß ihr nicht den größeren Zusammenhang aus den Augen verliert, aus dem diese Sitzungen hervorgehen. Diese Art der Mitteilung kann zumindest Reaktionen eurerseits auslösen, die es mir ermöglichen, euch noch weitergehendes Wissen zu erschließen.

In eurer Welt muß Wissen in spezifische Gegebenheiten übersetzt werden, aber wir haben es auch mit Wirklichkeiten des Gefühls zu tun, die nicht so leicht zu entziffern sind. In dieser Sitzung, in den Worten, die ich spreche, und – wichtiger noch – in der ganzen Atmosphäre der Sitzung, sind flüchtige Hinweise auf jene unentzifferbaren, doch machtvollen Wirklichkeiten enthalten, die ich nach und nach in Begriffe fassen werde, die euch verständlich sind.

(23.13 Uhr.) Mehr steht noch aus, aber ich werde damit zuwarten, einfach weil es zur Zeit noch unübersetzbar ist. Unter der Einwirkung dieser Sitzung werden euch eure eigenen Wahrnehmungen und Einsichten sowohl im Wachzustand als auch im Traum weitere Hinweise geben. Haltet euer Gemüt dafür empfänglich, ohne bestimmte Erwartungen in bezug auf ihr Wann oder Wie zu hegen. Ruburts eigene Entwicklung verstärkt seine sensitive Aktivität, wodurch weiteres Wachstum ausgelöst wird. Zum Beispiel hat er, ob es ihm nun bewußt ist oder nicht, an seiner Bibliothek weitergearbeitet.

Ende der Sitzung.

(»Danke, Seth. Gute Nacht.«)

(23.15 Uhr. »Mann, ich hab mich wirklich total anders gefühlt, während das lief«, sagte Jane, als sie aus der Trance kam. »Ich hatte ein Gefühl von Macht, das ich sonst nicht kenne. Ich bin froh, daß ich

gewartet habe. Mir ist, als sei ich irgendwo anders gewesen, oder so ähnlich. Ich habe das Gefühl, als sei etwas Neues in die Sitzung gekommen, aber ich muß das erst noch herausfinden ...«)

Sitzung 820, Montag, den 13. Februar 1978

(Heute morgen habe ich das achte und letzte Kapitel zu Janes Buch »Emir« an die Prentice-Hall abgeschickt.

Die Sitzung 819, die am letzten Samstag abend stattfand, hatte nichts mit dem vorliegenden Buch zu tun. Die Sitzung vom heutigen Abend hingegen scheint uns aus mehreren Gründen, die Sie bald erkennen werden, dazuzugehören, obschon Seth seine Mitteilungen nicht ausdrücklich als Buchdiktat bezeichnete.

Beim Mittagessen hatte ich Jane vorgeschlagen, ein kleines Buch mit dem Material über die Bezugssysteme 1 und 2 zusammenzustellen, das wir von Seth, seitdem er diesen Begriff in einer persönlichen Sitzung am 17. September letzten Jahres zum erstenmal einführte, erhielten. Wir haben seitdem 31 persönliche oder nicht für das Buch bestimmte Sitzungen abgehalten, und eine Reihe davon enthält Äußerungen über die Bezugssysteme 1 und 2, die eine Ergänzung zu den für das vorliegende Buch gegebenen Informationen bilden. Ich dachte, ein solches Buchprojekt ließe sich vielleicht ganz gut mit Janes übrigen Arbeiten vereinbaren. Eigentlich war der Vorschlag ein Versuch meinerseits, mit Seths Produktion von Büchern innerhalb von Büchern (wie ich in meinen einführenden Anmerkungen zu Sitzung 814 schrieb) irgendwie klarzukommen; doch Seth ist so unerschöpflich, daß wir wahrscheinlich unser Lebtag nicht alles Material werden veröffentlichen können.

Jane zeigte mehr Interesse an meiner Idee, als ich erwartet hatte, und verbrachte den Nachmittag damit, die diesbezüglichen persönlichen Sitzungen durchzugehen. Im Laufe der Stunden wurde sie unter dem Eindruck von Seths Daten sehr gelöst und entspannt. Sie »fühlte sich komisch«, wie sie sagte. Doch wollte sie sich auf die Sitzung einstellen. Um 21.30 Uhr begannen wir zu warten. Dann, grußlos, kam um 21.40 Uhr Seth durch.)

Nun denn: Schön, daß ihr wieder an Bezugssystem 2 gedacht habt.

In gewissem Sinne ist das Material über die Bezugssysteme 1 und 2 ein typisches Beispiel. Ihr erhaltet eine Menge Informationen in Sitzungen, die gar nicht dem Buchdiktat gewidmet sind – einfach weil unsere Bücher, obwohl äußerst frei konzipiert, doch von euren Ideen darüber, wie ein Buch zu sein habe, geprägt sein müssen.

Natürlich sind selbst eure Vorstellungen von Kreativität unvermeidlich von eurer Denkweise innerhalb des Bezugssystems beeinflußt, wogegen unsere Sitzungen einer weitergefaßten Konzeption folgen und euch beim Buchdiktat wie auch bei anderem Material unterschiedliche Perspektiven von verschiedenen Gesichtswinkeln her vermitteln. Doch werden Ursprung und Fülle des schöpferischen Materials, so wie es existiert und empfunden wird, nicht unmittelbar von euch wahrgenommen, denn ihr kommt einfach nicht umhin, es bloß ratenweise wahrzunehmen.

Ich habe gesagt, daß die Funktionsweise von Bezugssystem 2 sich noch am ehesten in schöpferischen Entwürfen spiegelt, da es hier allemal zu Glaubens- und Inspirationssprüngen kommt und Barrieren durchbrochen werden.

Jedes unserer Bücher trägt zu den vorigen bei, Ruburts Bücher mitinbegriffen, wie auch die Reihe der in eurem Sinne noch gar nicht geschriebenen Bücher, so daß die künftigen Bücher auch die von euch als vergangen betrachteten beeinflussen. Und wiederum kommen die Inhalte der Bücher, während sie in eurer Zeit erscheinen, von außerhalb eurer Zeit.

Wenn ihr ein Buch wie üblich schreibt, verwendet ihr euch und anderen bekannte Ereignisse, Erinnerungen und Assoziationen, die ihr vielleicht vergessen hattet, die euch jedoch infolge eurer Absicht und eurer Gedankenverbindungen plötzlich wieder einfallen. Wenn ein Künstler eine Landschaft malt, so wird er vielleicht auf der Suche nach einer neuen schöpferischen Kombination unbewußt Hunderte von Landschaften und Hunderte von scheinbar vergessenen, auf Gras oder Bäumen in der Vergangenheit gewahrten Farbtönen miteinander vergleichen. Kunst ist sein Brennpunkt, so daß er von Bezugssystem 2 all jene relevanten Daten bezieht, die er für sein Gemälde braucht. Es geht nicht bloß um Technik, vielmehr bringt er seine gesamte visuelle Lebenserfahrung mit ins Spiel.

In Bezugssystem 2 waltet eine viel umfassendere Kreativität, in der es um die Kunst eures Lebens geht, und alle Voraussetzungen zu seinem Gelingen sind dort verfügbar. Wenn ihr ein Produkt herstellt oder ein Kunstwerk schafft, wird das Ergebnis viel mit euren Vorstellungen über das so Geschaffene zu tun haben – und so werden auch eure Vorstellungen über euer Leben oder das Leben selbst viel mit eurer Erfahrung des Lebens als einer lebenden Kunst zu tun haben.

Wenn ihr an die für allgemeingültig gehaltenen Gesetze von Ursache und Wirkung oder an die für allgemeingültig gehaltenen Gesetze der Polarität glaubt *(sie wurden uns gerade heute in einem Brief ausführlich dargelegt)*, dann werdet ihr durch diese Gesetze gebunden sein, denn sie werden eure künstlerische Technik beeinflussen. Ihr werdet glauben, daß ihr euch an diese Gesetze halten müßt, um das lebensechte Porträt eures Lebens zu malen. Ihr werdet deshalb eure Erfahrung strukturieren, indem ihr von Bezugssystem 2 nur das abruft, was dazu paßt. Ihr werdet nicht über die »Technik« verfügen, andere Erfahrungen herbeizurufen, und solange ihr euch auf eine einzige Technik beschränkt, werden eure Lebensbilder von einer gewissen Monotonie geprägt sein.

Doch bringt der Schriftsteller oder der Maler mehr in sein Werk ein als die bloße Fähigkeit, zu schreiben oder zu malen. Auf die eine oder andere Weise bringt er seine gesamte Lebenserfahrung mit ins Spiel. Wenn eure Aufmerksamkeit vor allem Bezugssystem 1 gilt, so ist das, als hättet ihr nur einfache Sätze zu schreiben gelernt, in denen einfach ein Wort auf das andere folgt. Der eigentliche Ausdruck fehlt. In eurem Leben schreibt ihr Sätze wie »Sieh Tommy laufen«. Euer Bewußtsein beschäftigt sich nicht eigentlich mit Begriffen, sondern mit der einfachen Wahrnehmung von Objekten, so daß nur wenig Imagination ins Spiel kommt. Ihr könnt die Örtlichkeit von Objekten im Raum zum Ausdruck bringen, und ihr könnt euch anderen mitteilen, indem ihr die offensichtlichen dinglichen Eigenschaften bestätigt, die auch von anderen wahrgenommen werden.

So gesehen und um bei unserer Analogie zu bleiben, würde euch also die Wahrnehmung der Wirklichkeit von Bezugssystem 2 aus von der niedrigen Warte des Bezugssystems 1 auf ein höheres Niveau versetzen, wo große Kunst entsteht, wo Worte nicht nur dazu dienen, das Sichtbare, sondern auch das Unsichtbare auszudrücken – nicht nur bloße Fakten, sondern auch Gefühle offenzulegen –, und wo die Worte selbst sich aus dem gewohnten Muster der Aufeinanderfolge lösen und die Emotionen in Bereichen dingfest machen, die Zeit und Raum enthoben sind.

(22.13 Uhr.) Hin und wieder werden Menschen kurze Augenblicke solcher Erfahrung zuteil, und doch hat jede persönliche Wirklichkeit

ihr Sein in einem Ewigschöpferischen, dem wiederum eure Welt entspringt.

Es ist auch nicht so, daß jene größere Wirklichkeit sich eurer Wahrnehmung völlig entzöge, durchaus nicht. Sie kommt in der persönlichen Erfahrung jedes einzelnen zum Vorschein, und sie tritt offen zutage in der Existenz eurer Welt als solcher. Große Religionskünder haben sie auf die eine oder andere Weise stets wahrgenommen, obwohl der Versuch, jene Wirklichkeit in Begriffen der allgemein anerkannten Tatsachenwelt zu deuten, sie notwendigerweise entstellt.

Geduldet euch einen Moment ... Eure Welt ist also das Ergebnis eines multidimensionalen schöpferischen Unternehmens, ist Kunstwerk in einem Sinne, der für euch fast unmöglich zu verstehen ist, in dem jeder Mensch und jedes Lebewesen und jede Partikel eine Lebensrolle spielt. Auch ist in Bezugssystem 2 ein jedes Geschehen bekannt, vom Fallen eines Blattes bis zum Fallen eines Sterns, vom Erleben des kleinsten Insekts an einem Sommertage bis hin zum grausigen Tod eines in einem Großstadtviertel ermordeten Menschen. Jedes dieser Geschehnisse hat seine Bedeutung in einem übergreifenden Muster von Aktivität. Dieses Muster ist von eurer Wirklichkeit nicht verschieden, euch nicht von außen aufgenötigt, nicht von eurer Erfahrung getrennt. Es scheint nur oft so zu sein, weil ihr eure Erfahrungen so sehr unterschiedlichen Kategorien zuordnet und sondert, daß ihr euch automatisch von solchem Wissen abtrennt.

Das Schöpferische befaßt sich nicht mit Unterteilungen. Es durchbricht alle Schranken. Aber selbst schöpferisch arbeitende Menschen wenden ihre zusätzlichen Einsichten und Kenntnisse gewöhnlich nur auf ihre Kunst an – nicht auf ihr Leben. Punktum. Sie fallen zurück in das Schema von Ursache und Wirkung.

Euer Leben im engen Rahmen des Bezugssystems 1 aber beruht auf der Vorstellung, daß ihr nur soundsoviel Energie zur Verfügung habt, daß ihr euch aufbrauchen werdet und daß eine bestimmte Menge an verausgabter Energie ein bestimmtes Ergebnis zeitigt – anders gesagt, daß der Aufwand einer bestimmten Art zielstrebigen Bemühens die besten Resultate zeitigen wird. Gleichermaßen herrscht der Glaube vor, daß die Energie des Universums sich aufbrauchen wird – immer unter Voraussetzung der »Tatsache«, daß keine neue Energie in die Welt einströmt. Die Schöpferquelle der Welt gäbe es somit nicht mehr, da sie sich bei der Anstrengung, die materiellen Phänomene eurer Erscheinungswelt hervorbringen, erschöpft hat. Im Licht solchen Denkens wäre Bezugssystem 2 eine Unmöglichkeit.

So ist es aber nicht. Unablässig strömt die Lebensenergie in eure Welt ein in einer Weise, die nichts zu tun hat mit euren sogenannten physikalischen Gesetzmäßigkeiten. Ich sagte *(vor vierzehn Jahren)*, daß sich das Universum ebenso ausdehnt wie eine Idee, und genau das meine ich auch.

Das umfassendere Leben eines jeden Lebewesens existiert in jenem Bezugssystem, das es »ursprünglich« ins Leben rief, und in einem umfassenderen Sinne wird jedes Geschöpf, ganz gleich, wie alt es sein mag, tatsächlich fortwährend wiedergeboren. Ich kleide all dies in Begriffe der euch bekannten Wirklichkeit eurer Welt, was bedeutet, daß ich die lokalen Eigenschaften von Bezugssystem 2 heranziehe, insoweit sie auf eure Erfahrung einwirken.

Ruh deine Finger aus! *(Pause um 22.39 Uhr.)*

Wir werden höchstwahrscheinlich die Sitzung beenden müssen, denn es gibt hier Punkte, an denen die Übersetzung überaus schwierig wird. Ihr persönlich habt jetzt eine Zeit, in der ihr wieder voranzuschreiten bereit seid und in der die gegebenen Informationen euch beizeiten einholen werden, so daß ihr auf neue Aha-Erlebnisse, Traumerfahrungen und dergleichen, gefaßt sein dürft.

Ende der Sitzung.

(»Danke, Seth.«)

(22.43 Uhr. »Das war wirklich seltsam«, sagte Jane, als sie ihre Seth-Mitteilungen beendet hatte. Überrascht bemerkte ich, daß ihr ziemlich übel zu sein schien. »So etwas habe ich noch nie erlebt«, meinte sie, »es wurde mir zunehmend schlecht, als ob das Material mir irgendwie zusetzte. Gegen Ende des Diktats habe ich mich sehr unter Druck gefühlt im Zusammenhang mit Material, das ich nicht übersetzen konnte. Als stünde ich kurz davor, etwas unerhört Großartiges mitgeteilt zu bekommen. Und so fühle ich mich noch immer …

Vielleicht wurden meine Gefühle nicht sachbezogen hervorgerufen, sondern durch eine Art Beschleunigung in der Hinbewegung auf einen Zustand, den ich nicht erreichen konnte, statt irgendeiner großartigen Eröffnung für die Welt«, sagte Jane etwas später. »Aber mir war wirklich übel.« Ihre Ausführungen stimmen durchaus mit Seths abschließender Bemerkung über die Übersetzungsschwierigkeiten überein; auch konnten wir im Sitzungsmaterial selbst keinen Grund für ihre Reaktion finden. Ich gab zu bedenken, daß das nötige Ver-

ständnis sich ihr wahrscheinlich später erschließen würde. Allem Anschein nach hing ihr sonderbarer Zustand mit ihren Gefühlen vom Nachmittag und frühen Abend zusammen.)

Sitzung 821, Montag, den 20. Februar 1978

(Letzten Samstag abend ließen wir die reguläre Sitzung entfallen. Wir haben beschlossen, den seit acht Monaten eingehaltenen Turnus der Sitzungen jeweils am Montag und Samstag aufzugeben und die Sitzungen wieder wie früher am Montag und Mittwoch abend abzuhalten. So verfügt Jane über mehr Zeit, an den Wochenenden die Post zu erledigen. Meine Tagesarbeit ist davon kaum betroffen; zwar helfe ich ihr bei der Beantwortung der ankommenden Briefe, den Großteil der Arbeit aber bewältigt sie selbst. – 21.30 Uhr.)

Nun: Diktat. Ihr seid natürlich ein Teil der Natur und ein Teil der Schöpferquelle des Ursprungs der Natur.

Den Wachstumsprozeß vom Kleinkind zum Erwachsenen zu durchlaufen war eine der schwierigsten und zugleich die müheloseste aller Leistungen, die ihr in einem Leben vollbringt. Als Kind habt ihr euch mit eurer eigenen Natur identifiziert. Ihr habt intuitiv verstanden, daß euer Wesen in dem Wachstumsprozeß beschlossen und e i n T e i l d e s s e l b e n war.

All euer intellektuelles Wissen und die noch so große Ansammlung all dessen, was ihr Wissenstatsachen nennt, vermögen euch nicht das innere Wissen zu vermitteln, das nötig ist, die körperlich-materiellen Geschehnisse zu bewirken, die sich aus jenem Wachstumsprozeß heraus entfalten. Ihr lernt lesen, aber das Sehen ist eine weitaus größere Leistung – eine Leistung, die anscheinend ganz von selbst geschieht. Sie geschieht eben deshalb, weil jeder von euch tatsächlich ein Teil der Natur und ihres schöpferischen Ursprungs ist.

Eure Religionen haben eure Beziehung zum Ursprung der Natur auf die eine oder andere Weise immer stillschweigend vorausgesetzt, selbst wenn sie der Natur selbst oft keinerlei primäre Bedeutung beimaßen. Die meisten Religionen haben die eine oder andere durchaus gültige Einsicht zu ihrem alleinigen Angelpunkt erhoben und sie zugleich verfälscht, indem sie alles andere ausschlossen, was nicht dazu zu passen schien. »Ihr seid Kinder des Universums.« Diesen Satz hört man oft – und doch war der entscheidende Punkt der Christusgeschichte nicht sein Tod, sondern seine Geburt, und nicht weniger wichtig waren seine oft wiederholten Worte, daß jeder Mensch »ein Kind des Vaters« ist.

In der Bibel gibt es viele spätere Einfügungen wie beispielsweise die Geschichte vom Feigenbaum, in der die Natur heruntergespielt wird. Der »Vater« Jesu Christi ist jedoch der Gott, der um jeden Sperling weiß, welcher vom Dache fiel, der um das Dasein eines jeden seiner Geschöpfe weiß, welcher Art und Gattung es auch angehören mag. Die Geschichte von den Hirten und Schafen entspricht viel eher Christi Lehre, der zufolge ein jedes Geschöpf für die anderen Sorge tragen soll.

Die Vertreter insbesondere der römisch-katholischen Kirche änderten viele Bibelstellen ab, indem sie diese von allem »säuberten«, was als Hinweis auf heidnische Praktiken oder auf Naturverehrung, wie sie sie verstanden, gelten mochte. In eurer Zivilisation und Kultur wurden Natur und Geist begrifflich voneinander getrennt. Deshalb spielen sich eure Lebenserfahrungen weitgehend vor diesem Hintergrund ab. Folglich müßt ihr euch als mehr oder minder getrennt von eurem Körper und dem Naturgeschehen empfinden. Und so entgeht euch die überwältigende Erfahrung emotionaler Verschmelzung und Einswerdung mit der Natur. Ihr studiert diese Vorgänge, als wäret ihr irgendwie davon abgesondert.

(Nach langer Pause, einer von vielen, um 21.51 Uhr:) Geduldet euch einen Moment ... Dennoch lassen euch die Glaubensüberzeugungen eurer Gesellschaft genügend Freiraum, so daß die meisten von euch während des Heranwachsens ihrem Körper vertrauen. Als Erwachsene jedoch werden viele von euch dem Vertrauen in die körpereigenen Lebensprozesse entfremdet. Die Abhandlungen vorherrschender Wissenschaft machen euch glauben, daß das Erreichen des Erwachsenenalters kaum mehr für euch zu bedeuten hat, als das Fortbestehen der Gattung durch Elternschaft zu sichern – wonach die Natur bereitwillig auf euch verzichten kann. Es wird euch glatt gesagt, daß ihr zu nichts weiter dient.*

---

* Seth bezog sich auf die neuesten Ideen der Wissenschaft über »selbstsüchtige Gene« – ein Thema, über das Jane und ich heute gesprochen hatten.

Eine Reihe von Wissenschaftlern (Biologen, Zoologen und Psychologen) hat in letzter Zeit mit großem Beifall aufgenommene Bücher veröffentlicht, in denen aufgezeigt wird, wie unser individuelles Verhalten angeblich manipuliert wird durch unsere Gene, denen nur an ihrem eigenen genetischen Überleben gelegen sei, auch wenn wir meinen,

So muß es den Anschein haben, daß die Gattung selbst keine andere Rechtfertigung hätte als die der geistlosen Entschlossenheit zu existieren. Die Religionen betonen mit Nachdruck, daß der Mensch einen Lebenszweck habe; doch sprechen sie oft so, als müsse das Lebensziel erreicht werden, indem man den Körper, in dem der Mensch seine Lebensgrundlage hat, verneint oder indem man sich über die »Roheit und Niedrigkeit« alles Irdischen »erhebt«. Punkt. In beiden Fällen wird der Natur des Menschen und der Natur selbst kurzer Prozeß gemacht.

Wir haben es da mit Mythen wahrhaft mächtiger Wirkung zu tun. Sie stellen allerdings die dunklere Seite eines Gesamtmythos dar – in dessen Schatten ihr gegenwärtig eure Welt erblickt. Ihr werdet die Geschehnisse eures privaten Lebens und die Dramatik der historischen Abläufe im Lichte jener vorgefaßten Sicht der Wirklichkeit interpretieren. Sie färbt nicht nur eure Erfahrung, sondern ihr selber schafft auch die Ereignisse, durch die dann eure Annahmen mehr oder minder bestätigt werden.

(Nach langer Pause:) Diejenigen, die ihr Leben durch Naturkatastrophen »verlieren«, werden zu »Opfern« der Natur. Ihr seht in solchen Geschichten Beispiele für sinnloses Sterben und weitere Beweise für die Gleichgültigkeit der Natur gegenüber dem Menschen. Oder aber ihr seht in solchen Ereignissen die rächende Hand eines zürnen-

---

in unserem Leben Qualitäten wie zum Beispiel Nächstenliebe zum Ausdruck zu bringen. Jane und ich denken, daß die Idee eines solchen egozentrischen genetischen Verhaltens viel zu beschränkt, zu simpel und »mechanistisch« ist. Die Vorstellung von selbstsüchtigen Genen setzt auch *Planung* seitens dieser Entitäten voraus und gerät so gefährlich in Widerspruch zu Grundsätzen der Wissenschaft selbst, etwa dem, daß das Leben durch Zufall entstanden sei, daß es sich selbst durch zufällige Mutationen und den Existenzkampf (oder die natürliche Auslese) in Gang halte und daß das Leben ohne tieferen Sinn sei.

Und ferner: Wenn die Wissenschaft beispielsweise das Funktionieren eines DNA-Moleküls, des »Meister-Moleküls« des Lebens, wie es oft genannt wird, zu verstehen meint und damit vorzugeben scheint, daß sie die DNA ihres Geheimnisses beraubt und unsere Lebensfunktionen auf leichtverständliche mechanistische Vorgänge reduziert habe, so halten Jane und ich dagegen, daß das Begreifen des wunderbaren Funktionierens der DNA vielmehr unser Staunen vor dem Wunder und Geheimnis des Lebens *vergrößern* sollte. Das DNA-Molekül liegt in all seinen Teilen offen vor uns, aber die Fragen nach dem Leben in ihm bleiben unbeantwortet. Warum will die Wissenschaft, daß wir mit dem Gedanken leben, Geschöpfe zu sein, die nur auf das Überleben ihrer selbstsüchtigen Gene programmiert sind? Sogar die Biologen (und andere Wissenschaftler), die auf unsere mechanistischen Grundlagen pochen, tun es mit viel *Gefühl*!

den Gottes, und wiederum dient die Natur dazu, den Menschen zu züchtigen. Es ist die Natur des Menschen, zu leben und zu sterben. Der Tod ist keine dem Leben zugefügte Schmach, sondern er bedeutet die Fortsetzung des Lebens – nicht nur innerhalb des Bezugssystems der Natur, wie ihr sie versteht, sondern im Sinne des schöpferischen Ursprungs der Natur. Dann allerdings erscheint Sterben als natürlich.

In ihrer natürlichen Verflechtung nimmt eure Psyche den inneren Elan und Fluß eures Lebens und seine Beziehung zu jedem anderen Lebewesen durchaus wahr. Jeder Mensch wird mit dem intuitiven Wissen nicht nur um seinen Selbstwert geboren, sondern auch darum, daß er in der denkbar genauesten und schönsten Weise in den Zusammenhang des Universums eingefügt ist. Bei Geburt und Tod eines jeden Individuums ist das eleganteste Timing im Spiel. Das exquisite Spiel eurer eigenen inneren Natur gibt euch die Möglichkeit, euch mit allen Aspekten der Natur im allgemeinen zu identifizieren – und diese Identifikation führt euch zu dem tieferen Wissen um eure eigene Teilhaberschaft am schöpferischen Ursprung der Natur.

(22.19 Uhr.) Die Mythen, die ihr eurem Leben zugrundelegt, programmieren eure Existenz, so daß ihr oft in Worten leugnet, was ihr in eurem Inneren wißt. Wenn Menschen in einer Naturkatastrophe zu Schaden kommen, werden sie zumeist behaupten, darin keinerlei Sinnzusammenhang für sich zu erkennen. Sie werden die inneren Gefühle ignorieren oder leugnen, die allein dem Geschehnis irgendeinen Sinn in ihrem Leben zu geben vermöchten. Der Gründe für ein solches Einbezogensein gäbe es natürlich unendlich viele – und lauter triftige.

In jedem dieser Fälle begegnen sich Mensch und Natur in einer Weise, die – von den größten globalen Auswirkungen bis hin zu den geringsten, persönlichsten Aspekten der miteinbezogenen Individuen – sinnträchtig ist. Natürlich seht ihr Naturgeschehen und euer Leben getrennt aufgrund der von euch gehegten Mythen, die meine Art der Erklärung überaus wichtig und zugleich schwierig machen. Zum Beispiel betrachtet ihr Regen oder Erdbeben als Naturereignisse, während ihr eure Gedanken oder Gefühle nicht in gleicher Weise als Naturereignisse versteht. Deshalb bereitet es euch Schwierigkeiten, irgendeine tatsächliche Wechselwirkung zwischen emotionalen und physikalischen Zuständen zu erkennen.

Ihr denkt vielleicht: Natürlich bin ich mir darüber im klaren, daß das Wetter meine Stimmung beeinflußt, doch wird nur sehr wenigen von euch der Gedanke kommen, daß eure Stimmungen einen Einfluß auf das Wetter haben könnten. Ihr habt euch dermaßen auf die Kategorisierung, Abgrenzung und Erforschung der Dingwelt konzentriert, daß sie völlig fraglos »die einzig wirkliche« zu sein scheint. Anscheinend übt sie Gewalt oder Druck auf euch aus, oder sie drängt sich euch auf, oder es scheint zumindest fast alles wie von selbst zu geschehen, so daß ihr euch ihr gegenüber bisweilen machtlos fühlt. Eure Mythen haben dem Draußensein gewaltige Energie verliehen.

(Lange Pause, dann mit gedämpfter Ironie:) In unverhohlener Verbitterung sehen manche von euch einerseits die Natur als gut und dauerhaft und anerkennen ihre Unschuld und Freude, während sie andererseits den Menschen als eine entartete Spezies betrachten, als Makel auf dem Antlitz der Erde, als ein Geschöpf, das ungeachtet auch der besten Absichten immer nur Unheil stiften kann. Folglich haben sie auch kein Vertrauen in die menschliche Natur.

Dieser Mythos mißt den bedeutenderen Naturvorgängen großen Wert bei, weist jedoch dem Menschen die Rolle des Bösewichts in einer sonst erbaulichen Geschichte zu. Eine echte Identifikation mit der Natur hingegen würde Einsichten in die Funktion des Menschen im Lebenszusammenhang seines Planeten vermitteln und würde die Leistungen ins Licht rücken, die er, fast ohne es zu wissen, vollbracht hat.

Macht Pause.

(22.40 Uhr. Janes Tempo in Trance war recht langsam gewesen, mit vielen langen Pausen. Ich fand jedoch das Material hervorragend und ziemlich »gepfeffert«. Um 22.51 Uhr ging es in gleicher Weise weiter.)

Diktat: Auf diese Leistungen werde ich etwas später zurückkommen. Zunächst möchte ich noch einige andere Punkte ansprechen, darunter den Zusammenhang des Individuums mit Naturkatastrophen oder mit Epidemien der einen oder anderen Art, die *per definitionem* große Menschengruppen betreffen.

Ihr gestaltet selbst eure Wirklichkeit. Falls euch mein Insistieren auf diesem Punkt ermüdet, so kann ich nur sagen, ich hoffe, daß euch durch die ständige Wiederholung schließlich eingeht, daß diese Aussage auf wirklich jede, die trivialste wie auch die gewaltigste eurer Erfahrungen zutrifft.

Manche Menschen glauben, daß sie Bestrafung verdienen, und so suchen sie sich unheilvolle Umstände aus. Sie bewegen sich von einem Verhängnis zum nächsten, um die verdiente Strafe zu finden. So mögen sie beispielsweise als Wohnort einen Landstrich bevorzugen, in dem Naturkatastrophen nicht selten sind, oder sie fordern durch ihr Verhalten Reaktionen explosiver Art seitens ihrer Mitmenschen heraus. Oft auch machen sich Individuen Katastrophen für ihre eigenen Absichten zunutze, im Sinne einer nach außen projizierten Kraft, durch die ihr Leben in einen Brennpunkt gerückt wird. Manche mögen mit der Idee des Todes liebäugeln und eine dramatische Begegnung mit der Natur in einem endgültigen Akt wählen. Andere besinnen sich im letzten Moment eines Besseren.

Oft sind die Überlebenden solcher Katastrophen gewissermaßen deren Nutznießer – für sie sind derart »überlebensgroße« Umstände erwünscht, da sie ihnen die Teilhabe an Vorgängen ermöglichen, die mehr Gewicht zu haben scheinen als ihre frühere eintönige Existenz. Sie suchen das Aufregende ungeachtet aller Folgen. Sie sind, wie auch immer, Mitwirkende in einem geschichtlichen Drama. Endlich einmal können sie ihre persönliche Existenz mit einer größeren Ursache identifizieren, woraus viele von ihnen neue Kraft und Vitalität schöpfen. Gesellschaftliche Abgrenzungen werden hinfällig und wirtschaftliche Positionen vergessen. Die Skala persönlicher Emotionen gewinnt an Reichtum, Fülle und Schwung.

Die Wünsche und Emotionen des Menschen verschmelzen in unterschiedlichem Maße mit den materiellen Aspekten der Natur, wie ihr sie versteht, so daß Unwetter oder Katastrophen ebensosehr das Resultat psychologischer Aktivität wie der Wetterbedingungen sind.

Objektiv – und allem Anschein zum Trotz – sind Unwetter, Erdbeben, Überschwemmungen und dergleichen für das Wohlbefinden der Erde durchaus notwendig. Sowohl den Zwecken des Menschen wie der Natur ist damit gedient, wenngleich die Mythen des Menschen ihn diesen Zusammenhängen gegenüber im allgemeinen blind machen. Im Falle von Krankheiten finden sich stets deutliche Hinweise in den Gedanken und Gefühlen der Betroffenen, doch werden diese meist ignoriert. Die Leute zensieren ihre eigenen Gedanken. Viele fallen so Epidemien der einen oder anderen Art »zum Opfer«, weil sie es wollen, obwohl sie dies heftig abstreiten würden.

Ich spreche insbesondere von Epidemien, die, obwohl die Gefahr besteht, nicht unbedingt tödlich sind. In euren Zeiten, das müßt ihr euch klarmachen, nehmen Krankenhäuser einen bedeutenden Raum in der Gesellschaft ein. Sie erfüllen sowohl eine gesellschaftliche als auch eine medizinische Funktion. Viele Menschen sind einfach einsam oder überarbeitet. Manche setzen sich gegen das allgemein verbreitete Wettbewerbsdenken zur Wehr. Grippeepidemien werden daher zu gesellschaftlichen Vorwänden für dringend benötigte Ruhepausen und dienen als Mittel zur Wahrung des Gesichts, so daß die betreffenden Individuen ihre inneren Schwierigkeiten vor sich selbst verbergen können. In gewisser Weise sorgen solche Epidemien für ihre Gemeinschaften, indem sie einen gemeinsamen Treffpunkt schaffen für Menschen, deren Lebensumstände von der Norm abweichen. Sie dienen als anerkannte Krankheitszustände, in denen die Menschen eine Entschuldigung finden für die Ruhepause oder die stille Selbsterforschung, die sie verzweifelt nötig haben, zu der sie sich jedoch sonst nicht berechtigt fühlen.

(Nach langer Pause um 23.21 Uhr:) Es ist nicht meine Absicht, den so Betroffenen auch nur die geringste Vorhaltung zu machen; vielmehr möchte ich einige der Gründe für solches Verhalten darlegen. Wenn ihr eurer Natur nicht vertraut, dann wird jede Krankheit oder Unpäßlichkeit von euch als ein Anschlag auf eure Gesundheit aufgefaßt. Euer Körper spiegelt getreulich eure innere seelische Wirklichkeit wider. Es liegt in der Natur eurer Emotionen, daß ihr im Laufe eines Lebens die vielfältige Fülle aller Gefühle durchlebt. Eure subjektive Verfassung ist unterschiedlich. Manchmal bewirken traurige oder deprimierende Gedanken einen heilsamen Tempowechsel, indem sie euch zu Perioden stillen Nachdenkens und zu einer Beruhigung des Körpers führen, so daß er sich erholen kann.

Befürchtungen, manchmal sogar dem Anschein nach irrationale, können dazu dienen, den Körper aufzurütteln, wenn ihr zu lethargisch geistig-seelisch oder körperlich in einer Routine festgefahren seid. Wenn ihr eurer Natur vertrauen würdet, so wärt ihr imstande, solchen Gefühlen zu vertrauen, und indem sie ihren eigenen Rhythmen und Routen folgten, würden sie wieder in andere überwechseln. Im Idealfall sind sogar Krankheiten Ausdruck der Gesundheit des Körpers, da sie notwendige Adjustierungen darstellen und auch den subjektiven Bedürfnissen der Person jederzeit entsprechen. *(Lange Pause.)* Sie sind Teil des Ineinanderspielens von Körper und Geist oder Gemüt.

Die Mehrheit von euch hat eine Krankheit durchgemacht, die allgemein für sehr gefährlich gehalten wird, und zwar ohne überhaupt davon zu wissen, weil der Körper sich selbst ganz normal und natürlich geheilt hat. Die Krankheit wurde nicht etikettiert. Sie wurde nicht als ein besonderer Zustand gekennzeichnet. Es kam nicht zu Sorgen oder Befürchtungen, sondern so, wie die Krankheit kam, ging sie auch wieder.

In solchen Fällen vollzogen sich natürliche Heilungsprozesse, die dem Körper selten angerechnet werden. Solche Heilungen gehen nicht allein mit Veränderungen im Körper einher, denn eine körperliche Heilung kann durch Geschehnisse ausgelöst werden, die allem Anschein nach überhaupt nichts damit zu tun haben.

Jedes Individuum steht mit einem Teil seiner selbst in direktem Kontakt mit dem Ursprung seiner Existenz. Jedes Individuum ist zuinnerst dessen gewahr, daß Hilfe in jeder Situation verfügbar ist und daß Informationen nicht nur durch die physischen Sinne gewonnen werden. Viele Krankheiten werden also durch ganz natürliche Methoden kuriert, die nicht nur körperliche Heilung bewirken, sondern auch noch andere Geschehnisse ins Spiel bringen – Geschehnisse von großer Auswirkung auf die seelischen Elemente, die hinter den Kulissen am Werk sind. Um diese Wechselbeziehungen zu sehen, müssen wir unsere Aufmerksamkeit auf Bezugssystem 2 richten.

Ende der Sitzung.

(»Sehr gut.«)

Danke. Einen schönen guten Abend.

(»Dir auch. Gute Nacht.«)

(23.47 Uhr. Janes Vortrag war gegen Ende der Sitzung noch langsamer geworden.)

Sitzung 822, Mittwoch, den 22. Februar 1978

(21.27 Uhr.) Nun: Guten Abend.

(»Guten Abend, Seth.«)

Diktat: In den Begriffen unserer Diskussion ist das Bezugssystem 2 die innere Mitte, in der eure Welt existiert. Sie stellt die größere psychologische Realität dar, in der euer eigenes subjektives Leben beheimatet ist.

Immer wieder haben im Laufe der Geschichte zahlreiche Individuen Einblicke in dieses Bezugssystem gewonnen, und viele Namen wurden ihm gegeben. Doch wenn ihr ein fremdes Land besucht, so neigt ihr dazu, ein ganzes Volk nach Maßgabe des kleinen Ausschnitts zu sehen und zu beschreiben, den ihr aufgesucht habt, obwohl sich andere Landesteile geographisch und möglicherweise klimatisch und kulturell sehr davon unterscheiden.

Die Individuen, die einen mehr oder minder großen Einblick in Bezugssystem 2 gewonnen hatten, haben es also entsprechend ihren eigenen kurzen »Besuchen« geschildert unter der stillschweigenden Voraussetzung, daß »der Teil beispielhaft für das Ganze« sei. Platon sah es als die Welt der Ideen, in der er die vollkommenen Urbilder erblickte, die jeder unvollkommenen materiellen Erscheinung zugrunde liegen.

Er beschrieb jenen Bereich der Ideen als ewig und unwandelbar, ein vollkommenes Kompositum des Absoluten.* Eine solche Ideenwelt muß einerseits die Menschen wahrlich zu großen Leistungen inspirieren und ihnen andererseits ihr Scheitern schmerzlich zu Bewußtsein bringen, da ihnen ihre Schöpfungen vor einem solchen Hintergrund als hinfällig erscheinen müssen. Platon sah also das Bezugssystem 2 als etwas herrliches Absolutes, in dem alles Menschenwerk seinen Ursprung hat. Der Mensch selber aber kann, seiner Anschauung zufolge, diese Ideenwelt nicht verändern, doch kann er sie als Quelle der Inspiration nutzen.

Die meisten alten Religionen sahen dort die Götter walten und ordneten die geistige Heimat eines jeden lebenden Wesens primär jenem unsichtbaren Bereich der Wirklichkeit zu. Deshalb wurde das Bezugssystem 2 stets auf die eine oder andere Weise als Ursprung eurer Welt dargestellt. Das Christentum sah es als Himmel, in dem Gott der Vater, seine Engel, die Heiligen und die verstorbenen Gläubigen wohnen.

Es gab einmal eine wissenschaftliche Hypothese, der zufolge der Äther die geistige Mitte sein sollte, in der das materielle Universum existiert.** Demgegenüber verstehe ich Bezugssystem 2 als die psychische Mitte, in der das Bewußtsein der Welt existiert. Man mag gegen das Wort »Ego« viel einzuwenden haben, doch ist es so, wie ich es

---

* Die menschliche »Teilhabe am Absoluten und Ewigen« sei die Seele, und diese wisse um die Ideen. Demgegenüber komme, so erklärte Platon in dem berühmten Dialog »*Timaios*«, alles sinnlich erworbene Wissen von der Natur nicht über ein »wohlbegründetes Vermuten« hinaus, und deshalb sei »alle naturwissenschaftliche Rede Mythos.« Erstaunliche Parallelen dazu ergeben sich aus noch folgenden Seth-Kundgaben, insbesondere aus Sitzung 823.

** Jane überraschte mich: Ich hätte nicht gedacht, daß sie gut genug mit dieser Hypothese vertraut war, um sie derart bündig für Seth in Worte fassen zu können. Vielleicht verwende, ein Begriff, der den bewußten, direktiven Teil des Selbst bezeichnen soll. Das Ego ist eure bewußte Version dessen, was ihr seid – eine, *(amüsiert)* wenn ich selber das sage, vortreffliche Definition. Es ist nach außen auf die materielle Welt gerichtet. Doch ist es auch einiger eurer »unbewußten« Aktivitäten gewahr. Es ist das Ich, mit dem ihr euch identifiziert; so nimmt es zum Beispiel eure Träume wahr, wie ihr sie wahrnehmt, und es ist sich der Tatsache durchaus bewußt, daß seine Existenz auf einem inneren Wissen beruht, das es selbst nicht besitzt.

So wie ihr ein bewußtes, auf die materielle Welt gerichtetes Ego habt, so habt ihr auch ein inneres Ich oder vielmehr ein inneres Selbst, das auf die innere Wirklichkeit gerichtet ist. Anders gesagt, ein Teil eurer selbst lebt vollbewußt im Bezugssystem 2. Das Ego eurer Alltagswelt, die wir wieder Bezugssystem 1 nennen wollen, ist vortrefflich für diese Umwelt ausgerüstet. Es handhabt bestens die Regeln von Ursache und Wirkung und der zeitlichen Aufeinanderfolge. Es befaßt sich mit einer verdinglichten Wirklichkeit. Zwar kann es seine Fähigkeiten ausweiten und weit mehr innere Geschehnisse wahrnehmen, als ihm normalerweise möglich ist; doch ist es seine vornehmliche Aufgaben, mit der Welt der Wirkungen umzugehen, dem Geschehen zu begegnen.

Das innere Selbst ist vollbewußt. Doch ist es ein Teil eurer selbst, der mit der Schöpfung und Gestaltung von Geschehnissen beschäftigt ist und sich in einem wahren Überschwang der Schaffensfreude regt, die ihr infolge eurer Festlegungen auf Raum und Zeit nicht wahrzunehmen vermögt. Das sogenannte Unbewußte verfügt – und ich habe

---

hat Jane mehr darüber gelesen, als ich weiß. Vielleicht haben wir auch darüber gesprochen.

Die Idee des Äthers war seit der Zeit der alten Griechen im Umlauf. In den letzten Jahrzehnten des vergangenen Jahrhunderts wurde der Äther als eine unsichtbare, geruch- und geschmacklose Substanz postuliert, die die Übermittlung von elektromagnetischen Wellen und anderen Arten von Strahlungsenergie, zum Beispiel der Wärme, ermöglicht – etwa wie wir die Erde als Übermittlerin seismischer Wellen kennen. Gegen Jahrhundertende führten jedoch einige sehr ausgeklügelte Versuche, das Vorhandensein dieses Äthers zu beweisen, nicht zum gewünschten Erfolg, und nach der Veröffentlichung von Albert Einsteins spezieller Relativitätstheorie im Jahre 1905 wurde die Idee des Äthers endgültig fallengelassen.

Sie ist jedoch, denke ich, ein Beispiel dafür, wie der Mensch immer versucht hat, sein ihm innewohnendes inneres Wissen um Bezugssystem 2 auf die räumlich-materielle Wirklichkeit zu projizieren.

das schon öfter gesagt – über ein ihm eigenes Bewußtsein, wiewohl dieses in einem anderen Bereich tätig ist. Ihr müßt euch eine Art psychische Kammer, einen gewissermaßen undifferenzierten Bereich, vorstellen, in dem Übersetzungen und Rückübersetzungen stattfinden können. Natürlich geschieht dies in Traumperioden. In Träumen begegnen sich das nach außen gerichtete Ego und das innere Selbst und können bis zu einem gewissen Grade miteinander verschmelzen, wobei sie Informationen austauschen wie Fremde, die einander vielleicht in einem Nachtzug begegnen und nach einigem Geplauder die erstaunliche Feststellung machen, daß sie tatsächlich nahe Verwandte und beide auf derselben Reise sind, obgleich sie allem Anschein nach allein unterwegs waren.

(22.14 Uhr.) In diesem Sinne ist der undifferenzierte Bereich tatsächlich von Bewegung erfüllt insofern, als psychische Übergänge und Übersetzungen stattfinden, bis oft in Träumen die beiden Ichkomponenten miteinander verschmelzen – so daß ihr manchmal einfach in gehobener Stimmung oder mit einem Gefühl erwacht, als hättet ihr im Traum einen sehr geschätzten alten Freund wiedergetroffen.

Eure Welt wimmelt von Menschen, die sich auf körperliche Aktivitäten konzentrieren und sich mit Geschehnissen befassen, die – wenigstens im üblichen Sinne – »Fertigprodukte« sind. Euer inneres Selbst ist in Bezugssystem 2 zu Hause und schöpferisch mit der Schaffung all dessen beschäftigt, was dann seinen materiellen Ausdruck finden wird. Da das Bezugssystem 2 nach anderen »Regeln« funktioniert, unterliegt seine Wirklichkeit in keiner Weise den Einschränkungen eurer physikalischen Voraussetzungen. In ihm lebt und wirkt das innere Selbst eines jeden Individuums, das jemals auf Erden lebte oder leben wird.

Ich spreche von diesem Bezugssystem jetzt nur im Hinblick auf seine Relevanz für eure Welt – nicht in bezug auf seine Beziehung zu anderen Wirklichkeiten. Ruburt hat dieses Bezugssystem seiner Erfahrung gemäß früher *(in »Psychic Politics«)* als ein System heroischer Dimension beschrieben. Er sah ganz richtig, daß da ein Geben und Nehmen zwischen den beiden Bezugssystemen – eurer Alltagswelt, Bezugssystem 1, und dieser anderen, umfassenderen Wirklichkeit, Bezugssystem 2 – herrscht. Doch war er sich nicht völlig über das damit gegebene kreative Ineinanderverwobensein im klaren, denn ihm ging damals nicht auf, daß die primäre Arbeit der Schöpfung und

Gestaltung eurer Welt tatsächlich von euch selbst in der inneren Mitte jener anderen, umfassenderen Wirklichkeit eurer Existenz geleistet wird.

Materiell steht euch eine Fülle des Wissens zu Gebote in Form der jahrhundertealten mündlichen Überlieferung, in Form von Aufzeichnungen und Büchern und in Form der Informationen seitens der Medien. Heutzutage verwendet ihr Computer, um Informationen zu verarbeiten und zu speichern. Und ihr habt ein mehr oder minder großes Körperwissen, das ihr euch dank der Wahrnehmung durch eure Sinne und so erworbener Erfahrung angeeignet habt. Ihr verfügt über Wissen auf Spezialgebieten, die von Menschen systematisch erforscht und geordnet wurden. In jedem Augenblick liefern euch eure Sinne Informationen, und diese Informationen sind, wiewohl unmerklich, in bestimmter Weise bereits euren Glaubensüberzeugungen, Wünschen und Absichten angepaßt und entsprechend verzerrt.

So werdet ihr zum Beispiel bestimmte Reize, auf die eine andere Person sofort ansprechen würde, als Information ignorieren. So üben schon in eurem Alltag eure Absichten und Wünsche eine Filterfunktion aus, durch die bestimmte Informationen ausgeblendet werden. Demgegenüber ist die in Bezugssystem 2 erhältliche Informationsmenge nach euren Begriffen unendlich.

(Nach langer Pause, einer von vielen, um 22.28 Uhr:) Es ist der schöpferische Ursprung eurer Welt, und so enthält es nicht nur alles sinnlich erfahrbare Wissen, sondern weitaus mehr. Geduldet euch einen Moment ... Ich möchte das innere Selbst keineswegs mit einem Computer vergleichen, denn ein Computer ist weder schöpferisch noch lebendig. Natürlich haltet ihr das Leben, wie ihr es kennt, für, großgeschrieben, DAS LEBEN. Und doch ist es nur die Manifestation dessen, was als das größere Leben bezeichnet werden muß, aus dem euer Leben entspringt. Damit soll eure Wirklichkeit in dieser Welt keineswegs in abschätziger Weise mit jener anderen Existenz in der Welt des Ursprungs verglichen werden, denn eurer Welt kommt, wie jeder anderen Welt auch, eine Einzigartigkeit und Originalität zu, wie es sie nirgendwo sonst gibt – denn keine Welt und keine Existenz ist irgendeiner anderen gleich.

Das innere Selbst ist ein Teil des Selbst; es ist derjenige Teil eurer selbst, der beispielsweise um eure Reinkarnationserfahrungen weiß. Es ist jener Teil von euch, der außerhalb von Zeit existiert, doch zugleich auch in der Zeit lebt. Ihr schafft euch selbst eure Wirklichkeit.

Das Ego, das ihr kennt, konnte jedoch offensichtlich nicht euren Körper für euch erschaffen oder eure Knochen wachsen lassen. Es weiß zwar, wie es die Gegebenheiten der Welt einzuschätzen hat, und euer Denken ist außerordentlich wichtig, aber es kann nicht euer Blut durch den Körper pumpen oder eure Augen sehen lernen.

Das innere Selbst verrichtet die eigentliche Arbeit, die all die Geschehnisse hervorbringt, für die ihr euch entschieden habt. Sehr vereinfacht gesagt: Wenn ihr ein Buch zur Hand nehmen wollt und die entsprechende Handlung vollführt, so ist das für euch ein bewußt herbeigeführtes Geschehen, obwohl ihr all die inneren Abläufe, die erforderlich waren, um die Bewegung zu vollführen, gar nicht wahrgenommen habt. Das innere Selbst steuert diese Aktivitäten.

Wenn ihr den Wunsch hegt, euren Job zu wechseln, wird ein neuer Job in genau der Weise in eure Erfahrung treten, in der kraft innerer Abläufe es euer inneres Selbst arrangiert hat. Ein Körpergeschehen setzt die Aktivierung zahlreicher Muskeln und Gelenke voraus und so weiter. Das Geschehen eines Arbeitswechsels setzt die Aktivierung etlicher Personen sowie die Kommunikationen über ein ganzes Netzwerk mit allen in Frage kommenden und beteiligten inneren Selbst voraus. Klar ist dann, daß jegliches Geschehen auf dem körperlich-materiellen Plan, von dem ganze Massen erfaßt werden, ein inneres Kommunikationssystem erfordert, das eure technologischen Kommunikationssysteme weit in den Schatten stellt.

Macht eine Pause.

(Pause von 22.47 bis 23.02 Uhr.)

Diktat: Ihr könnt euch auch, ohne es zu wissen, eine Krankheit zuziehen, die aufgrund einer Reihe von Geschehnissen geheilt wird, die allem Anschein nach gar nichts mit der Krankheit und ihrer Heilung zu tun haben – weil in Bezugssystem 2 das innere Selbst, da es den Grund für die Krankheit wie auch das Heilmittel kennt, genau die Situationen herbeiführt, die den Zustand wieder beheben. Solches Geschehen läuft automatisch ab, sofern ihr euch der Wiederherstellung nicht widersetzt.

Die Kommunikation zwischen dem inneren Selbst und dem äußeren Ego sollte natürlich so klar und offen wie möglich sein. Allgemein gesprochen ist das innere Selbst von eurer Einschätzung äußerer Gegebenheiten abhängig. Die Art und Weise, wie ihr euch selbst in eurem Privatbereich erlebt und wie ihr euer Einbezogensein in Massenerfahrungen wahrnehmt, hat viel mit eurer Einschätzung der konkreten Situation und mit euren diesbezüglichen Glaubensüberzeugungen und Wünschen zu tun.

Geduldet euch einen Moment ... Ein sehr einfaches Beispiel: Ihr wollt einen Brief schreiben, also setzt ihr euch hin und schreibt ihn. Es besteht kein Konflikt zwischen euren Wünschen und Überzeugungen und der Ausführung des Vorhabens, und so wird die erforderliche Handlung mühelos vollzogen. Solltet ihr jedoch aus irgendeinem Grund, etwa aufgrund einer Fehleinschätzung eurer Wirklichkeit, glauben, daß ein solches Vorhaben gefährlich sei, dann werdet ihr den Energiefluß zwischen dem Wunsch und seiner Ausführung behindern. Der vom inneren Selbst in Gang gesetzte schöpferische Fluß gerät ins Stocken.

Ende des Diktats, und geduldet euch noch einen Moment ...

(23.13 Uhr. Nachdem Seth einiges Material für Jane und für einen unserer Freunde gebracht hatte, beendete er die Sitzung um 23.42 Uhr.)

Sitzung 823, Montag, den 27. Februar 1978

(Seit der letzten Sitzung ist eine Woche vergangen. Jane hat mir meine Arbeit, die hauptsächlich in der Verfassung von Anmerkungen und Fußnoten für die »Natur der Psyche« und die »›Unknown‹ Reality« bestand, durch aktive Mithilfe sehr erleichtert. Zweifellos freut sie die Herausforderung, die Seth-Bücher auch im Licht meiner Anmerkungen, sozusagen von der anderen Seite her, kennenzulernen. Ich sagte ihr, daß ich mein Interesse und Engagement gegenüber den Seth-Sitzungen und Seth-Büchern früher nie für möglich gehalten hätte. – 21.43 Uhr.)

Guten Abend.

(»Guten Abend, Seth.«)

Diktat: *(Mit vielen Pausen:)* Von allergrößtem Einfluß ist der eure Erfahrungen verfälschende Mythos, dem zufolge ihr all eure Wahrnehmungen und all euer Wissen einzig und allein der Vermittlung durch eure Sinne verdankt.

Dies ist der Mythos des nach außen gerichteten Bewußtseins – eines Bewußtseins, das, wie euch gesagt wird, nur in bezug auf die dingliche Realität offen ist; es scheint »am anderen Ende«, das in dieser Sicht eure Geburt darstellt, geschlossen zu sein.

Und in der Tat kann das Bewußtsein aus der Sicht dieses Mythos keinen Ursprung haben, da der Mythos alles ausschließt, was über ein auf die materielle Welt ausgerichtetes, mechanistisch gedrilltes Bewußtsein hinausgeht. Ein solches Bewußtsein kann nicht nur den Tod nicht überdauern, es kann ganz offensichtlich auch keinen Zugang zu einem nicht über die Körpersinne erworbenen Wissen haben. Dieser Mythos ist es, der eurem Verständnis so sehr im Wege steht und der euch undurchlässig macht für die größere Natur der euch zuinnerst angehenden Geschehnisse. Dieser Mythos ist es auch, der euer eigenes Miteinbezogensein in Geschehnisse, von denen größere Menschenmassen betroffen werden, manchmal unverständlich erscheinen läßt.

In vielen Fällen scheint es tatsächlich dafür keinerlei Grund zu geben, einfach weil die komplizierten inneren Kommunikationssysteme des Bewußtseins äußerlich überhaupt nicht erkannt werden.

Ich spreche vor allem Menschen des Westens an, und so gebrauche ich hier bestimmte Begriffe, um Ideen auf eine Weise zu erklären, die verstanden wird. Wenn ich vom inneren Selbst *(in der letzten Sitzung)* gesprochen habe, so möchte ich noch einmal betonen, daß das »Unbewußte« in Wirklichkeit über Bewußtsein verfügt – und mit Bewußtsein meine ich, daß daran nichts irrational ist. Seine Verfahrensweisen sind keineswegs chaotisch, und die Merkmale, die es charakterisieren, sind denen des bekannten Ego nicht nur durchaus zu vergleichen, vielmehr sind sie ihnen an Flexibilität und Wissen deutlich überlegen.

Die Bezugssysteme 1 und 2 repräsentieren offensichtlich nicht nur zwei verschiedene Wirklichkeitssphären, sondern auch zwei unterschiedliche Arten von Bewußtsein. Um diese Erörterung, für den Moment wenigstens, so einfach wie möglich zu gestalten, stellt euch diese beiden Bezugssysteme oder Bewußtseinszustände als miteinander durch »undifferenzierte Bereiche«, in denen Schlaf, Träume und gewisse Trancezustände vorherrschen, verbunden vor. In diesen undifferenzierten Bereichen vollzieht sich die fortwährende Übersetzung der einen Art von Bewußtsein in die andere, zusammen mit der Übermittlung von Energie. Ihr seid fortwährend mit der Verarbeitung von Daten beschäftigt, die ihr in eurem Privatleben registriert, einschließlich der Berichte aus der ganzen Welt, die euch die Nachrichtenmedien ins Haus bringen.

Das innere Selbst aber hat Zugang zu einer viel umfassenderen Wissensfülle. Es nimmt nicht nur seine persönliche Position – so wie ihr die eure – wahr, es kennt sich auch sehr genau mit den Massenvorgängen seiner Wirklichkeit aus. Es ist innig verknüpft mit der Entstehung eurer eigenen persönlichen Erfahrungen.

Ich sagte, daß das innere Selbst denkt, doch ist sein Denken nicht durch die Einschränkungen des Prinzips von Ursache und Wirkung behindert, die ihr jeglichem Denkprozeß auferlegt. Das Wirken des inneren Selbst innerhalb der umfassenden Sphäre von Bezugssystem 2 erklärt viele Geschehnisse und scheinbare Zufälle, die anders in eurer Welt keinen Sinn zu ergeben scheinen. Viele Wirklichkeiten innerhalb von Bezugssysten 2 können euch in Bezugssystem 1 nicht angemessen als Tatsachen erklärt werden, einfach weil sie mit einer psychologischen Dichte einhergehen, die sich nicht in Tatsachengeschehen, wie ihr es versteht, übersetzen lassen. Statt dessen erscheint dieses oft in der Symbolsprache der Künste, und auch viele eurer Träume sind Übersetzungen, in denen die Geschehnisse von Bezugssystem 2 in symbolischer Form erscheinen.

(Einminütige Pause um 22.14 Uhr.) Geduldet euch einen Moment ... Tag für Tag fügen sich die Vorkommnisse eures Privatlebens in die größeren Muster des Weltgeschehens ein, in dessen Zusammenhang sie sich ereignen. Gleichermaßen vollziehen sich die inneren Abläufe eures Traumlebens im größeren Zusammenhang des Traumgeschehens der Welt – in dem sie ihre Wirklichkeit haben.

Euer Bewußtsein, wie es allgemein von der Psychologie beschrieben wird, gleicht in merkwürdiger Weise der blanken, glänzenden Schale einer Frucht, ohne doch eine Frucht zu enthalten, ein Bewußtsein mit einer blanken Oberfläche, die auf Sonne und Regen, auf Temperaturschwankungen und auf ihre Umgebung reagiert, ungeachtet all dessen jedoch eine psychologische Frucht bleibt, die weder Fruchtfleisch noch Kerne hat, sondern eine Leere enthält. So gesehen kommt euch nur die eine Hälfte eures Bewußtseins zur Erfahrung: die auf die Dingwelt eingestimmte Portion. Obstbäume haben ihre Wurzeln; ihr aber gesteht eurem Bewußtsein keinen Seinsgrund zu.

Das kollektive Unbewußte Carl Gustav Jungs war ein Versuch, eurer Welt ihre psychologischen Wurzeln zu geben, aber Jung vermochte nicht die Klarheit, Organisation und den tieferen Zusammenhang zu erkennen, in denen dieses kollektive Unbewußte seine eigene Existenz hat. Wirklichkeit als Bezugssystem 2 ist auf andere Weise organisiert als in der Welt von Bezugssystem 1, und die

Bewußtseinsprozesse führen sehr viel rascher zu Erkenntnissen. In Bezugssystem 1 schöpft ihr Erkenntnisse weitgehend durch Ableitung des Besonderen und Einzelnen vom Allgemeinen, und sie müssen immerfort an der scheinbar konkreten Erfahrung materieller Geschehnisse überprüft werden. Die Bewußtseinsprozesse des inneren Selbst führen zur schöpferischen Erschaffung aller Erfahrungen. Es befaßt sich mit Geschehnissen in einem anders gearteten Zusammenhang, denn es ergeht sich in Wahrscheinlichkeiten.

(Nach langer Pause:) Eure Glaubensüberzeugungen und Absichten prägen sich dem inneren Selbst ein und bestimmen, welche Geschehnisse ihr aus einer unendlichen Anzahl von Wahrscheinlichkeiten erleben wollt. Im Traumzustand werden Geschehnisse aus beiden Bezugssystemen verarbeitet. Zum Traumzustand gehört nicht nur ein Bewußtseinszustand, der zwischen den beiden Bezugssystemen der Wirklichkeit existiert, sondern es wohnt ihm – so gesehen – auch eine Verbindung schaffende eigene Wirklichkeit inne. Hier möchte ich betonen, daß alle Arten des Pflanzen- und Tierreichs »träumen«. Dasselbe trifft auf die »psychologische Aktivität« der Atome und Moleküle und jeglichen Partikels zu.* Punkt.

(22.40 Uhr.) Es gibt Intensitäten des Verhaltens, in denen die Akti-

---

* Kaum hatte Jane Seths »psychologische Aktivität« von Atomen und Molekülen erwähnt, drängte sich mir ein Zusammenhang zwischen seinen Feststellungen und bestimmten Prinzipien moderner Atomphysik auf: dem Prinzip der Unschärferelation der Quantenmechanik wie auch dem Komplementaritätsprinzip.

Das Prinzip der Unschärferelation, das von Werner Heisenberg aus der Quantenmechanik abgeleitet und 1927 formuliert wurde, setzt der möglichen Genauigkeit bei gleichzeitiger Messung der Bewegung und Position atomarer Objekte (Elementarteilchen) entschiedene Grenzen und besagt auch, daß Beobachter und beobachtetes Objekt einander beeinflussen. Das 1928 von Nils Bohr formulierte Komplementaritätsprinzip löst das scheinbare Paradoxon, daß Materie – je nach den Bedingungen – sich eher wie eine Welle oder eher wie ein Teilchen, in gewisser Weise jedoch wie beide zugleich verhält. Diese Doppelnatur kommt beispielweise auch dem Licht zu. Es kann entweder als elektromagnetische Welle oder als Teilchen auftreten.

Ich bezweifle, daß die Physiker in den zwanziger Jahren sich mit der »psychologischen Aktivität« von Atomen, Molekülen oder Elementarteilchen befaßt haben. Immerhin aber hat Heisenberg das freie Verhalten eines von einem Lichtstrahl ausgesandten Elektrons postuliert. Albert Einstein fand die Vorstellung des freien Willens eines Elektrons unhaltbar, obgleich er viel früher (im Jahre 1905) mit seiner speziellen Relativitätstheorie die Grundlage für die Quantenmechanik gelegt hatte.

Jane ist wenig vertraut mit moderner Atomphysik, findet aber deren Erkenntnisse im allgemeinen faszinierend.

vität, die innere Aktivität eines jeden Wesens oder Teilchens gleichgerichtet ist mit der physikalischen Kraft, die in einem gemeinschaftlichen Zusammenwirken eure Wirklichkeit hervorbringt. Doch gibt es Varianten, wenn sich diese Aktivität statt dessen auf die innere Natur der Wirklichkeit richtet. Es gibt ein inneres Kommunikationssystem, über das die Zellen aller Lebewesen miteinander verbunden sind. So gesehen gibt es ein Bewußtseinskontinuum.

Macht Pause.

(22.45 Uhr. Vor der Sitzung, das sagte mir Jane jetzt, hatte sie »gewußt, daß Seth über diese Sachen sprechen würde«. Wie schon in der letzten Sitzung war ihr Vortrag heute ziemlich langsam; anders war heute abend nur, daß sie viele Pausen gespürt hatte. Aber dies war die Art von Sitzung, die ihr lag, und als sie aus der Trance kam, hatte sie das Gefühl, daß mehr Zeit vergangen sein müßte. Jane fügte hinzu, daß man »einen tieferen subjektiven Fluß« des Materials erhalte, wenn der Vortrag länger dauert, nämlich ohne Unterbrechung ungefähr eine Stunde.

Um 23.01 Uhr ging es im gleichen bedächtigen Tempo weiter.)

Um euren eigenen Zusammenhang mit dem Geschehen, das ihr persönlich und in Beziehung zu anderen erlebt, wirklich zu verstehen, müßt ihr zunächst mit der inneren Wirklichkeit vertraut werden, in der Ereignisse entstehen.

Welche Rolle spielt beispielsweise der Zufall in eurem Leben? Ist es Zufall, wenn jemand zum Beispiel zu spät zum Flughafen kommt – um später zu erfahren, daß das Flugzeug abgestürzt ist? Vielleicht kam es infolge einer »Zufallsbegegnung« mit einem alten Bekannten im letzten Augenblick zu der Verspätung, oder er oder sie hatte das Flugticket verlegt oder war in einen Verkehrsstau geraten, der sich allem Anschein nach ganz ohne Zutun ergeben hatte.

So könnt ihr auch in das Drama einer Naturkatastrophe verwickelt worden sein oder sie aufgrund scheinbar zufälliger Umstände vermieden haben. Was euch als Chance oder Zufall erscheint, ist jedoch in Wirklichkeit das Resultat der erstaunlichen Kommunikation und Organisation, die in der inneren Realität von Bezugssystem 2 am Werk sind. Noch einmal: ihr schafft selbst eure Wirklichkeit. Aber wie? Und in welcher Weise begegnen oder berühren persönliche Existenzen einander, so daß ein Umweltgeschehen daraus wird? Zum Auftakt müssen wir Einblick nehmen in die Natur des Bezugssystems 2.

Es wird dies keine trockene, intellektuelle Untersuchung werden, denn schon die Absicht allein wird genügen, um in eurem Leben etwas auszulösen, das euch Winke und Hinweise in bezug auf euer eigenes inniges Verwobensein in die schöpferischen Vorgänge innerhalb des Bezugssystems 2 geben wird.

Ende des Kapitels.

4
Bezugssystem 2 als Heimat allen Bewußtseins und Ursprung allen Geschehens

FORTSETZUNG DER SITZUNG 823, MONTAG, DEN 27. FEBRUAR 1978

(23.13 Uhr.) Neues Kapitel: »Bezugssystem 2« *(lange Pause)* »als Heimat allen Bewußtseins und Ursprung allen Geschehens.«

Geduldet euch einen Moment ... Ein zufälliges Zusammentreffen rein materieller Gegebenheiten könnte, unter welchen Umständen auch immer, niemals Bewußtsein hervorbringen – oder die Bedingungen schaffen, die Bewußtsein ermöglichen.

Wenn ihr von eurer Welt mit all ihren natürlichen Herrlichkeiten glaubt, daß sie ihren Ursprung dem Zufall – einem Zufall kosmischen Ausmaßes – verdanke, dann muß es freilich oft den Anschein haben, daß einer solchen Welt wenig Bedeutung zukomme. In dieser Sicht hätte alles Leben auf dieser Erde keinen Ursprung außerhalb seiner selbst. Der Mythos vom großen – bitte groß schreiben – ZUFALLSTREFFER, dem die Entstehung des Lebens auf eurem Planeten zugeschrieben wird, bedingt natürlich auch ein individuelles Bewußtsein, das es nur zufällig gibt.

Die Vorstellung entbehrt nicht einer gewissen Komik, daß ein derartig vitales Bewußtsein überhaupt auf den Gedanken kommen konnte, das Endprodukt lebloser Materie zu sein, die es dann aber doch irgendwie fertiggebracht haben soll, sich so zu verhalten, daß die menschliche Spezies fähig und imstande war, Logik, Phantasie und Organisationstalent zu entwickeln und all die Zivilisationen und Kulturen hervorzubringen, die ihr kennt. Eure Mythen lehren euch, daß die Natur nur ein einziges Ziel verfolgt: das Überleben der Gattung. Am Einzelwesen ist ihr demnach wenig gelegen oder nur insoweit, als der einzelne Mensch zum Fortbestand der Menschheit beiträgt. So erscheint die Natur ihrem Wesen entfremdet. Denn tatsächlich besteht sie ja aus nichts anderem als aus lauter Einzelwesen, so daß sie anders als im Hinblick auf diese Tatsache gar nicht betrachtet werden kann.

Ohne die einzelnen Pflanzen, Tiere und Menschen, ja selbst die individuellen Zellen und Viren, hat die Natur keinen Sinn. Euer materielles Universum hatte einen nichtmateriellen Ursprung, in den es noch immer eingebettet ist.

(23.35 Uhr.) Geduldet euch einen Moment ... Bezugssystem 2 stellt die innere Sphäre der Wirklichkeit dar, die inneren Dimensionen der Realität, die eurer Welt das ihr eigentümliche Gepräge verleiht. Die Energie, die euch am Leben erhält und eure Gedanken nährt, wie auch die Energie, die eure Städte beleuchtet – sie hat ihren Ursprung im Bezugssystem 2. Dieselbe Energie, die ihr praktisch anwendet, wenn ihr den Fernsehapparat anschaltet, erlaubt euch auch die Einstimmung auf die Erfahrungen eures täglichen Lebens.

Ende der Sitzung. Ende des Diktats, es sei denn, ihr habt Fragen.

(Ich zögerte ermüdet. »Ich weiß nicht, was ich sagen soll ...«)

Es wäre gut, wenn ihr beide parallel zu diesen Sitzungen das Bezugssystem 2 im Gedächtnis behieltet, um etwas zuversichtlicher damit umzugehen und mehr auf all die »Koinzidenzen« zu achten, die sich in euren täglichen Erfahrungen immer wieder ergeben.

Ich wünsche euch einen schönen guten Abend.

(»Vielen Dank, Seth. Gute Nacht.« – Ende um 23.42 Uhr.)

Sitzung 824, Mittwoch, den 1. März 1978

(Nach dem Abendessen hatten Jane und ich heute über die Evolutionstheorie miteinander gesprochen. Aber vorher ... 21.40 Uhr.)

Guten Abend.

(»Guten Abend, Seth.«)

Diktat: Im Zusammenhang mit der Entstehung des Universums und der Entstehung von Ereignissen wollen wir für einen Augenblick eine andere Art Mythos betrachten.

Heute abend, während eines gemütlichen Abendessens, sahen Ruburt und Joseph das Märchen vom Aschenbrödel im Fernsehen. Dieses Märchen ist meiner früher gegebenen Definition gemäß ein Mythos. Nun mag man vielleicht einwenden, daß ein solches Kindermärchen wenig mit irgendeiner ernsthaften Diskussion erwachsener Menschen über etwas so Tiefgründiges wie die Entstehung der Welt zu tun hat und daß sich aus einer solchen Quelle keine wissenschaftlich relevanten Einsichten in die Natur der Entstehung von Ereignissen gewinnen lassen.

Zunächst einmal hat das Märchen vom Aschenbrödel einen glücklichen Ausgang und ist deshalb etlichen Erziehern zufolge *(mit Ironie)* höchst unrealistisch, da es die Kinder nicht gehörig auf die unausbleiblichen Enttäuschungen des Lebens vorbereite. Manches entstammt natürlich der Einbildungskraft des Erzählers, und ihr werdet von vielen ernsthaften, seriösen Erwachsenen zu hören bekommen, daß Tag- und Wunschträume euch nicht weiterbringen.

In der Geschichte vom Aschenbrödel jedoch gelingt es der Titelfigur, obwohl arm und von niedrigem Stand, ein allem Anschein nach unerreichbares Ziel zu erreichen. Aschenbrödels Wunsch, an einem Ball des Fürsten teilzunehmen und den Prinzen zu treffen, setzt fernab jeder Logik eine Reihe magischer Geschehnissse in Gang. Die Patin, die plötzlich als Fee in Erscheinung tritt, verwandelt die Gegenstände des täglichen Gebrauchs, ein Kürbis wird zur Kutsche, und viele andere Verwandlungen spielen sich ab.

Kinder haben dieses Märchen immer geliebt, denn sie erkennen die ihm innewohnende Gültigkeit.* Die Feenpatin ist eine schöpferische Personifizierung des inneren Selbst, das in Erscheinung tritt, um dem sterblichen Ich zu Hilfe zu kommen und seine Wünsche zu erfüllen, selbst wenn dessen Anliegen nicht in den praktischen Bezugsrahmen des normalen Alltagslebens zu passen scheinen. Wenn das innere Selbst auf diese Weise antwortet, werden sogar die üblichen, gewöhnlichen, dem Anschein nach trivialen Umstände mit einer neuen Vitalität aufgeladen und scheinen für das betreffende Individuum »zu arbeiten«.

Wer jetzt dieses Buch liest, ist sicher schon zu alt, um sich noch der vielfältigen Phantasien der frühen Kindheit entsinnen zu können. Aber Kinder verstehen spontan, daß sie an der Entstehung von Ereignissen, die ihnen zuzustoßen scheinen, wesentlich beteiligt sind. Sie experimentieren oft und viel, meist im geheimen, da die Erwachsenen ja immer versuchen, die Kinder der vorgegebenen Wirklichkeit der Alltagswelt anzupassen, die mehr oder minder als gebrauchsfertiges Massenprodukt für sie bereitgehalten wird.

---

* Natürlich sahen Jane und ich eine Verfilmung des Märchens, wie wir es in den USA kennen. (Im Märchen der Gebrüder Grimm kommt dem Aschenputtel die verstorbene Mutter zu Hilfe.) Ich machte mir die Mühe, der Sache weiter nachzugehen. So erfuhren wir, daß das Märchen vom Aschenbrödel viel älter und weiter verbreitet ist, als wir gedacht hatten; es reicht zurück ins China des neunten Jahrhunderts und existiert in Hunderten von Versionen rund um die Erde.

Kinder experimentieren mit der Schöpfung lustvoller oder auch furchteinflößender Geschehnisse, wobei sie versuchen, für sich selbst die Art der Kontrolle über ihre eigene Erfahrung festzustellen. Sie stellen sich lustvolle und furchteinflößende Erfahrungen vor. Sie sind tatsächlich fasziniert von den Auswirkungen, die ihre Gedanken, Gefühle und Absichten auf alltägliche Vorkommnisse haben. Das ist ein natürlicher Lernprozeß. Wenn sie »Butzemänner« erschaffen können, dann können sie sie auch wieder zum Verschwinden bringen. Wenn ihre Gedanken sie krank werden lassen können, dann gibt es für sie keinen wirklichen Grund, Krankheit zu fürchten, denn sie ist ihre eigene Schöpfung.

Dieser Lernprozeß wird jedoch schon in der Kindheit im Keim erstickt. Seid ihr dann Erwachsene, so hat es den Anschein, als wäret ihr subjektive Wesen in einem eurem Bewußtsein übergestülpten objektiven Universum, fremdbestimmt und praktisch außerstande, das eigene Lebensgeschehen mehr als oberflächlich zu kontrollieren.*

(22.02 Uhr.) Die Geschichte vom Aschenbrödel wird zu einem Phantasiegebilde, einer Täuschung, oder sogar zu einer Geschichte über das Erwachen der Sexualität im Freudschen Sinne. Durch die Enttäuschungen, die ihr erfahren habt, mag es tatsächlich so aussehen, als stehe ein solches Märchen in direktem Widerspruch zur Lebenswirklichkeit. Das Kind in euch entsinnt sich jedoch dunkel eines eigentümlichen Gefühls der Meisterschaft, die nicht verwirklicht werden konnte, einer Macht, die fast ergriffen und dann anscheinend auf immer verloren wurde, ja einer Daseinsdimension, in der Träume buchstäblich wahr wurden. Das Kind, das ihr wart, verspürte natürlich noch mehr: es spürte seine eigene größere Wirklichkeit in einem völlig anderen Bezugsrahmen, aus dem es nicht so lange zuvor hervorgegangen und mit dem es noch immer innig verbunden ist. Es fühlte sich also umgeben von den Wirklichkeiten des Bezugssystems 2.

---

* Die eigentliche Sitzung 806 findet man in Kapitel 2. In dem ausgesparten Teil jener Sitzung kam Seth aber mit einigen Kommentaren in bezug auf Kinder durch, die gut zu seinem Material von heute abend passen. »Der Kraftpunkt ist in der Gegenwart. Ihr solltet die Wichtigkeit eines Problems nach Möglichkeit herunterspielen. Vergeßt ein Problem, und es wird verschwinden. Ein törichter Ratschlag, wie es scheint. Aber Kinder wissen um seine Wahrheit. Spielt Behinderungen in eurem Denken herunter, und sie verlieren an Bedeutung. Übertreibt ihr jedoch Hindernisse in eurem Denken, so werden sie in der Wirklichkeit bald riesige Ausmaße annehmen.«

Das Kind wußte, daß es »von irgendwo anders her gekommen« war – nicht zufällig, sondern planmäßig. Das Kind wußte, daß seine innersten Gedanken, Träume und Impulse irgendwie mit der Welt der Natur so verbunden sind wie Grashalme mit einem Feld. Das Kind wußte, daß es ein einzigartiges und einmaliges Ereignis oder Wesen ist, das einerseits Mittelpunkt seiner selbst ist und andererseits an Zeit und Raum, ja den Jahreszeiten der Welt teilhat. Tatsächlich lassen Kinder sich nur wenig entgehen, und so stellen sie fortwährend Versuche an in dem Bemühen, nicht nur die Auswirkung *ihrer* Gedanken, Absichten und Wünsche auf andere, sondern auch das Ausmaß zu entdecken, in dem andere ihr eigenes Verhalten beeinflussen. Sie befassen sich also ziemlich unmittelbar mit Wahrscheinlichkeiten, und zwar auf eine Weise, die dem Verhalten Erwachsener ganz fremd ist.

In gewisser Weise ziehen sie raschere Schlußfolgerungen als Erwachsene, und oft zutreffendere, weil sie noch nicht durch Inhalte strukturierter Erinnerungen konditioniert sind. Ihre subjektive Erfahrung bringt sie also in ziemlich unmittelbaren Kontakt mit den Methoden, durch die Geschehnisse bewirkt werden.

Würdest du das *(Bier)* bitte öffnen für unseren Freund! Möchtest du deine Hand ausruhen?

(22.28 Uhr. »Nein ...«)

Kinder verstehen die Bedeutung von Symbolen, und sie verwenden sie ständig, um sich zu schützen – nicht vor ihrer eigenen Wirklichkeit, sondern vor der Welt der Erwachsenen. Ständig tun sie so, als ob, und sie lernen rasch, daß fortdauerndes So-tun-als-ob auf irgendeinem Gebiet in einer konkret erfahrbaren *Version* der imaginären Aktivität resultiert. Auch wird ihnen bald klar, daß sie nicht über uneingeschränkte Freiheit verfügen; denn gewisse imaginativ vorweggenommene Situationen werden sich später in minder genauen Versionen manifestieren als vorgestellt, und manche werden sich als so blockiert erweisen, daß sie sich nie materialisieren.

Kinder, die noch nicht die konventionellen Vorstellungen von Schuld und Strafe verinnerlicht haben, finden rasch heraus, daß es leichter ist, erfreuliche Geschehnisse herbeizuwünschen als unerfreuliche. Das Kind trägt in sich das Durchsetzungsvermögen und die dem Bezugssystem 2 entstammende Energie, und es weiß intuitiv, daß Wünsche, die seiner Entwicklung förderlich sind, leichter »passieren«, als solche, die ihr entgegenstehen. Seine natürlichen Impulse bewirken ganz natürlich die Entwicklung seines Körpers und Gemüts, und wenn es im Einklang mit diesen inneren Impulsen handelt, fühlt es sich sicher und getragen. Das Kind ist von Natur aus wahrhaftig. Wird es krank, so kennt es intuitiv den Grund dafür, und es weiß sehr wohl, daß es selber die Krankheit hervorgerufen hat.

Eltern und Ärzte hingegen betrachten das Kind als Opfer, das nicht verantwortlich ist für sein Kranksein; es wurde unpäßlich, weil es schädlichen Einflüssen aus seiner Umwelt oder seinem Körper ausgesetzt war. So sagt man dem Kind: »Du bist erkältet, weil du nasse Füße hattest.« Oder: »John oder Sally hat dich angesteckt.« Vielleicht wird ihm gesagt, es habe ein Virus, was den Anschein erweckt, daß etwas gegen seinen Willen in seinen Körper eingedrungen sei. So lernt das Kind, daß solche Glaubensmeinungen akzeptabel sind. Ihnen zuzustimmen ist leichter, als ehrlich zu sein; vor allem da Ehrlichkeit oft auf eine Art von Mitteilungen hinausliefe, für die seine Eltern nur ein Stirnrunzeln übrig hätten, oder weil das Kind Gefühle zum Ausdruck bringen müßte, die völlig unannehmbar wären.

(22.46 Uhr.) Mamis kleiner Bub oder kleines Mädchen kann dann zu Hause bleiben und mutig einer Krankheit trotzen, und sein Verhalten wird entschuldigt. Das Kind weiß vielleicht, daß die Krankheit das Ergebnis von Gefühlen ist, die die Eltern als Feigheit betrachten würden, oder daß sie mit Gefühlswirklichkeiten einhergeht, die den Eltern einfach unverständlich wären. Allmählich fällt es dem Kind leichter, die Einschätzung der Lage durch die Eltern zu akzeptieren. Nach und nach zersetzt sich die feine Beziehung, entgleiten die Zusammenhänge zwischen seelischen Empfindungen und der Körperwirklichkeit.

Ich will hier nichts übermäßig vereinfachen. Im Verlaufe dieses Buches wird solches Verhalten immer wieder an Beispielen zu erörtern sein. Jedenfalls weiß das Kind, das zusammen mit einer ganzen Reihe von Klassenkameraden an Mumps erkrankt, daß es seine persönlichen Gründe hat, sich einem solchen biologischen Massengeschehen anzuschließen, wogegen der Erwachsene, der »Opfer« einer Grippeepidemie wird, sich seiner eigenen Beweggründe kaum bewußt ist. Er durchschaut nicht die Massensuggestionen, die dabei im Spiel sind, oder den Grund, warum er sich eigentlich darauf einläßt. Gewöhnlich ist er davon überzeugt, daß sein Körper von einem Virus befallen wurde, ganz gleich, ob er das nun wollte oder nicht – *(äußerst nachdrücklich)* ganz gleich, ob er das nun wollte oder nicht! Somit ist er ein Opfer, und das Gefühl seiner eigenen Macht kommt ihm abhanden.

Hat dann jemand die Malaise glücklich überstanden, so nimmt er für gewöhnlich an, daß er seine Genesung den Medikamenten verdankt, die ihm verabreicht wurden. Oder er denkt vielleicht, daß er einfach Glück gehabt hat – aber er glaubt nicht, daß sein eigenes Entscheidungsvermögen in dieser Frage irgendeine Rolle spielt. Die Genesung scheint ihm zuzufallen, wie ihn die Krankheit zu befallen schien. Gemeinhin kann der Patient nicht sehen, daß er selbst seine Genesung bewirkt, daß er sie sich selber zuzuschreiben hat, weil er nicht zugeben kann, daß seine eigenen Intentionen auch für seine Krankheiten verantwortlich sind. Er kann also nicht aus seiner eigenen Erfahrung lernen, und jeder Ausbruch einer Krankheit wird ihm weitgehend unverständlich erscheinen.

Macht Pause.

(23.00 Uhr. Janes Sprechtempo in Trance war beträchtlich rascher gewesen als in den Sitzungen der letzten Zeit. Doch ging es um 23.10 Uhr etwas langsamer weiter.)

Diktat: Vor einigen Jahren, noch bevor unsere Sitzungen begannen *(Ende 1963)* – doch unmittelbar davor – hatte Ruburt *(Jane)* eine Erfahrung, die er in seinen eigenen Büchern beschrieben hat.

Dieses Vorkommnis führte zu einem hingekritzelten, unveröffentlichten Manuskript mit dem Titel »Das materielle Universum als Ideenkonstruktion«.* Sein Wunsch und seine starke Intention, die Natur der Realität besser zu verstehen, lösten die Produktion jenes fragmentarisch gebliebenen Manuskripts aus. Als erwachsener junger Mensch zur Zeit der Ermordung des Präsidenten John F. Kennedy fand er sich selbst in einer Welt vor, die scheinbar sinnlos war. Konditioniert von den Glaubensüberzeugungen seiner Generation – Glaubenssätzen, die auch in eurer Zeit noch Geltung haben –, hielt er doch an einer tragenden Glaubensüberzeugung fest, die er seit seiner Kindheit nie völlig verloren hatte.

Sein Glaube, so unlogisch er, wenn ausgesprochen, auch klingen mochte, so widersprüchlich er, aufs tägliche Leben angewendet, auch scheinen mochte, besagte, daß das Individuum auf irgendeine Weise die Natur der Realität selbst wahrnehmen kann dank eingeborener Fähigkeiten, auf die das Individuum ein Recht hat, –

* Diese Erfahrung hat Jane im *»Seth-Material«*, Kapitel 1, beschrieben.

Fähigkeiten, die Teil des menschlichen Erbes sind. Anders gesagt: Ruburt fühlte, daß eine winzige Chance bestand, Türen des Wissens zu öffnen, die ins Schloß gefallen waren, und er beschloß, diese Chance wahrzunehmen.

Die Ergebnisse, die sich ursprünglich in jenem inzwischen vergilbten Manuskript niederschlugen, ließen ihn augenblicklich erkennen, daß er auf die eine oder andere Weise die Begebenheiten seines Lebens selbst gewählt hatte und daß jeder Mensch nicht Opfer, sondern Schöpfer all der Geschehnisse ist, in die er als einzelner oder als Teil einer größeren Gemeinschaft verwickelt wird.

Während dieser im wahrsten Sinne des Wortes energiegeladenen Stunden wußte er auch, daß seine Sinne nicht so sehr materielle Erscheinungen wahrnahmen, sondern vielmehr an der Entstehung von Begebenheiten mitwirkten, die dann als tatsächlich wahrgenommen wurden.

Ende des Diktats.

(23.26 Uhr. Jane, noch immer in Trance, brachte noch einiges Material für uns, darunter die folgende Bemerkung im Zusammenhang mit Seths Erörterung des Märchens vom Aschenbrödel:)

Verzeiht mir die Terminologie, aber ihr beide habt an »Magie« geglaubt, sonst wäre es nie zu den Sitzungen gekommen. Ihr habt geglaubt, daß die Wirklichkeit mehr in sich birgt, als die Sinne euch zeigen. Ihr habt geglaubt, daß ihr gemeinsam erreichen könnt, was bislang noch nicht erreicht wurde, daß ihr nämlich auf die eine oder andere Weise sinnvolle und echte Lösungen für die Probleme der Welt anbieten könnt ...

(Ende um 23.34 Uhr.)

Sitzung 825, Montag, den 6. März 1978

(Nach ein paar Tagen erholsamer Ruhe haben wir beide am Wochenende die Arbeit wieder aufgenommen. – 21.31 Uhr.)

Guten Abend.

(»Guten Abend, Seth.«)

(Mit vielen Pausen:) Diktat: Das materielle Universum ist das Ergebnis sinnvoller Ideenkonstruktion, wie Ruburt im Verlaufe jener Erfahrung erkannte, die ich in der letzten Sitzung *(um 23.10 Uhr)* erwähnt habe.

Es war dies eine Einsicht anderer Art als all die aufgrund von Sinneswahrnehmungen gewonnenen Erkenntnisse, die von euren Wissenschaften anerkannt werden. Nicht durch Überlegungen gelangte Ruburt zu seiner Erkenntnis vom geistigen Ursprung der Welt. Auch konnte irgendeine gewöhnliche Sinneswahrnehmung ihm diese Information nicht vermitteln. Sein Bewußtsein verließ seinen Körper – etwas, das von vielen gebildeten Menschen nicht einmal für möglich gehalten wird. Ruburts Bewußtsein verschmolz, während es noch immer seine eigene Individualität bewahrte, mit dem Bewußtsein der Blätter vor seinem Fenster und mit dem Nagel im Fensterbrett, und wanderte innen und außen zugleich, so daß sein Bewußtsein wie ein mentaler Wind durch psychologische Nachbarschaften wanderte.

Euer Universum ist nicht materiellen Ursprungs, und jedes Geschehen, sei es nun bedeutend oder sei es geringfügig, nimmt seinen Ausgang im Bereich des Bezugssystems 2. Euer räumlich-materielles Universum entstand also und entsteht noch immer aus diesem inneren Bezugssystem.

Die Kraft, die eure Gedanken nährt, entstammt derselben Quelle. Man könnte wohl sagen, die Welt, wie ihr sie kennt, mit all ihren Erscheinungen und Vorkommnissen funktioniert – wie auch euer Körper – in den wesentlichen Prozessen »automatisch«. Eure individuellen Wünsche und Absichten steuern die Aktivität der spontanen Prozesse eures Körpers, das heißt, euer Körper geht auf euer Geheiß über den Fußboden, und dieses Tun ist das Resultat eures Wunsches, auch wenn die damit verbundenen Vorgänge »von selbst« geschehen müssen.

Eure Intentionen sind von beträchtlicher Auswirkung auf eure körperliche Gesundheit. Ebenso »lenken« alle lebenden Menschen gemeinschaftlich das Weltgeschehen, so daß es sich auf ganz bestimmte Weise vollzieht, auch wenn die inneren Abläufe wie von selbst oder automatisch erfolgen müssen. Aber auch andere Arten beteiligen sich daran, und ihr alle steuert auf die eine oder andere Weise die Aktivität des Erdkörpers nicht viel anders, als ihr euer eigenes körperliches Verhalten steuert.

(21.50 Uhr.) Geduldet euch einen Moment ... Ihr seid auf die Welt gekommen mit dem eingeborenen Drang zum Wachstum – wohlausgestattet mit den inneren Prägemustern, die zu der ausgebildeten Gestalt eines Erwachsenen führen. Und nicht nur die Zellen, sondern auch die Atome und Moleküle, aus denen sie gebildet waren, enthiel-

ten die positive Absicht, in einer körperlichen Formation zusammenzuwirken, um zur Erfüllung zu kommen, und sie waren von Anfang an nicht nur aufs Überleben eingestellt, sondern Träger eines Idealbildes, das zur bestmöglichen Entwicklung und Reife führen sollte.

All diese besonderen Merkmale haben ihren Ursprung im Bezugssystem 2, denn die psychologische Wirklichkeit des Bezugssystems 2 drängt ganz von selbst zu kreativem Ausdruck. Dieses System ist also nicht einfach etwas Neutrales, vielmehr lebt in ihm eine spontane Bereitschaft zur Erfüllung aller in ihm enthaltenen Muster. Wie William James in Ruburts Buch (*»The Afterdeath Journal of an American Philosopher: The World View of William James«*) sagte: »Das Universum ist guter Absicht voll«. Es ist auch ganz spontan auf die Hervorbringung »guter« oder positiver Geschehnisse eingestellt. Ich setze das Wort »gut« hier einmal in Anführungszeichen wegen eurer irrigen Vorstellungen hinsichtlich der Natur von Gut und Böse, die wir etwas später erörtern wollen.*

In diesem Sinne ist also die körperlich-materielle Welt wie jeder physische Körper »magisch«. Ich verwende diesen Begriff mit Bedacht, denn er verwirrt die Prämissen eures vernünftigen Erwachsenendenkens, und indem ich das, was ihr Vernunft nennt, solcherart verwirre, gelingt es mir vielleicht, in euch eine Ahnung dessen heraufzubeschwören, was ich den höheren Intellekt nenne.

Bloße Vernunft vermag lediglich Schlußfolgerungen im Hinblick auf die bekannte Welt zu ziehen. Sie kann ein Wissen nicht akzeptieren, das von »anderswoher« kommt, denn ein solches Wissen paßt nicht in die Kategorien der Vernunft und verwirrt die Kausalitätsvorstellung von Ursache und Wirkung. Kraft und Fähigkeit zum vernunftgemäßen Denken entstammen jedoch dem Bezugssystem 2. Den Begriffen dieser Erörterung zufolge seid ihr imstande, logisch zu denken aufgrund »magischer« Vorgänge, welche die logische Vernunft selbst möglich machen. Der Begriff »magisch« wird einfach immer dann verwendet, wenn man Geschehen kennzeichnen will, für das die Vernunft keine Erklärung hat, das heißt Geschehen, das außerhalb des Rahmens existiert, in dem sich die Vernunft zu Hause fühlt.

Eure Wissenschaftler halten sich selbst natürlich für höchst ver-

* Jane und ich sind wirklich gespannt auf Seths Material über »die irrigen Vorstellungen des Menschen hinsichtlich der Natur von Gut und Böse«. Nach unserer Post zu urteilen sind auch viele andere Menschen daran zuhöchst interessiert.

nünftig; doch muß man von den meisten sagen, daß sie ehrlicher wären, wenn sie bei dem Versuch, den Ursprung des Universums zu beschreiben, zugeben würden, daß die Vernunft allein keinerlei wirkliche Einsicht vermitteln kann. Jedem von euch ist die sogenannte Entstehung der Welt ebenso wohlvertraut, ebenso bewußtseinsnah oder -fern wie die eigene Geburt, denn der Anbeginn von Wahrnehmung und Empfindung in einem Neugeborenen birgt alle die Fragen in sich, die auch mit der Geburt des Universums zusammenhängen.

Die Mutter könnte nicht bewußt die körperlichen Vorgänge steuern, die zur Geburt führen. Die Geburt ist im wahrsten Sinne des Wortes ein magischer Vorgang, ebenso wunderbar wie das sogenannte erste Auftreten von Leben auf dem Planeten selbst. Die wissenschaftliche Analyse des Gehirns sagt euch weder etwas über die Kraft, die eure Gedanken bewegt, noch vermag sie euch über den Ursprung der Fähigkeiten des Gehirns Aufschluß zu geben. Und doch tritt die ständige Aktivität zwischen den Bezugssystemen 1 und 2 schon im bloßen Vorhandensein eurer Welt sichtbar zutage und auch in den Beziehungen zwischen euren Vorstellungen, Gefühlen und Überzeugungen und den Geschehnissen, die ihr persönlich oder im Verbund mit den Massen erlebt und die eure Erfahrung ausmachen.

Macht Pause.

(22.13 Uhr. Die Pause kam ein wenig früh, nachdem Jane nur 42 Minuten lang in Trance gewesen war. »Ich war vor der Sitzung nicht besonders darauf eingestimmt«, sagte sie. »Vielleicht war ich an diesem Nachmittag müde. Ich habe in den letzten Tagen Seth-Mitteilungen über den Stoff für die Sitzung von heute abend erhalten. Was wir bekommen haben, paßt aber nicht dazu ... Und ich habe wieder dieses Gefühl, daß eigentlich mehr Zeit vergangen sein sollte, während ich weg war: ich finde, es müßte jetzt viel später sein, als es ist. Es ist, als erwartete ich, daß das Material, wenn es gut ist, mehr Zeit erfordern müsse, oder so ... Aber der Fluß hörte einfach auf, und so kam eben die Pause.«

Fortsetzung um 22.25 Uhr.)

Es ist nicht meine Absicht, geringschätzig über die Vernunft zu sprechen, denn sie erfüllt in angemessener Weise Aufgaben, die in eurer Wirklichkeit lebenswichtig sind. Ebenso wahr jedoch ist es, daß ihr im tiefsten Sinne eure Vernunft nicht entwickelt habt, so daß eure Version der Vernunft zwangsläufig mit gewissen Deformationen einhergeht.

Auch ist es nicht meine Absicht, denjenigen beizupflichten, die euch vorschlagen, euren Intuitionen und Gefühlen auf Kosten eurer Vernunft zu folgen. Vielmehr werde ich später in diesem Buch andere Wege aufzeigen. Eure Vernunft, so wie ihr sie jetzt gebraucht, verfährt jedoch in erster Linie mit der Wirklichkeit so, daß sie diese in Kategorien unterteilt, Unterscheidungen trifft und den »Gesetzen« von Ursache und Wirkung nachgeht, und ihre Domäne ist in erster Linie die Beobachtung und Überprüfung all dessen, was der Mensch wahrnimmt. Ihr setzt eure Vernunft vornehmlich zur Erforschung der Materie und aller Abläufe ein, die in eurer Welt bereits als Tatsachen feststehen.

Andererseits folgen eure Intuitionen einer anderen Art der Organisation. Diese geht mit Assoziationen einher, verknüpft unterschiedlichste Elemente miteinander und kombiniert selbst bekannte Gegebenheiten auf neue, »unschuldige« Weise; sie weiß vom Zwang der Einschränkung auf Ursache und Wirkung meist nichts. In diesem Sinne also geht es im Bezugssystem 2 um Gedankenverknüpfungen. In ihm können die wahrnehmbaren Vorgänge der Stoffwelt in einer unendlichen Vielfalt von Variationen kombiniert werden, und aufgrund der Anweisungen, die ihr ihnen durch eure Assoziationen erteilt habt, kommen sie euch dann zur Erfahrung.

Die Zufälle, die sich zu ereignen scheinen, die Zufallsbegegnungen, die unverhofften Begebenheiten, sie alle treten in eure Erfahrung, weil ihr sie auf die eine oder andere Weise herbeigerufen habt, auch wenn unüberwindliche Widerstände dagegen zu sprechen schienen. Diese Widerstände – diese Hindernisse – gibt es in Bezugssystem 2 nicht.

(22.40 Uhr.) Auf die eine oder andere Weise machen eure Intuitionen euch mit der Tatsache vertraut, daß ihr euren Platz im Universum habt und daß das Universum euch wohlgesonnen ist. Die Intuitionen sprechen von eurer einzigartigen und lebenswichtigen Rolle im Netzwerk dieses Universums. Intuitiv wißt ihr, daß das Universum sich euch entgegenneigt. Eure Vernunft jedoch kann nur mit den gesicherten Ergebnissen eurer sinnlich-konkreten Wahrnehmung etwas anfangen – aufgrund der einseitigen Ausbildung, die eure Gesellschaften ihr angedeihen ließen. Tatsächlich habt ihr eurer Vernunft die Auswertung wichtiger Daten verwehrt, denn ihr habt sie dazu angehalten, den psychischen Fähigkeiten zu mißtrauen. Die Kindermärchen aber enthalten noch viel von diesem Uraltwissen.

Bisher habe ich die Bezugssysteme 1 und 2 getrennt besprochen, und ich werde weiter so verfahren, um euch die Sache leichter und verständlicher zu machen. In Wirklichkeit gehen die beiden natürlich ineinander auf, denn eure Existenz im Bezugssystem 1 ist eingebettet in das Bezugssystem 2. Selbst euer Körper wird im Bezugssystem 1 fortwährend erneuert aufgrund seiner simultanen Wirklichkeit in Bezugssystem 2. Das Bezugssystem 2 kehrt sich immerfort nach außen und erscheint in eurer Erfahrung als Bezugssystem 1. Doch konzentriert ihr euch so ausschließlich auf die äußere Wirklichkeit, daß ihr sehr oft die ganz offensichtlich tieferen Quellen eurer körperlichen Existenz ganz außer acht laßt. Infolgedessen befaßt ihr euch so ausschließlich mit Methoden der Unterteilung und Kategorisierung, daß ihr assoziative Organisationen aus dem Blick verliert, obwohl ihr sie in euren innersten Denkprozessen laufend in Anspruch nehmt.

Ende der Sitzung, sofern ihr keine Fragen habt.

(»Wie findest du es, daß Jane mir bei den einleitenden Bemerkungen zu ihren Büchern hilft?«)

(Mit Nachdruck:) Ich finde das eine fabelhafte Idee. Ich lasse Geschehnisse magisch in Erscheinung treten, wenn sie unter der Oberfläche eures Lebens wachsen – weil Ruburt sich gern angenehm überraschen läßt. Er ist jetzt sehr aktiv auf anderen Ebenen und dabei, unser Material gut zu verwenden. Einen guten Abend.

(»Danke, Seth. Gute Nacht.«)

(22.56 Uhr.)

Sitzung 826, Mittwoch, den 8. März 1978

(21.35 Uhr.) Nun, guten Abend.

(»Guten Abend, Seth.«)

Diktat: Ihr müßt verstehen, daß das Bezugssystem 2 einerseits gewissermaßen eine unsichtbare Version des materiellen Universums ist. Andererseits jedoch ist es weitaus mehr als das, denn es enthält in sich wahrscheinliche Variationen dieses Universums – von der erhabensten kosmischen Variante bis hin zu den minuziösesten Begebenheiten eines jeden beliebigen Kalendertages.

Einfach ausgedrückt: Euer Körper hat einen unsichtbaren Gegenpart im Bezugssystem 2. Zu Lebzeiten ist jedoch dieser Gegenpart so sehr mit eurem Körper verbunden, daß es irreführend sein kann zu sagen, die beiden – der sichtbare und der unsichtbare Körper – seien voneinander getrennt. In gleicher Weise haben eure Gedanken eine Wirklichkeit im Bezugssystem 2, und nur um der Analogie willen könnte man jetzt sagen, daß Gedanken das Äquivalent der Dinge sind; denn im Bezugssystem 2 kommt den Gedanken und Gefühlen weitaus mehr Bedeutung zu als allem Dinglichen in der körperlich-materiellen Wirklichkeit.

Im Bezugssystem 2 wirken die Gedanken augenblicklich musterbildend. Sie sind die »natürlichen Elemente« dieser psychischen Umwelt, die miteinander Verbindungen eingehen, um gewissermaßen die psychischen Zellen, Atome und Moleküle zu bilden, aus denen sich alles Geschehen aufbaut. In diesem Sinne können die konkreten Ereignisse, die ihr wahrnehmt oder erfahrt, mit »psychischen Objekten« verglichen werden, die dingfest und konkret in Zeit und Raum zutage zu treten scheinen. Solche Ereignisse scheinen gewöhnlich irgendwo in Raum und Zeit ihren Anfang zu nehmen und auch dort zu enden.

Ihr könnt einen Gegenstand wie beispielsweise einen Tisch ansehen und sein Vorhandensein im Raum erkennen. Natürlich ist euch psychisches Geschehen gewissermaßen zu nahe, als daß ihr es in gleicher Weise wahrzunehmen vermöchtet, doch scheint das übliche Erleben einen Anfang und ein Ende zu haben. Hingegen geht die Erfahrung eines Objekts oder eines äußeren Geschehens normalerweise nur mit Oberflächenwahrnehmungen einher. In eurer Sicht ist die Oberfläche eines Tisches glatt und fest, auch wenn euch theoretisch klar ist, daß er sich aus der Bewegung tanzender Atome und Moleküle zusammensetzt.

Ebenso erlebt ihr eine Geburtstagsparty, einen Autounfall, ein Bridgespiel oder irgendein Geschehen dieser Art als psychologisch kompakt, mit einer glatten Erfahrungsoberfläche, die in Zeit und Raum zusammenhält. Doch spielen dabei unsichtbare »Partikel« und Wahrnehmungen, die die Lichtgeschwindigkeit übersteigen, mit, die niemals sichtbar werden.* Sie enthalten, mit anderen Worten, psychische Komponenten, die von Bezugssystem 2 in Bezugssystem 1 einfließen.

(Nach langer Pause:) Jedes Geschehen hat somit eine unsichtbare Dichte und eine multidimensionale Grundlage. Eure Landstriche

---

* Beachten Sie die Fußnote zu Sitzung 803, Seite 54.

sind erfüllt von Winden, Luftströmungen, Wolken, Sonnenlicht, Staubpartikeln und so weiter. Der Himmel wölbt sich über den ganzen Planeten. Das unsichtbare Bezugssystem 2 enthält unendlich viele Muster, die sich wie Wolken wandeln, die sich vermischen und miteinander verbinden, um euer Seelenklima zu bilden. Gedanken haben, was wir für den Augenblick so nennen wollen, elektromagnetische Eigenschaften. So verstanden gehen eure Gedanken im Bezugssystem 2 Verbindungen mit den Gedanken anderer Individuen ein, und so entstehen Massenmuster, die die allgemeine psychologische Grundlage eines Umwelt- oder Weltgeschehens bilden. Doch ist wiederum das Bezugssystem 2 nicht wertneutral; vielmehr tendiert es automatisch zu Entwicklungen, die wir hier als gut oder konstruktiv bezeichnen wollen. Es ist seinem Wesen nach wachstums- und entwicklungsfördernd. Konstruktive oder »positive« Gefühle oder Gedanken materialisieren sich leichter als destruktive oder »negative«, weil sie sich mit den Wesensmerkmalen von Bezugssystem 2 im Einklang befinden.*

(22.05 Uhr.) Wenn dem nicht so wäre, dann hätte die Menschheit nicht so lange existiert. Auch wären die Leistungen menschlicher Zivilisation und Kultur – Wissenschaft, Technologie, Wirtschaft, Kunst und so fort – nicht möglich gewesen. Das Bezugssystem 2 kombiniert Ordnung und Spontaneität, aber seine Ordnung ist anderer als die übliche Art. Es ist ein kreisförmiger, assoziativer, »natürlich ordnender Prozeß«, in dem die Spontaneität ein Wesenselement der übergeordneten universellen Ordnung ist und die Potentiale des Bewußtseins zu ihrer vollen Entfaltung bringt.

Jeder Mensch ist von Geburt an mit der Fähigkeit ausgestattet, ganz natürlich in die Erfüllung der in ihm angelegten Möglichkeiten hineinzuwachsen – nicht auf Kosten anderer, sondern in einem übergreifenden Kontext, in dem die Erfüllung jedes Einzelwesens zur Erfüllung eines jeden anderen Einzelwesens beiträgt.

So gesehen gibt es ein »ideales« psychologisches und, für euch, ein

---

* Hier führt Seth seine in der Sitzung 825 nach 21.50 Uhr gemachte Feststellung, wonach das Universum »ganz spontan auf die Hervorbringung ›guter‹ oder positiver Geschehnisse eingestellt ist«, offensichtlich weiter aus. Die heute abend durchgekommenen Passagen beziehen sich auch auf die Bemerkungen der Sitzung 821 hinsichtlich der »echten Identifikation« des Menschen mit der Natur und mit seiner Funktion im Lebenszusammenhang seines Planeten.

psychisches Muster, in das ihr selbst innig verwoben seid. Das innere Selbst bewegt euch unablässig in diese Richtung. Dieses Muster wiederum ist nicht starr, sondern flexibel genug, um aus dem Wechsel der Umstände Nutzen zu ziehen, nicht anders als eine Pflanze, die, wenn ihr sie von einem Zimmer ins andere tragt, sich stets der Sonne zukehren wird, ganz gleich aus welcher Richtung das Licht gerade fällt. Doch existiert das innere Selbst nicht in der Zeit wie ihr, und so ist es angewiesen auf eure Einschätzung von Situationen, zu deren Bewältigung euch die Vernunft gegeben ist.

Offenbar gibt es Gegenstände jeglicher Größe, Form, Beschaffenheit, Dauerhaftigkeit und Schwere. Es gibt Objekte, die privaten und die öffentlichen Zwecken dienen. Und es gibt auch »riesenhafte psychische Objekte«, alles mit sich fortreißende Geschehnisse, von denen die Menschenmassen der Umwelt, ja ganzer Länder betroffen sein können. Es gibt auch Naturereignisse, die Massenverschiebungen unterschiedlichen Ausmaßes bewirken, wie beispielsweise die Überschwemmung weiter Landstriche. Solchen Vorkommnissen liegen psychische Konfigurationen seitens aller davon Betroffenen zugrunde insofern, als die inneren individuellen Muster der von einem solchen Geschehen berührten Existenzen in irgendeiner Weise einer gemeinsamen Absicht folgen, die gleichzeitig auf einer natürlichen planetarischen Basis der übergreifenden Wirklichkeit dient.

Der Planet selbst muß, um zu überdauern, durch fortwährende Wandlungen und instabile Situationen gehen. Ich weiß, es ist nicht leicht zu verstehen, aber *(sehr nachdrücklich)* jeder Gegenstand, den ihr wahrnehmt – Gras, ein Baum oder Stein, selbst Meereswellen oder Wolken –, jede dingliche Erscheinung hat ihr eigenes unsichtbares Bewußtsein, ihre eigene Absicht und emotionelle Färbung. In jedem Element, jedem Lebewesen gibt es auch eine Anlage, die auf Wachstum und Erfüllung drängt – nicht auf Kosten der übrigen Natur, vielmehr in solcher Weise, daß auch jedes andere Element der Natur seine Erfüllung findet.

Bisweilen verschmelzen die Intentionen von Mensch und Natur miteinander. Ich spreche jetzt stark vereinfacht: Vielleicht wünschen zum Beispiel diejenigen, die in eine Überschwemmung geraten, unbewußt, daß die Vergangenheit von ihnen »weggewaschen« wird, oder sie wollen einfach von einer Flut vitaler Gefühle überschwemmt werden, mit denen solche Katastrophen häufig einhergehen. Sie wollen die Macht der Natur neu und tiefer erleben, und oft dient ihnen die Erfahrung dazu, ungeachtet des Ruins ein neues Leben zu beginnen.

Menschen, die anders orientiert sind, werden alle möglichen Gründe finden, um ein solches Gebiet zu verlassen. So entdeckt man vielleicht plötzlich anderswo die große Chance, was zu einer überstürzten Abreise zwingt. Man verläßt auf bloßen Verdacht hin plötzlich die Gegend, um einen neuen Job zu finden, oder faßt den spontanen Entschluß, einen Freund in einem anderen Staat aufzusuchen. So werden diejenigen, deren Intentionen in dieser Hinsicht mit denen der Natur nicht übereinstimmen, auch nicht an diesem Massengeschehen teilnehmen. Sie werden aufgrund von Informationen aus dem Bezugssystem 2 rechtzeitig Schritte unternehmen. Diejenigen, die bleiben, beschließen aufgrund derselben Informationen, an dem bevorstehenden Geschehen teilzunehmen. *(Lange Pause.)*

Wenn ihr in die Zeit und das körperliche Leben eintretet, sind euch seine Bedingungen schon bekannt. Ihr seid biologisch und psychisch prädisponiert, in dieser reichen Umgebung zu wachsen, um auf allen Ebenen zur Erfüllung der Ziele eurer Gattung, der Menschheit, beizutragen, darüber hinaus jedoch um eure eigene, ganz einmalige Sichtweise und Lebenserfahrung in die größeren Bewußtseinsmuster einzubringen, von denen ihr einen Teil bildet.

Ihr beginnt gerade die innigen Verknüpfungen zu verstehen, die in eurer räumlich-materiellen Umwelt bestehen. Noch viel komplizierter jedoch sind die psychischen Verknüpfungen. Sie sind dergestalt, daß die Träume und Gedanken eines jeden Individuums sich mit denen jeder anderen Person verweben und so ständig wechselnde Muster von Wünschen und Absichten bilden. Einige davon tauchen als Ereignisse auf dem physischen Lebensplan auf, andere wiederum nicht.

Macht Pause. *(22.37 bis 22.55 Uhr.)*

Ende des Diktats.

(Obgleich Seth das Buchdiktat für diesen Abend als abgeschlossen bezeichnete, stand das erste Thema, das er nun aufgriff – mein Traum von gestern früh – ganz bestimmt im Zusammenhang mit den Feststellungen, die er unmittelbar vor der Pause gemacht hatte. Auffallend war diese: »Wenn ihr in die Zeit und das körperliche Leben eintretet, sind euch seine Bedingungen schon bekannt.« Ich denke, mein Traum liefert eine vortreffliche Illustration dieses Gedankens. Ich hatte gestern mit Jane über den Traum gesprochen und beabsichtigt, Seth zu

bitten, an diesem Abend etwas darüber zu sagen, falls er es nicht von sich aus täte. Ich will nicht geradezu behaupten, daß der Traum das Material für heute abend inspiriert habe oder daß er präkognitiv in dem Sinne gewesen sei, daß ich seine Thematik für heute abend »aufgeschnappt« und den Traum um einen Teil davon gewoben hätte, um mir selber diese besondere Information zu geben. Vielleicht hätte ich Seth wegen solcher Möglichkeiten befragen sollen, aber ihre Implikationen waren mir noch nicht klar, während er sprach und ich mit Aufschreiben beschäftigt war. Ich zitiere im folgenden aus meinem Traumnotizbuch, wobei ich das Alter aller Beteiligten zum besseren Verständnis beifüge:

Traum, Dienstag morgen, 7. März 1978.

Sehr lebhaft und wie gewöhnlich in Farbe. Ich träumte, ich sei in der Küche unseres Hügelhauses in Elmira und im Begriff, nach draußen in den Hinterhof zu gehen. Meine Mutter, die vor fünf Jahren mit 81 Jahren starb, war bei mir. In dem Traum waren sowohl sie wie ich von unbestimmtem Alter, und ich glaube, sie sagte mir, was ich da draußen zu erwarten hätte. Doch wußte auch ich, was mir bevorstand.

Draußen auf dem Rasen erblickte ich dann meinen verstorbenen Vater und seine Mutter. Mein Vater war auch 81 Jahre alt gewesen, als er vor sieben Jahren starb. Seine sehr alte Mutter war 1926 gestorben, als ich sieben Jahre zählte.

Ein sehr ungewöhnlicher Traum. Mein Vater und seine Mutter warteten auf mich. Das Eigentümliche war, daß Großmutter Butts wesentlich jünger aussah als ihr Sohn, mein Vater. Sie war Ende Dreißig oder Anfang Vierzig, eine schöne Frau mit glattem braunem Haar und faszinierenden blaugrünen Augen, die etwas Magnetisches hatten.

Jetzt war meine Großmutter auf den Knien; aufrecht kniete sie im Gras. Ich sank vor ihr auf die Knie. Wir begrüßten uns wie alte Freunde, umfaßten uns mit den Armen, während wir miteinander sprachen, und küßten uns lebhaft. Wir waren so froh, einander zu sehen! Ich erinnere mich an die Beine meines Vaters, der neben uns stand. Doch blieb er den ganzen Traum hindurch eher schattenhaft, nicht annähernd so wirklich wie seine Mutter. Auch meine Mutter – seine Frau – sah ich nicht viel klarer. Wir alle sprachen miteinander, doch kann ich mich des Gesagten nicht entsinnen; ich weiß nur, daß unsere Begegnung einen freudigen Anlaß hatte.

Ich kann mich nicht an andere Träume dieser Art erinnern. Ich erwachte, als der Traum zu Ende war – oder aus meiner Wahrnehmung schwand – mit dem sicheren Gefühl, daß er etwas ganz Ungewöhnliches darstellte. Jane rührte sich im Halbschlaf neben mir, und ich sagte ihr, daß ich einen großartigen Traum gehabt hatte. Ich beschrieb ihn ihr in allen Einzelheiten, als wir gegen sieben Uhr aufstanden.

Hier nun, was Seth zu diesem Traum zu sagen hatte:)

Euren Begriffen zufolge ist die Mutter deines Vaters bereit, von neuem in den Raum eurer Zeit einzutreten. Dein Vater hat dich ihr gezeigt und hat sie auch mit anderen lebenden Familienmitgliedern bekanntgemacht, die noch in der Zeit sind. Viele Individuen tun dies, sie werden psychisch noch lebendiger Verwandter gewahr, auch wenn sie einander im Leben vielleicht nie begegnen werden.

Zum Beispiel mögt ihr euch im Leben allein fühlen, wenn alle eure Verwandten gestorben sind. Gleichermaßen vergewissert ihr euch oft, daß frühere Freunde oder Verwandte vor euch bereits da sind, wenn ihr ins Leben tretet.

(Der Traum wirft zahlreiche Fragen auf, auf die Seth nicht weiter einging und die zu bedenken ich Ihnen anheimstelle: Reinkarnation, die Verschiebung von Lebensaltern und die Zeitunabhängigkeit der Erinnerung im Traumzustand und so weiter. Ich habe tatsächlich ein paar klar bewußte Erinnerungen an Großmutter Butts; als ich sie das letzte Mal sah, war sie krank, einige Monate vor ihrem Tod vor 52 Jahren. Doch sonderbarerweise kann ich leichter bewußt akzeptieren, daß meine Großmutter vor über einem halben Jahrhundert starb, als die Tatsache, daß mein Vater und meine Mutter schon seit sieben beziehungsweise fünf Jahren tot sind.

Seth beendete die Sitzung, nachdem er anschließend an dieses Traummaterial noch kurz auf ein paar andere Dinge eingegangen war, um 23.05 Uhr.)

Sitzung 827, Montag, den 13. März 1978

(Heute nachmittag erhielt Jane von ihrem Herausgeber und Cheflektor Tam Mossman per Post einen Andruck des Schutzumschlages zu ihrem Buch über William James. Zum erstenmal sahen wir die vom

Verlag vorgesehene Gestaltung desselben, und wir fanden ihn sehr gut. – 21.59 Uhr.)

Guten Abend.

(»Guten Abend, Seth.«)

Ein Potpourri. Die Vererbung spielt eine weit geringere Rolle in der Charakterbildung, als allgemein angenommen wird. Ebenso verhält es sich mit der Umwelt, wie sie gemeinhin verstanden wird.

Eure zu Glaubenssätzen erhärteten Überzeugungen machen euch jedoch von vornherein geneigt, Erfahrungen nach den Kriterien von Vererbung und Umwelt zu interpretieren, so daß ihr in erster Linie diese beiden Faktoren als primär verhaltensbestimmend ins Auge faßt.

Deswegen entgehen manche weitreichendem, menschlichem Tun und Lassen zugrunde liegenden Organisationsmuster eurer Aufmerksamkeit fast völlig. Immer wieder lest ihr Berichte über Menschen, die sich beispielsweise von fiktiven Personen oder Persönlichkeiten aus der Vergangenheit oder von völlig Fremden viel stärker angezogen fühlen als von ihren eigenen Familienangehörigen. So etwas gilt als Kuriosum.

Die Persönlichkeit des Menschen ist viel offener für Anregungen aller Art, als man gemeinhin annimmt. Wenn man der Ansicht ist, das Selbst beziehe seine Informationen lediglich aus dem Materiellen, dann freilich kann man menschliche Motivation nicht anders als durch Vererbung und Umwelt bestimmt sehen. Wenn ihr jedoch erkennt, daß der Persönlichkeit auch andere Informationsquellen als die rein materiellen zur Verfügung stehen, dann müßtet ihr euch zu fragen beginnen, welche Auswirkungen diese Gegebenheiten auf die Charakterbildung und das individuelle Wachstum haben. Kinder haben einen Charakter schon bei der Geburt, und ein vollständiger wahrscheinlicher Lebensplan existiert dann schon ebenso sicher wie der wahrscheinliche Plan für den Körper der Erwachsenen, die sie einmal sein werden.

Das Bewußtsein bildet die Gene, und nicht umgekehrt, und das der Geburt harrende Kind steuert durch die Chromosomenstruktur neues Material bei.* Das Kind nimmt auch von Geburt an viel mehr

* Chromosomen sind fadenförmige Gebilde, »Kernschleifen«, in den Zellkernen von Organismen, die das Erbgut eines Lebewesens enthalten, die Gene. Bei der Zellteilung verdoppelt sich ihre Anzahl.

konkretes Geschehen wahr, als man denkt. Doch davon abgesehen nutzt das Kind die ersten Lebensjahre, um – besonders im Traumzustand – andersgeartetes Material zu erforschen, das seinen eigenen Phantasien und Absichten entspricht, und es erhält einen ständigen Strom von Informationen, der überhaupt nicht von seiner Vererbung oder seiner Umwelt abhängt.

Von da her weiß das Kind zum Beispiel um seine zur gleichen Zeit geborenen Altersgenossen. Der »individuelle« Lebensplan eines jeden Menschen hat seinen Platz im Gesamtgefüge der Lebenspläne seiner gleichaltrigen Mitmenschen. Diese Pläne werden dem einen vom anderen mitgeteilt, und augenblicklich werden Wahrscheinlichkeiten im Bezugssystem 2 in Bewegung gesetzt. Unter Umständen werden Wahrscheinlichkeiten kombiniert und zum Teil festgelegt, so daß zum Beispiel Individuum A dreißig Jahre später Individuum B auf einem Marktplatz treffen wird – wenn dies den Absichten der beiden Beteiligten entspricht. Es wird im Leben eines jeden Menschen gewisse Begegnungen geben, die Meilensteine darstellen und die als große Wahrscheinlichkeiten oder als Pläne angelegt waren, in die der Mensch hineinwächst.

Es gibt also Ereignisgestalten, die ihr auf eine bestimmte Weise materialisiert in fast der gleichen Weise, wie ihr die Körpergestalt eines Erwachsenen aus der Struktur des Fetus materialisiert. So gesehen arbeitet der Körper mit stofflichem Material – obwohl die Zellen, Moleküle und Atome eines jeden Organismus, wie schon oft erwähnt, wiederum ihr eigenes Bewußtsein und ihre eigene Wirklichkeit haben.

Euer mentales Leben hat offensichtlich mit psychischem Geschehen zu tun. Doch wächst das Kind unterhalb der Schwelle sinnlicher Wahrnehmung der mentalen Gestalt von Geschehnissen entgegen, die sein Leben ausmachen werden. Die ganz besonderen Absichten, die jedem Individuum eigentümlich sind, sind also im Bezugssystem 2 vorhanden, und mit der Geburt beginnen diese Absichten unverzüglich, sich der stofflichen Welt von Bezugssystem 1 aufzuprägen.

Die Geburt eines jeden Kindes verändert ganz offensichtlich die Welt, denn sie setzt augenblicklich eine psychische Bewegung in Gang, die die Vorgänge in Bezugssystem 1 und 2 gleichermaßen beeinflußt.

(22.26 Uhr.) So mag zum Beispiel ein Kind geboren werden, das

musikalisch begabt ist. Sagen wir, das Kind sei ungewöhnlich begabt. Bevor es alt genug ist, sich irgendeiner Ausbildung zu unterziehen, wird es gleichwohl die wahrscheinliche Richtung kennen, die es für die Musik während seiner Lebenszeit einschlagen wird. Es wird im Traumzustand mit anderen künftigen jungen Musikern bekannt werden, obwohl auch sie noch Kleinkinder sind. Wieder werden Wahrscheinlichkeiten in Bewegung gesetzt, und die Absicht eines jeden Kindes macht sich nach außen hin geltend. Viele solcher Kinder werden, ihrer besonderen Zielsetzung gemäß, auch mit Musik der Vergangenheit bekannt werden.

Dies gilt in größerem oder geringerem Maße für jeden Tätigkeitsbereich. Jeder Mensch trägt zur Weltszene bei, und die Absichten eines jeden Individuums vervielfachen sich, in Addition zu denen jedes anderen lebenden Menschen. Die Lebenserfüllung des Einzelmenschen stellt die Voraussetzung für die Leistungen und Errungenschaften eurer Welt dar.* Und mangelnde Lebenserfüllung erzeugt natürlich jene Mangelerscheinungen, die gleichfalls sichtbar werden.

Geduldet euch einen Moment ... Manche von euch haben Geschwister. Andere sind Einzelkinder. Eure Vorstellungen von Individualität sind euch sehr hinderlich. Jeder Teil des Bewußtseins enthält – um es nochmals zu sagen – außer sich selbst die Potentiale aller anderen Individualformen von Bewußtsein. Daher sind eure persönlichen Informationen über die Welt nicht annähernd so privat, wie ihr

---

* Seths Material über individuelle Kreativität erinnerte mich sofort an eine seiner Mitteilungen in dem persönlichen und daher ausgelassenen Teil der Sitzung 580 vom 12. April 1971. Ich bin kürzlich darauf gestoßen, als ich nach einigen anderen Hinweisen suchte. (Der Hauptteil der Sitzung 580 war dem Kapitel 20 der *»Gespräche mit Seth«* gewidmet.) Ich habe das folgende Zitat so gern, daß ich für uns Abschriften angefertigt habe, um bei Bedarf darauf zurückzukommen, eine davon habe ich an der Wand meines Arbeitszimmers angeheftet. Dies ist ein typisches Beispiel dafür, wie etwas Gutes verlorengehen kann in der unablässig anwachsenden Fülle des Seth-Materials; selbst mit unseren Versuchen, eine Art Index aufzustellen, ist es sehr schwierig, allen Einzelheiten auf der Spur zu bleiben:

»Ruburt ist, wie du weißt, überaus kreativ. Was den meisten Künstlern nicht bewußt wird, ist die Tatsache, daß das Selbst die erste Schöpfung ist. Sie betrachten sich selbst nicht als Produkt ihrer eigenen Kreativität. Ruburt hat dank seiner schöpferischen Energie stets die Verfassung des inneren Selbst, dessen Tätigkeiten und innere Einstellungen in vollendeter Weise gespiegelt und sogar ein wenig übertrieben.«

Daraus läßt sich schließen, daß sich Seths Bemerkung offensichtlich nicht nur auf Kunstschaffende, sondern auf jedermann bezieht.

annehmt, denn hinter der vordergründigen Erfahrung eines jeden Geschehens verfügt jeder einzelne von euch aus höherdimensionalen Wirklichkeiten zu allem Geschehen über Informationen, die ihr normalerweise nicht wahrnehmt.

Wenn ihr in irgendein Geschehen, an dem ganze Gruppen beteiligt sind, verwickelt seid, von einem Konzert bis hin zu einer Lawine, dann seid ihr auf einer anderen Ebene all der Aktionen gewahr, die zu dieser besonderen Teilnahme führen. Wie Gebäude aus Ziegeln zusammengesetzt sind, so werden Ereignisse, die Massen betreffen, durch viele kleine unsichtbare Geschehnisse aufgebaut – wobei sich jedes ganz akkurat in eine Art psychologisches Baugerüst einfügt, an dem jeder von euch psychisch beteiligt ist. Dies trifft gleichermaßen auf Massenbekehrungen wie auf Naturkatastrophen zu.

Ende des Diktats – dies war Diktat.

(22.43 Uhr. Im Fortlauf der Sitzung hatte ich gehofft, daß sie weiterhin dem Diktat dieses Buches galt; schließlich beschloß ich, das Folgende dem Buch einzufügen, auch wenn es natürlich kein Buchdiktat ist. Es betrifft einen sehr lebhaften Traum, den Jane vorgestern hatte, und Seths Deutung von heute abend. Wir legen dieses Traummaterial hier vor, weil es Elemente von allgemeinem Interesse enthält und auf bestimmte Punkte eingeht, die in manchen Leserbriefen angesprochen wurden. Janes Traum macht mich ein bißchen neidisch (selbst wenn einem solchen Vorkommnis ein Element der Angst anhaftet), da ich mich nicht entsinnen kann, je einen solchen Traum gehabt zu haben. Sie schrieb:

»Traum, Samstag nachmittag, 11. März 1978.

Ich hielt ein Mittagsschläfchen und erwachte mit der Erinnerung an folgende Traumerfahrung: Zunächst war ich in einem Raum und fragte eine Gruppe von Leuten nach »dem Rat« – ich wollte wissen, ob es so etwas gäbe. Im selben Moment erschien ein weißes Licht von Türbreite vom Boden herauf bis zur Decke, mit einigen Symbolen darin oder darauf. Augenblicklich fuhr ich durch die Luft aufwärts dahinein, wobei ich mit großer Geschwindigkeit aus dem Raum aufstieg. Ich bekam es mit der Angst zu tun und wollte zurückkehren; ich glaube, ich hatte Angst, völlig mitgerissen zu werden. Ich weiß nicht, was ich sah. Ich kehrte augenblicklich in den Raum zurück, ohne mich entsinnen zu können, wie.

Später bin ich in einem spiritualistisch anmutenden Konsultationsraum und erzähle einer Frau meine Erfahrung. Als ich ihr sage, daß ich die Autorin des Seth-Materials bin, ist sie ziemlich betroffen und sagt, daß man es nicht akzeptiere. Mir ist das egal.«

Dazu Seth:)

Ruburt hat also nach einem Rat gesucht. Er war ein Ratsuchender, der höchster Weisung bedurfte, und so wurde daraus »der Rat« – ein vortreffliches Wort übrigens, das hier für die tiefinnerste und zugleich erhabenste Weisung steht, die jedem Individuum zugänglich ist.

Er suchte nach einem Zustand höheren Bewußtseins, der eine einzigartige und doch universale Quelle der Information und Offenbarung darstellt. Eine solche Quelle gibt es für jedes Individuum, ganz gleich, wie sie gedeutet wird. Das weiße Licht ist ein bezeichnendes Symbol in solchen Fällen. Er konnte sich die Information nicht zu eigen machen und bekam doch einigermaßen Angst vor der Ungeheuerlichkeit der damit verbundenen Erfahrung, als ob das uralte und doch neue Wissen, das zu suchen er seine persönlichen Gründe hatte, so allumfassend wäre, daß seine eigene Individualität Schwierigkeiten haben könnte, es zu verarbeiten und gleichzeitig den eigenen notwendigen Bezugsrahmen beizubehalten. Eine solche Reaktion ist völlig natürlich, einfach wegen der Ungewohntheit derartiger Erfahrungen.

Doch wurde er in jenem Licht gebadet, davon erfüllt und erfrischt und zu neuen Einsichten geführt, die nun in seiner Erfahrung schubweise auftauchen werden, so daß er sie sich in seinem alltäglichen Bezugsrahmen aneignen kann. Übersetzungen finden also selbst in diesem Augenblick statt. Auch der Kontakt wird wieder hergestellt werden.

(Nachdem Seth mehrere Minuten auf einiges andere Material für Jane verwendet hatte, sagte er um 23.10 Uhr gute Nacht.)

Sitzung 828, Mittwoch, den 15. März 1978

(21.53 Uhr.) Guten Abend.

(»Guten Abend, Seth.«)

Nun: Der Mensch der Frühzeit, wie ihr ihn geschichtlich seht, stand in einer bewußteren Beziehung zum Bezugssystem 2 als jetzt ihr.

Wie Ruburt in *»Psychic Politics«* erwähnte, gibt es viele Abstufungen von Bewußtsein, und wie ich in der *»Natur der Psyche – ihr* *menschlicher Ausdruck in Kreativität, Liebe, Sexualität«* erwähnte, gebrauchte der Mensch der Frühzeit sein Bewußtsein vornehmlich für andere Wahrnehmungen als die, mit denen ihr vertraut seid. So empfand er zum Beispiel häufig das, was ihr als Produkte der Einbildungskraft bezeichnen würdet, als Sinneswahrnehmungen, die mehr oder minder die körperlich-materielle Erscheinungswelt widerspiegeln.

Imagination oder Einbildungskraft ging stets mit Kreativität einher; erst als dann der Mensch sich auf das begrenzte Bewußtsein einzustellen begann, dem es hauptsächlich um Ursache und Wirkung zu tun war, nahm er nicht länger die Schöpfungen seiner Imagination als Tatsachen seiner Wirklichkeit wahr. Der Mensch der Frühzeit eurer Geschichte hatte begriffen, daß beispielsweise Krankheit ebensosehr wie Gesundheit ursprünglich das Ergebnis der Einbildungskraft war, denn er erlebte viel unmittelbarer die Effizienz seiner brillanten Imagination. Die Verbindungslinien zwischen imaginativer und stofflich-körperlicher Erfahrung haben sich für euch verwischt, und natürlich sind sie auch von anderen Glaubensvorstellungen und den Erfahrungen, denen solche Vorstellungen zugrunde liegen, überdeckt.

Ich stelle das hier sehr vereinfacht dar. Es ist viel komplizierter – und doch nahm zum Beispiel der Mensch der Frühzeit die Tatsache wahr, daß niemand eine körperliche Verletzung erleidet, ohne dieses Geschehen auf die eine oder andere Weise in seiner Vorstellung vorweggenommen zu haben. Daher wurden auch imaginative Behandlungsmethoden angewandt: ein körperliches Leiden wurde kraft Imagination geheilt – und in jenen Tagen zeitigten solche Heilverfahren ihre Wirkung.

Ungeachtet allen Besserwissens eurer Geschichtsbücher waren jene Männer und Frauen der Frühzeit völlig gesund. Sie hatten starke Knochen, gute Zähne. Doch gingen sie mit ihrer Alltagswelt, der Stoff- und Dingwelt, durch bewußten Einsatz der Imgination auf eine Weise um, die heute überaus schwierig zu verstehen ist. Sie wußten um den Tod und erkannten sich als sterblich, doch ihr tieferes Gewahrsein von Bezugssystem 2 ermöglichte ihnen eine umfassendere Identifikation, und so verstanden sie auch, daß der Tod nicht nur eine Naturnotwendigkeit, sondern auch eine Gelegenheit für andere Arten der Erfahrung und Entwicklung ist.*

---

* Vergleichen Sie die Fußnote zu Sitzung 803, Seite 49 f.

(Lange Pause um 22.10 Uhr.)

Sie empfanden ganz unmittelbar ihre Verbundenheit mit der Natur, die ihnen in einer völlig anderen Weise als euch zur Erfahrung kam. Sie fühlten, daß sie der erweiterte Ausdruck ihrer eigenen Stimmungen und Temperamente war, die Materialisierung von psychischen Geschehen, die zu gewaltig waren, als daß der Körper irgendeines Einzelmenschen oder einer Gruppe sie hätte enthalten können. Sie fragten sich, wohin ihre Gedanken gingen, nachdem sie sie gehabt hatten, und sie stellten sich vor, daß diese Gedanken irgendwie zu den Vögeln und Felsen, Bäumen und Tieren wurden, die selbst in immerwährender Wandlung begriffen waren.

Doch fühlten sie auch, daß sie sie selber waren, daß sie als Menschenwesen einer Dimension der Natur Ausdruck gaben, die zu großartig war, als daß sie im Rahmen der sichtbaren Natur hätte enthalten sein können, und sie wußten, daß die Natur sie, die Menschen, brauchte, da sie ihr eine Stimme anderer Art verliehen. Als Menschen sprachen sie für sich selbst; doch weil sie sich so sehr als Teil der natürlichen Umwelt empfanden, waren sie auch Sprecher der Natur und all ihrer Geschöpfe.

In euren Deutungen der Natur bleibt viel Unverständliches. Die Menschen der damaligen Welt wußten, daß in der Natur Gleichgewicht herrscht. Menschen und Tiere müssen sterben. Fiel ein Mensch, wie das manchmal geschah, einem Tier zur Beute und wurde verzehrt, so mißgönnten seine Gefährten dem Tier seine Beute nicht – wenigstens nicht in einem tieferen Sinne. Und wenn sie selber Tiere erlegten und beispielsweise deren Herz aßen, so geschah das nicht nur, um sich die »starken Herzen« oder die Furchtlosigkeit der Tiere anzueignen, sondern es trat darin auch die Absicht zutage, diese Eigenschaften zu bewahren, so daß jedes Tier in den Erfahrungen der Menschen gewissermaßen fortleben würde.

Die Menschen jener Zeiten schützten sich vor Unwettern, doch sie verargten dem Unwetter nicht die Gefährten, die ihm zum Opfer fallen mochten. Ihr Bewußtsein wechselte einfach vom Bündnis mit dem Selbst-im-Körper zum Bündnis mit dem Selbst-im-Unwetter über. Die Intentionen von Mensch und Natur waren weitgehend identisch und wurden auch so verstanden. Damals fürchtete der Mensch die Elemente nicht, wie man heute gern annimmt.

(22.25 Uhr.) Manche Erfahrungen des Menschen der Frühzeit würden euch heute ganz fremdartig erscheinen. Doch in gewissen

Formen wiederholen sie sich durch die Jahrhunderte. Der Mensch der Frühzeit nahm sich selbst als Individuum wahr. Er fühlte, daß die gewaltige Macht seiner Emotionen in den Naturkräften ihren Ausdruck fand. Er projizierte sich selbst in die Natur, in den Himmel, und erschuf dort in seiner Vorstellung personifizierte Träger dieser Naturkräfte, die viel später dann beispielsweise als die anthropomorphen Götter des Olymps fortlebten. Er nahm jedoch die Lebenskraft auch noch im Geringsten der Natur wahr, und, noch unberührt von jeglicher Einschränkung seiner Wahrnehmungsfähigkeit, war er sich seiner Verbindung mit jedem Individualbewußtsein gegenwärtig, auch dem geringsten. Seine Version dieser Sicht der Natur fand viel später dann in dem »kleinen Volk« der Natur- und Elementargeister ihren Ausdruck. Vor allem aber war sich der Mensch der Frühzeit des Ursprungs der Natur bewußt.

Staunen erfüllte ihn ob der immerwährend neuen Entdeckungen seines Bewußtseins. Er hatte den Bewußtwerdungsprozeß noch nicht mit der Scheineleganz glatter Kontinuität überdeckt, die euer Bewußtsein jetzt angenommen hat. So war er, wenn er einen Gedanken hatte, von Neugier erfüllt: Woher ist er gekommen? Sein Bewußtsein war ihm also ein Quell immerwährenden Entzückens, in seinen wechselnden Qualitäten so wahrnehmbar und offensichtlich wie der wechselnde Himmel. Die Glätte, die Ebenheit eures Bewußtseins wurde daher – im Sinne des zuvor Gesagten – auf Kosten bestimmter anderer Erfahrungen, die früher möglich waren, erworben. Ihr könntet nicht in der Welt eurer Gegenwart leben, wenn euer Bewußtsein noch so verspielt, neugierig und schöpferisch wäre, wie es einmal der Fall war, denn auch die Zeit wurde damals ganz anders erfahren.

Ihr mögt das schwierig zu verstehen finden. Doch was ihr jetzt erkennt, entstammt ebensosehr dem Reich der Imagination wie jene Erfahrungen, die der Mensch der Frühzeit als wirklich erlebte, die ihr jedoch als Halluzinationen, als bloße Einbildung bezeichnen würdet.

Es scheint für euch auf der Hand zu liegen, daß gigantische Naturprozesse völlig außerhalb eures Wirkungskreises liegen. Ihr meint, keinerlei Anteil an der Natur zu haben, abgesehen von der technologischen Kontrolle, die ihr über sie ausübt, und dem Schaden, den eure Technologie in ihr anrichtet. Ihr gebt zu, daß das Wetter einen Einfluß auf eure Gemütslage hat; doch den Gedanken, es könnten irgendwelche tieferen psychischen Zusammenhänge zwischen euch und den Elementen bestehen, würden die meisten von euch als absurd von der Hand weisen.

(22.40 Uhr.) Geduldet euch einen Moment ... Ihr gebraucht allerdings Redewendungen wie »von Gefühlen überschwemmt werden« und andere sehr intuitive Feststellungen, die eure eigene tiefere Erkenntnis von Vorgängen zeigen, die euch völlig entgehen, solange ihr sie durch die Vernunft allein betrachtet. Tatsächlich lädt der Mensch die Unwetter ein. Er sucht sie sich aus, denn gefühlsmäßig versteht er sehr wohl, welche Rolle sie in seinem persönlichen Leben spielen und daß sie eine Naturnotwendigkeit sind. Durch die Offenbarungen der Urgewalten der Natur erfühlt der Mensch den gemeinsamen Ursprung seiner selbst und der Natur, und er weiß, daß diese Urgewalt tiefe emotionale Einsichten in ihm zu wecken vermag, Einsichten, deren er für seine eigene seelische und spirituelle Höherentwicklung bedarf.

Der Tod ist kein Ende, sondern eine Transformation des Bewußtseins. Die Natur mit ihren wechselnden Jahreszeiten verkündet euch diese Botschaft unablässig. Im Lichte dieses Verständnisses gesehen fordern die Katastrophen der Natur keine Opfer: Natur und Mensch spielen miteinander ihre notwendigen Rollen im größeren Rahmen der Wirklichkeit.

Die Vorstellungen jedoch, die ihr über den Tod und die Natur hegt, zwingen euch, Mensch und Natur als Widersacher zu sehen. Aufgrund dieser Vorstellungen ist die Art und Weise, wie ihr solche Vorkommnisse erlebt, schon vorprogrammiert, und so bestätigen sie nur, was ihr glaubt.

Wie ich schon früher erwähnte *(in Sitzung 821)*, hat sich jeder Mensch, der von einer Epidemie oder einer Naturkatastrophe betroffen wird, aus persönlichen Gründen für diese Umstände entschieden. Solche Erfahrungen können dem Individuum das Gefühl eines umfassenden Einsseins vermitteln – manchmal erscheint sogar sein Leben wie von einem ganz neuen Sinn erfüllt, auch wenn dies dem üblichen Denken als Ungereimtheit erscheinen muß.

Ende des Diktats.

(22.51 Uhr. Nachdem Seth eine halbe Seite Anmerkungen für Jane durchgegeben hatte, beendete er die Sitzung um 22.58 Uhr.)

Sitzung 829, Mittwoch, den 22. März 1978

(Letzten Montag abend gab Seth eine ganz kurze persönliche Sitzung für Jane, die, wie sich herausstellte, bei doppeltem Zeilenabstand genau eine Schreibmaschinenseite mit Informationen ergab. Seth sagte, daß er »ganz spezielles Material für Ruburt« vorbereite; doch abgesehen von dem wohligen Gefühl des Entspanntseins, das Jane seither empfindet, harren wir noch der Dinge, die da kommen sollen.

Hinsichtlich Jane meine ich mit Entspannung etwas anderes, als man vielleicht vermuten könnte. Wie sie es einmal formulierte:

»Es ist eine Art – fast möchte ich sagen: profunde – Superentspannung, geistig und körperlich zugleich. Etwas völlig anderes als Gähnen, obwohl ich vielleicht gähnen möchte. Sie wird begleitet von einer eigentümlichen Empfindung innerlichen Sinkens, ein langsames Absinken unter die Wirklichkeiten, die wir gewöhnlich wahrnehmen ... Eine derartige Entspannung ist also fast wie eine erweiterte biologische Einsicht.«

Jane wollte ungeachtet ihrer überaus angenehmen Verfassung die Sitzung abhalten. »Ich denke, ich kenne sein Thema für heute abend«, sagte sie, »aber ich weiß nicht, ob es Diktat wird oder nicht ...« Dann nahm sie ihre Brille ab, als sie in Trance ging. – 21.30 Uhr.)

Guten Abend.

(»Guten Abend, Seth.«)

Nun: Auch Tiere bedienen sich der Imagination. Sie verfügen über Vorstellungskraft, was immer ihr zur Zeit darüber denkt. Der Mensch allerdings ist so begabt, daß er seine Erfahrungen steuert und seine Zivilisationen und Kulturen weitgehend durch den Gebrauch seiner imaginativen Fähigkeiten erschafft.

Dieser Punkt ist euch überhaupt nicht klar. Dessenungeachtet gründen sich eure gesellschaftlichen Organisationsformen, zum Beispiel selbst eure Regierungen, auf imaginative Prinzipien. Die Grundlage eurer innersten Erfahrung wie auch die all eurer Organisationsformen beruhen auf einer Wirklichkeit, die von den Institutionen selbst, die ihr ihre Entstehung verdanken, nicht anerkannt wird.

Es geht jetzt auf Ostern *(26. März)* zu, die jährliche Feier eines Geschehens, das als historische Tatsache betrachtet wird: die [Auferstehung und] Himmelfahrt Christi.* Ungezählte Millionen haben auf die eine oder andere Weise dieses Geschehen durch die Jahrhunderte gefeiert. Privatleben, allgemeine Feststimmung und religiöse Inbrunst gingen ineinander auf. Zahllose öffentliche Festlichkeiten, Feiern im Schoße der Familie und kirchliche Gottesdienste wurden abgehalten an längstvergessenen Ostersonntagen. Aus dem gleichen Anlaß wurden allerdings auch blutige Kriege geführt und fanden Verfolgungen statt, in denen Menschen, die die Dogmen der einen oder anderen Glaubenslehre nicht anerkannten, um des Seelenheils willen ums Leben gebracht wurden.

---

* Ich ergänzte Seths Aussage durch »Auferstehung und«, weil Jane mir sagte, daß der allgemeinen Lehre zufolge die Auferstehung Christi von den Toten sich am Ostersonntag, am dritten Tage nach seiner Kreuzigung, ereignete, wogegen seine Auffahrt zum Himmel später stattfand – 40 Tage später, wie es in der Apostelgeschichte des Lukas (1, 10) heißt. Soweit uns bekannt ist, steht Seths Folgerung, daß Auferstehung und Himmelfahrt Christi am selben Tag stattfanden, im Widerspruch zum allgemeinen Glauben.

»Hier schien Seth die beiden Geschehnisse ineinander zu teleskopieren«, schrieb Jane, »oder sich auf beide miteinander zu beziehen, als ob da für ihn kein Unterschied bestünde ... Vielleicht legt Seth nahe, daß die *Himmelfahrt* das Hauptmoment in der Christusgeschichte sei und weniger die Auferstehung, oder er sagt uns, daß die beiden Ereignisse, thematisch miteinander verflochten, als ein einziges betrachtet werden können.« Da wir nicht willkürlich etwas an Seths Texten ändern, stehen hier seine Erwähnung der Himmelfahrt statt der Auferstehung und eine ähnliche, die gleich folgen soll, so da, wie sie gegeben wurden.

Jane und ich haben auch Forschungsberichte über das »*Neue Testament*« zu Rate gezogen und entdeckt, daß einigen Bibelforschern zufolge von den vier Evangelien (des Markus, Matthäus, Lukas und Johannes, in dieser Reihenfolge) diejenigen des Lukas und des Johannes so gelesen werden können, daß Auferstehung und Himmelfahrt am selben Tag stattgefunden haben. Doch in der Apostelgeschichte postuliert Lukas das 40-Tage-Intervall zwischen den beiden Ereignissen. Aufgrund solcher Widersprüche stellt sich beim Studium der Evangelien und verwandten Materials Verwirrung ein. Jesus Christus selbst hat keine schriftlichen Zeugnisse hinterlassen, und es gibt auch keine Berichte über sein Leben seitens unmittelbarer Augenzeugen oder auch nur Zeitgenossen.

Einige Gelehrte behaupten zwar, das Markusevangelium sei früher entstanden, doch wurden den meisten Bibelforschern zufolge die Evangelien erst zwischen den Jahren 65 und 110 n. Chr. geschrieben. In diesen gibt es jedenfalls viele Übereinstimmungen, aber auch Unstimmigkeiten und Lücken, die Fragen aufwerfen: Warum wird die Auferstehung nicht beschrieben? Warum gibt es so wenige Hinweise auf die Himmelfahrt? Matthäus zum Beispiel erwähnt sie überhaupt nicht, und Paulus spielt in seinen Schriften nur einmal darauf an (1. Timotheus 3, 16). Ist die Berichterstattung des Lukasevangeliums nur schematisch statt chronologisch? Wenn wirklich Zeit (bis zu 40 Tagen) zwischen der Auferstehung und der Himmelfahrt Christi verging, wo befand er sich

Es gab geistige Wiedergeburten und Erneuerungen – und auch gottlose Gemetzel um der Bedeutung von Ostern willen. So gesehen sind sicherlich Fleisch und Blut berührt und Menschenleben verändert worden.

Alle religiösen und politischen Strukturen, deren Gültigkeit ihr anerkennt und die sich auf das »Ereignis« der Himmelfahrt Christi gründen, bestanden – und bestehen – aufgrund einer Idee. Die Idee war das Ergebnis eines unerhört großartigen Aktes der Imagination, die dann in die historische Landschaft durchbrach und allen Geschehnissen der Zeit Glanzlichter aufsetzte, so daß sie in der Tat von einem gnadenreichen unirdischen Licht erhellt erschienen.

Die Idee, daß der Mensch den Tod überlebt, war nicht neu. Die Idee des »Herabstiegs« einer Gottheit auf die Erde war uralt. Die alten religiösen Mythen hatten ebenso viele Jahrhunderte überdauert, wie sie das Christentum jetzt erreicht hat.* Doch die wunderbare Verschmelzung der Vorstellungswelt mit der Welt der geschichtlichen Zeit verlor immer mehr an innerem Zusammenhang, so daß schließlich nur noch Riten übrigblieben und die alten Götter die Einbildungskraft nicht mehr ergriffen. Die Zeit war reif geworden für das Christentum.

(21.49 Uhr.) Weil der Mensch die Welt seiner Vorstellung ihrem Wesen nach verkennt, hat er immer so sehr darauf bestanden, seine Mythen als historische Tatsachen darzustellen, denn nur die Tatsachenwelt gilt ihm als wirklich. So muß denn ein Mensch von Fleisch und Blut den über alle Zweifel erhabenen Beweis, daß jeder Mensch, aber

---

dann körperlich während all dieser Zeit, abgesehen von den wenigen berichteten Gelegenheiten, bei denen er sich den Frauen, die sein Grab leer gefunden hatten, den Aposteln und einigen anderen offenbarte? Manchmal kam Christus als eine Erscheinung – aber wie Seth in einer persönlichen Sitzung kommentierte: »Es kann keine Welt geben, in der die auferstandenen Toten sich unter die Lebenden mischen. Einer solchen Auferstehung müßte eine rein spirituelle Existenz folgen.«

Seth hat in dieser Sitzung 829 nicht gesagt, daß Christus gekreuzigt, von den Toten auferstanden und in den Himmel aufgefahren sei, sondern er bezog sich auf die *Interpretation,* wie die Christen der Frühzeit ihre eigene schöpferische Christusgeschichte sahen. Seth hat stets betont, daß es einen geschichtlichen Christus nicht gab, wohl aber den biblischen, und daß in der Wirklichkeit des *biblischen Dramas* Christus tatsächlich gekreuzigt wurde. (Dies wurde insbesondere in Kapitel 20 der *»Gespräche mit Seth«* näher erörtert.)

* Seth zufolge überdauerten die alten religiösen Mythen regelmäßig ungefähr zweitausend Jahre.

auch wirklich jeder, den körperlichen Tod überlebt, liefern, indem der eine stirbt und dann leibhaftig zum Himmel auffährt. Tatsächlich überlebt jeder Mann und jede Frau den Tod, aber *(mit stiller Heiterkeit)* nur eine so auf Buchstäblichkeit versessene Spezies konnte es fertigbringen, auf dem physischen Tod eines Gottesmenschen als Beweis für den Rest zu bestehen.

(Eindringlich:) Noch einmal: Christus wurde nicht gekreuzigt. Der historische Christus, wie ihn die Überlieferung schildert*, war ein Mensch, der von seelischen Wirklichkeiten erleuchtet und von der unendlichen Erkenntnis berührt war, daß jeder Einzelmensch aufgrund seiner Existenz ein Berührungspunkt zwischen dem All-das-was-ist und der Menschheit ist.

Christus sah, daß das Göttliche und das Menschliche sich in jedem Menschen begegnen und daß der Mensch den leiblichen Tod überlebt dank seiner Existenz im göttlichen Sein. All die unsäglichen Greuel, die im Namen der Christenheit begangen wurden, erfolgten ausnahmslos aufgrund des Haftens »am Buchstaben statt am Geist des Gesetzes«, durch Beharren auf buchstäblichen Auslegungen; die zugrunde liegenden spirituellen, imaginativen Ideen jedoch wurden ignoriert.

Noch einmal, der Mensch steuert seine Existenz durch die Entfaltung seiner Vorstellungskraft – eine Leistung, die ihn tatsächlich vom Tier unterscheidet. Was Menschen miteinander verbindet und was sie voneinander trennt, sind die Macht der Ideen und die Kraft der geistigen Vorstellung. Vaterlandsliebe, Familienzusammenhalt, Parteizugehörigkeit – die dahinterstehenden Ideen sind von allergrößter praktischer Auswirkung in eurer Welt. Ihr entwerft euch in Raum und Zeit wie Kinder, indem ihr durch das freie Spiel der Imagination euer Wachstum anregt. Im Augenblick einer körperlich-materiellen Erfahrung färbt ihr sie und die Natur selbst mit den Tönungen eurer einzigartigen Imaginationsprozesse. Sofern ihr nicht wirklich tief und eingehend darüber nachdenkt, bleibt euch die grundlegende Bedeutung der Welt eurer Vorstellung vollständig verborgen, und doch bringt sie buchstäblich eure Erfahrungswelt und die Welt der Massenzivilisation hervor, in der ihr lebt.

---

* Seth erörterte die Christusgeschichte in verschiedenen Kapiteln des *»Seth-Materials«* und der *»Gespräche mit Seth«*.

Die Evolutionstheorie* zum Beispiel ist ein imaginatives Konstrukt, und doch haben jetzt bereits mehrere Generationen die Welt in ihrem Lichte erblickt. Nicht nur denkt ihr anders über euch selbst – ihr erlebt deshalb in euch ein anderes Selbst. Dementsprechend wechseln eure Institutionen ihre Aspekte, so daß die Erfahrung mit den Glaubenssätzen übereinstimmt, die ihr über sie habt. Ihr handelt auf eine bestimmte Weise. Ihr betrachtet das gesamte Universum auf eine Weise, die es vorher nicht gab, so daß Vorstellung und Glaube unmerklich eure subjektive Erfahrung und eure objektiven Umstände strukturieren.

(22.10 Uhr.) In allen übrigen imaginativen Konstrukten empfand sich der Mensch, ihrer jeweiligen Vorzüge oder Nachteile ungeachtet, als Teil eines größeren Plans. Der Planer mochte Gott sein oder die Natur oder der Mensch in der Natur oder die Natur im Menschen. Es mochte viele Götter geben oder nur einen Gott, aber das Universum hatte einen Sinn. Selbst die Idee des blindwaltenden Schicksals gab dem Menschen etwas, wogegen er sich auflehnen konnte, das ihn zum Handeln trieb.

(Sehr eindringlich und ironisch:) Die Idee eines sinnlosen Universums ist für sich ein höchst kreativer Akt. Tiere zum Beispiel könnten sich eine derartige Idiotie nicht vorstellen. Die Theorie eines sinnlosen Universums demonstriert ja die staunenswerte Leistung eines offensichtlich geordneten Intellekts, der sich vorstellen kann, er selbst sei das Ergebnis von Nichtordnung oder Chaos. Das setzt ein Geschöpf voraus, das fähig ist, sein Gehirn »kartographisch« zu vermessen und sich einzubilden, daß die phantastisch geregelte Ordnung des Gehirns aus einer Wirklichkeit habe entstehen können, die selbst jeglichen Sinnes entbehrt. Die Theorie besagt also tatsächlich, daß das geordnete Universum auf magische Weise entstand. Die Verfechter der Evolutionstheorie müssen wohl an einen Gott des Zufalls irgendwo glauben oder an – groß geschrieben – DEN ZUFALL, denn anders würden ihre Theorien überhaupt keinen Sinn ergeben.

Die Welt der Vorstellung ist tatsächlich euer Kontakt mit dem eigenen Ursprung. Ihre besonderen Eigentümlichkeiten kommen denjenigen des Bezugssystems 2, denen ihr zur Zeit begegnen könnt, am nächsten.

Eure Erfahrung des Geschichtsablaufs und eurer Lebenstage wird

---

* Beachten Sie dazu die Fußnote zu Sitzung 802, Seite 43.

unsichtbar von jenen Ideen gebildet, die nur in der Vorstellung existieren und dann auf die materielle Welt projiziert werden. Das bezieht sich auf eure individuellen Glaubensvorstellungen über euch selbst und die Art und Weise, wie ihr euch in eurer Vorstellung seht. Wieder einmal habt ihr Krieg zwischen den Juden, den Arabern und den Christen, weil spirituelle Wahrheiten buchstäblich gedeutet werden.

In jedem Menschen verbindet sich die Welt der Vorstellung, ihre Macht und Stärke mit der historischen Wirklichkeit. In jedem Menschen ist die höchste und unantastbare und unauslöschliche Macht des All-das-was-ist individualisiert und wohnt im Zeitlichen. Die Imagination des Menschen kann ihn in jene anderen Bereiche tragen – doch wenn er versucht, diese Wahrheiten in zu enge Bezugsrahmen zu zwängen, dann verzerrt und verbiegt er innere Wirklichkeiten, so daß sie zu engstirnigen Dogmen werden.

Macht Pause.

(22.26 bis 22.40 Uhr.)

Nun: Die neueste Ausbreitung der fundamentalistischen Religionen ist als Gegenbeweis gegen die Evolutionstheorien entstanden. Es handelt sich also um eine Überkompensation, denn in der Darwinschen Welt gab es weder tieferen Sinn noch Gebote. Es gab keine Maßstäbe für Recht und Unrecht, so daß große Teile der Völker sich wurzellos fühlten.

Sie kehrten zu autoritären Religionsauffassungen zurück, in der die unbedeutendste Handlung nach Regel und Vorschrift zu erfolgen hat. Sie setzen Emotionen frei und rebellieren somit gegen den Intellektualismus der Wissenschaft. Sie sehen die Welt wieder in den Kategorien von Schwarz und Weiß, wobei in simpelster Weise Gut und Böse säuberlich voneinander geschieden sind, und so bringen sie sich in Sicherheit vor einer eisglatten, entfremdeten Welt, die dem tiefinneren Empfinden des Menschen jeden Rückhalt zu nehmen schien.

Leider beschränken sich die Fundamentalisten welcher Religion auch immer auf buchstäbliche Deutungen intuitiv erfaßter Wirklichkeiten, so daß sie die Kanäle noch weiter verengen, durch die ihre Fähigkeiten psychischer Wahrnehmung fließen könnten. Dem fundamentalistischen Bezugsrahmen dieser Tage fehlt, ungeachtet seiner Inbrunst, jener Reichtum, den das Christentum der Vergangenheit mit seinen vielen Heiligen bot. Statt dessen hat er, was seine christliche Eigenart anbelangt, etwas fanatisch Puritanisches und seinem Charakter nach eigentümlich Amerikanisches. Er ist mehr restriktiv als expansiv. Gefühlsausbrüche sind in den meisten Lebensbereichen bloß eingeschränkt möglich und erlaubt nur unter Umständen als ein explosiver religiöser Ausdruck, wenn sie nämlich nicht so sehr spontan zum Ausdruck kommen, sondern eher von der Lockerung der üblichen Repression her plötzlich freigesetzt werden.

Die Vorstellungskraft sucht sich immer Ausdruck zu verschaffen. Sie ist immer schöpferisch, und unterhalb der Gesellschaftsstruktur sorgt sie für frische Anregungen und neue Wege zur Erfüllung, die dann allerdings von fanatischen Überzeugungen besetzt werden können. Wenn das geschieht, werden eure Institutionen repressiver, und oft kommt es dann zu Eskalationen der Gewalt.

Wenn ihr nach Zeichen für die Vergeltung Gottes Ausschau haltet, so werdet ihr sie überall finden. Eine Lawine oder eine Überschwemmung wird dann nicht als natürlicher Akt der natürlichen Kreativität der Erde gesehen, sondern als Strafe Gottes für begangene Sünden.

Die Evolutionslehre zwingt zur Schlußfolgerung, daß die Natur des Menschen amoralisch und um des Überlebens willen alles erlaubt ist. Es gibt, nach Meinung der meisten Verfechter dieser Lehre, keine Möglichkeit irgendeines spirituellen Überlebens. Demgegenüber glauben die Fundamentalisten lieber an die sündige Natur des Menschen, denn ihr Glaubenssystem liefert zumindest einen Bezugsrahmen, in dem er errettet werden kann. Die Botschaft Jesu Christi aber lautete, daß jeder Mensch seinem Wesen nach gut und ein individualisierter Teil des Göttlichen ist. Dennoch ist noch nie versucht worden, eine Zivilisation auf der Grundlage dieser Anschauung zu errichten. Die weitreichenden Gesellschaftsordnungen christlicher Prägung beruhten statt dessen immer auf der »sündigen« Natur des Menschen – und das sind nicht die Organisationsformen und Strukturen, die es ihm ermöglichen könnten, gut zu werden oder sich jenes ursprünglichen Gutseins in sich gewahr zu werden, das dem Menschen, wie Christus ganz klar erschaute, schon innewohnt.

(23.01 Uhr.) Es wirkt fast schon wie eine Lästerung zu sagen, der Mensch sei gut, während eure Erfahrungen doch fortwährend das krasse Gegenteil beweisen. Nur zu oft handelt ja der Mensch, als seien seine Motive die eines geborenen Mörders. Ihr habt gelernt, den Stoff, aus dem ihr gemacht seid, mit Argwohn zu betrachten. Aber wie könnt ihr von euch erwarten, auf irgendeine folgerichtige Weise

vernünftig oder aus Nächstenliebe zu handeln, wenn ihr den Glauben hegt, von Natur aus verworfene Geschöpfe zu sein, so von Verderbnis geprägt, daß ein solches Handeln eurem Wesen widerspräche?

Geduldet euch einen Moment ... Ihr seid nicht nur Teilhaber, sondern ein Teil der Natur. Als solche habt ihr zu wählen gelernt und bringt völlig natürlich und automatisch Träume und Vorstellungen und Überzeugungen hervor, um die herum ihr eure Wirklichkeit organisiert. Etliche der Auswirkungen mißfallen euch; doch verfügt ihr über ein Bewußtsein ganz besonderer Art, aus dem heraus jedes Individuum an der Schaffung einer Weltwirklichkeit gestaltend teilnimmt. Ihr habt teil an einer Existenzgrundlage, von der aus ihr lernt, wie man ein vorgestelltes Reich der Wahrscheinlichkeiten in eine mehr oder minder spezifisch ausgeprägte, materiell erfahrbare Welt umwandelt.

Ihr trefft gewissermaßen eure Auswahl aus einer grenzenlosen, unendlichen, mathematisch überhaupt nicht faßbaren Fülle von Ideen, um sie zu Wirklichkeitsfragmenten umzugestalten, aus denen eure erlebte Erfahrungswelt besteht. Ihr verfahrt dabei so, daß die zeitlosen Vorgänge in der Zeit erfahren werden, daß sie sich gegenseitig durchdringen und ineinander aufgehen, um sich den Dimensionen eurer Wirklichkeit einzufügen. Dabei kommt es zu schöpferischen Gestaltungen von solchem Wert und solcher Vollendung, daß diese für welche Geschöpfe auch immer ein Optimum der Leistung darstellen. Auch große Mißerfolge gibt es. Doch sie sind Mißerfolge nur im Vergleich mit dem von eurem inneren Wissen entworfenen leuchtenden Vorstellungsbild, das jene Ideale für euch birgt, an denen ihr eure Errungenschaften meßt.

Diese Ideale wohnen jedem Individuum inne. Es sind natürliche Neigungen zu Wachstum und Erfüllung.

Das war das Diktat. Das war auch das Ende des Kapitels – und ich wünsche euch einen schönen guten Abend.

(»Vielen Dank, Seth. Gute Nacht.«)

(23.16 Uhr. Ich meine, daß viel von Janes ausgezeichnetem Vortrag nach der Pause in Zusammenhang mit dem Seth-Material der Sitzung 825 steht, darunter diesem Ausspruch: »Ich setze das Wort ›gut‹ hier einmal in Anführungszeichen wegen eurer irrigen Vorstellungen hinsichtlich der Natur von Gut und Böse, die wir etwas später erörtern wollen.«)

5
Die Mechanismen der Erfahrung

Sitzung 830, Montag, den 27. März 1978

(Seit Jane mit der vor elf Monaten begonnenen Arbeit an diesem Buch befaßt ist, sind wir mit Arbeiten an all den noch nicht erschienenen Büchern eingedeckt. Fast ständig korrigieren wir Manuskripttexte, Druckabzüge, Umbrüche, und viel Arbeit macht uns auch die Verfassung der notwendigen Einführungstexte, Anmerkungen und Fußnoten. Für den 10. April hat Tam Mossman uns seinen Besuch angesagt. Jane möchte bei dieser Gelegenheit ihre Arbeit an »Oversoul Seven« mit ihm besprechen und diese dann vielleicht weiterführen. – 21.15 Uhr.)

Guten Abend.

(»Guten Abend, Seth.«)

Zunächst einmal Diktat. Neues Kapitel mit dem Titel »Die Mechanismen der Erfahrung«.

Eure Welt und alles, was sie ausmacht, existiert zunächst in der Vorstellung. Man hat euch gelehrt, eure volle Aufmerksamkeit ausschließlich auf körperlich-materielles Geschehen zu richten, so daß es dieses ist, das für euch den Stempel der Wirklichkeit trägt. Gedanken, Gefühle oder Überzeugungen erscheinen demgegenüber als nebensächlich, weil subjektiv – irgendwie unwirklich –, und sie scheinen lediglich als Antworten auf ein bereits vorhandenes Umfeld materiell feststehender Gegebenheiten zu entstehen.

So denkt ihr zum Beispiel normalerweise, daß eure Gefühle hinsichtlich eines bestimmten Geschehens in erster Linie Reaktionen auf das Geschehen selbst sind. Selten kommt euch der Gedanke, daß die Gefühle selbst das Primäre sein könnten und daß das betreffende Geschehen sich gewissermaßen als Antwort auf eure Emotionen ergab. Das grundlegende Problem ist das eurer inneren Brennweiteneinstellung: sie ist weitgehend verantwortlich für eure Interpretation jeglichen Geschehens.

Zur Übung stelle man sich für eine Weile vor, daß die subjektive Welt eurer Gedanken, Gefühle, Vorstellungsbilder und Phantasien die

»Grundfeste« der Wirklichkeit darstellt, aus der die konkreten Lebenserfahrungen hervorgehen. Man betrachte die äußere Welt einmal von innen her. Stellt euch vor, daß die konkrete Erfahrung Folge und Niederschlag eurer subjektiven Wirklichkeit ist. Vergeßt, was ihr über Reiz und Reaktion gelernt habt. Laßt für eine Weile alles beiseite, woran ihr geglaubt habt, und seht den Inhalt eurer Gedanken als tatsächlich gegeben an. Versucht, alles, was geschieht, als Niederschlag eurer eigenen Gefühle und Überzeugungen in Raum und Zeit zu betrachten. Denn tatsächlich verursacht eure subjektive Vorstellungs- und Gefühlswelt die Erfahrungen, die ihr in eurem Leben macht.

In der Überschrift für dieses Kapitel habe ich das Wort »Mechanismen« gebraucht. Zweifellos legt es den Gedanken an reibungsloses, geradezu technisches Funktionieren nahe. Obwohl weder die Welt noch der Mensch eine Maschine ist – ihre inneren Funktionsweisen sind von einer Art, die keinerlei Technologie jemals imitieren könnte –, ist hier eine natürliche Mechanik im Spiel, durch die die Potentiale innerer Dimensionen des Bewußtseins zur Geltung kommen – und die allein eure mit der Welt materiell zusammenhängende, körperliche Existenz begründen. Da ihr eure Identität falsch zu sehen gelehrt wurdet, konzentriert ihr euer Gewahrsein auf eine so ausschließliche Weise auf den Brennpunkt eurer Alltagswelt, daß ihr den Eröffnungen eures Bewußtseins nicht folgen könnt, das euch mit allen Bereichen der Natur verknüpft. In gewisser Weise ist die Welt wie ein vieldimensionales exotisches, sich in Zeit und Raum entfaltendes Gewächs, eine Pflanze, die jedweden Gedanken oder Traum, jede imaginierte Hoffnung oder Befürchtung ganz natürlich zur Blüte bringt – eine Pflanze unglaublicher Wandlungsfähigkeit, nicht für einen Augenblick dieselbe, deren allerkleinster Teil, Wurzel, Blatt, Stiel oder Blüte, eine Rolle spielt und mit dem Ganzen zusammenhängt.

Selbst diejenigen unter euch, die rein intellektuell dem Gedanken zustimmen, daß ihr selbst eure Realität erschafft, haben gewisse gefühlsmäßige Schwierigkeiten, ihn wirklich zu akzeptieren. Ihr seid buchstäblich hypnotisiert zu glauben, daß eure Gefühle den von euch wahrgenommenen Geschehnissen erwachsen. Tatsächlich verursachen eure Gefühle die von euch wahrgenommenen Geschehnisse. Natürlich reagiert ihr dann sekundär auf diese Geschehnisse.

(21.45 Uhr.) Man hat euch beigebracht, daß eure Gefühle unbe-

dingt an spezifische konkret erfahrene Vorkommnisse gebunden sein müßten. Beispielsweise seid ihr vielleicht traurig, weil ein Verwandter gestorben ist oder weil ihr euren Arbeitsplatz verloren habt, weil ihr von einer geliebten Person eine Zurückweisung erfahren habt oder aus sonst irgendeinem von zahllosen akzeptablen Gründen.

Eure Gefühle, heißt es, wären ohne Vorkommnisse, die sich ereignen oder ereignet haben, nicht möglich. Öfter allerdings »ereignen« sich eure Gefühle »im vorhinein«, einfach weil diese Gefühle die ursprünglichen Wirklichkeiten sind, aus denen sich die Geschehnisse dann erst herleiten.

Ein naher Verwandter ist vielleicht bereit zu sterben, obwohl kein äußeres Anzeichen dafür spricht. Dieser Mensch wird wahrscheinlich gemischte Gefühle haben und sowohl Erleichterung wie auch Traurigkeit verspüren, die ihr dann vielleicht wahrnehmt – aber das primäre Geschehen, das zu seinem Tod führt, sind seine Gefühle.

Es kommt in eurem Zeitalter beinahe einem psychologischen Trick gleich, zu der Einsicht zu kommen, daß ihr tatsächlich eure Erfahrung und eure Welt selbst gestaltet, einfach weil aufgrund eurer Wahrnehmungsgewohnheiten der Augenschein das Gegenteil zu bestätigen scheint. Diese Einsicht gleicht etwa derjenigen von Träumern, wenn sie plötzlich im Traum »erwachen« und sogleich wissen, daß sie erstens träumen und daß sie zweitens selber das erlebte Drama schaffen.

Zu verstehen, daß ihr selbst eure eigene Wirklichkeit erschafft, erfordert – für viele Menschen wenigstens – eine vergleichbare Art des »Aufwachens«, nämlich aus dem normalen Wachzustand. Natürlich gelingt das manchen besser als anderen. Die Einsicht verändert tatsächlich »die Spielregeln« *(lauter)* in bezug auf euch selbst in ganz beträchtlichem Maße. Ich habe dies nicht ohne Grund erst jetzt und nicht schon in früheren Büchern erwähnt, denn es folgen auch unsere Bücher ihren eigenen Rhythmen, und das vorliegende ist in gewisser Hinsicht eine Fortführung der *»Natur der persönlichen Realität«*.*

Solange ihr glaubt, daß gute oder schlechte Lebensumstände euch

* Es kommt Jane und mir ganz unglaublich vor, wie rasch die Zeit vergangen ist, aber dieses Buch mitgerechnet liegt Seths *»Die Natur der persönlichen Realität«* bereits fünf Bücher zurück, und er diktierte es vor fünf bis sechs Jahren, in den Jahren 1972 und 1973.

von einem personifizierten Gott als Lohn oder Strafe für eure Handlungen zugemessen werden oder aber daß alle Geschehnisse nichts als sinnlose, chaotische Knoten in dem wirren Netz einer Welt des Zufalls sind, so lange könnt ihr weder eure eigene Kreativität verstehen noch die Rolle im Universum spielen, die ihr als Individuen oder als Gattung zu spielen fähig seid. Ihr werdet statt dessen in einer Welt leben, in der Ereignisse und Erfahrungen euch zustoßen, in der ihr den Göttern der einen oder anderen Art Opfer bringen oder euch selbst als Opfer einer gleichgültigen Natur sehen müßt.

Ihr solltet vielmehr ohne Vernachlässigung dessen, was in eurer Welt geschieht, den Brennpunkt eurer Aufmerksamkeit nach innen richten, so daß ihr die Zusammenhänge zwischen eurer jeweiligen subjektiven Wirklichkeit und den jeweiligen von euch wahrgenommenen Geschehnissen zu erkennen vermögt. Ihr seid die Urheber allen Umweltgeschehens.

Mit dieser Einsicht werden euch wahrhaft neue Dimensionen des eigenen Bewußtseins aufgehen, und ihr werdet zu Einsichten gelangen, durch die ihr Kontrolle über Leistungen gewinnt, die ihr, ohne es zu wissen, schon immer vollbracht habt.

Wie schon früher *(in Sitzung 828)* erwähnt, besaß der Mensch der Frühzeit eine einheitliche Schau subjektiver und objektiver Wirklichkeiten. Ihr jedoch habt als Gattung etwas entwickelt, das man fast als eure »zweite Natur« bezeichnen könnte – eine Welt der Technologie, in der ihr jetzt zu Hause seid. Sie hat komplizierte Gesellschaftsstrukturen hervorgebracht und mußte zwangsläufig die Trennung zwischen subjektiv erfahrbarer und objektiv wahrnehmbarer Welt noch erhärten. Doch jetzt ist es an der Zeit, daß ihr euch eurer Position bewußt werdet und die Bewußtseinskorrekturen vornehmt, die es euch erlauben werden, die vollbewußte Verantwortung für euer Handeln und Erleben zu übernehmen.

Ihr könnt »aufwachen« aus dem Wachzustand eures Alltags, und das ist der naturgewollte nächste Entwicklungsschritt eures Bewußtseins – ein Schritt, für den ihr biologisch bestens gerüstet seid. Tatsächlich dringt jeder Mensch gelegentlich zu dieser Erkenntnis vor. In ihr sieht man sich gleichermaßen vor Triumphe und Herausforderungen gestellt. Dort, wo ihr mit eurem Leben zufrieden seid, dürft ihr euch dies selbst zuschreiben, und dort, wo ihr es nicht seid, bedenkt, daß ihr in einem Lernprozeß steht; ihr seid wagemutig genug, um die Verantwortung für euer Handeln zu übernehmen.

Doch wollen wir noch etwas genauer betrachten, in welcher Weise euer Innenleben eure tägliche Lebenserfahrung hervorbringt und wie sich dieses mit der Lebenserfahrung anderer Menschen verbindet.

Macht Pause.

(22.25 Uhr. Seth kam um 22.37 Uhr zurück mit einer ganzen Menge persönlichen Materials für Jane und mich und beendete dann die Sitzung um 23.06 Uhr.

Was er am Ende des Buchdiktats über die Verantwortung zu sagen hatte, die man für seine Handlungen trägt, erinnerte uns daran, welchen persönlichen Herausforderungen wir zu begegnen haben aufgrund der Rollen, die wir in diesem Leben gewählt haben. Jane und ich sind bemüht, uns ständig der Warnungen, die uns Seth in der persönlichen Sitzung vom 25. Juni 1977 durchgab, zu erinnern:

»Euer individuelles und gemeinsames intuitives Verständnis und intellektuelles Unterscheidungsvermögen hat euch schon in jungen Jahren die Fähigkeit verliehen, die Schwierigkeiten eurer Mitmenschen klar zu erkennen. Das wiederum gab euch den Anstoß dazu, den gesamten Bezugsrahmen eurer Zivilisation in Frage zu stellen. Es gelang euch, was nur wenige vermögen: einen Sprung über eure Epoche hinaus zu tun: euch intellektuell und mental und manchmal auch gefühlsmäßig von den kurzsichtigen und bedauerlichen religiösen, wissenschaftlichen und sozialen Glaubensüberzeugungen eurer Zeitgenossen zu befreien.

Doch werdet ihr gefühlsmäßig noch immer von so manchen dieser alten zu Glaubenssätzen erhärteten Überzeugungen beherrscht; einige brauchbare Überzeugungen sind von euch auch überstrapaziert oder allzu lange gehegt worden. Da ihr einen so klaren Blick für die Schwächen eurer Epoche habt, neigt ihr beide dazu, ihnen zuviel Gewicht beizumessen oder, besser gesagt, euch darauf zu konzentrieren, so daß euch das Gefühl emotionaler Sicherheit abgeht. Und darauf reagiert ihr, indem ihr Verteidigungswälle errichtet ...«)

Sitzung 831, Montag, den 15. Januar 1979

(Die Rosen schienen letzten Herbst besonders lange blühen zu wollen. Am 28. September 1978 schrieb Jane dieses kleine Gedicht, als ich ein paar Blüten der Kletterrose hereinbrachte, die sich neben dem Küchenfenster unseres Hügelhauses emporrankt:

Die zeitliche Rose
enthält
ewige Samen,
worin
das ganze Universum
(und du und ich)
enthalten sind.

Janes Gedicht mag hier als Symbol dafür stehen, daß sie seit 42 Wochen keine Sitzung mehr für dieses Buch abgehalten hat, das heißt, seit der 830sten Sitzung vom letzten März sind Sommer, Herbst und Winter 1978 vergangen, und wir befinden uns schon im (bislang sehr kalten und stürmischen) neuen Jahr. Dessenungeachtet haben wir während der vergangenen neuneinhalb Monate eine Menge getan; unter anderem haben wir 56 nicht für das Buch bestimmte Sitzungen abgehalten. Diese, seien es nun persönliche oder seien es andere Sitzungen, machen natürlich zahlenmäßig mehr als das Doppelte der 22 Sitzungen aus, die Jane bisher für »Individuum und Massenschicksal« abgehalten hat (die heutige nicht mitgerechnet). Was unsere Gefühle im Hinblick auf die langen Unterbrechungen, die sich während der Entstehung dieses Buches mehrmals ergeben haben, angeht, so sind, glaube ich, meine einführenden Anmerkungen zur Sitzung 815 kennzeichnend, besonders jene über die simultane Zeit sowie meine Feststellung: »Wir haben nicht die Absicht, Seth zu fragen, wann das Buch fertig sein wird.«

Obwohl jeder von uns das Manuskript zu diesem Buch gelegentlich wieder einmal durchgeschaut hatte, war es doch seltsam, Seth nach all dieser Zeit mit neuem Material dafür durchkommen zu hören, und ebenso seltsam, die Arbeit an diesen Anmerkungen wiederaufzunehmen.

Seit letztem März also haben wir im allgemeinen zweimal wöchentlich unsere persönlichen oder nicht für das Buch bestimmten Sitzungen abgehalten. Ihre regelmäßige Abhaltung kam der gleichmäßigen, beruhigenden Entfaltung unserer Kreativität im Hintergrund all unserer sonstigen, oft hektischen Aktivitäten zugute. Doch sind es ihrer zu viele, als daß man sie auf sinnvolle Weise beschreiben könnte, und sie lassen sich auch nicht einfach kurz zusammenfassen. Immerhin hat Jane sie zusammenzufassen versucht, und so folgt hier eine leicht gekürzte Version dessen, was sie aufgrund meiner Protokolle niederschrieb:

»Überblickt man jetzt noch einmal diese neuneinhalb Monate umspannenden Sitzungen, dann wird ziemlich deutlich, was Seth vorhatte. Er hatte uns in persönlichen Sitzungen bald nach Beginn des Diktats für dieses Buch das Material über die Bezugssysteme 1 und 2 durchgegeben, wie Rob in seinen Anmerkungen zu Sitzung 814 dargelegt hat. Doch obwohl Seth diese psychischen Bezugssysteme bis zu einem gewissen Grade auch in einem Dutzend Sitzungen für das Buch erörtert hat, legte er doch schließlich diese lange Diktatpause ein, um uns durch den Rückblick auf unsere eigenen früheren Denkweisen und die der Welt ganz allgemein im Licht der Bezugssysteme 1 und 2 ›umzuerziehen‹.

Diese persönlichen Sitzungen laufen«, ich zitiere weiterhin Janes Zusammenfassung, »in einem wesentlichen Sinne parallel mit seinem Material für dieses Buch, und dieses Buch läßt uns die Welt und die gegenwärtigen Ereignisse in ganz anderem Licht sehen als früher. So stellten wir zum Beispiel mehrmals Fragen im Hinblick auf tödliche Unfälle in unserem Umkreis, von denen wir gelesen hatten, da wir uns fragten, wie solche Vorkommnisse sich in die Bezugssysteme 1 und 2 einfügen. Einige der Sitzungen waren unseren persönlichen Anschauungen gewidmet, doch gewöhnlich stellte Seth solche Anschauungen in einen weiteren gesellschaftlich relevanten Zusammenhang. Vier Tage, nachdem sich die Katastrophe von Jonestown, jener Siedlung im südamerikanischen Guyana, abgespielt hatte, begann er diese zu erörtern; dort hatten am 18. November 1978 über neunhundert Amerikaner durch Mord und Selbstmord den Tod gefunden. Seitdem haben wir öfter unserer Hoffnung Ausdruck gegeben, daß Seth in diesem Buch auf die ganze Jonestown-Affaire eingehen werde; unser Wunsch kann ihm nicht verborgen geblieben sein!

So finden sich also, verstreut in all dem persönlichen Material, einige ausgezeichnete – und lebhafte – Erörterungen von damals gerade aktuellem Zeitgeschehen, aber auch Erörterungen der Zusammenhänge zwischen Kreativität und Bezugssystem 2 und so unterschiedlicher Themen wie etwa des psychotischen Verhaltens oder früher Zivilisationen. Es war so, als ob Seth versuchte, uns zu helfen, alteingeschliffene Assoziationen ein für allemal zu überwinden. Zweifellos hat er sein Bestes versucht, und falls nicht alles gelungen sein sollte, dann liegt das wohl an uns.«

Und weiterhin Jane: »Natürlich haben wir unsere Alltagssorgen wie andere Menschen auch. Seth hat uns nie ›einen Rosengarten verspro-

chen‹, und wir haben unsere guten und unsere schlechten Tage, während wir den täglichen Herausforderungen, Freuden, Abenteuern und Mißhelligkeiten des Lebens begegnen. In dieser großen Anzahl von Sitzungen wandte sich Seth mehreren unserer individuellen Probleme zu: Robs gelegentlichen Anflügen von Unwohlsein aufgrund seiner ›Wetterfühligkeit‹ und auch der Vielfalt kleiner, aber lästiger Symptome, und meinen eigenen, schon lange währenden rheumatischen Beschwerden. Und wenn Seth uns auch keinen Rosengarten gab, so hat er doch versucht – und versucht noch immer –, uns zu zeigen, woher das Unkraut kommt! Dieses persönliche Material hat dazu beigetragen, daß wir unsere mannigfachen Herausforderungen in einer viel größeren Perspektive zu sehen vermögen, und wir haben schon einige Anläufe zu ihrer Überwindung gemacht. Wie alle anderen, die er anspricht, müssen auch wir Seths Material selber in die Tat umsetzen. Die Sache ist nur, daß wir so damit beschäftigt sind, das Material in Empfang zu nehmen und für die Veröffentlichung vorzubereiten, daß wir kaum Zeit finden, es uns wie jemand, der die Seth-Bücher liest, gründlich zu erarbeiten. Vielleicht hat Seth dies in unseren persönlichen Sitzungen zu kompensieren gesucht, indem er eine Weile mit dem Diktat ausgesetzt hat, um uns zu helfen, mehr persönlichen Nutzen aus dem Material zu ziehen.«

Wir hielten unsere erste Sitzung für 1979 – eine persönliche – am Silvesterabend ab, und im Verlaufe dieser Sitzung bemerkte Seth, daß er »nächsten Mittwoch wieder die Sitzungen für das Buch aufnehmen« würde, aber es kam dann doch anders; er hatte immer noch ein paar nicht für das Buch bestimmte Sitzungen in Reserve. Doch hat Jane im Hinblick auf die Wiederaufnahme der Arbeit an diesem Buch in letzter Zeit immer wieder das schon vorliegende Material durchgesehen.

Beginn der Sitzung um 21.22 Uhr.)

Guten Abend.

(»Guten Abend, Seth.«)

Diktat. Dies ist eine Fortsetzung des angefangenen Kapitels 5 »Die Mechanismen der Erfahrung«.

Die organisierten Religionen haben viele gravierende Irrtümer begangen, doch lieferte das Christentum durch Jahrhunderte hindurch einen Bezugsrahmen, zu dem sich große Teile der Welt bekannten und in dem jegliche Erfahrung an sehr definitiven »Regeln« gemessen werden konnte – Erfahrung, die, einmal in den Brennpunkt gerückt, umgefärbt wurde und sich dennoch in reichem Maße Ausdruck verschaffen konnte, solange sie sich innerhalb der vom religiösen Dogma gesetzten Grenzen hielt.

War ein Mensch auch ein Sünder, so gab es noch immer einen Weg der Erlösung, und die Unsterblichkeit der Seele wurde kaum je in Frage gestellt. Es gab feste Regeln für fast alle Arten möglicher sozialer Kontakte und religiöser Erfahrungen. Es gab festgelegte, nahezu allgemein akzeptierte Zeremonien für Geburt und Tod und die wesentlichen Lebensetappen. Die Kirche war die Autorität, und der Einzelmensch lebte sein Leben, indem er fast automatisch seine persönlichen Erfahrungen so strukturierte, daß sie sich in die geltenden Normen einfügten.

Innerhalb solcher Begrenzung gediehen natürlich bestimmte Erfahrungen bestens, andere wiederum nicht. In eurer Gesellschaft gibt es eine alle Erfahrungen abdeckende Autorität nicht. Der Einzelmensch muß sich selber seinen Weg durch das Gestrüpp unterschiedlicher Wertsysteme bahnen und dabei Entscheidungen treffen, an die niemand auch nur von ferne gedacht hätte, als beispielsweise noch der Sohn automatisch das Gewerbe seines Vaters übernahm oder als Ehen noch vornehmlich unter wirtschaftlichen Gesichtspunkten geschlossen wurden.

So unterscheidet sich also eure gegenwärtige Erfahrung ganz wesentlich von der eurer Vorfahren, und ihr könnt gar nicht richtig abschätzen, wie sehr sich eure subjektiven Einstellungen und die Art und Qualität der heutigen gesellschaftlichen Beziehungen von denen früherer Zeiten unterscheiden. Ungeachtet der vielen Irrtümer der Kirche verkündete das Christentum in seinem besten Sinne die letztendliche Gültigkeit eines jeden Menschenlebens. Fraglos hatte das Leben einen Sinn, ganz gleich, ob man nun die ihm zugemessene spezielle Bedeutung bejahte oder nicht.

(21.35 Uhr.) Auch die Träume der Menschen waren in früheren Zeiten anders. Sie waren weit mehr von metaphysischen Bildern erfüllt, beispielsweise bevölkert von Heiligen und Dämonen. Insgesamt jedoch gab es ein einziges Glaubenssystem, und jegliche Erfahrung wurde im Lichte dieses Systems gedeutet. Heute habt ihr viel mehr Entscheidungen zu treffen, und ihr müßt in einer Welt einander widersprechender Glaubenssysteme, die euch durch Zeitung und Fernsehen tagtäglich ins Haus getragen werden, den Sinn eures Lebens oder den Sinn des Lebens schlechthin zu finden versuchen.

(Nach kurzer Pause:) Ihr könnt dieses oder jenes ausprobieren. Ihr könnt von einer Religion zur anderen überwechseln – oder von der Religion zur Wissenschaft oder umgekehrt. Das ist zutreffend in einer Weise, die für die Masse der Menschen zum Beispiel des Mittelalters undenkbar gewesen wäre. Allein die vervollkommneten Methoden der Kommunikation bedeuten, daß ihr täglich mit unterschiedlichen Theorien und Lehren, Kulturen und Zivilisationen konfrontiert werdet. Für einige wesentliche Lebensbereiche bedeutet dies, daß die Mechanismen der Erfahrung tatsächlich deutlicher zutage treten, denn sie sind nicht mehr unter der Glasglocke eines einzigen Glaubenssystems geborgen.

(21.43 Uhr.) Geduldet euch einen Moment ... Eure subjektiven Entscheidungsmöglichkeiten sind heute weitaus größer, doch ebenso groß ist natürlich die Notwendigkeit, diese subjektive Erfahrung in sinnvolle Begriffe zu fassen. Wenn ihr glaubt, daß ihr tatsächlich eure eigene Wirklichkeit hervorbringt, dann stoßt ihr sofort auf eine ganz neue Reihe von Fragen. Wenn ihr tatsächlich individuell und *en masse* selbst Erfahrung erschafft, warum gibt es dann in eurem Leben soviel Negatives? Entweder schafft ihr euch selbst eure Wirklichkeit, oder sie wird für euch geschaffen. Das läuft entweder auf ein zufälliges Universum hinaus – oder eben nicht. *(Pause.)*

Nun hielt im Mittelalter die etablierte Religion oder das organisierte Christentum für jedes Individuum ein engmaschiges Gitter von Glaubensüberzeugungen bereit, d u r c h d a s h i n d u r c h das persönliche Selbst wahrgenommen wurde. Anteile des Selbst, die durch dieses Gitter nicht wahrgenommen werden konnten, waren für den Menschen unsichtbar. Alle Probleme waren von Gott gesandt als Warnung oder Strafe. Die Mechanismen der Erfahrung waren hinter jenem Gitter wie hinter einem Schleier verborgen.

Nun denn: Die Glaubenssätze eines Charles Darwin und eines Sigmund Freud haben euch unter ein neuartiges Gitter gesetzt. Erfahrung wird akzeptiert und wahrgenommen nur insoweit, als sie durch dieses Gitter gefiltert werden kann. Sah das Christentum den Menschen als von der Erbsünde befleckt, so erscheint er in der Darwinschen Sichtweise als Vertreter einer mit Mängeln behafteten Gattung, in der das individuelle Leben wenig zählt und stets hinter den Erfordernissen der Gattung rangiert, wobei das Überleben oberstes Ziel ist – j e d o c h e i n Ü b e r l e b e n o h n e S i n n. Die Großartigkeit der Psyche wird ignoriert, das Zusammengehörigkeitsgefühl des Individuums mit der Natur wird untergraben, denn der Mensch, so scheint es, muß auf Kosten der Natur überleben. Die größten Träume und die schlimmsten Befürchtungen gelten als Ergebnis unausgeglichener Drüsenfunktionen oder, um Freud das Wort abzunehmen, als durch traumatische Erfahrungen der Kindheit bedingte Neurosen.

Doch inmitten dieser Glaubenssätze sucht jedes Individuum einen Sinnzusammenhang zu finden, in dem sein Leben von Bedeutung ist, eine Aufgabe, die das Selbst zum Handeln motiviert, ein Schauspiel, in dessen Thematik individuelles Handeln einen Sinn hat.

Es gibt intellektuelle und emotionale Werte, und manchmal gibt es Bedürfnisse emotionaler Natur, die ungeachtet der Urteile des Intellekts befriedigt werden müssen. Die Kirche hielt für die Menschheit ein kosmisches Drama bereit, in welchem selbst das Leben des Sünders seinen Wert hatte, und sei es nur den, daß Gott Erbarmen zeigen konnte. In eurer Gesellschaft jedoch führt das sterile seelische Klima häufig zur Rebellion: die Menschen unternehmen Schritte, um Sinn und Dramatik in ihr Leben zu bringen, auch wenn sie sich auf intellektueller Ebene weigern, den Zusammenhang zu erkennen.

Macht Pause.

(21.59 Uhr. Jane war nicht besonders erstaunt, daß Seth zu seinem Buch zurückgekehrt war, da sie dies schon vor Beginn der Sitzung vermutet hatte. Aber sie war »ein bißchen nervös gewesen, auch wenn das eigentlich blöd ist: Immer noch frage ich mich nach einer solchen Arbeitsunterbrechung, ob ich es wieder hinkriege. Der Stoff ist allerdings überhaupt nicht das, was ich eigentlich erwartet hatte ...«

Ich sagte ihr, daß es mir Vergnügen macht, Buchdiktat zu erhalten, weil es mich daran erinnert, daß es neben persönlichen Sitzungen noch etwas anderes gibt. Es erinnert mich auch daran, wie gut das Material in seinem allgemeineren Kontext sein kann und daß Seth Wissensreserven für uns bereithält, die wir niemals voll auszuschöpfen imstande sein werden, einfach aufgrund unseres Alters und anderer zeitlich bedingter Begrenzungen. Meine Gedanken brachten natürlich Gefühle des Bedauerns hoch; doch meinte Jane, wir sollten uns lieber auf das konzentrieren, was wir zu tun imstande sind. Ein guter Rat.

Fortsetzung um 22.07 Uhr.)

Als eine große Zahl von Menschen Gott über Bord geworfen hatte, wurde sein Platz vom »Schicksal« eingenommen *(lange Pause)*, und auch der Wille wurde seiner Substanz beraubt.

Ein Mensch konnte weder auf persönliche Leistungen stolz sein, noch konnte er wegen eines Versagens getadelt werden, da seine besonderen Eigenschaften, Möglichkeiten und Mängel weitgehend als Resultat von Zufall, Erbfaktoren und unbewußten Mechanismen verstanden wurden, die sich allem Anschein nach seiner Kontrolle weitgehend entziehen. Der »Teufel« ging, bildlich gesprochen, in den Untergrund; so konnten viele seiner negativen Wesenszüge und verderblichen Charaktereigenschaften dem Unbewußten zugewiesen werden. Man sah den Menschen als ein in sich selbst entzweites Zwitterwesen, dessen obere Hälfte, eine Art bewußtseinsbegabte Galionsfigur, unbehaglich die mächtigen Pranken einer unbewußten tierischen Unterleibsnatur zierte. Der Mensch betrachtete sich selbst als durch Vererbung und die Umwelt seiner frühen Kindheit programmiert, so daß er allem Anschein nach für immer in Unkenntnis seiner wahren Motive bleiben mußte.

Nicht nur stand er zu sich selbst im Widerspruch, er verstand sich auch als Teil eines gleichgültigen mechanischen Universums ohne Aufgabe und Zielsetzung, eines Universums jedenfalls, das sich nicht im geringsten um den einzelnen kümmert, vielmehr nur um die Gattung. Wahrlich eine seltsame Welt! *(Pause.)*

Es war eine in vieler Hinsicht neuartige Welt, denn es war die erste, in der eine große Anzahl Menschen glaubte, sie sei von Natur und Gott getrennt, und in welcher der Seele alle Großartigkeit aberkannt wurde. Ja, für viele Menschen wurde selbst die Idee der Seele verdächtig, peinlich, veraltet. Ich verwende hier die Wörter »Seele« und »Psyche« synonym. Diese Psyche ist mehr und mehr in jeder nur möglichen Verkleidung zum Vorschein gekommen, um ihrer Vitalität, ihrer Entschiedenheit und Fülle Ausdruck zu verschaffen und um neue Zusammenhänge zu finden, in denen sie eine subjektive Wirklichkeit auszudrücken vermag, die zuletzt die Sperrmauern steriler Glaubenssätze überflutet.

Natürlich findet die Psyche ihren Ausdruck im Handeln, doch trägt sie in sich jenen ursprünglichen Impuls, dem das Leben entspringt; sie sucht die Erfüllung des Individuums und strebt automatisch die Schaffung eines gesellschaftlichen Umfelds oder einer zivilisierten Umwelt an, die produktiv und schöpferisch ist. Sie projiziert ihre Intentionen nach außen auf die materielle Welt und versucht, durch persönliche Erfahrung und soziale Kontakte ihre Potentiale zu verwirklichen, und zwar so, daß auch fremdpsychische Potentiale zum Leben erweckt werden. Sie sucht, ihre Träume zu realisieren, und finden diese im Leben der Gesellschaft keine Resonanz, so wird sie jedenfalls persönlichen Ausdruck in einer Art Privatreligion finden.

Geduldet euch einen Moment ... Im Grunde ist Religion ein Anliegen, durch das der Mensch den Sinn seines Lebens zu erkennen sucht. Sie ist eine Konstruktion, die auf einem tiefen seelischen Wissen beruht. Ganz gleich, unter welchem Namen sie daherkommt, sie steht für die Verbindung des Menschen mit dem All.

Ende des Diktats. Jetzt noch ein paar Notizen.

(22.27 Uhr. Seth kam mit einer halben Seite Informationen für Jane durch – persönliches Material, das hier ausgelassen ist – und beendete die Sitzung um 22.34 Uhr. »Ich bin meiner selbst so schrecklich unsicher«, sagte Jane, sobald sie aus der Trance kam. »Ich bin so froh, daß er wieder am Buch ist. Ich frage immer wieder: Ist es gut, ist es gut? Ich weiß, daß es gut ist, aber ich habe vor lauter Spannung wieder dieses flaue Gefühl ...«)

Sitzung 832, Montag, den 29. Januar 1979

(Die Sitzung von heute abend entsprach in ihrer Länge von etwa anderthalb Stunden mit Pause denjenigen der letzten Zeit; doch widmete Seth nur den ersten kürzeren Teil der Arbeit am Buch. – 21.11 Uhr.)

Nun: Guten Abend. Diktat.

(»Guten Abend, Seth.«)

In eurer Gesellschaft herrscht allgemein die Ansicht vor, daß der Mensch ein ordentliches Einkommen, eine Familie oder andere menschliche Bindungen, eine gute Gesundheit und ein gewisses Zugehörigkeitsgefühl haben muß, wenn er überhaupt produktiv, glücklich oder zufrieden sein soll.

Die Verbesserung der Sozialeinrichtungen, des Gesundheitswesens und der Arbeitsbedingungen, Umwelt-, Familien- und sogar Freizeitplanung sind die Schlagworte einer Politik, die »den Massen« Erfüllung bringen soll. Kaum je oder nur ausnahmsweise wird etwas über das dem Menschen innewohnende Bedürfnis gesagt, in seinem Leben einen Sinn und eine Aufgabe zu finden. Kaum je ist die Rede von dem eingeborenen Bedürfnis des Menschen nach Dramatik, nämlich nach innerer spiritueller Dramatik, dank der ein Mensch sich als

Teil einer Aufgabe fühlen kann, die seine eigene ist und doch über ihn hinausreicht.

Es gibt ein Bedürfnis im Menschen, heroische Impulse zu empfinden und zum Ausdruck zu bringen. Seine instinktiven Impulse leiten ihn spontan dazu, die Qualität seines eigenen Lebens sowie des Lebens der Mitmenschen zu verbessern. Er muß sich selbst als eine wirkende Kraft in der Welt sehen können.

Auch Tiere dramatisieren. Auch sie haben Emotionen. Sie empfinden sich als Teilhaber am Drama der Jahreszeiten. In diesem Sinne sind sie ganz und gar lebendig. Die Natur in all ihren Erscheinungen wird so voll erfahren durch die Tiere, daß sie für diese das Äquivalent zu euren kulturellen und zivilisatorischen Strukturen darstellt. Die Tiere sprechen auf ihre vielfältigen Nuancen in einer Weise an, die sich jeglicher Beschreibung entzieht, so daß ihre »Zivilisationen« – die der Tiere – aufgrund der Verwobenheit sinnlich wahrgenommener Tatsachen bestehen, die ihr gar nicht wahrzunehmen vermögt.

Die Tiere wissen auf eine Weise, die euch verschlossen ist, daß ihre individuelle Existenz sich unmittelbar auf die Natur der Realität auswirkt. Sie sind also engagiert. Ein Mensch kann Gesundheit und Reichtum sein eigen nennen, kann sich befriedigender Beziehungen erfreuen und obendrein eine erfüllende Arbeit verrichten und doch ein Leben führen, dem die Dramatik fehlt, von der ich spreche – denn wenn der Mensch nicht das Gefühl verspürt, daß das Leben selbst einen Sinn hat, dann muß jedes Einzelleben notwendigerweise sinnlos erscheinen, und alle Liebe und alle Schönheit enden nur im Verfall.

Wenn ihr an ein zufällig entstandenes Universum glaubt und wenn ihr denkt, daß ihr Teil einer bloß zufällig entstandenen Gattung seid, dann scheint das individuelle Leben jeglichen Sinnes bar zu sein, und was sich an Geschehen abspielt, wird chaotisch erscheinen. Katastrophales Geschehen, das der Mensch der Frühzeit auf den Zorn einer Gottheit zurückführte, konnte wenigstens in diesem Zusammenhang noch verstanden werden, aber die meisten von euch leben heute in einer vorgestellten Welt, in der die Geschehnisse ihres Lebens keinen besonderen Grund mehr zu haben scheinen – oder sich sogar in einer ihren Wünschen direkt entgegengesetzten Weise zu vollziehen scheinen ...

Was für eine Art denkbaren Geschehens können Menschen bewirken, die sich machtlos fühlen und deren Leben allen Sinnes beraubt zu sein scheint – und welche Mechanismen liegen dem dennoch sich abspielenden Geschehen zugrunde?

Ende des Diktats für heute. Ich habe da noch ein paar Anmerkungen.

(21.34 Uhr. Diese »Anmerkungen«, die sich auf andere Dinge bezogen, füllten allerdings noch mehrere Seiten, bevor Seth um 22.38 Uhr gute Nacht sagte.

Ich sagte Jane, daß ich Seths Material über die äquivalente Organisation der Tiere mit den menschlichen Zivilisationen in Vergleich gesetzt hervorragend und überaus anregend finde. Ich hoffe, Seth werde noch mehr darüber bringen.)

Sitzung 833, Mittwoch, den 31. Januar 1979

(Jane hatte in den letzten Tagen mit großer Freude an ihrem Roman »Oversoul Seven« gearbeitet. – Sitzungsbeginn 21.21 Uhr.)

Nun: Diktat.

Menschen werden nur dann »für eine Sache sterben«, wenn sie nichts gefunden haben, was das Leben lebenswert macht. Und wenn es so aussieht, als sei das Leben bar aller Sinnhaftigkeit, dann wird es Menschen geben, die durch die Umstände ihres Todes ein Zeichen setzen.

Wir werden gleich auf solche »Sachen« und ihren Zusammenhang mit dem Empfinden des Menschen, daß das Leben einen Sinn hat oder nicht hat, zurückkommen.

Aber zunächst einmal wollen wir einen sehr einfachen Vorgang betrachten. Ihr möchtet zum Beispiel das Zimmer durchqueren und eine Zeitung zur Hand nehmen. Diese Absicht dient einem klaren Zweck. Ihr bewegt euren Körper automatisch in der richtigen Weise, auch wenn ihr euch der dabei in Gang gesetzten inneren Mechanismen nicht bewußt seid. Ihr stellt euch keine Schranken oder Hindernisse in Form etwa zusätzlichen Mobiliars vor, das durch Zufall, Vorsehung oder einfach als Widerstand euren Weg versperrt. Ihr schlagt den geraden Weg auf euer Ziel zu ein. Dieses Tun ist sinnvoll, weil es etwas ist, das ihr tun *wollt*.

Doch gibt es Intentionen, die nicht annähernd so leicht zu beschreiben sind, Tendenzen psychischen Ursprungs, Erfüllung heischende Sehnsüchte, die sich nicht so leicht einordnen lassen. Der

Mensch erlebt Wünsche, Ambitionen, Neigungen und Abneigungen höchst emotionaler Natur – und zugleich hegt er ganz bestimmte intellektuelle Vorstellungen über sich, seine Gefühle und die Welt. Diese Glaubensvorstellungen sind antrainiert, da ihr euren Verstand so gebraucht, wie es euch beigebracht wurde.

So möchte vielleicht jemand berühmt werden, und es stehen ihm oder ihr dafür sogar einige Fähigkeiten zu Gebote, so daß die Wunscherfüllung durchaus möglich wäre. Ein solcher Mensch glaubt nun aber vielleicht auch, daß Glück oder Ruhm zu Unglück und Zügellosigkeit führen oder auf irgendeine andere Weise katastrophale Folgen haben würde. In einem solchen Fall steht der klaren Absicht, Begabungen zu nutzen, eine andere, völlig entgegengesetzte klare Absicht gegenüber: nämlich ein Berühmtwerden zu vermeiden.

Es gibt Menschen, die sich einen Ehepartner und Kinder wünschen, zugleich aber hegen sie die Überzeugung, daß Liebe etwas Schlechtes und Sexualität etwas Entwürdigendes sei oder daß das Kinderkriegen dem Glück der Jugend ein Ende setze. Solche Menschen brechen dann ohne einen von außen her ersichtlichen Grund eine gute Partnerbeziehung plötzlich ab, oder sie bringen den Partner dazu, daß er die Beziehung abbricht. Auch hier haben wir es wieder mit zwei klaren Absichten zu tun, die miteinander im Widerstreit liegen.

Diejenigen, die glauben, daß ihrem Leben ein Sinn zugrunde liegt, können Probleme oder Belastungen dieser Art verhältnismäßig leicht meistern. Doch können sich Enttäuschungen, Konflikte und Ohnmachtsgefühle aus solchen Gründen verheerend auf die Persönlichkeitsstruktur derjenigen auswirken, die dem Leben wenig Sinn beimessen. Solche Menschen beginnen, sich Hindernisse auf ihrem Weg vorzustellen, wie wenn plötzlich eine Barriere sie an der Durchquerung ihres eigenen Zimmers hindern würde.

(21.40 Uhr.) Wenn ihr einfach einen räumlichen Bestimmungsort erreichen wollt, dann gibt es Landkarten, die Aufschlüsse über die Beschaffenheit des Landes und der Land- und Wasserwege geben. Sprechen wir jedoch von Bestimmungsorten im psychologischen Sinne, dann müssen wir weit mehr in Betracht ziehen.

Wollt ihr euch da bewegen, *(humorvoll)* so bleibt euch erspart, ein Wenn und Aber oder was auch immer auszumerzen – euer Körper wird mobilisiert, wenn ihr euch bewegen wollt. Er verwirklicht sofort eure Absicht. Der Körper ist, psychologisch gesehen, eure persönliche innere und nächste Umwelt. Eure Absichten mobilisieren eure psychischen Energien und diese verwirklichen augenblicklich ein beabsichtigtes Handeln auf dem körperlich-materiellen Plan.

Wollt ihr das Geschäftsviertel eurer Stadt aufsuchen, dann wißt ihr, daß es diesen Bestimmungsort gibt, auch wenn ihr meilenweit davon entfernt seid. Wollt ihr einen Liebespartner finden, dann nehmt ihr natürlich auch an, daß es einen potentiellen Partner gibt, auch wenn ihr nicht wißt, wo und wann ihr ihn finden könnt. Doch ihr sendet die von Absicht und Verlangen erfüllten Bewußtseinsinhalte aus wie Strahlen, und diese suchen wie Detektive die Welt ab. Oder es ist vielmehr ein Abtasten nach einem Menschen, dessen Eigenschaften den euren am besten entsprechen. Welche Absicht ihr auch verfolgt, immer ist diese Komponente psychischen Geschehens damit verbunden.

Die Organisation eurer Gefühle, Überzeugungen und Absichten bestimmt den Brennpunkt, um den sich eure physische Existenz und eure materielle Wirklichkeit anordnen. Das vollzieht sich in vollendeter Spontaneität und Ordnung. Wenn ihr zum Beispiel an die Sündhaftigkeit der Menschen glaubt, dann werdet ihr aus den Sinneseindrücken eures Alltags diejenigen auswählen, die euch in eurem Glauben bestätigen. Darüber hinaus jedoch organisiert ihr auch eure innere psychische Welt auf eine Weise, daß ihr Erfahrungen und Ereignisse anzieht, die – wiederum – eure Überzeugungen bestätigen.

Der Tod ist, nicht anders als die Geburt, Teil eurer Selbsterfahrung. Seine Bedeutung ist von Individuum zu Individuum verschieden – und in gewisser Weise bietet euch der Tod in eurem jeweiligen Leben die letzte Gelegenheit einer bedeutenden Aussage, sofern ihr das Gefühl habt, dies zuvor versäumt zu haben.

Manche Menschen sterben in aller Stille. Andere setzen mit ihrem Sterben ein Ausrufezeichen, so daß man nachher sagen kann, daß der Tod dieses Menschen sein Leben an Bedeutung eigentlich überragte. Manche Menschen sterben in ihrer Jugend, erfüllt vom Rausch der Lebensmöglichkeiten, noch halb geblendet vom Zauber der Kindheit und bereit, hochgemut die Schwelle zur Erwachsenenwelt zu überschreiten – wie es scheint. Viele solcher jungen Menschen ziehen es vor, früh zu sterben, wenn sie fühlen, daß die Möglichkeiten der Erfüllung in Frage gestellt sind. Oft sind sie Idealisten, die unterschwellig – bei allem Enthusiasmus, aller Intelligenz und bisweilen außerordentlichen Gaben – lebhaft fühlen, daß das Leben ihre Begabungen nur besudeln, ihren geistigen Höhenflug nur hemmen und das große Versprechen, dieses unerfüllbare, nur verdunkeln würde.

Dies ist natürlich keineswegs immer der Grund für derartige Tode, doch wird mit diesen gewöhnlich ein Zeichen gesetzt, das dem Tod eine zusätzliche Bedeutung zu verleihen scheint und Eltern und Altersgenossen vor Fragen stellt. Solche Individuen wählen hochdramatische Todesumstände, weil sie allem Anschein zum Trotz nicht die Möglichkeit fanden, die dramatischen Inhalte ihrer Psyche in der Welt, so wie sie ihnen erscheint, zum Ausdruck zu bringen. Oft wird ihr Tod zu einer Lektion für die Mitmenschen, die sich unversehens vor Fragen gestellt sehen, die ihnen vorher nie gekommen wären. Doch gibt es auch Aussagen *en masse* ebendieser Art seitens vieler Menschen, die sich zusammengefunden haben, um zu sterben. Menschen, die sich ohnmächtig fühlen und keinen Grund zu leben finden, können sich tatsächlich zusammenfinden, um »für eine Sache zu sterben«, die ihnen weder den Willen noch einen Grund zum Leben gab. Sie werden Gleichgesinnte suchen und finden.

(22.05 Uhr.) Der innere Mechanismus der Emotionen und Glaubensüberzeugungen solcher Menschen ist kompliziert; doch handelt es sich hierbei um Menschen, die sich vom irdischen Leben betrogen fühlen. Der Gesellschaft stehen sie machtlos gegenüber. Sie denken in Schwarzweißkategorien, und ihre widersprüchlichen Emotionen sowie ihre Moralvorstellungen über diese Emotionen bringen sie dazu, eine Art Zuflucht in einem starren Glaubenssystem zu suchen, das ihnen fertige Verhaltensregeln liefert. Solche Systeme führen zur Kultbildung, und die potentiellen Mitglieder erwählen sich einen Führer, der ihren Zwecken ebenso dienen wird, wie sie den seinen zu dienen scheinen – kraft eines inneren Zwangs, den jedes Mitglied irgendwie verspürt.

Ende des Diktats. Noch ein paar Bemerkungen.

(22.10 Uhr. Nachdem er einige Abschnitte Material für Jane geliefert hatte, schloß Seth die Sitzung um 22.15 Uhr ab. Jane war nicht wenig überrascht über das plötzliche Ende; ihr Vortrag war gleichmäßig und energisch gewesen. »Und mir war, als gäbe es da noch seitenweise Material – wirklich seitenweise!« rief sie. »Mir war auch so, als käme ich in die Sache mit Guyana, ohne sie beim Namen zu nennen, wenigstens kam es mir so vor.« Wir beide meinten – und hofften – übereinstimmend, daß Seth die Tragödie von Jonestown in diesem Buch erörtern würde.)

Sitzung 834, Montag, den 5. Februar 1979

(Nach dem Abendessen las Jane heute einige kürzlich von mir geschriebene Notizen, in denen ich darüber spekulierte, warum ich Porträts – meine »Köpfe«, wie ich sie nenne – ausschließlich aus meiner Vorstellung schöpfe und nicht nach dem lebenden Modell »wirklicher Menschen« male. Ich habe mich oft gefragt, ob diese Vorliebe meinerseits nicht zumindest teilweise von Reinkarnationsvorstellungen oder der Idee der Ebenbilder inspiriert sei. Ich bemerkte heute abend, daß es schön wäre, wenn Seth darüber sprechen würde, und Jane erwiderte, sie denke, er werde es tun.*

Wegen dieser Feststellung sowie ihrem Wunsch, Material zu einer persönlichen Frage von Seth zu erhalten, kam sie dazu, sich zu fragen, ob wir heute abend überhaupt Buchdiktat erhalten würden. Dann, kaum hatten wir für die Sitzung Platz genommen, bat mich Jane aufzuschreiben, was sie sagen würde, da sie das Material zur Verfügung hatte, ob Seth nun darauf zu sprechen kam oder nicht: »Ein neuer Teil und eine Kapitelüberschrift: ›Von Menschen, die Angst vor sich selbst haben‹. ›Kontrollierte Umwelten und Massenverhalten‹.« Ich sagte ihr, ich dächte, Seth würde nicht nur ausreichend Zeit haben, um unsere persönlichen Fragen zu behandeln, sondern würde auch mit Arbeit für das Buch durchkommen, und das war auch der Fall.

Wir legen hier wegen seiner guten allgemeinen Verwendbarkeit auch sein Material für mich vor: Wiewohl Seth über meine Malereien – »meine Köpfe« – spricht, ohne auch nur ein Wort über »lebende Abbilder« zu verlieren, so zeigt er doch auf, wie solche »Bewußtseins-

---

* Seth hat solche »lebenden Abbilder« erstmals in Kapitel 2 des *»Seth-Materials«* beschrieben und diese dort auch als »Fragmentpersönlichkeiten« bezeichnet; ausführlich erörtert er dieses Phänomen in Band 2 der *»›Unknown‹ Reality«:* Das innere Selbst oder die Wesenheit eines jeden Menschen macht sich zur gegebenen Zeit nicht nur in einem Leben, sondern gleich in mehreren geltend, um dadurch um so mehr Erfahrung zu gewinnen. Diese kommt der Wesenheit erst aufgrund einer Vielfalt der Rollen zu, die verschiedenen Lebensaltern, Nationalitäten und Sprachen, unterschiedlichem Geschlecht und Status innerhalb der Familie und in beruflicher Hinsicht und so weiter erwachsen.

Wie ich Seths These der lebenden Abbilder verstehe, ist es möglich, wiewohl nicht zwingend, daß jeder von uns irgendwann einmal, vielleicht in einem anderen Land, in einer anderen Kultur, einem seiner Ebenbilder – volkstümlichen Vorstellungen zufolge einem Doppelgänger – begegnet. Jane und ich kennen das Phänomen hauptsächlich aus ihren ASW-Kursen.

einwohner« einen Teil des inneren Wissens eines jeden Menschen um sein eigenes höheres – oder größeres – Selbst ausmachen.)

(20.59 Uhr. Flüsternd:) Guten Abend.

(»Guten Abend, Seth.«)

Über euer Material und was damit zusammenhängt.

Wie ich schon oft sagte, gibt es Konzeptionen, die sich nur äußerst schwierig erklären lassen. Dies gilt insbesondere für jene, die die Natur des Bewußtseins betreffen. Mitunter können durchaus gültige Konzeptionen aus eurer Sicht als widersprüchlich erscheinen, so daß eine Tatsache eine andere zu widerlegen scheint.

Ich bin sehr bemüht, die ursprüngliche Einzigartigkeit des Individuums herauszustellen. Ich sage aber auch, daß das Selbst keine Begrenzungen kennt. Diese beiden Feststellungen *können* widersprüchlich erscheinen. Als Kind umschließt eure Identität in ihrer Alltagserfahrung nicht die späten Lebensjahre. Wenn ihr alt seid, identifiziert ihr euch nicht mit dem Kind. Euer Identitätsgefühl ändert sich also im Laufe der Jahre. Es scheint gewissermaßen, daß ihr euch selbst durch die Lebenserfahrung etwas *hinzufügt* und »mehr werdet, als ihr vorher wart«. Ihr wechselt wahrscheinlich das Selbst wie Gewänder und wahrt zugleich – gewöhnlich mit der größten Selbstverständlichkeit – eure Identität. Die Mosaikmuster des Bewußtseins haben eine wunderbare Leuchtkraft.

Wenn ich von Mosaikmustern spreche, denkt ihr vielleicht an glitzernde kleine Scherben verschiedener Größen und Formen. Aber die Mosaikmuster des Bewußtseins sind eher Lichtern vergleichbar, die sich selbst und Millionen von Spektren durchstrahlen.

Das Kind im Mutterleib sieht mentale Bilder, noch ehe seine Augen sich geöffnet haben. Euer Gedächtnis, so hat es den Anschein, ist nur das eure – doch habe ich euch gesagt, daß ihr an der Geschichte auch anderer Existenzen teilhabt. Ihr erinnert euch anderer Gesichter, auch wenn ihr euch die Wahrnehmung der diesem tieferen inneren Gedächtnis entstammenden Bilder vielleicht nicht bewußtmachen könnt. So müssen sie oft in Gewändern der Phantasie erscheinen. Ihr seid, was ihr selbst seid. Euer Selbst ruht sicher geborgen in seiner eigenen Identität, einzigartig in seiner Eigenart, und begegnet dem Leben und den Jahreszeiten in einer Weise, die es nie zuvor gab und nie wieder geben wird – und doch seid ihr darüber hinaus noch eine einmalige Version eures höheren Selbst. Ihr habt teil an gewissen übergreifenden Mustern, die in sich von einmaliger Ursprünglichkeit sind.

(21.15 Uhr. Jane wendet sich mir zu:) Deine [gemalten] Gesichter stellen ein solches Wiedererkennen dar. Du hast immer gedacht, daß deine künstlerische Begabung dir genug sein müsse. Du dachtest, daß sie deine alles andere ausschließende Leidenschaft sein müsse, aber du hattest nie das Gefühl, daß sie es war – denn wäre sie es gewesen, dann wärest du ihr unentwegt gefolgt. *(Lange Pause.)* Für dich mußte sich die Malerei mit einer tieferen Einsicht verbinden. Die Malerei sollte dir sogar zum Lehrer werden, indem sie dich durch die Bilder hindurch und über sie hinaus und wieder zu ihnen zurück führte.

Der Malerei fiel die Aufgabe zu, das angesammelte Wissen aus deinen Wesenstiefen in Form von Bildern zum Vorschein zu bringen – nicht von Menschen, denen du jetzt auf der Straße begegnen könntest, sondern als Porträts der Einwohner deines Bewußtseins. Diese Bewußtseinseinwohner sind sehr real. In gewisser Weise sind sie deine Eltern, mehr als deine leiblichen Eltern es waren, und wenn du ihre Wirklichkeit zum Ausdruck bringst, so bringen sie auch die deine zum Ausdruck. Alle Zeit ist gleichzeitig. Einzig die von jedermann gehegte Illusion der Zeit hält euch davon ab, einander zu begrüßen. In gewisser Weise schaffst du, wenn du solche Porträts malst, psychische Brücken zwischen dir und den vielen anderen Gestalten des Selbst: deine Identität mit dir selbst wächst.

Es gibt, doch ich meine das nur in einem metaphorischen Sinne *(zweimal wiederholt)*, gewisse – *(humorvoll)* ein notwendiges einschränkendes Wort – »Energie-Selbstheiten« oder Persönlichkeiten, Teile deiner größeren Identität, die ungewöhnliche Mengen von Energie auf sehr konstruktive Weise genutzt haben. Diese Energie ist auch Teil deiner Persönlichkeit, und während du solche Bilder malst, wirst du sicher ein paar Ausbrüche der Begeisterung, ja selbst puren Überschwangs durchleben. Diese Gefühle aber ermöglichen dir, die Bilder solcher Persönlichkeiten zu identifizieren.

(»Ja, ich denke, ich habe das letzte Woche empfunden, als ich am neuesten meiner Köpfe gearbeitet habe. Deshalb habe ich mich eingangs der Sitzung darüber ausgelassen, aber ich bin noch nicht dazu gekommen, das eingehender zu erörtern.«)

Deshalb erwähne ich es auch. Ich wußte, daß du Ruburt nichts davon gesagt hast. Und der Pinsel kann tatsächlich ein Schlüssel zu anderen Welten sein. Deine eigenen Gefühle übertragen sich in solchen Malereien.

(21.29 Uhr.) Auf jeden Fall solltest du die Traumtätigkeit unterstützen, und es wird sich eine Wechselbeziehung zwischen deinen Träumen, deiner Malerei und deiner Schriftstellerei ergeben.* Eins wird das andere bestärken. Dein Schreiben gewinnt an Vitalität durch deine Malerei, deine Malerei durch dein Schreiben – und dein träumendes Selbst ist zu der einen oder anderen Zeit in Verbindung mit allen anderen Aspekten deiner Wirklichkeit.

(21.31 Uhr. Jetzt kam Seth mit einigem Material in Beantwortung von Janes Frage durch, bevor er um 21.38 Uhr eine Pause einlegte. Fortsetzung um 21.56 Uhr.)

Diktat: Wenn ihr eurem persönlichen Selbst nicht traut, dann werdet ihr euch selbst auch in euren Beziehungen mit anderen Menschen nicht trauen.

Wenn ihr eurem persönlichen Selbst nicht traut, dann werdet ihr die Macht fürchten, denn ihr werdet befürchten, sie unweigerlich zu mißbrauchen. Ihr werdet euch dann vielleicht *(vorgebeugt, mit sanftem Nachdruck und leicht belustigt)* absichtlich in eine Position der Schwäche bringen, wobei ihr fortwährend behauptet, daß ihr Einfluß gewinnen wollt. Da ihr euch selbst nicht versteht, befindet ihr euch in einer verzwickten Lage, und mysteriös und kapriziös erscheinen die Mechanismen der Erfahrung.

Doch gibt es gewisse Situationen, in denen diese Mechanismen deutlich sichtbar werden, und so wollen wir ein paar dieser Umstände genauer betrachten. *(Pause.)* Einige davon mögen übertrieben erscheinen insofern, als sie »normalerweise« im Leben der meisten Menschen nicht vorkommen. Doch werfen sie gerade wegen ihrer ziemlich bizarren Natur ein grelles Schlaglicht auf die Absichten, oft genug einander widersprechende Anliegen, wie sie nur allzuhäufig im Leben ganz »normaler« Männer und Frauen in Erscheinung treten.

---

* Seth erwähnte offensichtlich diese »Wechselbeziehung«, weil ich gerade vor kurzem kleine Ölgemälde von einigen weiteren meiner lebhaften Traumbilder angefertigt habe. Ich habe entdeckt, daß mir das sehr viel Vergnügen bereitet und daß es viel anspruchsvoller ist, als ich vorausgesehen hatte, zu versuchen, die wechselnden, leuchtenden Traumelemente auf die dem Maler verfügbaren bewegungslosen Oberflächen zu bannen, die wir in der Wirklichkeit unseres Wachbewußtseins so gewohnt sind. Jedes dieser kleinen Gemälde wird sowohl technisch als auch gefühlsmäßig zu einem ganz eigenen Abenteuer, und nicht jeder Versuch will mir gelingen. Jetzt stelle ich mir die nunmehr müßige Frage, warum ich nicht schon in jüngeren Jahren Bilder nach meinen Träumen gemalt habe und warum man dergleichen auch von anderen Malern kaum je hört. Ich persönlich kenne keinen Maler, der in dieser Weise mit Träumen arbeitet.

Wenn Menschen, aus welchem Grund auch immer, die Überzeugung hegen, daß ihr Selbst nicht vertrauenswürdig und die Welt, ja das Universum, höchst unsicher sei, dann beginnen sie, anstatt lustvoll ihre Fähigkeiten zu entfalten, ihre materielle und mentale Umwelt zu erforschen. Sie schränken ihre Realität ein, auferlegen ihren Fähigkeiten Grenzen und erschöpfen sich darin, ihre Umwelt übermäßig zu kontrollieren. Sie werden zu furchtsamen Menschen, und furchtsame Menschen wollen keine Freiheit, weder geistig-seelisch noch materiell. Sie erwarten Schutz durch Regeln und Vorschriften. Sie wollen gesagt bekommen, was gut und was schlecht ist. Sie neigen zu zwanghaftem Verhalten. Sie suchen sich Führer – politische, wissenschaftliche und *(amüsiert)* religiöse –, die ihr Leben für sie ordnen sollen.

Im nächsten Teil des Buches werden wir daher über Menschen sprechen, die Angst vor sich selbst haben, und über die Rollen, die sie in ihrem privaten und gesellschaftlichen Verhalten suchen. Wir werden uns mit geistig-seelisch oder materiell geschlossenen Umwelten beschäftigen, in denen Fragen zu stellen tabu und gefährlich ist. Es kann sich dabei um Umwelten von Menschen handeln, die, wie es gemeinhin heißt, geistig gestört sind, oder um Umwelten, die von vielen geteilt werden wie beispielsweise im Fall eines Massenwahns, insbesondere Verfolgungswahns.

Es gibt religiöse Kulte, und wissenschaftliche gibt es auch. Es gibt Menschen, die sich sogar einem persönlichen Kult mit Regeln und Vorschriften unterwerfen, die nicht minder rigoros sind als die, welche einer Gruppe furchtsamer Anhänger von einem Despoten welcher Art immer verordnet werden. Solche Zustände gibt es tatsächlich, und ich hoffe, daß eine Erörterung derselben zu ihrem Verständnis beitragen wird. Dessenungeachtet wird der größere Teil dieses Buches natürlich dem Anliegen dienen, Konzepte und Ideen vorzustellen, die jedem von euch die Entfaltung eurer Fähigkeiten und eurer Kreativität ermöglichen und die deshalb ganz von selbst zu einem gesünderen und vernünftigeren sozialen Verhalten beitragen.

Nun zu den Überschriften, die Ruburt brachte. Die eine ist der Titel von Teil 3: »Von Menschen, die Angst vor sich selbst haben.« Die andere von ihm formulierte Überschrift ist der Titel des nächsten Kapitels. Fügt ganz oder teilweise noch hinzu: »Religiöse und wissenschaftliche Kulte und Formen persönlichen Wahns.«

Ende der Sitzung.
(»Okay.«)
Hast du noch irgendwelche Fragen?
(»Nein, ich glaube nicht.«)
Dann wünsche ich euch einen schönen guten Abend.
(»Danke, Seth.« – Ende um 22.15 Uhr.)

Dritter Teil:
Von Menschen, die Angst vor sich selbst haben

6
Kontrollierte Umwelten und Massenverhalten, religiöse und wissenschaftliche Kulte, persönlicher Wahn

Sitzung 812, Samstag, den 1. Oktober 1977

(Als Seth uns vor sechzehn Monaten die Kundgaben der Sitzung 812 durchgab, sagte er, sie würden »Teil eines späteren Kapitels in dem Buch werden« [vergleichen Sie meine einleitenden Anmerkungen zu Sitzung 814]. Die Sitzung erfolgte nach einer Begegnung, die Jane und ich mit einem unerwarteten Besucher hatten; diese Auszüge sind aber in keiner Weise persönlich. Jedenfalls passen sie gut zu dem Material dieses Buches. Sobald Seth Janes Titel für den dritten Teil und Kapitel 6 bestätigte, wußten wir, daß wir die geeignete Stelle gefunden hatten, um dieses Material einzufügen. Übrigens trafen wir diese Entscheidung, ohne Seth zu fragen.)

(21.33 Uhr. Flüsternd:) Guten Abend.

(»Guten Abend, Seth.«)

Nun: Thema sind Wahnideen und wie sie sich äußern.

Wahnvorstellungen sind ein sehr interessantes Phänomen, denn sie zeigen, in welcher Weise Geschehnisse und Sachverhalte, die den einzelnen mit anderen Menschen verbinden, durch persönliche Glaubensüberzeugungen verzerrt werden können. Die Sachverhalte erscheinen »verzerrt«; doch während der an Wahnideen Leidende im Zerrbild seiner Sicht ein Geschehen zu sehen überzeugt ist, bleibt die Art und Weise, wie andere Menschen ebendieses Geschehen wahrnehmen, unverändert ...

Worauf ich hier hinweisen möchte, ist insbesondere die Fehldeutung völlig harmlosen Geschehens, das einzelne Menschen persönlich oder auch viele Menschen betrifft, und ich möchte hervorheben, in welcher Weise materielle Ereignisse symbolisch »überbaut« werden können, so daß aus ihnen eine Wirklichkeit geschaffen werden kann, die gewissermaßen teils materieller, teils traumhafter Art ist.

Natürlich müßt ihr alles Geschehen auf persönliche Weise interpretieren. Es entsteht ja durch euch. Doch gibt es dabei auch eine gemeinsame Plattform der Wahrnehmung, die mehr oder weniger eine hinlänglich tragfähige Grundlage für die einer vielen Menschen zugänglichen gemeinsamen Welt bildet. Bei den meisten geistigen Abirrungen sind Menschen im Spiel, deren persönliche Symbole ihre primären Sinneswahrnehmungen so stark überschatten, daß diese Sinneswahrnehmungen oft kaum mehr registriert werden. Diese Individuen verhalten sich häufig in einer Weise in der Wirklichkeit der materiellen Welt, wie sich die meisten Menschen in der der Traumwelt verhalten, so daß sie Schwierigkeiten damit haben, zwischen ihrer rein subjektiven und einer für die vielen anderen gültigen Wahrnehmung zu unterscheiden.

Viele dieser Menschen sind außerordentlich imaginativ und kreativ. Oft jedoch mangelt es ihnen am gesunden Umgang mit der allgemein akzeptierten Wirklichkeit, und so versuchen sie, der Welt ihre persönliche Symbolik aufzuprägen oder sich eine persönliche private Welt zu erschaffen. Im allgemeinen sind solche Menschen ihrer Mitwelt gegenüber eher argwöhnisch eingestellt. Jeder Mensch gestaltet selbst seine Wirklichkeit, und doch muß diese Wirklichkeit auch mit anderen geteilt und von deren Wirklichkeit umfangen werden können ...

Nun geduldet euch einen Moment ... Eure Sinne versorgen euch als in Zeit und Raum lebende Geschöpfe mit höchst spezifischen Daten und mit einer hinlänglich zusammenhängenden Sicht der materiellen Wirklichkeit. Ihr alle mögt ganz individuell auf die Jahreszeiten reagieren, und doch liefert euch dieses Naturgeschehen einen gemeinsamen Hintergrund für eure Erfahrungen. Es obliegt dem Bewußtsein, Sinneswahrnehmungen so klar und präzise wie möglich zu interpretieren, um die notwendige Handlungsfreiheit für geistig-seelische und körperliche Mobilität zu gewährleisten. Ihr seid eine mit Vorstellungskraft begabte Gattung, und so ist die materielle Welt gefärbt und geprägt von euren imaginativen Projektionen und geladen von der hinreißenden Gewalt der Emotionen. Doch wenn ihr verwirrt oder völlig aus der Fassung seid, dann empfiehlt es sich sehr, eure Aufmerksamkeit der natürlichen Welt zuzuwenden, wie sie euch in jedem Augenblick erscheint, um sie unabhängig von euren Projektionen auf euch wirken zu lassen.

Ihr selbst gestaltet eure Wirklichkeit. Doch wenn ihr im Nordosten lebt und es ist Winter, dann solltet ihr *(humorvoll)* lieber körperlich den Winter erleben, sonst seid ihr euren primären Sinneswahrnehmungen ziemlich entfremdet.

Wer unter Verfolgungswahn leidet, hegt seine ihm eigenen Glaubensüberzeugungen. Stellen wir uns einmal einen solchen Menschen vor – jemanden, der sich für gesund hält und sich etwas auf seinen gesunden Menschenverstand zugute tut. Nennen wir ihn Peter.

Peter also kommt aus irgendwelchen Gründen zu dem Schluß, daß sein Körper anstelle etwa des FBI es auf ihn abgesehen hat. Vielleicht wird ein einzelnes Organ oder irgendeine Körperfunktion seinen besonderen Verdacht erregen, und er wird viele körperliche Vorgänge ähnlich mißdeuten, wie jemand anderer größere Naturvorgänge oder soziale Prozesse fehlinterpretiert. Jede sogenannte öffentliche Bekanntmachung des Gesundheitswesens im Zusammenhang mit Symptomen, die irgendwie seinen wunden Punkt betreffen, versetzt ihn sofort in Alarmzustand. Er wird sich in Erwartung seiner Fehlfunktion bewußt und unbewußt auf den betreffenden Körperteil konzentrieren. Und unser Freund kann tatsächlich seine eigene Körperwirklichkeit verändern.

Peter wird solche Körpervorgänge aus seiner negativen Sicht als bedrohlich einschätzen, so daß einige ganz normale Empfindungen bei ihm dieselbe Rolle zu spielen beginnen wie zum Beispiel bei manchen Leuten die Angst vor der Polizei. Macht er das lange genug, so wird er tatsächlich eine Körperregion unter Druck setzen, und indem er anderen von seinem Leiden erzählt, wird er allmählich nicht nur die Wirklichkeit seiner Welt in Mitleidenschaft ziehen, sondern auch die der Umwelt, mit der er in Verbindung steht. Man »weiß« dann, daß er ein Magengeschwür oder was auch immer hat. Auf jeden Fall handelt es sich dabei um eine Fehlinterpretation grundlegender Sinneswahrnehmungen.

Wenn ich sage, daß jemand Sinneswahrnehmungen falsch interpretiert, dann ist damit gemeint, daß das subtile Gleichgewicht zwischen Geist und Materie in der einen oder anderen Richtung verlorengeht. Es gibt demnach bestimmte Vorgänge, die den Zusammenhang der Welt sichern. Obwohl diese Vorgänge letzten Endes außerhalb der Weltordnung ihren Ursprung nehmen, so erscheinen sie doch nichtsdestoweniger als Konstanten in derselben. Ihre Wirklichkeit ist das Ergebnis eines denkbar präzisen Gleichgewichts der Kräfte, so daß bestimmte psychische Geschehnisse als durchaus real erscheinen und wieder andere nur als Randerscheinungen. Es gibt eine Abend- und eine Morgendämmerung. Wenn ihr in der Mitte der Nacht bei vollwachem Zustand glaubt, es sei Sonnenaufgang, und ihr nicht zwischen eurer persönlichen Welt der Vorstellung und der materiellen Welt der Wirklichkeit zu unterscheiden vermögt, dann ist dieses Gleichgewicht gestört.

Für den Paranoiden wird seine Besessenheit – denn darum handelt es sich – zum Mittelpunkt seines psychischen Universums, und er blendet alles aus, was nicht ins Bild paßt, bis alles mit seinen Glaubensüberzeugungen übereinzustimmen scheint. Eine unvoreingenommene Überprüfung seiner Sinneswahrnehmungen jedoch würde ihm jederzeit Erleichterung bringen.

Macht Pause. Eine Anmerkung: Dies wird später noch Teil eines Kapitels in diesem Buch werden.

(22.31 Uhr. Anschließend folgte eine Mitteilung für Jane. Um 23.30 Uhr beendete Seth die Sitzung.)

Sitzung 835, Mittwoch, den 7. Februar 1979

(Jane war sehr entspannt vor der Sitzung. Diese besondere Art der Entspannung können Sie besser verstehen, wenn Sie sich die einführenden Anmerkungen zu Sitzung 829 vergegenwärtigen. – Beginn der Sitzung um 21.11 Uhr.)

Guten Abend.

(»Guten Abend, Seth.«)

Es gibt eine Zauberformel, die seit Beginn dieses Jahrhunderts viele Menschen in ihren Bann schlug: »Es geht mir von Tag zu Tag in jeder Hinsicht immer besser und besser!«*

Das mag wie eine überoptimistische, entzückende Augenauswischerei klingen. Bis zu einem erstaunlichen Grade jedoch erwies sich diese Suggestionsformel für Millionen von Menschen als wirksam.

---

* Seth zitierte verkürzt die berühmte Autosuggestionsformel des französischen Apothekers und Psychotherapeuten Émile Coué (1857 bis 1926) bereits in Kapitel 4 der *»Natur der persönlichen Realität«*. In einer Fußnote dazu (Seite 106) vermerkte ich bereits, daß Coué einer der Pioniere der Suggestionsforschung war und daß sein in den zwanziger Jahren verfaßtes Werk und seine Ideen zwar in Europa gut aufgenommen worden waren, in Amerika aber wenig Widerhall fanden. Tatsächlich endete seine Vortragsreise in den USA wegen der feindlichen Pressereaktionen als Mißerfolg.

Ein Allheilmittel war sie nicht. Sie mußte ohne Wirkung bei all denjenigen bleiben, die an die grundlegende Vertrauenswürdigkeit ihrer eigenen Natur nicht glaubten. Diese Suggestion aber war und ist kein Hirngespinst, denn sie ergibt – als Selbst- wie auch als Fremdsuggestion – einen Bezugsrahmen, dem sich neue, aufbauende Glaubensüberzeugungen zugesellen können.

Oft jedoch begegnet man in eurer Gesellschaft dem Gegenteil; mit schöner Regelmäßigkeit wird suggeriert: »Es geht mir von Tag zu Tag in jeder Hinsicht immer schlechter und schlechter, und der Welt ebenso!« Ihr habt eure Suggestionsformeln für Unheil jeder Art; es ist eine probate Methode, Überzeugungen zu schaffen, die persönliche Katastrophen und Massentragödien geradezu heraufbeschwören. Gewöhnlich verbergen sich solche Überzeugungen hinter der »herrschenden Meinung«, das heißt hinter der konventionellen Maskierung als allgemein akzeptierte Denkinhalte. *(Pause.)* So mögen beispielsweise viele Tausende in irgendeinem Kampf oder Krieg umkommen. Diese Tode werden wie selbstverständlich hingenommen. Es handelt sich ja um Kriegsopfer, keine Frage. Selten kommt jemand auf den Gedanken, daß es sich *(sehr nachdrücklich)* um Überzeugungsopfer handelt. Die Gewehre und die Bomben und die Kampfhandlungen sprechen allzu beredt von Krieg.

Offensichtlich gibt es den Feind. Er hat böse Absichten. Kriege sind im Grunde Beispiele für Massenselbstmord. Doch werden sie aufgrund verhängnisvoller Massensuggestionen auf dem Schlachtfeld genau von den die Ressourcen eines Volkes verkörpernden Menschen ausgetragen, die überzeugt sind, daß die Welt unsicher und voller Gefahren ist, daß auf das Selbst kein Verlaß ist und daß außenstehende Fremde immer feindlich gesinnt sind. Ihr haltet es für selbstverständlich, daß die Spezies Mensch streitsüchtig und aggressiv ist. Ihr müßt die feindliche Nation überlisten, bevor ihr selbst vernichtet werdet. Diese paranoiden Tendenzen verbergen sich massenhaft unter den nationalistischen Kriegsbannern der Menschheit.

»Der Zweck rechtfertigt die Mittel.« Dies ist ein weiterer höchst verhängnisvoller Glaube. Religionskriege haben immer paranoide Tendenzen, denn stets fürchtet der Fanatiker Systeme, deren Glaubenssätze im Widerspruch zu seinen eigenen stehen. *(Pause.)* Gelegentlich kommt es zum Ausbruch von Epidemien, die Todesopfer fordern. Doch sind diese zum Teil ebenfalls Opfer ihrer Glaubensüberzeugungen. Die meisten von euch glauben ja, der Körper sei die natürliche Beute von Viren und Krankheiten, die sich eurer persönlichen Kontrolle entziehen, sofern die nicht seitens der Schulmedizin ausgeübt wird. Die in der Ärzteschaft generell vorherrschende Meinung, eine Massensuggestion wie andere auch, akzentuiert und übertreibt die Anfälligkeit des Körpers und spielt die natürlichen Heilkräfte des Körpers hinunter. Menschen sterben, wenn sie zu sterben bereit sind, und sie haben ihre eigenen Gründe dafür. Niemand stirbt ohne Grund.* Da euch jedoch dieses Wissen nicht vermittelt wird, erkennen die Menschen ihren eigenen Grund zu sterben nicht; man lehrt sie ja auch nicht zu erkennen, worin eigentlich der Sinn ihres Lebens besteht, denn ihnen wird gesagt, daß das Leben ein Zufallstreffer in einem kosmischen Glücksspiel sei.

(21.33 Uhr.) Daher könnt ihr euren eigenen Eingebungen nicht trauen. Ihr denkt, daß eure Lebensaufgabe in etwas oder jemand anderem als euch selber liegen müsse. In einer solchen Situation verschreiben sich viele Menschen irgendeiner Sache – in der Hoffnung, daß ihre eigene unerkannte Lebensaufgabe in der durch diese Sache gegebenen Aufgabe aufgehen werde.

Eine große Anzahl bedeutender Männer und Frauen haben sich einer Sache gewidmet, der sie ihre Energien, ihr Vermögen und ihre volle Unterstützung zugute kommen ließen. Diese Menschen erkannten ihre eigene Wesenstiefe und brachten ihre Vitalkraft in die Sache ein, an die sie glaubten. Sie gaben nicht ihre Individualität für die Sache auf. Vielmehr bestätigten sie dadurch ihre Individualität und wurden noch mehr sie selbst. Sie erweiterten ihren Horizont und stießen über die Landschaften konventionellen Denkens hinaus in neue Bereiche vor, und ihre Motivation war *(mit großem Nachdruck)* Lebensfreude und Vitalität, Wißbegier und Liebe – nicht Angst!

Viele Menschen haben kürzlich ihr Leben in der Tragödie von [Jonestown] Guyana verloren. Diese Menschen fanden sich bereit, auf Befehl ihres Führers Gift zu nehmen. Keine Armee umzingelte die Siedlung. Keine Bombe fiel. Kein todbringendes Virus hatte sich in der Menge verbreitet. Es gab nichts, um den Mechanismus der Geschehensabläufe zu bemänteln. Diese Menschen fielen einer Epidemie ihrer Glaubensüberzeugungen zum Opfer, in einem Umfeld, das geistig wie auch räumlich-materiell in sich abgekapselt war.

---

* Vergleichen Sie dazu die Fußnoten zu Sitzung 802, Seite 42, und zu Sitzung 805, Seite 72 f.

Die »Übeltäter« waren die folgenden verhängnisvollen Ideen: daß man einer gefährlichen, unsicheren Welt schutzlos preisgegeben ist; daß die Menschheit selbst verseucht ist vom Vernichtungswillen; daß der einzelne keine Macht hat über seine Lebenswirklichkeit; daß die Gesellschaft oder die gesellschaftlichen Bedingungen als unabhängige Größen existieren und daß ihre Zwecke und Absichten der Erfüllung des Individuums geradewegs zuwiderlaufen; schließlich, daß der Zweck die Mittel rechtfertigt und daß es keinen Gott gibt, der in dieser Welt irgend etwas auszurichten vermag.

Die Menschen, die dort starben, waren Idealisten, sich selbst übersteigernde Perfektionisten, deren tiefe Sehnsucht nach dem Guten pervertiert und verdorben war durch eben jene von ihnen gehegten Überzeugungen. Denn solche Überzeugungen müssen notwendigerweise nach und nach die Wahrnehmung all dessen, was gut ist, aus der Erfahrung ausschließen.*

Der Mensch *ist* guten Willens. Wenn ihr überall nur Böses in der menschlichen Gesinnung – in euren eigenen Handlungen und in denen der Mitmenschen – zu erkennen meint, dann setzt ihr euch in

---

* Nach dieser Sitzung war ich ziemlich überrascht, als Jane mir erzählte, daß die Tragödie von Jonestown für sie ein sehr emotionsgeladenes Thema sei und daß Seth dies von Anfang an wußte. Ich hätte das eigentlich auch wissen sollen. Sie erklärte, es sei für sie belastend, »weil der Vorfall ein Beispiel dafür ist, wie ein verrückter Visionär seine Anhänger im Namen der Religion ins Verderben führen kann«. Natürlich spielen in diese Gefühle ihre eigenen Jugendkonflikte mit der katholischen Kirche mit hinein, die dazu führten, daß sie mit achtzehn Jahren der organisierten Religion den Rücken kehrte. Sie hängen auch zusammen mit ihrer strikten Weigerung, das Seth-Material zur Grundlage irgendeiner Kultbewegung werden zu lassen, die dann, wie vereinzelt vorgeschlagen wurde, unter ihrer Führerschaft stehen müßte. Daher unterzieht sie Seths (wie auch ihr eigenes) Material ständig einer sehr strengen Überprüfung, um sicherzugehen, nicht »eine verrückte Schraube, die andere Menschen in die Irre führt« zu sein. Religiöser Fanatismus macht ihr Angst. In ihren Augen ist es übrigens nur ein Schritt dorthin vom Fundamentalismus, der hierzulande im Aufstieg begriffen ist. (Vergleichen Sie dazu Seths Material über Evolution und Fundamentalismus in Sitzung 829.)

Jane lachte, als ich sie fragte, warum sie mir von ihren Gefühlen über Jonestown nichts gesagt hatte: »Du hast mich nie gefragt!« Sie fügte hinzu, daß sie nicht die Absicht gehabt hatte, etwas zu verheimlichen, sondern ihre Haltung einfach als Konsequenz ihrer eigenen Überzeugungen empfunden hatte. Das Massensterben von Jonestown (im November 1978) ereignete sich während unserer Arbeitspause vom Buchdiktat, doch erörterte Seth die Affäre schon bald in unserem persönlichen Material, wie Jane es in ihrem Beitrag zu den einführenden Anmerkungen zu Sitzung 831 beschrieben hat. Jetzt sagte sie mir, daß Seth das Thema in dieser Weise aufgegriffen habe, um ihr die spätere Arbeit an diesem Buch zu erleichtern.

Widerspruch zu eurem eigenen Sein und zum Sein eurer Gattung. Ihr konzentriert euch auf den Abgrund, der zwischen euren Idealen und eurer Erfahrung klafft, bis von der ganzen Wirklichkeit nur noch der Abgrund übrigbleibt. So könnt ihr die natürliche Disposition zum Guten im Menschen nicht sehen. Oder wenn, dann könnt ihr sie nur ironisch sehen, weil im Vergleich zu euren hohen Idealen das Gute in der Welt als so verschwindend klein erscheint, daß ihr darüber spottet.

(21.56 Uhr.) So kapselt man sich von der Gesamtheit möglicher Erfahrungen ab. Die Menschen leben dann in Angst vor sich selbst und vor der Natur ihres eigenen Seins. Ob intelligent oder beschränkt, hochbegabt oder nur durchschnittlich – sie haben Angst davor, sich selbst als Selbst zu erfahren und ihren eigenen Wünschen zu folgen. Sie wirken deshalb bei der Errichtung von Dogmen oder eines Systems oder eines Kultes mit, dem sie dann »zum Opfer fallen«. Sie erwarten von ihrem Führer, daß er an ihrer Stelle handelt. Er saugt gewissermaßen ihre Paranoia in sich auf, bis sie zu einer unwiderstehlichen Kraft in ihm anschwillt, und er ist ebensosehr das »Opfer« seiner Anhänger, wie sie seine »Opfer« sind.

In der Guyana-Affäre waren es »waschechte Amerikaner«, die unter einem fremden Himmel *(in Südamerika)* starben, doch nicht unter einem Kriegsbanner, was unter Umständen noch annehmbar gewesen wäre. Es waren dies Amerikaner, die nicht in einer blutigen Revolution oder als Geiseln von Terroristen starben. Vielmehr waren es Amerikaner, die in einem fremden Land ganz bestimmten Überzeugungen zum Opfer fielen, die auf heimischem Boden gewachsen und spezifisch amerikanisch sind.

Neben den obenerwähnten verhängnisvollen Ideen gibt es noch den spezifisch amerikanischen Glauben, daß Geld die Lösung für fast jedes soziale Problem darstelle, daß der Lebensstil der Mittelklasse der einzig wahre »demokratische« Lebensstil sei und daß die Mißhelligkeiten insbesondere zwischen Schwarz und Weiß durch die Verordnung sozialer Pflästerchen und Bandagen aus der Welt geschafft werden können. Notwendig aber wäre, die den Problemen zugrunde liegenden Glaubensüberzeugungen aufs Korn zu nehmen.

Viele junge Menschen sind in bester Nachbarschaft in schönen Farmhäusern oder in schönen Villen in guten Wohngegenden aufgewachsen. Man sollte meinen, daß diese Jugend, die zu Amerikas Elite gehört, alles erreicht habe, was es im Leben zu erreichen gibt. Sie haben vielleicht die Universität besucht, vielleicht nie arbeiten müssen, um sich den Lebensunterhalt zu verdienen – und doch sind sie die ersten, denen aufgeht, daß solche Privilegien nicht notwendigerweise zur Lebensqualität beitragen, da sie ja auch die ersten sind, die sich einer so beneidenswerten Position erfreuen.

Die Eltern haben dafür gearbeitet, ihren Kindern solche Vorteile zu verschaffen, und die Eltern selbst sind einigermaßen ratlos und verwirrt angesichts der Einstellung ihrer Kinder. Die Eltern haben Besitz und Position erkämpft in Übereinstimmung mit ihrem Glauben an die auf Wettbewerb und daher Wettkampf programmierte Natur des Menschen – und dieser Glaube bringt sich um seinen eigenen Gewinn: seine Frucht hat einen bitteren Geschmack. Viele der Eltern glaubten ganz einfach, der Sinn des Lebens bestehe darin, mehr Geld zu machen, und Tugend zeige sich im Besitz des besten Autos, des schönsten Hauses oder Swimmingpools – Beweis, daß man in einer von Klauen und Zähnen beherrschten Welt zu überleben verstand. Ihre Kinder jedoch fragten sich, was es mit ihren so ganz anderen Gefühlen auf sich habe und wie sie einem Lebenssinn gerecht werden könnten, nach dem sie sich sehnten. Ihre Herzen waren wie leere Gefäße, die darauf warteten, gefüllt zu werden. Sie wünschten sich ein sinnerfülltes Leben, fühlten sich aber zugleich als Söhne und Töchter einer Gattung, die, von Verderbnis gezeichnet, richtungslos und ohne klare Bestimmung war.

Sie probierten verschiedene Religionen aus, und im Lichte ihrer Auffassung von sich selbst schienen ihre früheren Privilegien sie nur noch mehr zu verdammen. Sie versuchten es mit sozialen Programmen und fanden zu einem seltsamen Zusammengehörigkeitsgefühl mit den Benachteiligten, denn auch diese waren wurzellos. Die Privilegierten und die Minderprivilegierten fanden sich in einem Bund der Hoffnungslosigkeit zusammen, indem sie einen Führer mit der Macht ausstatteten, die sie selbst nicht zu besitzen glaubten.

(Nach langer Pause um 22.14 Uhr:) Sie gingen schließlich in die Isolation, indem sie der Welt, so wie sie sie kannten, den Rücken kehrten. In der Stimme ihres Führers am Mikrophon verdichteten sich ihrer aller Stimmen zu einem einzigen Crescendo. Ihr Lebenssinn erfüllte sich, indem sie ein unübersehbares Zeichen durch ihren Massentod setzten. Die Amerikaner wurden durch die Tragödie genötigt, die Natur ihrer Gesellschaft, ihrer Religionen, ihrer Politik und vor allem ihrer Glaubensüberzeugungen in Frage zu stellen.

(Nach langer Pause sehr intensiv:) Jeder einzelne hatte sich für diesen Weg entschieden.

Ende der Sitzung, sofern ihr keine Fragen habt.

(22.17 Uhr. »Würdest du etwas über Jane sagen?« fragte ich. Seth kam prompt mit zwei Zeilen ermutigendem Material für sie durch. Dann:)

Ende der Sitzung.

(Lachend: »Okay.«)

(22.19 Uhr. »Ich fühle mich immer noch ziemlich so«, sagte Jane, sobald sie aus der Trance kam; sie meinte damit ihre sehr angenehme und entspannte Verfassung. »Jetzt gerade ist es wie ein Rieseln und Strömen in meiner rechten Schläfe, meinem rechten Knie und meinem rechten Fuß ...« Ich finde, daß das Material der Sitzungen durch ihren entspannten Zustand jedesmal gewinnt.)

Sitzung 840, Montag, den 12. März 1979

(Fast fünf Wochen sind seit der Sitzung 835 vergangen. Seth ist seitdem auch mit vier weiteren Sitzungen durchgekommen – deren letzte drei sich aus dem unerwarteten Tod unseres jungen Katers Billy am 28. Februar ergaben. Ich will jetzt versuchen, diese traurige Begebenheit aus einigem Abstand in bezug auf unser Leben und in ihrer Verflechtung mit dem Seth-Material im allgemeinen und mit diesem Buch im besonderen zu betrachten.

Als ich frühmorgens am 26. Februar aufstand, um Korrekturabzüge fertig zu machen, merkte ich, daß Billy nicht in guter Verfassung war. Jane beobachtete ihn, während ich zum Postamt ging. Als ich zurückkam, hatte sich sein Zustand nicht gebessert, und am Nachmittag brachte ich ihn zu unserem Tierarzt, der ihn zur Behandlung dabehielt. Der Kater war ernsthaft krank und hatte inzwischen große Schmerzen. Jane und ich fragten uns, warum ein allem Anschein nach so vollkommenes Geschöpf ohne jeden ersichtlichen Grund plötzlich so krank werden sollte. »Wir waren sehr betroffen«, schrieb ich in mei-*

* Wir waren erschüttert, weil Billys unerwartete ernste Krankheit uns die allgemein verbreitete Ansicht ins Gedächtnis rief, daß das Leben verletzlich ist – jegliche Form von Leben. Billy hatten wir eine Woche nach dem Tod unseres Katers Willy (der im November 1976 im Alter von sechzehn Jahren gestorben war) in einem Tierheim als

nen Anmerkungen zu der persönlichen, nicht zur Veröffentlichung bestimmten Sitzung 836, die Jane an jenem Abend gab. Im Verlauf der Sitzung ging Seth kurz auf Billys Krankheit ein, wobei er auch die erste »Rate« einer Antwort auf eine von mir seit langem gehegte Frage brachte: Mich interessierte die Beziehung zwischen dem Wirtsorganismus – sei dies nun Mensch, Tier oder Pflanze – und einer Krankheit, die er sich zuzieht und die beispielsweise durch ein Virus »verursacht« ist.

Ich werde am Schluß dieser Anmerkungen auf die Frage zurückkommen.

Am Dienstag sagte uns der Tierarzt am Telefon, es gehe Billy besser, so daß wir ihn »wahrscheinlich« am folgenden Nachmittag abholen könnten; ich solle jedoch vorher anrufen. Am Mittwoch nachmittag läutete, eine Stunde bevor ich anrufen sollte, das Telefon. Natürlich dachte ich sofort an unseren Tierarzt. Er war es auch, und er erklärte in bedauerndem Tonfall, Billy sei vor etwa einer Stunde gestorben. Der Arzt hatte die Praxis verlassen, um einen Hausbesuch zu machen. Als er zurückkehrte, fand er Billy tot in seinem Gehege. Er

---

Kuscheltierchen zum Liebhaben gefunden und uns auf eine Reihe gemeinsamer Jahre mit ihm »eingestellt«.

In der Sitzung 836 erinnerte uns Seth daran, daß »Tiere nicht an ein langes oder kurzes Leben ›denken‹, sondern an eine leuchtende Gegenwart, die, verglichen mit eurem Bezugsrahmen, weder Anfang noch Ende hat ... Zeit in eurem Sinne gibt es für sie nicht – und *im tieferen Sinne* kann die Qualität auch eines Menschenlebens nicht primär nach seiner Länge bewertet werden.«

Um Ihnen einen weiteren Einblick in die auch für uns immer noch unklare Beziehung zwischen Jane und Seth zu geben, ist Billys Fall interessant. Vor der Sitzung 836 hatte Jane ihrem Kummer über seinen möglichen Tod Ausdruck gegeben. Seth gab ihr dann Material durch, das besagte, daß »die Zeit für eine Katze in der Gegenwart enthalten ist ... im Grunde währt das Leben für sie ewig, ob sie nun zehn Monate oder zehn Jahre oder wie lange auch immer lebt«. Damals wehrte sie sich (wie sie später für mich schrieb) gefühlsmäßig heftig gegen diese Botschaft Seths, da »es allzu leichtfertig zu sein schien, das Leben einer Katze – oder überhaupt ein Leben – abzuschreiben – selbst wenn es stimmte. Und ich nahm an, daß es stimmte ... In früheren Jahren«, so fuhr sie fort, »machten mir solche spontanen Einwendungen meinerseits schwer zu schaffen, und dann pflegte ich dazusitzen und innerlich mit Seth zu hadern, so daß die Sitzung nicht gleich anfangen konnte; sie begann erst, nachdem ich innerlich den Mund hielt. Als ich das während unserer Vorbereitungen für die Sitzung 836 erwähnte, meinte Rob, ich hätte ihm nie etwas davon gesagt. Es ist mir wohl einfach nicht in den Sinn gekommen, denke ich.«

*wußte nicht, warum die Katze gestorben war ... Wir fühlten uns ganz elend – dennoch bestand Jane darauf, die Sitzung 837 abzuhalten.**

Am übernächsten Tag brachte uns eine gute Freundin zwei sechs Wochen alte Kätzchen, ein Geschwisterpärchen aus einem Wurf, von einer nahegelegenen Farm. Wir nannten sie sogleich Billy und Mitzi: Billy der Zweite, weil er ebenfalls getigert war, und Mitzi, weil sie mich mit ihrem langhaarigen schwarzweißen Fell sogleich an die Mitzi meiner Kindheit erinnerte, die dem Nachbarn der Butts gehört hatte. Die beiden Kätzchen hatten bisher nur in einer düsteren Scheune gelebt und waren so scheu, daß sie sich mehrere Tage lang unter unserer Wohnzimmercouch verkrochen.

---

* In der Sitzung 837 sprach Seth hauptsächlich über Billys Tod. Es war nicht so, daß der Verlust »einer bloßen Katze« der einzige Grund für unser tiefes Angerührtsein war; wir verspürten, wie auch gedankliche und gefühlsmäßige Konsequenzen durch dieses Vorkommnis ausgelöst wurden. Wir konnten noch immer nicht glauben, daß Billy uns für immer verlassen hatte. Dieses Gefühl war um so stärker, als wir keinen »Leichnam« hatten, der uns seinen Tod bewiesen hätte. Ich hatte ihn nicht abgeholt: die Erde war hartgefroren, so daß ich ihn nicht im Hinterhof neben Willy begraben konnte, und der Tierarzt hatte sich bereit erklärt, die sterblichen Reste für uns zu beseitigen.

Wir hatten genau so empfunden, als Willy vor drei Jahren gestorben war, und wie damals sagte Jane jetzt traurig: »Wenn ich jetzt unsere Fragen über den Tod dieser Katze beantworten könnte, könnte ich vielleicht unsere Fragen über alles und jedes beantworten ...«

Wir sind immer bestrebt, mit Hilfe des Seth-Materials Antworten zu bekommen. Im übrigen denke ich schon, daß Jane dank Seth tatsächlich ein gewisses Verständnis der großen Fragen der Menschheit über Leben und Tod gewonnen hat. Seth ging in den Sitzungen 837 bis 839 auf solche Fragen ein, während er über Billy sprach, doch sein Material ist viel zu ausführlich, um es in dieses Buch aufzunehmen, zu ausführlich sogar, um auch nur die Glanzlichter in angemessener Weise zu zitieren. Immerhin folgen hier ein paar Auszüge aus dem Material, das er uns in diesen persönlichen Sitzungen durchgab. Wir hoffen, daß sie zumindest eine Ahnung seiner Antworten auf diese tiefinneren Herausforderungen vermitteln, vor die wir alle uns gestellt finden.

Aus Sitzung 837 vom 28. Februar: »Meine lieben Freunde: Das Sein ist größer als Leben oder Tod. Leben und Tod sind Seinszustände. Eine Wesenheit besteht, sei es nun im Zustand des Lebens, sei es im Zustand des Todes. Das Bewußtsein eurer Katze hing nie von ihrer Verkörperung ab; es wählte selbst die Erfahrung des Katze-Seins. Es gab da nicht etwas, das sagte: ›Dieses Bewußtsein soll das einer Katze sein.‹

Gewissermaßen habt ihr Billy ohne seine Zustimmung auf eine andere als seine Wahrscheinlichkeit umgeschaltet, als ihr ihn aus dem Tierheim holtet, wo man ihn bald ›beseitigt‹ hätte. Seine drei Jahre mit euch bedeuteten für ihn eine Gnadenfrist ... Er machte sich diese Wahrscheinlichkeit nicht zu eigen, weil er andere Ziele verfolgte.

So etwas wie ein Katzenbewußtsein oder ein Vogelbewußtsein gibt es im Grunde genommen nicht. Vielmehr handelt es sich einfach um Bewußtsein, das sich dafür ent-

Nun zu meiner oben erwähnten Frage in bezug auf Viren.

»Worin«, so schrieb ich zur Sitzung 836, »besteht die Beziehung zwischen dem Wirtsorganismus und der Krankheit?« Kürzlich hatten Jane und ich über die augenscheinliche Ausmerzung der Pocken gesprochen, wie sie Anfang dieses Monats von der Weltgesundheitsorganisation WHO bekanntgegeben worden war, und uns gefragt, ob die

---

scheidet, etwas in dieser oder jener Verkörperung zu erleben. Solche Themen sind überaus schwierig zu erörtern, zumal ich Entstellungen zu vermeiden trachte, die zwar nichts mit Ruburt selbst zu tun hätten, sich aber einfach aus der Art und Weise ergeben würden, wie ihr derartige Ideen verarbeitet.«

Aus der Sitzung 838 vom 5. März: »Ich möchte die Idee falschverstandener Seelenwanderung vermeiden, der zufolge sich beispielsweise Menschenseelen in Tieren verkörpern. So wie es kein Bewußtsein gibt, das darauf ›zugeschnitten‹ wäre, Katze oder Hund zu werden, so gibt es auch kein vorfabriziertes Bewußtsein, das dazu bestimmt wäre, ein menschliches zu sein ...

Ihr beide wußtet, daß Billy sterben würde. Auch die Pflanzen in eurem Haus und die Bäume vor eurer Tür wußten es. Auf der Zellebene hatte die Meldung stattgefunden, und die Zellen ›wissen‹ um Geburt und Tod jeder einzelnen Zelle ...« (Vergleichen Sie dazu das Material der Sitzung 804 nach 22.45 Uhr.)

»Zellkommunikation erfolgt zu rasch, als daß ihr sie verfolgen könntet. Die Katze hätte es sich natürlich noch anders überlegen können, aber die Signale waren im vorhinein gegeben. Manche, die euch schrieben, hatten diese Wahrscheinlichkeit gespürt ...« Mit Erstaunen hatten Jane und ich dies aus Briefen ersehen können, die wir in den Tagen unmittelbar nach Billys Tod von Freunden und auch von Unbekannten erhielten.

Aus Sitzung 839 vom 7. März: »Die Identität eines Wesens ist viel mysteriöser, als ihr wißt, denn ihr rechnet gewissermaßen pauschal jedem Lebewesen eine Identität zu. Euer Kater Billy nun existiert in den Bewußtseinseinheiten, die sich zusammenschlossen, um seine Identität, wie ihr sie kennt, zu bilden; sie bilden jenes Muster noch immer, wenn auch nicht materiell. Die Katze existiert als sie selbst in dem größeren lebenden Gedächtnis ihrer eigenen ›größeren‹ Selbstheit. Ihre Organisation – die der Katze – existiert unverletzbar, jedoch als Teil der größeren psychischen Organisation, der sie entstammt.

Diese Identität Billys bleibt lebendig und ihrer selbst bewußt, ganz gleich ob sie in eurem Sinn reaktiviert wird oder nicht. Dies ist nicht immer der Fall – es gibt da die unterschiedlichsten Möglichkeiten. Billy jedenfalls identifizierte sich mit der ›größeren Organisation‹ des Wurfs, das heißt mit seinen Geschwistern, die auch alle tot sind, und diese Bewußtseinseinheiten sind jetzt beieinander. Sie bilden eine ›Gestalt‹, in der die Bewußtseinseinheiten miteinander verschmelzen und eine neue Identität bilden.«

Jane und ich hatten lebhafte psychische Erfahrungen, in denen wir Billy kurz nach seinem Tode wahrnahmen: wir sahen ihn »überlebensgroß«, voll unerhörter Lebenskraft und Anmut. Die Erfahrung war für mich fast angsterregend. Jane möchte diese Erlebnisse zusammen mit einigem Material, das sie über wissenschaftliche Tierversuche schrieb, in einem ihrer eigenen Bücher verwenden.

Krankheit wirklich eliminiert worden ist. [Die WHO will vorläufig noch nicht die Krankheit offiziell als ausgemerzt erklären, sondern noch ein Jahr lang abwarten, ob irgendwelche neuen Fälle auftreten.] Oder werden die Pocken vielleicht in zehn Jahren von neuem in Erscheinung treten? Ganz bestimmt würden, sagte ich Jane, die Pocken, wenn sie als eine Wesenheit »denken« könnten wie wir, sich selbst kaum als schlecht oder als eine furchtbare Krankheit oder Geißel betrachten. Wenn sie wirklich so schrecklich waren, warum existierten sie dann überhaupt im Bezugssystem der Natur? Welche Rolle spielten sie in der großen Ordnung der Lebensformen? Würde die »Krankheit« von dem Zustand der Wahrscheinlichkeit, in dem sie sich jetzt befinden mochte, eines Tages in unsere Wirklichkeit zurückkehren und sich somit allem Anschein nach regeneriert haben? Was würden wir Menschen sagen, wenn das geschähe? Das Wiederauftreten der Pocken würde zweifellos vernünftig erklärt werden: sie hätten verborgen oder latent in irgendeinem vergessenen Winkel der Erde überdauert; oder es handle sich um eine Mutation, die sich irgendwie aus einer der nahe verwandten Formen von Tierpocken zu schwarzen Pocken »entwickelt« hatte.

In derselben Sitzung gab Seth unter anderem die folgenden Antworten auf meine Frage:

»Alle Viren jeglicher Art sind wichtig für die Stabilität eures planetaren Lebens. Sie sind Teil des biologischen Erbes und *Bewußtseins* des Planeten. Ihr könnt ein Virus nicht ausmerzen, auch wenn ihr jede vorhandene Art bis auf ihr letztes Glied zerstört. Sie existieren weiter im Gedächtnis der Erde, um *so, wie sie waren*, von neuem erschaffen zu werden, wann immer das nötig ist.

Dasselbe gilt natürlich für jede als ausgestorben geltende Art der Tier- und Pflanzenwelt. Nur ein so ausschließlich auf die Dingwelt eingestimmtes Bewußtsein wie dasjenige des Menschen vermag sich einzubilden, daß die physische Ausrottung einer Art ihre Existenz vernichtet.«

Seth berührte dieses Thema auch in den nächsten Sitzungen, die ebenfalls persönlicher Natur sind und in denen er sich weiterhin mit Billys Tod befaßte; doch an diesem Abend ging er detaillierter darauf ein. Auch wenn er diese Sitzung 840 nicht als Buchdiktat bezeichnete, so legen wir hier doch einen Teil davon vor, weil das Material so gut zu seiner Thematik für dieses Buch paßt. – Beginn der Sitzung um 21.28 Uhr.)

Nun: Guten Abend.

(»Guten Abend, Seth.«)

(Energisch:) Ihr könntet gar nicht leben ohne Viren, auch könnte es ohne sie eure biologische Wirklichkeit, wie ihr sie jetzt kennt, nicht geben. *(Pause.)*

Viren scheinen »Übeltäter« zu sein, und normalerweise betrachtet ihr sie isoliert, wie zum Beispiel das Pockenvirus. Doch es bestehen weitverzweigte Gefüge ständiger Wechselwirkungen, in denen empfindliche biologische Gleichgewichte, an denen die Viren beteiligt sind, aufrechterhalten werden. Jeder Körper enthält unzählige Viren, die zu jeder Zeit vorhanden sind und unter bestimmten Voraussetzungen tödlich sein könnten. Diese Viren – ich stelle das jetzt so einfach wie möglich dar – haben im Körper abwechselnd aktive und passive Perioden, in Übereinstimmung mit der allgemeinen körperlichen Verfassung. Viren, die in bestimmten Stadien »tödlich« sein können, sind es in wiederum anderen nicht, und in den letztgenannten reagieren sie biologisch in durchaus zuträglicher Weise. Sie tragen zur Stabilität des Körpers bei, indem sie beispielsweise in der Zelltätigkeit notwendige Veränderungen bewirken, die zu bestimmten Zeiten erforderlich werden und die dann ihrerseits wieder weitere Zellveränderungen mit günstiger Wirkung auslösen.

Denken wir einmal, um ein Beispiel aus einem anderen Gebiet zu nehmen, an die Gifte. Belladonna kann tödlich sein, doch weiß man seit alters her, daß geringe Gaben davon dem Körper bei bestimmten Krankheitszuständen wohltun.*

(21.38 Uhr.) Geduldet euch einen Moment ... Den Viren im Körper kommt eine besondere Funktion zu. Ihre Auswirkungen sind nur unter bestimmten Umständen tödlich. Die Viren müssen zu destruktiver Tätigkeit angereizt werden, und das geschieht nur unter bestimmten Voraussetzungen: nämlich wenn das betreffende Individuum von sich aus entweder den Tod oder eine biologische Krisensituation sucht.

In solchen Fällen geht der Erkrankung immer eine mentale und

---

* Belladonna ist eine in Europa heimische Pflanze. Auszüge daraus enthalten (unter anderem) das Alkaloid Atropin, das bei Muskelkrämpfen Anwendung findet und die Pupillen erweitert. Es ist erwähnenswert, daß im europäischen Mittelalter größere Mengen dieser Auszüge als Halluzinogene von »Hexen« und den Mitgliedern verschiedener Kulte verwendet wurden.

emotionale Ansteckung voraus. Meist spielen dabei soziale Gegebenheiten eine Rolle, wenn sich beispielsweise ein Individuum am tiefsten Punkt eines sozialen Umfeldes der Armut befindet *(Pause)*, dessen Opfer es zu sein scheint, oder sich in einer Situation sieht, in der sein individueller Wert als Mitglied der Gesellschaft ernstlich herabgemindert ist.

Nun: So, wie ein Angehöriger einer minderprivilegierten Gesellschaftsschicht auf die schiefe Bahn kommen, asoziale Züge entwikkeln und kriminelle Handlungen begehen kann, so kann er statt dessen in ebensolcher Weise die Viren aktivieren und deren soziale Ordnung zerstören, so daß Viren plötzlich todbringend werden oder Amok laufen. Und natürlich sind die daraus resultierenden Krankheiten ansteckend! In diesem Sinne sind es »soziale« Krankheiten. Es geht nicht so sehr darum, daß ein Virus plötzlich destruktiv wird – wiewohl dies der Fall ist –, als vielmehr darum, daß die gesamte, grundsätzlich kooperative Struktur, in die alle Viren miteinbezogen sind, unsicher und gefährdet wird.

Ich sagte euch schon *(in der privaten 836sten Sitzung)*, daß Viren mutieren. Das geschieht häufig. Es scheint wissenschaftlich gerechtfertigt zu sein, an Schutzimpfungen gegen gefährliche Viruserkrankungen zu glauben – und gewiß scheinen Impfungen wissenschaftlich gesehen zu wirken. Die Menschen eurer Gegenwart werden zum Beispiel nicht mehr von den Pocken heimgesucht. Manche Naturvölker haben geglaubt, daß Krankheiten durch Dämonen bewirkt werden. Medizinmänner versuchten, durch bestimmte Zeremonien den Körper von den Dämonen zu befreien, und auch diese Methoden erwiesen sich meist als wirksam. Das Glaubenssystem war festgefügt und Teil allgemeiner Überzeugung, und es begann erst dann zu versagen, als diese Gesellschaften mit »zivilisierten Ansichten« konfrontiert wurden.

Doch wenn ihr die Dämonen »negativen Glaubensüberzeugungen« gleichsetzt, dann habt ihr einen großen Schritt getan. Menschen sterben auch weiterhin an Krankheiten. Viele eurer wissenschaftlichen Prozeduren, die Impfungen mitinbegriffen, »verursachen« ihrerseits neue Krankheiten. Es hilft jedoch einem gegen Pocken und Kinderlähmung geimpften Patienten nichts, wenn er infolge seiner negativen Glaubensüberzeugungen an Krebs stirbt.*

---

* Vergleichen Sie die Fußnoten zu Sitzung 802, Seite 42, und zu Sitzung 805, Seite 72 f.

(21.55 Uhr.) Geduldet euch einen Moment ... Was ich über Viren gesagt habe, trifft auf alles biologische Leben zu. Viren sind »hochintelligent«, ich will sagen, sie reagieren umgehend auf Reize. Sie sind für Gemütszustände empfänglich. Sie sind sozial. Ihre Lebensdauer kann beträchtlich variieren, und manche können jahrhundertelang inaktiv bleiben, um dann jedoch erneut zum Leben zu erwachen. Ihnen sind biologisch imprägnierte Gedächtnismuster zu eigen. Unter Umständen können sie sich innerhalb von Sekunden zu Zehntausenden vermehren. Sie bilden auf vielerlei Weisen die Grundlage des biologischen Lebens, doch ihr nehmt sie nur dann wahr, wenn sie »ein tödliches Aussehen« annehmen.

Ihr nehmt die innere Armee der Viren im Körper, die ihn fortwährend beschützen, nicht wahr. Wirt und Virus brauchen einander, und beide sind Teil desselben Lebenszyklus.

Jetzt geduldet euch einen Moment ... Eine kurze Anmerkung: Ruburt war vor der Sitzung einen Augenblick lang etwas verstimmt, ja launisch. Ihm war, so fand er, nicht danach zumute, um halb zehn Uhr abends eine Sitzung abzuhalten, um Allerweltsprobleme zu lösen. Er wollte einfach seine Ruhe haben und fernsehen, und in dieser Laune verbirgt sich ein ganz wichtiger Punkt: Die Sitzungen sind Ausdruck eurer persönlichen, gemeinsamen Wißbegier, einer noblen, anerkennenswerten Wißbegier in bezug auf die Natur der Wirklichkeit. Sie sind entstanden aufgrund eures Wunsches zu wissen und in Erfahrung zu bringen, ob ihr das Wissen wie eine Frucht in eurer Hand halten könnt oder nicht, ob das Wissen einer leidenden Welt als Heilmittel dargereicht werden kann oder nicht.

Ich verstehe durchaus, daß ihr das Wissen praktisch anwenden und den Menschen, soviel ihr nur könnt, helfen wollt; aber das kann nicht euer alleiniges Ziel sein. Als euer vornehmliches Ziel muß euch stets das Abenteuer der Erforschung des eigenen Bewußtseins gelten, die schöpferische und künstlerische Unternehmung, für die es vielleicht keinen Namen gibt. Ihr fertigt nicht Schuhe an, damit fremde Füße in sie schlüpfen. Ihr produziert keine Deodorants, damit andere nicht schwitzen, nicht riechen. Würdet ihr das eine oder andere tun, so könntet ihr unmittelbar auf materielle Resultate – materielle Resultate – blicken: Leute mit Schuhen aus eurer Werkstatt und *(vergnügt)* Leute, die nicht schwitzen. Solche Deodorants sind übrigens sehr unzuträglich ...

Ihr habt es nicht mit irgend etwas spezifisch Materiellem zu tun, ja nicht einmal mit etwas spezifisch Psychischem. Vielmehr befaßt ihr euch mit der Aneignung von Glaubensüberzeugungen, die wesentlich besser sind als die derzeit gängigen, eines Bezugssystems, das umfassend genug ist, daß es alle Besonderheiten enthält und den Menschen tatsächlich die Möglichkeit bietet, sich selbst besser verstehen zu lernen. Ihr erschafft eine weithin ausstrahlende Aura, einen Lichtbezirk spiritueller und intellektueller Einsicht, der den Menschen eben deshalb helfen kann, weil ihr nicht an Besonderheiten gebunden seid, sondern euch mit den weiterreichenden inneren Wirklichkeiten beschäftigt, denen die Besonderheiten entstammen ...

(22.10 Uhr.) Geduldet euch einen Moment ...

(Nach einer langen Pause griff Seth ein Thema auf, das nichts mit der Thematik dieses Buches zu tun hatte. Er sagte gute Nacht um 22.26 Uhr.)

Sitzung 841, Mittwoch, den 14. März 1979

(Seth hat weder die letzte Sitzung noch das Material von heute abend als Buchdiktat bezeichnet. Doch wie bei der 840sten Sitzung legen Jane und ich Teile der Durchgabe dieses Abends in diesem Buch vor, da wir finden, daß sie innerhalb dieses Bezugsrahmens veröffentlicht werden sollten. – Beginn um 21.08 Uhr.)

(Flüsternd:) Guten Abend.

(»Guten Abend, Seth.«)

Nun: Ich sagte – im Buchdiktat, glaube ich – *(in der Sitzung 835)* sinngemäß, daß die Menschen von Jonestown an einer Glaubensepidemie starben. Ich habe Worte in diesem Sinne verwendet.

Der Fall war, um es noch einmal zu sagen, aufsehenerregend wegen der offensichtlichen Suizidhandlungen. Immerhin ist ja das Gift als Beweis gefunden worden. Hätte man die gleiche Anzahl Menschen *(Pause)* aufgrund einer bösartigen Krankheit – Pocken oder dergleichen – tot aufgefunden, so wäre die Ursache ein Virus. Erörtern wir Gedanken und Viren im Zusammenhang mit körperlicher Gesundheit.

Ihr betrachtet Viren als materiell und Gedanken als mental. Ihr solltet wissen, daß auch Gedanken ihre physisch-materiellen Aspekte und Viren ihre mentalen Aspekte haben. Ihr habt beide gelegentlich gefragt, warum ein leidender Körper sich nicht einfach auf sich selbst besinnt und seine Heilkräfte aktiviert, indem er den negativen Einfluß zerstörerischer Glaubensannahmen und Gedanken einfach abschüttelt.

Wenn ihr Gedanken als mental und Viren als materiell betrachtet, ist die Frage verständlich. Es ist nicht nur so, daß Gedanken den Körper beeinflussen, was sie natürlich tun, sondern jeder einzelne von ihnen ist ein auslösender Stimulus, der hormonelle Veränderungen bewirkt und die gesamte körperliche Verfassung in jedem Augenblick verändert. *(Pause um 21.16 Uhr.)*

Euer physischer Körper ... gebt mir Zeit ... ist die fleischgewordene Version eurer Wesenheit – die physisch lebendige Version der Verkörperlichung eurer Gedanken. Es ist nicht so, daß eure Gedanken einfach chemische Reaktionen im Körper auslösen; vielmehr haben sie außer ihren offensichtlichen mentalen Aspekten auch eine chemische Wirklichkeit. Ich werde versuchen, das durch eine Analogie zu verdeutlichen. Es ist nicht eben die beste, aber ich hoffe, daß sie den entscheidenden Punkt herausstellt. Es ist so, als ob eure Gedanken sich in die verschiedenen Komponenten eures Körpers verwandelten. *(Nachdrücklich:)* Unsichtbar existieren sie nicht anders als die Viren in eurem Körper. Euer Körper besteht nicht nur aus dem Stoff, der beispielsweise durch Röntgenstrahlen oder Autopsie enthüllt werden kann, sondern zu seinen Voraussetzungen gehören auch tiefreichende Beziehungen, Verbindungen und Gruppierungen, die physisch nicht sichtbar werden. Eure Gedanken sind in einem physischen Sinn für euren Körper ebenso konstituierend, wie es die Viren sind, ebenso lebendig und sich selbst vermehrend, und sie selbst formieren sich zu inneren Gruppierungen. Ihre Vitalität löst automatisch *(lange Pause bei weitoffenen Augen)* alle inneren Reaktionen des Körpers aus. Wenn ihr Gedanken denkt, sind sie bewußt. Ihr denkt in Inhalten eines Satzes oder mehrerer Sätze oder vielleicht in Bildern. Diese Gedanken – ich versuche das so gut wie möglich zu erklären – entstehen aus inneren Komponenten, die ihr nicht wahrnehmt.

Wenn der Gedanke Gedanke ist, dann ist er gewissermaßen wieder in diese Komponenten zerlegt. Eure Gedanken haben auch eine emotionelle Grundlage. Die kleinste *(überbetont)* Zelle in eurem Körper trägt zu dieser emotionellen Wirklichkeit bei und reagiert unmittelbar auf eure Gedanken.

(21.28 Uhr.) Geduldet euch einen Moment ... So gesehen bewegen sich Gedanken allerdings viel rascher fort als Viren. Die Aktion des

Virus folgt dem Gedanken. Jeder Gedanke wird biologisch registriert. Wenn ihr gegen Krankheit immun seid, so ist die grundlegende Immunität eine geistig-seelische.

Ihr seht Viren als Übel, das sich vielleicht von Land zu Land verbreitet, um zahllose Organismen zu befallen. Nun sind aber Gedanken »ansteckend«. Ihr verfügt über eine natürliche Immunität gegenüber allen Gedanken, die nicht mit euren eigenen Absichten und Überzeugungen übereinstimmen, und natürlich seid ihr »geimpft« mit einem gesunden Glauben und Vertrauen in eure eigenen Gedanken vor anderen. Im Wuduismus lebt einiges davon der Idee nach fort, die Anhänger des Wudu komplizierten und entstellten sie jedoch mit der Angst vor dem Bösen, mit Riten der Besessenheit und magischer Tötung und so weiter. Ihr könnt geistige und körperliche Gesundheit nicht voneinander trennen, und ebensowenig könnt ihr die Denkweise eines Menschen von seiner körperlichen Verfassung trennen.

Während ich all dies über Gedanken und Viren sage, solltet ihr den größeren Zusammenhang im Blick behalten, in dem die Erörterung stattfindet, denn neue Informationen und Einsichten aus Bezugssystem 2 sind für jeden einzelnen von euch stets verfügbar, und der Körper sendet seine eigenen Signale aus.

Habt ihr irgendwelche Fragen zu diesem Material?

(»Nein, ich möchte mich zuerst gründlicher damit befassen.«)

Die Menschen, die in Jonestown starben, waren des Glaubens, sterben zu müssen. Sie wollten sterben. Wie konnten sie es gedanklich zulassen, ihren eigenen Tod herbeizuführen? Diese Frage kann, um es noch einmal zu sagen, nur dann formuliert werden, wenn euch nicht klar ist, daß *(nachdrücklich)* rein physisch eure Gedanken genau so wie die Viren einen Teil eures Körpers ausmachen.

(21.37 Uhr. Nachdem er noch einige andere Themen erörtert hatte, beendete Seth die Sitzung um 22.05 Uhr. Eines dieser »anderen Themen« veranlaßte mich zu nachstehender Fußnote.)*

---

* In meiner Fußnote zu Sitzung 840, Seite 211 f., erwähnte ich unser Streben nach Einsicht in die Beziehung zwischen Jane und Seth. Jane war darauf gekommen, als sie einmal genauer auf ihre persönlichen Reaktionen einging. Wir sind sehr darauf bedacht, so viel wie nur möglich über Jane oder Seth *an sich* zu erfahren. Heute abend also vermittelte uns Seth in dem ausgelassenen Teil der Sitzung, wie mir vorkommt, einige wich-

Sitzung 844, Sonntag, den 1. April 1979

*(Jane hat täglich an ihrem dritten Roman über die Abenteuer von Oversoul Seven gearbeitet, und sie erhielt immer wieder Mitteilungen seitens Sue Watkins über deren Fortschritte an dem Buch, das sie über Janes ASW-Kurse schreibt unter dem Arbeitstitel »Konversationen mit Seth«.**

Am Morgen des vergangenen Mittwochs kam eine unheildrohende Entwicklung in Three Mile Island, dem Atomkraftwerk auf einer Insel im Fluß Susquehanna südlich von Harrisburg, Pennsylvania, in Gang. Es scheint, daß infolge eines Zusammenwirkens von technischen Pannen und menschlichem Versagen Unit Nummer 2, einer der beiden Reaktoren des Kraftwerks, überheizt wurde; dieser ließ radioaktives Wasser in den Fluß und, wenn auch nur in kleineren Mengen, radioaktive Gase in die Atmosphäre ab. Das ganze Kraftwerk liegt jetzt still, da der Reaktor Nummer 1 schon vorher außer Betrieb gesetzt worden war. Doch ist die Situation inzwischen sehr viel ernster: Es besteht die katastrophale Möglichkeit eines Durchschmelzens der Uraniumbrennstäbe im Inneren des schadhaften Reaktors. Das wäre der denkbar schlimmste Betriebsunfall, der, von einer Explosion abge-

---

tige Einsichten in seine Persönlichkeit – mit Humor, viel Energie und einem Schuß Ironie.

»Ich bin kein Philosoph, daß ich meine Gedanken und Werke mit denen der bekannten Professionellen vergleichen könnte, von denen *(in einer Zuschrift)* die Rede ist. Ich denke, ich sei – mit Verlaub – auf meine Weise erdhaft-sinnlicher als die besagten Herren.

Ich bin – wiederum auf meine Weise – übermütiger und spielerischer. Das Wort »Wahrheit« ist sehr gewichtig, und je öfter man es wiederholt, desto ferner und unerreichbarer scheint sie zu sein. Ich gebe meinen Theorien kein Etikett, und ich erläutere oder versuche, meine »tiefgründigsten« Aussagen zu erläutern, indem ich ihnen einen Schuß Lebenseifer beimische, ein Fünkchen Humor, ein selbstgefälliges Körnchen Bescheidenheit. Ich betrachte mich selbst als enthusiastischen psychologischen Forschungsreisenden, der sich eigenem Wunsch zufolge auf glücklicher Fahrt durch Universen befindet und imstande ist, mit lauter und herzhafter Stimme von der hypothetischen Küste des einen einem anderen Nachrichten zuzurufen über das, was er gefunden hat und immer noch findet.«

* Sue ist übrigens von den Nachforschungen für ihr Buch stark in Anspruch genommen; vor allem muß sie die ehemaligen Kursteilnehmer aufspüren und dann persönlich, telefonisch oder brieflich befragen. Viele von ihnen haben inzwischen den Wohnort gewechselt, und einige leben im Ausland. Sue hat auch einen Fragebogen entworfen, den die Teilnehmer an ihrer Untersuchung ausfüllen sollen.

sehen, unter den gegebenen Umständen passieren könnte – etwas, von dem die Fürsprecher der Kernkraft immer wieder behauptet hatten, daß es »so gut wie nicht passieren kann«. Wenn es zum Durchschmelzen des Reaktorkerns käme, würden riesige Wolken radioaktiver Materie in die Atmosphäre entweichen, und es könnten mehrere hunderttausend Menschen auf die eine oder andere Weise zu Katastrophenopfern werden.

Anfänglich wurde davon gesprochen, bis zu einer Million Menschen aus dem Umkreis von Three Mile Island zu evakuieren. Einige Flüchtlinge haben bereits das Gebiet von Elmira, wo wir wohnen, erreicht, und als wir auf der Landkarte nachschauten, waren Jane und ich überrascht zu finden, daß wir nur 130 Meilen Luftlinie von Harrisburg entfernt und schon viel längere Entfernungen bequem an einem Tag gefahren sind. »Sonderbar«, sagte ich nachdenklich zu Jane, »daß von allen Kernkraftwerken in der Welt gerade mit demjenigen etwas schiefgehen muß, in dessen Nachbarschaft wir leben ...«

Unsere Region soll außerhalb der Gefahrenzone liegen – aber wir lesen widersprüchliche Zeitungsberichte darüber, ob wir aufgrund der vorherrschenden Windrichtungen unter den Nachwirkungen eines Durchschmelzens zu leiden hätten. Sogar jetzt noch ermitteln örtliche Zivilschutzbeamte mehrmals täglich die Strahlungswerte der Luft. »Jonestown war weit weg, fern in einem anderen Land«, sagte ich zu Jane, »aber die potentiell mögliche Massentragödie von Three Mile Island schwelt am Rande unseres eigenen Lebensraums.« Die ganze Affaire geht mit einem Gefühl unwirklicher Unmittelbarkeit einher, weil es nichts zu sehen gibt und weil die meisten Leute sich, glaube ich, gar keine Vorstellungen machen können von dem, was passieren könnte.

Es dürfte wohl kaum ein Zufall sein, daß die Vorkommnisse Jonestown und Harrisburg sich beide innerhalb eines Zeitraums von weniger als sechs Monaten ereigneten und daß sie die beiden Pole oder Extreme der gegenwärtigen Glaubenssysteme der Menschheit darstellen: der Religion und der Wissenschaft.

Natürlich hoffen wir, daß Seth, indem er mit dem »Massenschicksal« fortfährt, sich ebenso ausführlich zu Three Mile Island äußern wird, wie eben jetzt zu Jonestown. In der Tat kam es zu Material über Three Mile Island in der Sitzung von heute nachmittag, und hauptsächlich deshalb entschlossen wir uns, die nachstehenden Auszüge zu bringen.

Eigentlich könnte man die Sitzung 844 eher eine Jane-Seth-Sitzung nennen insofern, als oft Janes eigenes Bewußtsein in den Vordergrund trat, bestärkt und getragen von Seths unterschwelliger Einwirkung. Diese recht ungewöhnliche Situation entstand wohl, weil sie heute nach dem Mittagessen eine ausgezeichnete Analyse von zwei Träumen niederschrieb, die ich kürzlich gehabt hatte. Als wir am Küchentisch saßen und ihre Arbeit durchsprachen, fühlte Jane, daß sie in einen Trancezustand gehen könnte, der diesmal ihr eigener sein würde, statt »nur« in einer Seth-Trance zu sein. Sie begann, das Material in mäßigem Tempo in ihrer gewöhnlichen Stimme durchzugeben. Sobald ich begriff, daß sie eine Sitzung abhalten wollte, bat ich sie zu warten, um Stift und Notizbuch zu holen. Dann kam Jane mit viel anregendem Material über Träume durch – der zweite Grund, warum wir die Sitzung auszugsweise in diesem Buch bringen. Einiges von dem allgemeineren Material wird später mitgeteilt; einige der mehr spezifischen Erörterungen [die eigentlich zu Beginn der Sitzung durchkamen] fasse ich in der nachstehenden Fußnote zusammen.)*

* Viel von Janes Trancematerial zu der Frage, welchen persönlichen Nutzen der einzelne aus seinen Träumen zieht, ergab sich als Antwort auf eine Frage, über die wir in letzter Zeit allerlei Vermutungen angestellt hatten: Wenn die meisten Menschen sich nicht an ihre Träume erinnern, welchen Zweck können dann ihre Träume haben? Die Frage ergab sich aufgrund unserer Annahme oder vielmehr Gewißheit, daß alles in der Natur absichts- und sinnvoll ist. Deshalb müssen Träume eine wesentliche Rolle im Leben der Menschen spielen – aber welche? so fragten wir uns. Hier sind Auszüge aus den Antworten, die Jane heute in Trance gab:

»Auch wenn ihr euch eurer Träume nicht bewußt erinnert, ihre Botschaft erreicht euch allemal. Sie wird in eurer täglichen Erfahrung aufscheinen, in euren Gesprächen oder in Tagesereignissen.

Weil Träume eine so geglückte Verbindung von auslösenden Reizen der inneren wie auch der äußeren Umwelt sind, finden zahlreiche äußere Vorkommnisse Verwendung, um innere Traumbotschaften auszulösen, und umgekehrt. Wenn sich beispielsweise drei Menschen gemeinsam dasselbe Fernsehprogramm anschauen, dann kann jeder für sich jeweils bestimmte Passagen der Sendung so interpretieren, daß diese Passagen mit seinen individuellen Träumen der vergangenen Nacht in Beziehung gesetzt werden und ihm ihre Traumbotschaften auf eine Weise vermitteln können, die für ihn annehmbar ist ...

Hierzu gehört ein scharfes Unterscheidungsvermögen. So wird beispielsweise auch eine Zeitungsnotiz dem Leser deshalb in die Augen springen, weil sich in dieser Notiz ein Teil einer ihm zugekommenen Traumbotschaft spiegelt. Oder es kann sich ein Gespräch mit einem Nachbarn ergeben, und aus der Interpretation der nachbarlichen Aussagen wird eine Traumbotschaft einleuchtend. In solchen Fällen wird der Betreffende wohl kaum vermuten, daß es im Grunde um einen Traum geht ...

(Nachdem sie eine Pause gemacht und ein halbes Glas Milch getrunken hatte, nahm Jane den Faden um 16.30 Uhr wieder auf:) Das ist jetzt ganz locker ... Aber ich möchte noch ein paar Punkte klarstellen ...

Da die Gegenstände der Dingwelt ohnehin ihren Ursprung in der menschlichen Imagination haben, besteht ein enger Zusammenhang zwischen den wahrnehmbaren Objekten und den Träumen der Menschen. Sie wirken als Symbole der inneren Wirklichkeit, und so ist es nur natürlich, daß der Mensch, ob er sich dessen nun bewußt ist oder nicht, Gegenstände auf eine Weise wahrnimmt, daß sie auch für Symbole stehen, die zuerst in seinen Träumen auftauchen.

Das trifft auch auf »großes Geschehen« zu. Stellt euch der Einfachheit halber Geschehnisse einmal als psychologische Objekte vor, Geschehnisse, die von einer großen Anzahl von Menschen in ähnlicher Weise wahrgenommen werden wie Objekte.

Ein gutes Beispiel dafür ist das Christusdrama. Dabei wurden persönliche Träume und die Träume der Massen auf die Außenwelt im historischen Kontext der Zeit projiziert. Dies hatte zur Folge, daß zahlreiche Menschen im Drama zu Mitspielern der äußeren Handlung wurden – allerdings in einem weitaus größeren Massentraum, der dann im allerbuchstäblichsten grobstofflichen Sinn gedeutet wurde. Aber dennoch kam die Botschaft an, obwohl also das innere Drama selbst nicht erinnert wurde. Und weil der Traum sich mit historischen Ereignissen verwob und viele Deutungen erfuhr, wurde zwangsläufig seine Botschaft verzerrt oder, besser gesagt, sie verwob und verquickte sich mit anderen Träumen, deren Botschaften ganz andere waren.

Du träumst vielleicht, eine Autoreise zu machen, nur um festzustellen, daß ein Reifen geplatzt ist, weil du zu schnell gefahren bist. Möglicherweise entfällt dir der Traum vollständig. Doch wirst du auf die eine oder andere Weise – vielleicht im Verlauf einer Fernsehsendung – auf eine Situation stoßen, in der ein Autoreifen platzt. Oder du wirst eine Notiz dieses Inhalts in der Zeitung lesen, oder du wirst eine Geschichte hören, die direkt oder indirekt über dasselbe Mißgeschick berichtet. Die Unzahl auslösender Reize, die deine materielle Umwelt bereithält, ermöglicht es natürlich jeder beliebigen Anzahl vergleichbarer Situationen, an jedem beliebigen Tag in deine Wahrnehmung zu treten. Auch dann wirst du dich vielleicht nicht an den Traum erinnern; aber die Situation selbst, so wie sie sich deiner Wahrnehmung darbietet, könnte dich veranlassen, deine Reifen zu überprüfen, deine Reise abzusagen oder aber Überlegungen darüber anzustellen, ob du dich zur Zeit rascher in eine bestimmte Richtung bewegst, als dir zuträglich ist. Wie dem auch sei, die Traumbotschaft wird dich erreichen.

Erinnert euch eurer Sorgen im Zusammenhang mit dem Kernkraftwerk von Three Mile Island. Die ganze Idee der Kernkraft war zunächst ein Traum – ein Akt der Imagination einiger Individuen – und später der durch Science-fiction und die Künste genährte Traum vieler Menschen. Augenblicklich entrollten sich von diesem Traum Wahrscheinlichkeiten in alle Richtungen, als gewaltige Möglichkeiten und Gefahren.

Es war bestimmt kein Zufall, daß diese spezielle Situation zunächst über ihre Darstellung im Film als Möglichkeit ins allgemeine Bewußtsein trat.

Kernkraft steht schlicht und einfach für Kraft, Kraft an und für sich. Ist sie gut oder schlecht? *(Eindringlich:)* In den Träumen des Menschen ist sie ein Attribut Gottes: die Kraft des Universums. Immer hat sich der Mensch als von der Natur gesondert betrachtet, und so muß er sich auch als von der Kraft der Natur gesondert betrachten – und es muß eine große Kluft in seinen Träumen zwischen beiden geben. So erscheint die Kernenergie tatsächlich als Traumsymbol, und in der Welt taucht sie auf als etwas, das man in den Griff bekommen muß.

Die Fundamentalisten sehen in der Kernkraft eine Gewalt, die zur gottgewollten Zerstörung der Welt dienen könnte. Der Zwischenfall von Harrisburg hat für sie eine ganz bestimmte Bedeutung. Manche Wissenschaftler setzen die Atomkraft in Beziehung zum menschlichen Wissensdrang; sie haben das Gefühl, der Natur diese mächtige Energie zu entreißen, weil sie »schlauer« sind als die Natur – schlauer als die Natur, schlauer als ihre Mitmenschen –, und so verstehen sie alles damit zusammenhängende Geschehen auf ihre ganz besondere Weise. Die Wahrscheinlichkeiten sind natürlich noch immer sozusagen im Auftauchen begriffen, und in individuellen wie auch in Massenträumen probieren die Menschen alle Arten von Ausgängen der Geschichte der Atomkraft aus.

Alles in allem haben Millionen Menschen damit zu tun, und sie alle werden natürlich auf die eine oder andere Weise davon betroffen.

(16.45 Uhr. »Heute nachmittag habe ich etwas gelernt«, sagte Jane während einer kurzen unangekündigten Pause. »Ich hatte schon früher daran gedacht, aber erst jetzt will es mir in den Kopf, daß die Sitzungen viel besser sind, wenn ich selbst nicht betroffen bin – wenn ich mich betroffen fühle, finde ich es schwieriger, mich hineinzufinden. Ich fing an, hier gegen Ende irgendwie vorsichtig zu werden … ich

glaube, wir hätten sonst mehr über die Atomsache bekommen.« Dies habe jedoch, meinte sie, nichts mit der etwa denkbaren Befürchtung zu tun, Voraussagen zu machen, die sich später als unrichtig erweisen könnten.

»Ich entsinne mich, daß er – Seth – mir in diesem Zusammenhang sogar zu Hilfe gekommen ist mit Stoff zum Christusdrama«, sagte Jane. »Oh, oh, da ist noch mehr ...« Und sie fiel fast augenblicklich wieder in »ihre« Trance.)

Es bestand eine Verknüpfung, die darin liegt, daß das Christusdrama aus dem Traum des Menschen von der Verwirklichung der Brüderlichkeit auf Erden hervorging – dem Innesein eines in sich ruhenden, klaren Bewußtseins und einer inneren Sittlichkeit, die ihm in der Welt der Materie Halt bieten würde.

Das Christusdrama schwappte tatsächlich in die Wirklichkeit geschichtlichen Geschehens über. Die Ängste und Befürchtungen des Menschen, daß es ihm nicht gelingen werde, Brüderlichkeit, ein sicheres, in sich ruhendes Bewußtsein und eine tragfähige Sittlichkeit Wirklichkeit werden zu lassen, finden ihren Niederschlag in seinen unterschiedlichen Vernichtungsträumen. Und tatsächlich kann das materielle Geschehen, das sich zur Zeit in dem Atomkraftwerk bei Harrisburg abspielt, durchaus einem Warntraum gleichgesetzt werden – und es ist ein solcher – mit der Bedeutung, daß der Mensch sein Handeln ändern muß.

(Ende um 16.47 Uhr. »Okay«, sagte Jane, »ich wußte, daß da ein Zusammenhang besteht zwischen der Sache mit Christus und dem, was heute in der Welt geschieht, und das war's. Ich hab' es gern, wenn's glatt geht, und das ging jetzt wirklich glatt. Ich befand mich in einem hübsch ausgeglichenen Bewußtseinszustand. Doch ich sollte noch hinzufügen: All dies hat sich zu einer Tageszeit abgespielt, in der ich gewöhnlich nicht besonders auf der Höhe bin – gegen vier Uhr nachmittags. Aber oft kommen mir Einfälle, wie dies jetzt im ersten Teil der Sitzung der Fall war, wenn ich beispielsweise gerade beim Geschirrspülen bin. Ich merke es mir und sage mir dann, daß ich es später Rob erzählen werde ... So frage ich mich, wie oft ich irgendeinen guten Stoff auf diese Weise verpaßt habe – wenn ich dann vergesse, es dir zu erzählen ...«)

Sitzung 845, Montag, den 2. April 1979

*(Obgleich Seth diese Sitzung nicht als Buchdiktat bezeichnete, beschlossen Jane und ich, Auszüge davon in dieses Buch einzubringen, und zwar aus einem doppelten Grunde: Erstens kann das Material, das in der nachstehenden Fußnote erörtert wird, als eine Erweiterung der Diskussion über Vernunft und Intuition gelten, die Seth in der 825sten Sitzung brachte. Zweitens möchten wir die Kommentare zu Jonestown und Three Mile Island in der Reihenfolge bringen, in der sie gegeben wurden, auch wenn sie nicht immer im Zusammenhang der »offiziellen« Buchsitzungen erscheinen. Das betrifft auch alles andere, was Jane und ich im Hinblick auf diese beiden Ereignisse noch eventuell einfügen werden.***

Im Augenblick ist die Situation in dem schadhaften Kernkraftwerk

---

* »So hat es der Mensch zum Beispiel«, sagte uns Seth heute abend, »mit einer Art doppelten Selbstseins zu tun insofern, als er gegenwärtig sich selbst als eine heikle Mischung von Körper einerseits und Geist und Seele oder Gemüt andererseits betrachtet. Er identifiziert sich in erster Linie mit dem, was ich einen begrenzten Teil seines Bewußtseins nenne. Er identifiziert sich mit Vorgängen, die er als einigermaßen unter seiner Kontrolle stehend w a h r n i m m t.

Hierbei denkt der Mensch zum Beispiel an seine Tätigkeiten, sein Handeln und Tun, aber er identifiziert sich nicht mit jenen inneren Vorgängen, die sein Tun und Handeln überhaupt erst ermöglichen. Er identifiziert sich mit dem, was er als sein logisches Denken und seine Vernunft betrachtet. Sie scheinen ihm nahezulegen, daß er über eine kühle, elegante Distanz zur Natur verfügt, von der andere Lebewesen wie die Tiere nichts wissen. Wiederum identifiziert er sich nicht mit den Vorgängen, die sein logisches Denken überhaupt erst ermöglichen. Diese Vorgänge sind spontan und ›unbewußt‹, und so hat es den Anschein, daß alles, was außerhalb seiner bewußten Kontrolle liegt, undiszipliniert oder chaotisch sein muß und jeglicher Logik entbehrt.

Religion wie auch Wissenschaft fußen auf solchen Überzeugungen. Allem, was spontan geschieht, wird mit Mißtrauen begegnet. Das Wort allein schon scheint Vorstellungen von außer Kontrolle Geratenem oder von einem Wechsel von einem Extrem ins andere hervorzurufen. Allein die Vernunft, so scheint es, gewährleistet Ordnung, Disziplin und Kontrolle.

Daher kehrt sich das Denken des Menschen gegen seine eigene Natur, und er meint, sie kontrollieren zu müssen. Das menschliche Bewußtsein kann spontane Prozesse durchaus w a h r n e h m e n. Doch hält der Mensch praktisch selber die Tür zu deren Verständnis geschlossen, indem er sich nur mit demjenigen identifiziert, was er für rational und vernünftig hält, und nach Kräften die Unterströmung aller spontanen Prozesse ignoriert, auf denen die Vernunft so triumphierend einhersegelt.

So ist ihm oft angst und bange vor der eigenen Kreativität, weil ihm ihr Ursprung nicht geheuer ist.«

noch immer sehr angespannt. Geringfügige Mengen von Radioaktivität dringen weiterhin in die Atmosphäre. Atomare Sicherheitsexperten bezeichnen die Lage als »stabil«, und heute stattete der Präsident Three Mile Island einen Besuch ab in der Absicht, die Menschen zu beruhigen – doch die Möglichkeit eines Durchschmelzens des Reaktorkerns in dem überhitzten Reaktor Nummer 2 besteht noch immer. Man sagt uns, daß eine radioaktive und potentiell explosive Wasserstoffwolke, die bislang verhindert hatte, daß Kühlwasser die oberen Enden der Kontrollstäbe in der Heizvorrichtung des Reaktors erreichen konnte, jetzt sehr langsam und sorgfältig in die Atmosphäre abgelassen wird; das ist ein erster Schritt in der geplanten Auflösung der Gaswolke. Am 31. März wurde angeraten, daß Kinder und schwangere Frauen aus einem Umkreis des Kraftwerkes von fünf Meilen evakuiert werden sollten, und heute erhielten die Zivilschutzleiter in Stadt und Land des östlichen Pennsylvaniens Pläne für eine vorsorgliche Evakuierung sämtlicher Einwohner innerhalb eines Umkreises von 25 Meilen. Auch werden Vorkehrungen gegen Plünderungen getroffen, die schätzungsweise »zwei bis drei Stunden nach der Evakuierung« einsetzen würden. Die örtlichen Milchvorräte können unbesorgt getrunken werden, da die Futtervorräte an Mais und Heu schon vor Monaten eingebracht wurden, aber niemand kennt wirklich die Auswirkungen der Strahlung auf die ungeborenen Kälber im Umkreis des Reaktors. Und so wartet das ganze Land – ja die ganze Welt – ab, was in Three Mile Island geschehen wird, einem Ort, der sich gar nicht so weit südlich von der Stelle befindet, an der ich eben diese Anmerkungen niederschreibe.

Jane und ich sind bemüht, sowohl die Fürsprecher der Kernkraft wie auch ihre Gegner zu verstehen. Nur eins steht im Moment für uns fest: Eine von einem Kernkraftwerk ausgehende Katastrophe, wie sie in Three Mile Island droht, ist unter allen Umständen für unsere Gesellschaft unannehmbar. Die langjährige Verwüstung großer Lebensräume in einem Staat wie Pennsylvanien zum Beispiel darf nicht aus Gründen der Kostenersparnis, Brennstoffknappheit, Bequemlichkeit oder Gleichgültigkeit oder aus welchem Grund auch immer riskiert werden. Jane und ich meinen, daß die USA, statt sich in erster Linie auf die Kernkraft zu konzentrieren, massive Anstrengungen unternehmen sollten, um andere Energiequellen zu nutzen – zumindest so lange, bis die Risiken und Technologien im Zusammenhang mit der Kernkraft wesentlich gründlicher verstanden werden. Und es gibt be-

kanntlich zahlreiche andere Energiequellen, die entwickelt werden können. Wir meinen, daß solche alternativen Ressourcen erschlossen werden sollten, auch wenn sie anfänglich oder auch auf Dauer teurer als die Kernkraft sein sollten, denn ganz sicher wäre bei keiner von ihnen mit den entsetzlichen Folgen – und enormen Kosten – zu rechnen, die aus einer einzigen großen Panne in einem Kernkraftwerk entstehen würden.

Abgesehen von unseren Bedenken gegen das unausgereifte Know-how im Umgang mit der Kernkraft beklagen Jane und ich zutiefst die unrühmliche Tatsache, daß die Regierung und die Industrie unseres Landes seit über dreißig Jahren versäumt haben, sichere Methoden für den Transport und die Endlagerung radioaktiver Abfälle zu entwickeln; manche Abfälle werden für hunderttausende Jahre hochgiftig bleiben und somit für ungezählte Generationen eine Lebensbedrohung darstellen. Derzeit sind keinerlei Lösungen für diese in höchstem Maße irritierenden wissenschaftlichen und politischen Herausforderungen in Sicht.

Natürlich drängt sich mir dabei die Notwendigkeit des Umweltschutzes und der Energieeinsparung auf, deren Verwirklichung allerdings nur unter beträchtlichen Opfern seitens aller Einzelmenschen sowie aller Gemeinschaften möglich ist.

Um es einmal so auszudrücken: Die Beispiele, die uns von Jonestown und Three Mile Island geliefert werden, erscheinen uns als »phantastisch« anmutende Lektionen. Wir möchten, daß unser Land und die ganze Welt aus diesen Lektionen lernt, aber gleichzeitig sind wir zutiefst besorgt darüber, ob die Menschheit auch rasch genug lernt. Jane und ich möchten, daß unsere Welt – unsere Lebenswelt, *unser Planet – und alles Leben auf diesem Planeten im Geiste eines umfassenden Für- und Miteinanders gedeihen, so daß das Leben für alle Menschen, für alle Lebewesen lebenswert sei.*

Seth brachte, wie gesagt, das Material, das ich in der Fußnote zu Anfang dieses Abschnitts zusammengefaßt habe, zu Beginn der Sitzung von heute abend ein. Später dann, nachdem Jane in Trance um 22.12 Uhr pausiert hatte:)

Hast du irgendwelche Fragen?

(»Ich hatte wenig Zeit, um über Fragen nachzudenken, aber wir haben heute über die Zusammenhänge zwischen Jonestown und Three Mile Island gesprochen – wie diese beiden Vorkommnisse gewissermaßen für die Extreme von Religion und Wissenschaft stehen.«)

Da hast du freilich recht, und du hast es auch in beiden Fällen mit Kultverhalten zu tun: mit einem geschlossenen Glaubenssystem, mit starren Haltungen, einer stark emotionsgeladenen seelischen Verfassung und einem Verhalten, das man durchaus als zwanghaft bezeichnen kann.

Die Todeswilligen von Jonestown glaubten, daß sie die Welt gegen sich hätten, insbesondere das Establishment und die Landesregierung. Ihnen hafteten Züge eindeutigen Verfolgungswahns an. Dasselbe trifft auf so viele Wissenschaftler zu, die jetzt fühlen, daß das kulturelle Klima sich gegen sie wendet, daß die Menschen ihnen nicht länger bedingungslos vertrauen, so daß sie befürchten müssen, ihre hochangesehenen Positionen zu verlieren.

Bis zu einem gewissen Grade – um mich einmal mehr relativ auszudrücken – haben die Wissenschaftler eine gewisse Verachtung entwickelt gegenüber all denjenigen, die ihre Sprache nicht verstehen, gegenüber der nichtelitären Plebs, den Uneingeweihten. Es geht ihnen gegen den Strich, daß sie auf Geld der Regierung angewiesen sind, von Leuten, die keine Wissenschaftler sind, und so lassen sie, um sich schadlos zu halten, trügerische Allmachtsgefühle in sich aufkommen – und das macht sie sorgloser, als sie sein sollten. Sie fühlen sich lediglich von der Öffentlichkeit mißverstanden.

Keiner von ihnen wünscht die Katastrophe, und doch denken manche von ihnen, daß dem Volk recht geschähe – denn im Katastrophenfall würde das Volk vielleicht endlich einsehen, daß die Politiker nichts von Wissenschaft verstehen und daß eigentlich die Wissenschaftler das Sagen haben sollten: Wir müssen genug Geld zur Verfügung haben; wer weiß, was sonst passiert!

Die wissenschaftliche Elite könnte natürlich mit der Wahrscheinlichkeit einer Welt aufwarten, deren Funktionsweise zu begreifen den Horizont des »kleinen Mannes« überstiege. Tatsächlich aber verfügt euer Land über ein vorzügliches Kontroll-, Überwachungs- und Ausgleichssystem. Während eure Wissenschaftler gerade dabei sind, alle möglichen Experimente zur Erzeugung künstlichen Lebens zu erwägen, bringen eure Fernsehsendungen systematisch eure alten Frankensteinfilme. Das ist kaum ein Zufall. Die Gemüts- und Verstandeskräfte der Volksgemeinschaft sind durchaus fähig, gemeinhin nötige Feststellungen zu treffen, und diese Feststellungen werden gehört.

Habt ihr noch irgendwelche Fragen?

(»Ich glaube nicht.«)

Ende der Sitzung, und guten Abend.

*(»Vielen Dank, Seth.« – 22.25 Uhr.)**

Sitzung 846, Mittwoch, den 4. April 1979

(Es ist vorbei! Die Krise von Three Mile Island ist vorüber – das jedenfalls hat der Gouverneur von Pennsylvanien heute morgen über das Fernsehen verkündet. Das heißt, die Gefahr einer »unmittelbaren Katastrophe« ist offenbar gebannt. Doch werden die Herausforderungen – und Befürchtungen –, die durch Three Mile Island entstanden sind, noch jahrelang fortbestehen. Jane und ich lasen, daß es bis zu vier Jah-

---

* »Nach der (845sten) Sitzung von gestern abend«, so schrieb Jane heute, »habe ich ferngesehen, während Rob einen Spaziergang machte. Als ich so dasaß, erhielt ich neues Material über eines der Themen, die in der Sitzung angesprochen worden waren. Doch kam es nicht in Seths ›druckreifer Version‹, sondern in Ideen durch. Ich erzählte Rob davon, als er zurückkam, und jetzt am Morgen will ich zusehen, wieviel davon mir noch geblieben ist.

Diesen Ideen zufolge muß das Glaubenssystem der Wissenschaftler zwangsläufig in destruktivem Handeln enden, denn die grundlegende Einstellung der Wissenschaftler verführt sie dazu, weniger sorgfältig mit dem Leben umzugehen, als geboten wäre, und das setzt sie in einer Weise von der Natur ab, die eine gewisse Mißachtung individuellen Lebens zur Folge hat. Die Führer religiöser Kultgemeinden oder Sekten, wie beispielsweise der von Jonestown, übertreiben grandiose Ideale von Brüderlichkeit und Liebe, während sie oft genug den natürlichen Ausdruck individueller Liebe verbieten – indem sie trachten, Familienbande aufzulösen und so weiter. Infolgedessen wird die idealisierte Liebe immer unerreichbarer, wogegen Schuld und Verzweiflung wachsen.

In gleicher Weise sprechen die Wissenschaftler von grandiosen Idealen, vom Triumph des Menschen über die Natur und den Planeten. Gleichzeitig isolieren diese Ideale die Wissenschaftler von aller praktischen Erfahrung des täglichen Umgangs mit ihren Mitmenschen, und da sie Lebewesen der Tierwelt als Objekte betrachten, müssen sie zwangsläufig das menschliche Leben aus einem ähnlichen Blickwinkel sehen. Das Opfer vieler tausender Menschenleben, das ein atomarer Unglücksfall fordern würde, erscheint in ihrer Vorstellung als nahezu gerechtfertigt, wenn dieser der Forschung dazu verhelfen würde, dem grandiosen Ziel des ›Triumphes über die Natur‹ ein Stück näherzukommen. Diese Einstellung erniedrigt sie automatisch zu Mechanikern.

Der Wissenschaftler trägt die Bürde dieser Entfremdung, und in seinem *Herzen* muß er hoffen, daß seine Mission scheitert – denn wäre sie erfolgreich, dann würde er tatsächlich den Menschen von der Natur des Menschen getrennt haben, würde er den Menschen im philosophischen Sinn als bedeutungslosen seelischen Schutt beiseitegeworfen haben. Und so kommt es, daß Wissenschaftler häufig ihre eigenen Bemühungen sabotieren.«

ren dauern dürfte und Millionen Dollar kosten wird, den beschädigten Reaktor zu entseuchen, zu erneuern und wieder funktionsfähig zu machen; die Kostenvoranschläge schwanken zwischen 40 und 400 Millionen Dollar. Einige Regierungsbeamte sagen, daß der Reaktor möglicherweise nie wieder betriebsfähig sein werde, daß er vielleicht verschrottet werden müsse oder nur mehr als eine Art versiegeltes Mausoleum, als stummes Symbol unseres Atomzeitalters, fortbestehen werde. Gegenwärtig herrscht die Befürchtung, daß, falls und wenn mit den Aufräumarbeiten begonnen würde, die geringen und anscheinend unschädlichen Mengen von Radioaktivität, die noch in die Atmosphäre austreten, an Intensität zunehmen könnten. Es ist bereits eine lebhafte Debatte in Gang über die »tödlichen Krebsfälle«, zu denen es möglicherweise in der ortsansässigen Bevölkerung kommen wird, da noch niemand wirklich weiß, was unter solchen Umständen als »unschädliche« Strahlendosis gelten könnte. Und zu alledem beharren unsere Energieexperten darauf, daß die USA die Nutzung der Kernenergie schon zu weit vorangetrieben haben, als daß sie jetzt noch umkehren könnten.

Jedenfalls hat der »Störfall« von Three Mile Island – ob er nun bisher zu irgendeinem signifikanten radioaktiven Niederschlag geführt hat oder nicht – bei Jane und mir allerhand Verstörungen zur Folge gehabt. In diesem Zusammenhang möchte ich das jüngste Projekt in der Reihe der vielen Überlegungen erwähnen, die wir über die Jahre im Zusammenhang mit dem Seth-Material angestellt haben, ständig bemüht, ein Gleichgewicht zwischen den Wirklichkeiten, die wir uns selbst geschaffen haben, und den Möglichkeiten, denen wir fortwährend in der »Außenwelt« begegnen, herzustellen.

Jane war vor der Sitzung heute abend völlig durcheinander. Irgendwie war uns nach dem Abendessen die Idee für ein »schnelles« Seth-Buch über Jonestown und Three Mile Island gekommen: etwas, das man dem Publikum ziemlich umgehend vorlegen könnte, anders als ein reguläres Seth-Buch, dessen Material erst in ein paar Jahren publiziert würde. Wir hatten sogar schon einen passenden Titel dafür, den wir nach der Sitzung vom letzten Montag vorläufig so formuliert hatten: »Seth über Jonestown und Three Mile Island – Religiöse und wissenschaftliche Kulte.«

Zwar war ich heute abend nicht geradezu besessen von dieser Idee, äußerte dies jedoch im Gespräch mit Jane nicht. Aber ich spürte, daß ich sie verwirrte. Um ein solches Vorhaben zu verwirklichen, wären wir genötigt, gewisse Grundsätze und Überzeugungen aufzugeben, die bisher stets maßgebend für uns gewesen waren: ich meine damit vor allem die Wahrung unserer Privatsphäre sowie unser Widerstreben, mit derart hochaktuellem Material »in die Öffentlichkeit zu gehen«, anstatt darauf zu vertrauen, daß das Seth-Material auf lange Sicht seine Wirkung in der Gesellschaft zeitigen würde. Zudem würden wir uns unmittelbarer Kritik aussetzen. Andererseits bleibt deswegen viel von Seths Material unveröffentlicht, oder es wird auf unabsehbare Zeit beiseitegelegt; für das meiste davon ist kein Raum in diesem Buch, und wahrscheinlich wird auch in künftigen Büchern kein Raum sein. Immerhin versuche ich, diesem Buch einiges davon in Form von Anmerkungen und Fußnoten einzuverleiben.

Ganz sicher wollte ich Jane, wie ich ihr heute abend sagte, nicht nötigen, sich an ein »schnelles« Buch zu wagen, da ich nicht glaube, daß sie dafür bereit ist, ungeachtet meiner Überzeugung, daß sie – mit Seth – es sehr wohl machen könnte. »Ich wollte, ich hätte dein Vertrauen in mich!« sagte sie zu mir. »Und was würde inzwischen mit ›Individuum und Massenschicksal‹ passieren?«

Ich versuchte zwar, ihre Besorgnis zu zerstreuen, aber als ich etwas später wegen einer anderen Sache in ihr Arbeitszimmer kam, fand ich sie mit gequältem Ausdruck vor ihrer Schreibmaschine sitzen. Die Wirkung meiner Worte war offenbar stärker gewesen, als ich beabsichtigt hatte. Ich bat sie um Entschuldigung. Noch einmal betonte ich, daß ich sie nicht zu dem Vorhaben drängen wolle. Schließlich glaubte sie mir, und im Laufe des Gesprächs erfuhr ich auch, daß sie sich den Kopf darüber zerbrochen hatte, welches von Seths letztem Sitzungsmaterial in diesem Buch vorgelegt werden sollte. Sie fand die Entscheidungen, die ich in dieser Hinsicht getroffen hatte, gut, aber sie wünschte auch, daß Seth »sich wieder auf das Buch besinnen« und seine Sitzungen als Diktat bezeichnen sollte.

»Nun«, sagte sie, nachdem wir für die Sitzung Platz genommen hatten, »ich glaube, ich bin eigentlich bereit.« Dann, um 21.30 Uhr, kam Seth durch, ohne seine übliche Begrüßung:)

Eine Bemerkung: Was deine Mitarbeit an unseren Büchern betrifft, so wäre es wohl besser, Joseph *(wie Seth mich nennt)*, wenn du sie nicht so sehr in der Beisteuerung von Anmerkungen verstehst, sondern im Sinne deiner Mitautorschaft. Weißt du, was ich meine?

(»Ja.«)

Eine so veränderte Auffassung könnte für dich in vieler Hinsicht von Vorteil sein. Du solltest wissen, daß deine persönlichen Charakterzüge, Interessen, Eigenschaften und Tendenzen mitverantwortlich sind für die Form, die das Material annimmt.

Die Zwischenfälle von Jonestown und Harrisburg sind in der Tat klassische Beispiele für Schnittpunkte, an denen sich persönliche und öffentliche Wirklichkeiten überschneiden. Ich beabsichtige, sie in »Individuum und Massenschicksal« eingehend zu erörtern, weil hier der Wissenshintergrund, vor allem hinsichtlich der Bezugssysteme 1 und 2, schon vorgegeben ist.

Ich bin durchaus bereit, mehr Sitzungen pro Woche abzuhalten, und Ruburt *(Jane)* ist dazu, vor allem in rhythmischer Folge, durchaus imstande. Ist das klar?

(»Ja.« Jane hatte mir heute abend auch gesagt, daß sie die ungeplante Sitzung vom Sonntag besonders genossen hatte – sowohl was den Tag anging als auch die Tageszeit. Sie hatte sich frei gefühlt von aller Besorgnis über das, wovon sie gesprochen hatte und auch frei von unserer üblichen Routine.)

Nun: Diktat. Dies ist immer noch Teil des Kapitels 6. *(Pause.)*

Die Katastrophe von Jonestown ereignete sich *(im November 1978)* lange nachdem wir dieses Buch begonnen hatten *(im April 1977)*. Gerade vor kurzem kam es zu einem anderen Vorfall – zu einer Panne und fast einer Katastrophe in einem Kernkraftwerk bei Harrisburg in Pennsylvanien. Bisher habe ich in meinen Büchern nur selten auf öffentliches Geschehen irgendwelcher Art Bezug genommen. Dieses Buch jedoch befaßt sich mit der Wechselbeziehung zwischen den Erfahrungen des Individuums und denjenigen der Massen, und so müssen wir uns zwangsläufig mit Träumen und Befürchtungen, die ganze Gruppen oder sogar nationale Mehrheiten hegen, und mit deren Niederschlag im privaten und öffentlichen Leben beschäftigen.

Der Wissenschaft zufolge gab es im Zusammenhang mit der Katastrophe von Jonestown keine radioaktive Verseuchung. Aber es gab natürlich eine psychologische Verseuchung und Auswirkungen, die im ganzen Land von Menschen in allen Lebenslagen verspürt werden. Die Situation von Jonestown wies entschieden all jene Eigentümlichkeiten auf, die ich als charakteristisch für eine Kultgemeinde oder eine Sekte bezeichnet habe. Da gab es Fanatismus sowie eine geschlossene geistig-seelische Umwelt, und es wurden Hoffnungen geschürt im Hinblick auf ein Ideal, das wegen der Konzentration auf all die Hindernisse, die den Weg dorthin zu verbauen schienen, unerreichbar war.

Die meisten Sekten haben ihre eigene spezialisierte Sprache – ausgefallene Redewendungen, die stereotyp immer wiederkehren –, und diese besondere Sprache dient dazu, die Anhänger von der übrigen Welt zu isolieren. So verhielt es sich auch in Jonestown. Freundschaftliche und familiäre Bindungen wurden entwertet, und so hatten die Menschen von Jonestown all den Halt verloren, der in persönlicher Verbundenheit gründet. Sie fühlten sich bedroht von einer Welt, die gefärbt war von ihren Glaubensüberzeugungen und demzufolge ein Bild schrankenloser Schlechtigkeit und Verderbnis bot. *(Pause.)* All dies dürfte inzwischen hinlänglich bekannt sein. Die Situation führte zum Tode Hunderter von Menschen.

Die Situation von Harrisburg war eine potentielle Bedrohung Tausender von Menschenleben, und in diesem Geschehenszusammenhang springen die Kennzeichen eines Kults weniger ins Auge. Doch sind sie vorhanden. Es gibt ebensowohl wissenschaftliche wie auch religiöse Kulte.

Religion und Wissenschaft verkünden laut, daß sie die Wahrheit suchen, obgleich sie allem Anschein nach völlig entgegengesetzte Systeme bilden. Beide betrachten ihre Glaubenssätze als unantastbare Wahrheiten. Sie suchen überall nach einem Anfang und einem Ende. Die Wissenschaftler haben ihr eigenes Vokabular, das dazu verwendet wird, die Exklusivität der Wissenschaft zu untermauern. Ich spreche jetzt von der Korporation der Wissenschaft ganz allgemein, denn in gewisser Weise besteht da eine Korporation, die durch die »Mitgliedschaft« jedes einzelnen Wissenschaftlers zustande kommt. So mag sich beispielsweise ein bestimmter Wissenschaftler in seiner Rolle des Familienvaters ganz anders verhalten als in seiner Rolle des Wissenschaftlers. Vielleicht liebt er den Hund seiner Familie, während es ihm andererseits gar nichts ausmacht, von Berufs wegen andere Tiere mit krankem Gewebe zu infizieren.

Im übrigen besteht eine Wechselwirkung zwischen Kultsystemen, und so finden wir eine deutliche Beziehung zwischen dem Zustand der Religion, wenn sie als Kult in Erscheinung tritt, und dem Zustand der Wissenschaft, wenn sie als Kult in Erscheinung tritt. Gegenwärtig stellen eure kultischen Religionen eine Reaktion auf das kultische Verhalten der Wissenschaft dar. Die Naturwissenschaft betont, daß sie mit Wertungen nichts zu tun hat und diese allenfalls den Philosophen überläßt. Indem sie jedoch behauptet, die Welt sei eine Schöpfung des Zufalls, ein bedeutungsloses Zufallskonglomerat, das durch einen fühllosen Kosmos gebildet wurde, legt sie ganz klar ihren Glauben offen, demnach Welt und Mensch im Grunde wertlos sind. Übrig bleibt nur, was irgend sich dem individuellen biologischen Prozeß des Menschen an Vergnügen oder Leistung abringen läßt.

(21.58 Uhr.) In einer überregionalen Zeitschrift erschien vor kurzem ein Artikel, der »begeistert« über die jüngsten Fortschritte auf dem Gebiet der Psychologie berichtet in dem Sinne, daß der Mensch bald werde einsehen müssen, daß seine Gedanken, Stimmungen und Gefühle Ergebnis der Chemikalien sind, die in seinem Gehirn herumwirbeln. Eine solche Feststellung entwertet die subjektive Welt des Menschen.

(Nach langer Pause:) Die Wissenschaftler berufen sich auf ihren großen Idealismus. Sie behaupten, den Weg zur Wahrheit zu kennen. Ihre »Wahrheit« finden sie, indem sie die Stoffwelt erforschen, die Welt der Objekte – Tiere und Sterne, Milchstraßen und Mäuse –, wobei sie *(eindringlich)* diese Objekte betrachten, als hätten sie keinen eigentlichen Wert, als käme ihrem Dasein keine Bedeutung zu.

Solche Glaubensüberzeugungen aber trennen den Menschen von seiner eigenen Natur.* Er kann sich selbst nicht vertrauen – denn wer kann sich auf das zufällige Gebrodel von Hormonen und Chemikalien verlassen, die irgendwie *(lauter und ironisch)* ein Schmorgericht namens Bewußtsein bilden – ein unappetitliches Gebräu bestenfalls! Und so entzieht sich das Korps der Wissenschaftler ununterbrochen der Möglichkeit, ihre Wissenschaften irgendeiner größeren Vision des Lebenssinnes zu öffnen. *(Lange Pause.)* Sie kennen keine Wertschätzung des Lebens, und so rechtfertigt ihre Philosophie tatsächlich die Möglichkeit eines Unglückfalls, der unzählige Menschen direkt oder indirekt das Leben kosten würde, auch die Ungeborenen.**

Diese Möglichkeit ist tatsächlich vorgesehen im wissenschaftlichen Programm. Es gibt Pläne, allerdings ganz unzulängliche, für das

---

* Vergleichen Sie die Erörterungen der Sitzungen 825, 829 (besonders jene nach 22.10 Uhr) und 832.

** Vergleichen Sie den Inhalt der letzten Sitzung samt Janes Anmerkungen.

Verhalten im Ernstfall – also existiert diese Wahrscheinlichkeit in eurer Welt, und sie ist kein Geheimnis. Geschlossen lehnen eure Naturwissenschaftler parapsychische Fähigkeiten wie die der Telepathie, des Hellsehens oder der Psychokinese oder jegliche Forschung, die diese ins Blickfeld rückt, kurzerhand ab. Erst in jüngster Zeit haben einige von ihnen begonnen, die Möglichkeit, daß der Geist Einfluß auf die Materie haben könne, in Erwägung zu ziehen, und schon die bloße Möglichkeit verstört sie zutiefst, weil sie die Grundlagen ihrer Weltanschauung erschüttert. *(Pause.)*

Die Wissenschaftler – ich meine insbesondere die Naturwissenschaftler – haben lange auf der Seite von »Intelligenz und Vernunft«, das heißt »logischem Denken und notwendiger Objektivität«, gestanden. Sie sind darauf trainiert, emotionslos zu sein, außerhalb ihrer Erfahrung zu bleiben, sich von der Natur zu trennen und irgendwelche ihnen eigene Gefühlsregungen aus ironischer Distanz zu betrachten. Sie haben ja eine neutrale Position in der Welt der Werte bezogen. Sie waren, bis vor kurzem, die neuen Priester. Alle Probleme, so schien es, waren wissenschaftlich lösbar. Das galt für sämtliche Lebensbereiche: für Fragen der Gesundheit, Störungen im Sozialbereich, die Wirtschaft, sogar für Krieg und Frieden.

(22.17 Uhr.) Wie konnte es solchen durch und durch wissenschaftlich trainierten Herren mit ihrem an Präzision unüberbietbaren Instrumentarium, all ihren vernünftigen und objektiven Standpunkten passieren, daß die Sache mit einem Kernkraftwerk schiefging und zu einer Bedrohung für gegenwärtiges und künftiges Leben wurde? Und was ist mit den Menschen, die im Umkreis wohnen?

Geduldet euch einen Moment ... Ende des Kapitels.

7
Vom Guten, Bösen und Katastrophalen, Jonestown, Harrisburg, und von Idealisten und Fanatikern

Fortsetzung der Sitzung 846, Mittwoch, den 4. April 1979

(22.20 Uhr.) Kapitel 7: »Vom Guten, Bösen und Katastrophalen, Jonestown, Harrisburg, und von Idealisten und Fanatikern«.

Geduldet euch einen Moment ... *(Lange Pause.)* Das ist das Ende des Diktats.

(22.22 Uhr. Jetzt kam Seth mit einigem Material für Jane und mich durch, darunter – scharfsinnig wie immer – mit der Deutung dreier Träume, die ich kürzlich gehabt hatte. Ende um 22.41 Uhr.)

Sitzung 848, Mittwoch, den 11. April 1979

(Wie der Titel des Kapitels 7 nahelegt, sind die Erörterungen der Vorfälle von Jonestown und Three Mile Island noch keineswegs abgeschlossen.*

---

* Einige Meilen südlich von Harrisburg räkelt sich Three Mile Island mit seinen beiden defekten beziehungsweise lahmgelegten Kernreaktoren auf seiner Insel wie ein verwundeter Behemoth. Die Ingenieure arbeiten fieberhaft, damit die Wassertemperatur im Kühlsystem des beschädigten Reaktors unter den Siedepunkt sinkt, der Druck nachläßt und das Risiko eines Durchschmelzens der Uraniumbrennstäbe im Reaktorkern nicht mehr besteht. Aber es wird monatelang, wenn nicht länger dauern, bis der äußerst radioaktive Bereich innerhalb des Sicherheitsmantels des Reaktorkerns für eine Bestandaufnahme des Schadens betreten werden kann. Mittlerweile hat der Gouverneur von Pennsylvanien bekanntgegeben, daß Kinder und Schwangere in das Gebiet zurückkehren können.

Die Gravität des »Geschehens« von Three Mile Island hat in vielen Teilen des Landes Atomkraftgegner auf den Plan gerufen, und die sich häufenden Untersuchungen des Unfalls durch den Staat, den Bund und die Industrie werden voraussichtlich einen kollektiven Fallout erzeugen, der weit größere Auswirkungen auf die Atomindustrie und die Gesellschaft haben wird als alles, was bisher von dem beschädigten Kernkraftwerk selbst gekommen ist. Jane und ich glauben, daß man diesen bisher schlimmsten Unfall

Jane hatte vor der 846sten Sitzung, die sie vor einer Woche abhielt, den Wunsch geäußert, Seth möge »sich auf das Buchdiktat zurückbesinnen«, und er hatte prompt am Ende der Sitzung die Überschrift für Kapitel 7 durchgegeben. Doch in der ausgelassenen Sitzung 847 vom Montag abend schweifte dieser »Energiepersönlichkeitskern«, wie er sich selbst nennt, wieder einmal von der Arbeit an »Individuum und Massenschicksal« ab, um uns weiteres vorzügliches Material über das Bewußtsein von Pflanzen und Tieren zu geben. Auch erörterte er so unterschiedliche Themen wie die große Vielzahl unterschiedlicher Reaktionen, die das Seth-Material in Leserinnen und Lesern, die uns schreiben, hervorruft – Reaktionen, die, nebenbei gesagt, durchaus nicht immer die freundlichsten sind.

Wir hatten über das Wochenende im Zusammenhang mit der Herausgabe unserer Bücher eine Menge zu tun. Am Freitag erhielten wir vom Verlag Prentice-Hall die Korrekturabzüge des Registers zur »Natur der Psyche«, und am Samstag morgen trafen die Korrekturabzüge von »Emir« ein, die uns Eleanor Friede vom Verlag Delacorte Press zusandte. Wir verbrachten die ganze Zeit mit diesen Arbeiten.

Während all der Vorkommnisse, wie sie seit der 832sten Sitzung vom 29. Januar 1979 vermerkt wurden, hat Jane gelegentlich Lyrik geschrieben und regelmäßig an ihrem dritten »Seven«-Roman »Oversoul Seven and the Museum of Time« gearbeitet.

Während des Abendessens sahen Jane und ich heute im Fernsehen die Berichte über eine Serie von verheerenden Tornados, von denen das nördliche Texas und das südliche Oklahoma – ein Gebiet, das als »Tornado Alley« bekannt ist – gestern am späten Nachmittag heimgesucht worden waren. Über fünfzig Menschen wurden bisher als tot gemeldet; es gab Hunderte von Verletzten und Tausende Obdachlose. Wir sind durch einige der betroffenen Gemeinden gefahren. Wir fragten uns, aus welchem Grunde sich Menschen in einem Gebiet ansiedeln, von dem man weiß, daß solche Wirbelstürme praktisch jedes Jahr auftreten. Diese Frage kann natürlich hinsichtlich aller gefährdeten Wohngebiete auf dem Planeten gestellt werden.

(Flüsternd:) Guten Abend.

(»Guten Abend, Seth.«)

---

schließlich als einen Glücksfall insofern betrachten wird, als er deutlich die großen Gefahren aufzeigt, die der weltweit zunehmenden Nutzung der Atomkraft innewohnen. Wir verfolgen die ganze Affäre um Three Mile Island mit größtem Interesse, und mein Ordner mit Zeitungsausschnitten darüber wird täglich umfangreicher.

Diktat. *(Laut:)* Dies ist der Anfang des Kapitels 7, die Überschrift wurde schon durchgegeben. Die unterschiedlichen Formen politischer Herrschaft stellen die Aktualisierung verschiedener Bewußtseinsaspekte dar. *(Pause).*

Das amerikanische Experiment mit der Demokratie ist heroisch, kühn und innovativ. Alle Einwohner eines Landes gelten von Gesetzes wegen als gleichrangige Bürger. Das war und ist das angestrebte Ideal. In der Praktik des Ideals gibt es dennoch Ungleichheiten. Die Art, wie die Menschen auf der Straße und in der Gesellschaft miteinander umgehen, zeigt große Abweichungen von diesem erklärten nationalen Ideal. Doch ist der Traum ein unabdingbares Element des amerikanischen Lebens, und selbst die Skrupellosen müssen zumindest Lippendienst leisten oder ihre Pläne in seinem Licht schmieden.

(Nach langer Pause:) In der Vergangenheit wurden und in weiten Bereichen der Welt von heute werden noch immer viele wichtige Entscheidungen nicht vom Einzelmenschen getroffen, sondern vom Staat, der Religion oder der Gesellschaft. In diesem Jahrhundert wurden im Vordergrund der amerikanischen Kultur umwälzende Vorgänge deutlich wie die Veräußerlichung der organisierten Religion aller Konfessionen, die immer mehr gesellschaftliche statt spirituelle Aufgaben wahrnehmen, und die Verquickung der Wissenschaft mit der Technologie und Geldinteressen. Ruburts Buch über William James würde sich hier als Hintergrundmaterial gut eignen, insbesondere seine Ausführungen über Demokratie und Spiritualität. Auf jeden Fall sollte in den USA jedes Individuum frei und jedem anderen gegenüber gleichgestellt sein. Ehen zum Beispiel wurden nicht länger arrangiert. Ein Mann mußte nicht mehr den Beruf seines Vaters ergreifen. Junge Erwachsene fanden sich mit der Vielzahl von persönlichen Entscheidungen konfrontiert, die in vielen anderen Kulturen mehr oder weniger automatisch auferlegt werden. Der Ausbau des Kommunikationssystems und des Transportwesens erschloß das Land, so daß ein Individuum nicht länger an die Stadt oder Region seiner Geburt gebunden war. All dies war mit einer bedeutenden Erweiterung des menschlichen Bewußtseins verbunden. Das Land strömte über vor Idealismus – und tut es noch immer.

(Nach langer Pause um 21.37 Uhr:) Dieser Idealismus jedoch verirrte sich leider in den düstren Lehren des Freudianismus und Darwinismus. Wie könnte denn ein Land effizient regiert werden von Individuen, die schließlich bloß Amokläufer ihrer eigenen Körper-

chemie und mit von Kindheit an einprogrammierten Neurosen geschlagen sind, von Abkömmlingen einer verderbten Gattung, die *(eindringlich)* aufs Geratewohl von einem lieblosen Kosmos ins Dasein geworfen wurde, in dem kein Sinn zu finden ist?

Die etablierten Kirchen fühlten sich bedroht, und wenn sie schon nicht zu beweisen vermochten, daß der Mensch eine Seele hat, so konnten sie doch wenigstens dafür sorgen, daß durch angemessene Sozialarbeit für die Notdurft des Leibes gesorgt wurde, und so gaben sie etliche der Prinzipien auf, die zu ihrer Stärke hätten beitragen können. Statt dessen begnügte man sich mit Platitüden, die Reinlichkeit *(Pause)* mit Tugend gleichsetzten – *(amüsiert)* von daher natürlich eure Deodorant-Werbung und so manche anderen Aspekte des Marktes.

Für die Geistes- und Gefühlshaltung der Öffentlichkeit war es ziemlich einerlei, ob nun der Teufel oder minderwertige Gene den Einzelmenschen zu einem Leben verdammten, in dem er anscheinend wenig ausrichten konnte. Er begann, sich ohnmächtig zu fühlen. Es kam ihm so vor, als sei soziales Handeln an und für sich von geringem Wert. Wenn die menschliche Schlechtigkeit, aus welchem Grund auch immer, angeboren ist, wo gab es dann irgendeine Hoffnung?

Wenigstens ließ einige Hoffnung das Streben nach Verbesserung der persönlichen Lebensumstände und den Versuch zu, seine Zweifel zu vergessen, indem man so viel Zerstreuung wie möglich suchte. Idealismus ist zäh und ausdauernd; ganz gleich, wie oft er dem Anschein nach begraben wird, er aufersteht in neuem Gewande immer wieder. So blickten diejenigen, die das Versagen ihrer Religion empfanden, wieder auf die Wissenschaft, da sie die größtmögliche Annäherung an den Himmel auf Erden – die Massenproduktion von Verbrauchsgütern, zwei Autos in jeder Garage, Heilmittel für jedes Leiden, Lösungen für jedes Problem – versprach ... versprach! Und anfangs schien es wirklich so, daß die Wissenschaft ihr Versprechen hielt, denn die Welt wechselte in einem Augenblick vom Kerzenlicht über das elektrische zum Neonlicht über, und ein Mensch konnte nun innerhalb weniger Stunden Strecken zurücklegen, für die sein Vater oder Großvater Tage, Wochen, Monate gebraucht hatte.

Und während die Wissenschaft immer neue Bequemlichkeiten und Annehmlichkeiten bereitstellte, wurden nur wenige Fragen gestellt. Doch es gab keinen Zweifel: Die äußeren Lebensumstände hatten sich verbessert, aber der Mensch schien um nichts glücklicher zu sein als zuvor. Inzwischen dämmerte den Leuten allmählich auf, daß die Entdeckungen der Wissenschaft auch ihre Schattenseiten haben. Die äußeren Annehmlichkeiten des Lebens haben wenig Sinn, wenn die Kenntnisse der Wissenschaft dazu verwendet werden, die Grundlagen des Lebens selbst zu untergraben. *(Pause.)*

Bei den verschiedenen Medikamenten, die von Kranken und Gesunden vertrauensvoll eingenommen wurden, traten jetzt öfter verheerende Nebenwirkungen auf. Die zum Gedeihen der Landwirtschaft verwendeten Chemikalien wirkten sich schädlich auf die Gesundheit aus. Diese Tatsachen beunruhigten den Einzelmenschen weit mehr als die Drohung einer atomaren Katastrophe, denn sie betrafen sein tägliches Leben: die Lebensmittel, die er einkaufte, die Medikamente, die er einnahm.

(21.55 Uhr.) Manche Menschen hielten – und halten – Ausschau nach Autorität, nach irgendeiner Autorität, die ihnen die Entscheidungen abnehmen könnte, denn die Welt erscheint zunehmend gefährlich, und sie fühlen sich aufgrund ihrer Glaubensüberzeugungen zunehmend hilflos. Sie sehnen sich nach den alten Tagen zurück, als die Heiraten für sie arrangiert wurden, als sie unbesorgt in die Fußstapfen ihrer Väter treten konnten, als sie nichts von den Verlokkungen ferner Länder wußten und notgedrungen zu Hause blieben. Sie fühlen sich zwischen Religion und Wissenschaft in die Enge getrieben. Ihr Idealismus findet keine geeignete Ausdrucksmöglichkeit mehr. Ihre Träume werden nicht wahr.

Diese Menschen wenden sich Kultgemeinden beliebiger Art zu, wo die Entscheidungen für sie getroffen werden, wo ihnen die Last einer Individualität abgenommen wird, die ihrer Entscheidungskraft durch konfliktgeladene Glaubensvorstellungen beraubt wird. Nicht wenige junge Männer gingen und gehen voll geheimen Jubels zum Militär als Schule vor dem vollständigen Erwachsensein – wo die Entscheidungen andere treffen, wo die Zeit abgedient wird und wo diejenigen, die sich mit dem Leben nicht im Einklang fühlen, es mit dem Gefühl von Ehre und Würde verlassen können.

In der Vergangenheit, ja selbst noch in eurem Jahrhundert gab und gibt es Nonnen- und Mönchsklöster für jene, die nicht wie andere Leute in der Welt leben wollen. Vielleicht verfolgen solche Menschen andere Ziele, aber die Entscheidungen darüber, wo sie wohnen, was sie tun, wohin sie gehen und wie sie leben sollen, werden für sie getroffen. Gewöhnlich finden sie aufgrund eines gemeinsamen Interesses oder um höherer Werte willen zusammen, und sie haben in diesem Jahrhundert keine Vergeltung zu befürchten.

Bei Kultbewegungen jedoch geht es in erster Linie um Angst, die als treibender Faktor der Motivation eingesetzt wird. Systematisch wird die Autonomie des einzelnen Anhängers untergraben, so daß er bald auch Angst davor hat wegzugehen. Die Gruppe verfügt über Macht. Das Individuum ist machtlos, mit Ausnahme des Führers, den die Gruppe mit ihrer Macht ausgestattet hat. Die Menschen, die in Guyana starben, waren auf Selbstmord eingestellt. Sie hatten nichts, wofür sie leben konnten, weil ihr Idealismus so sehr von jeder Möglichkeit einer auch nur teilweisen Verwirklichung abgeschnitten wurde, daß ihnen nichts als Asche davon blieb.

Der Führer von Jonestown war im Grunde ein Idealist. Wann wird ein Idealist zum Fanatiker? *(Lange Pause.)* Wann kann das Streben nach dem Guten katastrophale Folgen zeitigen, und wann läuft der Idealismus der Wissenschaft auf eins heraus mit der Beinahe-Katastrophe von Three Mile Island und mit den potentiellen Katastrophen, die gemäß euren Begriffen in der Lagerung von Atommüll oder in der Herstellung von Atombomben liegen?

Macht Pause. *(22.10 bis 22.29 Uhr.)*

Nun: In Geist und Herz der Menschen, die in Tornadogebieten leben, bildet die Realität eines Tornados einen psychologischen Hintergrund.

Alles, was in ihrem Leben geschieht, vollzieht sich mehr oder minder interpunktiert oder akzentuiert von der Möglichkeit einer Katastrophe. Sie fühlen, daß sie jeden Augenblick mit der größten Herausforderung konfrontiert werden können, die ihre Kräfte bis zum äußersten mobilisieren und ihr Durchhaltevermögen auf die härteste Probe stellen wird. Sie nutzen – oder nutzten oft – einen solchen psychologischen und physischen Rückhalt, um diese Eigenschaften in sich wachzuerhalten, denn sie gehören zu der Art von Menschen, die sich gern vor eine Herausforderung gestellt sehen. Oft kommt es, indem man sich ganz bewußt bestimmten Wahrscheinlichkeiten stellt, zu einer äußeren Krisensituation, die individuell und *en masse* Symbol der Unabhängigkeit und der inneren Krise ist. Der Krise wird in der äußeren Situation begegnet, und indem die Menschen mit dieser Situation fertigwerden, bewältigen sie symbolisch ihre eigenen inneren Krisen. In gewisser Weise setzen diese Menschen Vertrauen in solche äußeren Konfrontationen; ja, *(eindringlich)* sie rechnen sogar mit einer ganzen Reihe derartiger mehr oder minder gravierender Vorkommnisse, aus denen sie solcherart ein Leben lang Gewinn ziehen.

Die Überlebenden fühlen ungeachtet aller äußeren Umstände, daß ihnen ein neues Leben geschenkt wurde: sie hätten den Tod finden können und sind ihm entgangen. Andere bedienen sich derselben Umstände als Vorwand dafür, daß der Lebenswille in ihnen erloschen ist; so hat es den Anschein, daß sie äußeren Umständen zum Opfer fallen, und sie haben das Gesicht gewahrt.

Ich wünsche euch herzlich einen vergnüglichen guten Abend.

(»Danke, Seth. Gute Nacht.«

22.42 Uhr. Jane konnte sich erinnern, daß Seth Tornados erwähnt hatte, was wir nicht erwartet hatten. Ihre Trancewiedergabe war gleichmäßig und oft sehr energisch gewesen.)

Sitzung 850, Mittwoch, den 2. Mai 1979

(Am 20. April gelang es den in Three Mile Island arbeitenden Technikern, die Temperatur des Kühlwassers in dem schadhaften Atomreaktor unter den Siedepunkt zu senken; sie verzeichneten diesen Erfolg genau 24 Tage nachdem der Unfall ausgelöst worden war. Doch ist das Kühlwasser im Kreislauf noch nicht auf Normaldruck zurückgesunken; das wird erst in einigen Wochen der Fall sein, wenn ein zusätzliches Kühlsystem fertiggestellt sein wird.

Geringfügige Mengen radioaktiver Gase treten noch immer aus, und regionale wie auch überregionale Gesundheitsbehörden haben Langzeitstudien über die Auswirkungen auf Mensch und Tier im näheren Umkreis angekündigt. Gleichzeitig lesen und hören Jane und ich widersprüchliche und verwirrende Berichte über die Vorfälle, und wir fragen uns: Was stimmt nun, und was stimmt nicht? Nun heißt es, die Gefahr, daß die radioaktive Gaswolke im Inneren des schadhaften Reaktors explodieren könnte, habe nie bestanden; die Gefahr, daß die Uraniumbrennstäbe im Zentrum durchschmelzen könnten, habe nie bestanden; ein Sabotageakt gegen das Kühlsystem des Reaktors habe die ganze Verkettung unheilvoller Umstände mit ihren Auswirkungen auf die Nation und die Welt in Gang gesetzt ...

Seit Seth die 848ste Sitzung für »Individuum und Massenschicksal« gab, hat er drei Sitzungen persönlichen Angelegenheiten gewidmet, die Jane und ich lange beiseitegeschoben hatten. Dann widmete er die »reguläre« 849ste Sitzung von Montag abend Themen, die er in diesem Buch nicht behandelt.

Jane hielt die Sitzung heute abend später als gewöhnlich ab, weil wir uns ab 21.00 Uhr den Anfang eines Fernsehfilms anschauten, der über einen der Hauptsender ausgestrahlt wurde. Wir hatten heute – gerade zur rechten Zeit – den Brief einer jungen Dame erhalten, die in diesem Film eine Nebenrolle spielte. Wir sahen sie in mehreren Szenen, und Jane wird ihr schreiben. – 21.49 Uhr.)

(Flüsternd:) Guten Abend.

(»Guten Abend, Seth.«)

Diktat.

(»Prima.«)

Geduldet euch einen Moment ... Betrachten wir einmal die vielfältigen Formen, die der Idealismus annehmen kann. Idealisten zu identifizieren fällt nicht immer leicht, denn sie kommen oft in so pessimistischem Gewand daher, daß man nichts weiter erkennt als Züge der Ironie oder einer sardonischen Natur. Andererseits verbergen sich unter der Oberfläche eines glühenden Idealismus oft die dunkelsten Aspekte des Pessimismus und der Verzweiflung.

Wenn ihr Idealisten seid und euch gleichzeitig relativ machtlos fühlt, wenn euer Idealismus unbestimmt und grandios und ohne Bezug auf irgendwelche praktischen Pläne ist, durch die er zum Ausdruck gebracht werden könnte, dann befindet ihr euch in einer schwierigen Lage. Ich will das an ein paar Beispielen deutlich machen.

Neulich abends hatten sich hier in diesem Wohnzimmer mehrere Menschen eingefunden. Einer der Besucher, ein Mann aus einer anderen Gegend des Landes, begann über den Zustand der Nation zu sprechen, wobei er seine Landsleute wegen ihrer Dummheit und Raffgier in Bausch und Bogen verurteilte. Es gebe nichts, was Menschen für Geld nicht tun würden, sagte er, und im Verlauf seines Monologs gab er der Meinung Ausdruck, die Menschheit selbst werde unausweichlich ihre eigene Vernichtung herbeiführen.

Er zählte eine ganze Reihe von Schandtaten auf, die um des Geldes willen begangen worden waren. Es folgte eine lebhafte Diskussion, doch blieb der Mann jedem gegenteiligen Argument gegenüber verschlossen. Roger, so wollen wir ihn nennen, ist im Grunde ein Idealist, aber er glaubt, daß der einzelne Mensch nur wenig in der Welt ausrichten kann, und so hat er es unterlassen, seinen persönlichen

Idealismus in seinem eigenen Lebenszusammenhang zu verwirklichen. »Jeder ist ein Sklave des Systems.« Das ist der Tenor seines Glaubens. Er arbeitete in einem Routinejob und blieb dabei seit zwanzig Jahren, obwohl er, wie er sagte, die Arbeit haßte. Nie nahm er die Gelegenheit wahr, in andere, ihm offenstehende Tätigkeitsbereiche überzuwechseln – weil ihm der Mut dazu fehlte.

Er fühlt, daß er sich selbst verraten hat, und diesen Verrat projiziert er auf die Außenwelt, bis er in der gesellschaftlich-politischen Welt nichts anderes mehr sieht als Verrat. Hätte er die Mühe auf sich genommen, in seinem eigenen Leben an der Verwirklichung seiner Ideale zu arbeiten, so befände er sich nicht in einer solchen Situation. Es liegt Befriedigung darin, seinen Idealen zu praktischem Ausdruck zu verhelfen, und dieser Befriedigung entspringt ganz natürlich weiteres Handeln im Sinne eines praktizierten Idealismus.

Roger spricht stets in dieser Weise, wenn er in Gesellschaft ist, und so verbreitet er eine negative Ausstrahlung der Verzweiflung, wo immer er auftritt. Doch ist sein Leben nicht nur durch diese Haltungen gekennzeichnet, denn immer wenn er die tiefe Kluft zwischen seinem Idealismus und dem praktischen Leben vergißt und über andere Belange spricht, beweist er bestechende Energie. Mit dieser Energie hätte er es jedoch viel weiter bringen können, wäre er seinen natürlichen Neigungen und Interessen gefolgt und hätte er eine davon zu seiner Lebensaufgabe gemacht. Er hätte ein großartiger Lehrer werden können. Aber er ist so sehr von seiner Ohnmacht überzeugt, daß er nicht wagte, eine berufliche Veränderung herbeizuführen. Immerhin gibt es auch Annehmlichkeiten in seinem Leben, die ihn davor bewahren, daß sich sein Blickwinkel noch weiter verengt.

Wenn ihr die Welt verbessern wollt, dann seid ihr Idealisten. Wenn ihr die Welt verbessern wollt, andererseits aber glaubt, daß sich an ihr nicht das Geringste ändern läßt, dann seid ihr Pessimisten, und euer Idealismus wird euch nur zermürben. Wenn ihr die Welt verbessern wollt, aber glaubt, daß sich ungeachtet sämtlicher Bemühungen alles nur weiter verschlimmmert, dann seid ihr wahrhaft kleinmütige, vielleicht irregeleitete Idealisten. Wenn ihr die Welt verbessern wollt, und zwar um jeden Preis, gleich, auf welche Gefahr hin, und gleich, was es euch und andere kosten wird, und wenn ihr glaubt, daß dieses Ziel jedes euch zur Verfügung stehende Mittel rechtfertigt, dann seid ihr Fanatiker.

(22.14 Uhr.) Fanatiker sind Idealisten besonderen Schlages. Sie

nähren gewöhnlich verschwommene und grandiose Träume, und in ihren hochfliegenden Plänen werden die Kriterien des Alltagslebens völlig außer acht gelassen. Sie sind unerfüllte Idealisten, die sich nicht damit zufriedengeben, ihren Idealismus in kleinen Schritten zum Ausdruck zu bringen, geschweige denn die praktischen Auswirkungen solchen aktiven Ausdrucks abzuwarten. Sie fordern unverzügliches Handeln. Sie wollen *(lauter)* die Welt nach ihren eigenen Vorstellungen umgestalten. Den Ausdruck der Toleranz oder entgegengesetzter Ideen können sie nicht ertragen. Sie sind die Selbstgerechtesten der Selbstgerechten, bereit, praktisch alles aufzuopfern – ihr eigenes Leben und das Leben anderer. Sie werden, um ihre Ziele zu erreichen, fast jedes Verbrechen rechtfertigen.

Ruburt erhielt kürzlich Besuch von zwei jungen Frauen, die lebensfroh, energiegeladen und von jugendlichem Enthusiasmus erfüllt sind. Sie wollen die Welt verändern. Als sie mit dem Ouija-Brett arbeiteten, wurde ihnen mitgeteilt, daß sie tatsächlich an einer großen Aufgabe mitwirken können. Eine der jungen Frauen beabsichtigt, ihren Job aufzugeben, um sich psychologischen Arbeiten zu widmen in der Hoffnung, auf diese Weise zur Veränderung der Welt beitragen zu können. Die andere wird als Bürohilfe mitarbeiten.

Nichts ist so anregend und nichts verdient so sehr die Verwirklichung wie der Wunsch, die Welt zum Besseren zu verändern. Tatsächlich ist dies *(nachdrücklich)* die Aufgabe eines jeden Menschen. Und ihr erfüllt sie in eurem eigenen Umkreis, genau dort, wo ihr lebt und wirkt. Ihr könnt damit im Winkel eines Büros oder am Fließband oder in einer Werbeagentur oder in der Küche beginnen. Ihr fangt dort an, wo ihr euch gerade befindet.

Hätte der früher erwähnte Roger dort angefangen, wo er sich befand, dann wäre er heute ein anderer, ein glücklicherer und erfüllter Mensch. Und sein Einfluß auf all die anderen Menschen, die ihm begegnen, wäre sehr viel segensreicher.

Wenn ihr euren eigenen Begabungen lebt und gerecht werdet, wenn ihr euren persönlichen Idealismus dadurch realisiert, daß ihr ihn nach Kräften in eurem täglichen Leben zum Ausdruck bringt, dann verbessert ihr die Welt tatsächlich.

Unsere heutige Sitzung begann später, weil Ruburt und Joseph den Anfang eines Films *(im Fernsehen)* sehen wollten, in dem eine junge Schauspielerin auftrat, die ich Sarah nennen will. Sarah hatte Ruburt einen Brief geschrieben, in dem sie ihm von dem Film erzählte. Sarah verfügt über Begabungen, die sie als ihr Kapital betrachtet und die sie in praktischer Weise fördert und pflegt. Sie glaubt an die Möglichkeit der Gestaltung ihrer eigenen Wirklichkeit. Aufkommende Zweifel, daß es bei ihr für den Erfolg nicht reichen würde oder daß es schwierig sei, im Showgeschäft voranzukommen, brachte sie zum Verstummen. Die Freude an der darstellerischen Leistung schuf neuen Spielraum für erweiterte Kreativität und bestärkte ihr persönliches Durchsetzungsvermögen. Indem sie diese Fähigkeiten in sich entwickelt, bringt sie anderen Menschen Freude. Sie ist eine Idealistin. So will sie beispielsweise versuchen, die Qualität der Sendungen anzuheben, und sie ist bereit, den dafür notwendigen Arbeitseinsatz zu leisten.

(22.30 Uhr.) Hol doch unserem Freund ein paar Zigaretten. Ist deine Hand müde?

(»Nein.«)

Kürzlich kam hier ein junger Mann aus einer nahegelegenen Stadt vorbei, ein hochbegabter, intelligenter junger Mensch. Zwar hat er nicht die Universität besucht, doch hat er eine Fachausbildung absolviert und arbeitet jetzt als Techniker in einer nahegelegenen Fabrik. Er ist ein Idealist, der sich großen Plänen zur Entwicklung mathematischer und technischer Systeme verschrieben hat, und er ist hochbegabt auf diesem Gebiet.

Im übrigen blickt er mit Abscheu und Widerwillen auf die älteren Männer, die dort seit Jahren arbeiten, »sich am Samstagabend betrinken und nichts außer der engen Welt ihrer Familie kennen«, und er hat beschlossen, daß ihm das nicht passieren wird. Er bekam mehrere »Anpfiffe« für »Dinge, die alle anderen auch machen«, obwohl, wie er beteuert, niemand außer ihm erwischt wird. Er fühlte sich niedergeschlagen, doch den Gedanken, die Universität zu besuchen und ein Stipendium zu beantragen, um seine Fachkenntnisse zu vertiefen, zog er nicht in Betracht. Er mag nicht die Stadt verlassen, die sein Geburtsort ist, um eine bessere Arbeitsstelle zu finden, und es kommt ihm auch nicht in den Sinn zu versuchen, die Lebenserfahrung seiner Mitarbeiter besser zu verstehen. Er glaubt nicht, die Welt verändern zu können, indem er einfach dort anfängt, wo er sich gerade befindet; andererseits wagt er auch nicht, sich auf seine eigenen Begabungen zu verlassen, indem er sie in einer praktischen Form zum Ausdruck bringt.

Aber die Jugend ist voller Kraft, und so wird er wahrscheinlich einen Weg finden, um seine Fähigkeiten besser zur Geltung zu bringen und ein besseres Gespür für seine innere Kraft zu gewinnen. Vorläufig jedoch geht er durch Perioden tiefer Verzweiflung.

Idealismus setzt das Gute als Gegensatz zum Schlechten voraus; wie also kann das Streben nach dem Guten so oft sein genaues Gegenteil bewirken? Wir werden dieser Frage nachgehen.

Es gibt, praktisch gesehen, vor allem ein Gebot – ein christliches Gebot –, das als Maßstab dienen kann. Es ist deshalb so gut, weil ihr es ganz wörtlich verstehen könnt: »Du sollst nicht töten!« Das ist deutlich genug. In den meisten Fällen wißt ihr, wann ihr getötet habt. Das ist ein Weg, dem sich viel leichter folgen läßt als zum Beispiel: »Liebe deinen Nächsten wie dich selbst!«, denn viele von euch lieben sich selbst ja gar nicht – wie also könnten sie dann ihren Nächsten lieben! Der tragende Gedanke ist, daß man seinen Nächsten nicht schlecht behandeln, geschweige denn töten wird, wenn man ihn liebt. Das Gebot »Du sollst nicht töten!« sagt, daß man seinen Nächsten ungeachtet aller Gefühle, die man ihm gegenüber hegen mag, nicht töten darf. Also setzt euch gleichsam ein neues Gebot: »Du sollst nicht töten, selbst nicht um deiner Ideale willen!«*

Was bedeutet das? Praktisch gesehen würde es bedeuten, daß ihr »um des Friedens willen« keinen Krieg mehr führen würdet. Es würde bedeuten, daß ihr nicht mehr in Tierversuchen anderen Geschöpfen das Leben raubt, um menschliches Leben zu erhalten. Das wäre die grundlegende Vorschrift: »Du sollst nicht töten, selbst nicht um deiner Ideale willen!« – denn um seiner Ideale willen hat der Mensch vermutlich mehr getötet, als er je aus Habgier oder Mordlust oder auch aus bloßem Machtstreben getötet hat.

Ihr seid Fanatiker, wenn ihr die Möglichkeit in Betracht

---

* Hier bezog sich Seth wahrscheinlich auf Material über die Anschauungen einer »radikalen« Philosophie der Veränderung, auf das Jane und ich kürzlich gestoßen waren. Da heißt es, Gewalt sei zulässig, um eine Revolution in Gang zu setzen, die ihrerseits zu einem neuen Zeitalter führen würde. In dieser utopischen Gesellschaft wäre der Mensch frei von Zwängen und könnte Intellekt und Intuition zur Übereinstimmung bringen. In den letzten Jahrzehnten haben viele Menschen solche modischen Ansichten gehegt. Viele hegen sie noch immer. Wir spekulierten über die unvermeidlichen Widersprüche, die auftauchen würden, falls es dem Menschen je gelänge, ein solches »ideales« Staats- oder Gesellschaftswesen zu schaffen, denn aufgrund seines immer rastlosen und schöpferischen Naturells würde er sofort damit beginnen, sein kaum erreichtes Utopia zu ändern. Auch amüsierten wir uns beim Gedanken an die Reaktionen solcher Radikalen, sollten sie sich je persönlich durch die ihnen zufolge »vertretbare« Gewalt, der sie das Wort reden, bedroht oder angegriffen finden.

zieht, zur Verwirklichung eures Ideals zu töten. Zum Beispiel mag euer Ideal – es gibt ja alle möglichen Ideale – darin bestehen, zum Nutzen der Menschheit eine unerschöpfliche Energiequelle zu erschließen, und ihr glaubt vielleicht so glühend an dieses Ideal, an diesen weiteren Zuwachs an Lebenskomfort, daß ihr die hypothetische Möglichkeit in Betracht gezogen habt, euch dieser Annehmlichkeit selbst auf die Gefahr hin zu versichern, daß dabei einige Menschenleben zugrunde gehen. Das ist Fanatismus.

(22.53 Uhr.) Das würde beweisen, daß ihr nicht gewillt seid, die notwendigen Schritte zur Erreichung eures Ideals in der materiellen Wirklichkeit zu unternehmen, sondern daß ihr dem Glauben huldigt, der Zweck rechtfertige die Mittel. »Zwar werden unterwegs einige Menschen ums Leben kommen, aber die Menschheit im ganzen wird profitieren«, so lautet das übliche Argument. Aber es geht nicht an, daß die Unantastbarkeit des Lebens den Annehmlichkeiten des Lebens zum Opfer gebracht wird, soll nicht die Qualität des Lebens selbst Schaden nehmen. Ein anderes Beispiel: Indem ihr ganze Generationen wehrloser Versuchstiere mit tödlichen Krankheiten infiziert, opfert ihr das Leben dieser Tiere eurem Ideal der prioritären Schutzwürdigkeit menschlichen Lebens.* Ganz gleich, ob eure Rechtfertigung nun lautet, daß Menschen Seelen haben, Tiere jedoch nicht, oder daß den Tieren eine geringere Lebensqualität eignet – sie ist Ausdruck von Fanatismus, und so kommt auch die menschliche Lebensqualität zu Schaden; denn diejenigen, *(mit großem Nachdruck)* die unterwegs in welcher Form auch immer Leben opfern, verlieren alle Achtung vor dem Leben, menschliches Leben mit eingeschlossen. Der Zweck rechtfertigt die Mittel nicht!

---

* Seth bezog sich auf die Art und Weise, in der Mäuse, Ratten, Kaninchen und andere Tiere in der Gefangenschaft der Laboratorien aufgezogen werden, um an wissenschaftliche Forscher verkauft zu werden, die mit ihnen Experimente durchführen, die an Menschen durchzuführen für »unethisch« erachtet würde. Mäuse zum Beispiel werden über Generationen hinweg in einer sterilen Umgebung durch Inzucht vermehrt, bis man genetisch »reine« Arten erhält; diese idealen »Modelle« zur Erforschung menschlicher Defekte entwickeln oder leiden von Geburt an unter Fettleibigkeit, verschiedenen Formen von Krebs (darunter Leukämie), Epilepsie, verschiedenen Anämien, Muskelschwund und so weiter. Einige werden als Zwerge geboren oder haarlos oder mit deformierten oder fehlenden Gliedmaßen. Aus Inzucht hervorgegangene Mäuse werden jetzt auch verwendet, um die selbstgeschaffenen Umweltgefahren für den Menschen zu testen.

Macht einen Moment Pause.

(22.58 Uhr. Allerdings war die Pause nicht einmal so lang, daß ich meinen Kugelschreiber aus der Hand legen konnte. Seth brachte mehrere Abschnitte Material für Jane und mich und beendete die Sitzung um 23.05 Uhr.

Janes Vortrag war während der ganzen Sitzung gut, beinahe drängend gewesen und meistens so schnell, daß ich nur knapp zu folgen vermochte. »Ich bin so froh, daß ich wieder bei dem Buch bin«, sagte sie. »Ich weiß, es geht mir so bei jedem Seth-Buch: ich frage mich, worüber er sprechen wird, wie er dies oder das behandeln wird ... Ich erinnere mich an seine Beispiele über die Idealisten und das neue Gebot, das er formuliert hat. Mir war vor der Sitzung nichts davon bewußt gewesen – aber an meinem Tisch erhielt ich heute abend tatsächlich ein paar Sachen von ihm, die er noch nie erwähnt hatte ...«)

Sitzung 852, Mittwoch, den 9. Mai 1979

(Einen Tag nach der letzten Sitzung, als Jane gerade an ihrem dritten Seven-Roman schrieb, trafen vom Verlag Prentice-Hall ein Dutzend Belegexemplare ihres zweiten Seven-Buches ein: »The Further Education of Oversoul Seven«. Das Buch ist gerade erschienen.

Es herrscht fast so etwas wie eine unausgesprochene Übereinkunft zwischen Jane-Seth und mir, daß Seth seit der 846sten Sitzung, die vor über einem Monat, nämlich am 4. April, stattfand, Material für »Individuum und Massenschicksal« nur an Mittwochabenden diktiert. – 21.39 Uhr.)

Guten Abend.

(»Guten Abend, Seth.«)

Wenn ihr die Natur von Gut und Böse erörtert, dann bewegt ihr euch auf trügerischem Grund, denn viele – oder die meisten – Greuel, die Menschen an Menschen verübten, wurden im fehlgeleiteten Eifer für das »Gute« verübt.

Wessen Gutes (Fragezeichen)? Ist »das Gute« etwas Absolutes (Fragezeichen)? Offenbar kann auf den Schauplätzen eures Lebensgeschehens das Wohl des einen des anderen Verderben sein. Hitler verfolgte seine Version »des Guten« mit unbeirrbarem Fanatismus. Er glaubte an die Überlegenheit und sittliche Lauterkeit der »arischen Rasse«. In seiner übersteigerten, idealisierten Version der Wirklichkeit sah er die arische Rasse als »von Natur aus« zur Herrschaft über die Menschheit bestimmt.*

Er glaubte an heroische Eigenschaften und war geblendet von der idealisierten Version eines arischen Übermenschen, der gesund und stark an Körper und Geist sein sollte. Um dieses Ziel zu erreichen, war Hitler bereit, die übrige Menschheit zu opfern. »Das Übel muß ausgerottet werden.« Diese unselige Litanei steht hinter dem Glauben zahlreicher – wissenschaftlicher wie auch religiöser – Kulte, und Hitlers Arierreich war eine abstruse Verquickung der okkultesten Aspekte von Religion und Wissenschaft, in der den kultistischen Tendenzen beider nach Kräften Vorschub geleistet wurde.

In der politischen Arena sollten diese »Ideale« zur Verwirklichung kommen. Zweifellos war Hitlers Idee vom Guten weder richtig noch umfassend; und auch die verbrecherischsten Handlungsweisen waren gerechtfertigt.

Wie konnten Hitlers ursprünglich verschwommene Ideale von nationaler Größe sich zu der Weltkatastrophe bekannten Ausmaßes auswachsen? Die Schritte, die dorthin führten, entsprachen den bereits früher *(in einer Reihe von in Teil 3 enthaltenen Sitzungen)* erwähnten Kriterien, die jeder Kultbewegung anhaften. Hitlers Tagträume wurden zunehmend grandioser, und in ihrem Licht schien sich der Leidensweg seines Volkes mit jedem Tage zu verschlimmern. Immer wieder zählte er in Gedanken dessen Demütigungen auf, bis sein gefühlsgeladenes Denken sich nur noch in einer hermetisch abgeschlossenen Umwelt bewegte, in die nur ganz bestimmte Ideen Einlaß fanden.

Alles, was nicht arisch war, wurde zum Feind. Die Juden wurden zum erklärten Erzfeind vor allem wegen ihrer Rolle in der Finanzwelt und wegen ihres Zusammenhalts, ihres Einstehens für eine Kultur,

---

* Hitlers Kreuzzug für die deutsch-arische Superrasse ist ein eklatantes Beispiel dafür, wie ein politischer Führer Geschichte in den Dienst seiner eigenen Absichten verkehren kann. Die Anthropologie mißt dem Begriff »arisch« als Rassenmerkmal keinerlei Wert bei. In den Augen der Rassenfanatiker in Hitlers Gefolgschaft waren Arier die nichtjüdischen, »nordischen« Abkömmlinge der prähistorischen Völker, die ursprünglich der reichlich hypothetischen indogermanischen Sprachfamilie angehörten. Die Arier überschwemmten, aus Südrußland und Turkestan kommend Indien, den mittleren Osten und Europa. Hitlers Gefolgsleute idealisierten deren Eroberungszüge und versuchten, die deutschen Ursprünge bis zu den arischen Vorfahren zurückzuverfolgen.

die nichtarisch war. Sie wurden Hitlers fanatischem Ideal von Deutschlands Heil zum Opfer gebracht.

In seinen Reden hob Hitler den Wert gemeinschaftlichen Handelns hervor und stellte es in Gegensatz zu individuellem Handeln. Er machte aus Kindern Denunzianten ihrer eigenen Eltern. Er verhielt sich im Rahmen des Nationalsozialismus, wie sich jeder kleinere Kultführer in kleinerem Rahmen auch verhält. Die Juden glaubten an ihr Märtyrertum. *(Pause.)* Deutschland wurde das neue Ägypten, in dem man ihr Volk verfolgte. Ich möchte die Sache nicht ungebührlich vereinfachen, und ganz gewiß gibt es keine Entschuldigung für die Greuel, die den Juden in Deutschland und in den besetzten Ländern angetan worden sind. Doch *(eindringlich)* es schafft jeder einzelne von euch seine eigene Wirklichkeit, und *en masse* schafft ihr die Wirklichkeit eurer Völker und eurer Staaten. Damals sahen sich die Deutschen als Sieger und die Juden sich als Opfer.

(Nach einer Pause um 22.00 Uhr:) Beide reagierten im allgemeinen als Gruppen und nicht so sehr als Individuen. Bei all ihrem Idealismus hatten beide im Grunde eine pessimistische Sicht ihres individuellen Selbst. Es war Hitlers Glaube an das Böse in der individuellen Psyche, der ihn zu all seinen Gesetzen und Reglementierungen zur Förderung und Wahrung der »Reinheit der arischen Rasse« bewog. Und düster war auch das Weltbild der Juden, aus dem heraus sie ihrerseits Gesetze und Reglementierungen erließen, um die Reinheit der Seele vor den Kräften des Bösen zu bewahren. Und während den jüdischen Schriften des *»Alten Testaments«* zufolge Jahwe dann und wann mit großer Majestät einschritt, um sein erwähltes Volk zu retten, ließ er auch zu, daß es während langer Perioden große Demütigungen zu erdulden hatte, und er schien es oft erst im letzten Moment zu erretten – und diesmal, so schien es, ließ er es vollends im Stich. Was ging da vor?

(Nach langer Pause:) Hitler brachte unbeabsichtigt *(lange Pause)* eine ganz entscheidende Idee zur vollen Blüte, eine Idee, die eure Geschichte immer wieder verändert hat. *(Pause.)* All die krankhaft übersteigerten nationalistischen Phantasien, die jahrhundertelang gewuchert hatten, all die großsprecherischen Hymnen zum Lob des Krieges als des unveräußerlichen Rechts einer Nation, sich zum Herrscher über andere Nationen aufzuschwingen, konzentrierten sich schließlich in Hitlerdeutschland wie in einem Brennpunkt.

Diese Nation lieferte das Beispiel dafür, was in jedem Lande möglich wäre, wenn sich extremer Nationalismus unkontrolliert ausbreiten dürfte, wenn das Recht sich nach der Macht richtete und wenn irgendeine Nation es für gerechtfertigt hielte, die Vernichtung einer anderen in Betracht zu ziehen.

Ihr müßt euch in diesem Zusammenhang klarmachen, daß Hitler glaubte, jede Greueltat sei im Lichte dessen, was er für das einzig Wahre hielt, gerechtfertigt. Auch waren nicht wenige der von ihm vertretenen Ideen längst akzeptiertes Gedankengut auch in anderen Volksgemeinschaften, nur sind sie dort nicht so gründlich in die Tat umgesetzt worden. Die Nationen oder Völker der Welt sahen ihre eigenen schlimmsten Tendenzen in Hitlerdeutschland personifiziert und auf dem Sprung, sie anzugreifen. Die Juden verhielten sich aus verschiedenen Gründen – und noch einmal: dies ist nicht die ganze Geschichte – wie alle Opfer dieser Welt und stimmten mit den Deutschen prinzipiell in ihrer Ansicht über die »Verderbtheit der menschlichen Natur« überein. Zum erstenmal kam der modernen Welt ihre Verletzlichkeit infolge politischen Geschehens zum Bewußtsein, und Technologie und Kommunikation beschleunigten alle Schrecknisse des Krieges. Hitler brachte viele der niederträchtigsten Tendenzen des Menschen zum Vorschein. Zum erstenmal begriff daher die Menschheit, daß Macht nicht gleichbedeutend war mit Recht, und daß genaugenommen ein Weltkrieg keine Sieger im eigentlichen Sinne übrigließ. Es hat nicht viel gefehlt, und Hitler hätte die erste Atombombe der Welt gezündet.

Doch wußte Hitler auf eigentümliche Weise von Anfang an, daß er zum Untergang verurteilt war, und Deutschland ebenfalls, was seine Hoffnungen betraf. Es trieb ihn zur Zerstörung, denn in seinen lichteren Augenblicken erkannte selbst er die grotesken Entstellungen seiner früheren Ideale. Das führte dazu, daß er häufig seine eigenen Bemühungen sabotierte, und mehreren bedeutenden Siegen der Alliierten lag solche Sabotage zugrunde. Aus ebendiesen Gründen kam es auch nicht zur Bereitstellung der Atombombe in Deutschland.

Doch jetzt kommen wir zu Hiroshima, wo die erste vernichtende Bombe gezündet wurde *(am 6. August 1945)* – und aus welchem Grunde? Um Leben zu retten, um das Leben von Amerikanern zu retten. Gewiß war es eine »gute« Absicht, Amerikanern das Leben zu retten – diesmal auf Kosten der Japaner. In dieser Hinsicht war das Heil Amerikas das Unheil Japans, und ein Akt »zur Rettung von

Menschenleben« hatte die Vernichtung von Menschenleben zur Voraussetzung.

(22.27 Uhr.) Welchen Preis hat »das Gute« – und welche Idee des Guten soll als Kriterium dienen? Das menschliche Streben nach dem Guten führte auch zur Inquisition und zu den Hexenjagden von Salem. Politisch denken heute viele, daß die Sowjetunion »der Feind« und daß daher jedes Mittel recht wäre, diesen Feind zu zerstören. Manche Menschen in den Vereinigten Staaten glauben, daß »das Establishment« durch und durch korrupt und daher jedes Mittel recht wäre, es zu zerstören. Manche glauben auch, daß Homosexuelle und Lesbierinnen »entartet« seien, es ihnen an menschlichem Wert fehle und daß sie daher keine Achtung verdienen. All dies sind Werturteile aufgrund eurer Glaubensüberzeugungen von dem, was gut und wahr sei. *(Pause.)*

Nur sehr wenige Menschen legen es von Anfang an darauf an, so schlecht und gemein wie möglich zu sein. Zumindest haben zum Beispiel (bitte in Sperrschrift) m a n c h e K r i m i n e l l e das Gefühl, daß sie, indem sie stehlen oder töten, nur die Ungerechtigkeiten der Gesellschaft wieder ausgleichen. Ich will damit nicht sagen, daß dies ihr einziges Motiv sei, aber auf die eine oder andere Weise gelingt es ihnen, ihre Handlungen vor sich selbst zu rechtfertigen, indem sie darin ihre eigene Version dessen, was gut und recht sei, erblicken.

Ihr müßt euch klarmachen, daß Fanatiker immer grandios übersteigerte Ideen hegen, während sie zugleich an die sündige Natur des Menschen und die Machtlosigkeit des Individuums glauben. Sie können dem Ausdruck des Selbst nicht vertrauen, da sie von seiner Verschlagenheit überzeugt sind. So erscheinen ihnen ihre Ideale noch unerreichbarer. Fanatiker rufen andere zu sozialem Handeln auf. Da sie nicht glauben, daß der einzelne etwas auszurichten vermag, sind ihre Gruppierungen nicht Zusammenschlüsse privater Einzelmenschen, die sich auf der Grundlage der Vernunft zusammenfinden, um auf individuelle Weise ihren sozialen Beitrag zu leisten; vielmehr sind es Zusammenschlüsse von Menschen, die sich davor fürchten, ihre Individualität zu behaupten, und die hoffen, sie in der Gruppe zu finden oder aber eine Art Gruppenindividualität zu entwickeln – und *(nachdrücklich)* das ist ein Unding.

Das Individuum kann durch soziales Handeln sehr viel erreichen, und der Mensch ist ein soziales, ein geselliges Wesen; doch werden Menschen, die die Eigenverantwortung scheuen, in der Gruppe nur ein Zerrbild der eigenen Machtlosigkeit, niemals aber ihre Individualität finden.

Ende des Diktats. Ich habe den Brief des Wissenschaftlers nicht vergessen. Wir werden ihn miteinbeziehen.

(22.41 Uhr. Jetzt kam Seth mit Informationen für Jane und mich durch und schloß dann die Sitzung um 22.45 Uhr. »Als die Sitzung begann, hatte ich keine Ahnung, daß er über Hitler und Deutschland sprechen würde«, sagte Jane. »Nicht im geringsten. Aber ich wußte, daß er auf Gut und Böse eingehen würde.«

Der Wissenschaftler, auf den sich Seth bezog, ist ein Professor für Physik, der sich Anfang des Monats bei Jane gemeldet hatte. Er hatte einige interessante Fragen in bezug auf Seths Ideen über die »wahre« Natur des Universums gestellt, und in der nicht für dieses Buch bestimmten Sitzung vom 30. April, der 849sten, hatte Seth einige Abschnitte Material als teilweise Antwort durchgegeben.)

Sitzung 853, Montag, den 14. Mai 1979

(Obwohl dies eine private Sitzung ist, deren Material Jane und ich gesondert vom »regulären« Material einordnen, legen wir sie doch in »Individuum und Massenschicksal« vor wegen der vielen Einblicke sowohl in Geschehnisse des individuellen Lebens und des Lebens der Massen im allgemeinen wie auch in unsere persönlichen Wirklichkeiten im besonderen. Und tatsächlich bezweifle ich, daß ohne diese unsere Eigenschaften, die Seth an diesem Abend zur Sprache bringt, die Seth-Bücher oder auch nur die Sitzungen als solche existieren würden. In diesem Sinne also enthält diese Sitzung weitere Einsichten in das Wie und Warum des Seth-Materials, Einsichten, denen wir fortgesetzt nachgehen, wie ich schon zu den Sitzungen 840 und 841 anmerkte.

Der Inhalt der heutigen Sitzung erwuchs eigentlich aus mehreren Einsichten, die Jane seit letztem Mittwochabend in Worte gefaßt hatte. Nach einigen solchen verbalen Zusammenfassungen empfand sie sehr angenehme Entspannungseffekte von der Art, wie ich sie in den einführenden Anmerkungen zur 829sten Sitzung beschrieb. »Aber eben jetzt warte ich bloß«, sagte sie ungeduldig um 21.45 Uhr. »Genauer gesagt: ich bin wütend. Nun hatte ich mich so darauf eingestellt, früher zu beginnen ...« Dann berichtigte sie sich: »Es macht mich wütend, weil ich mich in einem so sonderbaren subjektiven Zwi-

schenzustand befinde. Das ist nicht angenehm. Ich möchte entweder Seth sein oder ich selbst – eins oder das andere, denke ich ...«

Dann, um 21.46 Uhr, ziemlich langsam, doch seltsamerweise mit Nachdruck:)

Guten Abend.

(»Guten Abend, Seth.«)

Buchdiktat gibt's am Mittwoch.

Ich möchte jetzt ein paar Kommentare machen. Allgemein gesprochen hat Kreativität in eurer Gesellschaft feminine Konnotationen, wogegen Macht im Zusammenhang mit Männlichkeit gesehen und weitgehend als destruktiv betrachtet wird.

Eure Wissenschaftler sind im allgemeinen intellektuell orientiert; sie stellen die Vernunft höher als Intuition und Inspiration und halten es für selbstverständlich, daß es sich hierbei um gegensätzliche Qualitäten handelt. Sie können sich nicht *(Pause)* den schöpferischen Ursprung des Lebens vorstellen, denn ihren Begriffen zufolge würde sie das an die femininen Aspekte der Kreativität erinnern.

Schon im Bezugsrahmen dieser Diskussion erlebt ihr ein männliches Universum. Es ist ein Universum scheinbar rein männlicher Eigenschaften, entsprechend euren historisch überlieferten Kategorien dessen, was männlich und weiblich ist. Das Universum scheint sinnlos zu sein, weil der »männliche« Intellekt, da er nichts für gegeben nehmen darf, keinen Sinn erkennen kann. Und obwohl bestimmte Eigentümlichkeiten des Universums ganz offensichtlich sind, müssen sie ignoriert werden. *(Pause.)*

Die Begriffe »männlich« und »weiblich« sind hier ganz generell zu verstehen und beziehen sich nicht auf die grundlegenden Eigenschaften der beiden Geschlechter. Diesen Begriffen zufolge will der männlich orientierte Intellekt das Universum ordnen, kategorisieren und klassifizieren und so weiter. Er will jedoch die kreativen Aspekte des Universums, die überall in die Augen springen, ignorieren, und vor allem glaubt er, keinerlei Gefühl zeigen zu dürfen. Ihr habt somit in eurer Geschichte einen männlichen Gott der Macht und der Vergeltung, der eure Feinde für euch schlug. Ihr habt einen voreingenommenen Gott, der beispielsweise die Ägypter und die Hälfte der Juden tötet, um frühere ägyptische Grausamkeiten zu rächen. Der männliche Gott ist ein Gott der Macht. Er ist kein Gott des Schöpferischen.

Nun aber ist die schöpferische Gestaltungskraft seit jeher des Menschen innigste Verbindung zu seinem Ursprung, zur Natur des eigenen Seins. Dank ihrer Schöpferkraft empfindet die Menschheit das All-Eine. Doch Kreativität folgt ihren eigenen Gesetzen. Sie trotzt aller Kategorisierung, und sie hält auf Gefühle. Sie ist eine Quelle der Offenbarung und Inspiration – doch ursprünglich haben Offenbarung und Inspiration nicht mit Macht zu tun, sondern mit Wissen. Und was geschieht so oft in eurer Gesellschaft, wenn Frauen und Männer schöpferische Begabungen erkennen lassen und zu alledem noch gescheit sind?

(22.03 Uhr.) Die katholische Kirche lehrte, daß Offenbarung gefährlich sei. Der Gehorsam von Geist und Gemüt war der weitaus sicherere Weg, und selbst die Heiligen waren irgendwie verdächtig. Frauen waren minderwertig, besonders wo es um Religion oder Philosophie ging, denn dort vor allem hätte ihre Kreativität unruhestiftend gewirkt. Frauen wurden als hysterisch betrachtet, bar der Vernunft intellektuellen Denkens und statt dessen von unbegreiflicher weiblicher Emotionalität beherrscht. Frauen konnten nur im Zaum gehalten werden, indem sie ihre Energien im Kinderkriegen erschöpften.

Ruburt *(Jane)* war überaus kreativ, und den Glaubensüberzeugungen seiner Zeit entsprechend glaubte er, mit seiner Kreativität behutsam umgehen zu müssen, denn er war fest entschlossen, sie zu nutzen. Er hatte sich früh dafür entschieden, kinderlos zu bleiben, und dies nicht zuletzt auch um jeden Zug schlüssiger Weiblichkeit zu vermeiden, der sein Werk nur beeinträchtigen oder ihn von seiner Hingabe an dieses ablenken könnte. Er liebte dich, Joseph, tief und liebt dich unvermindert, doch hatte er stets das Gefühl, äußerst behutsam vorgehen zu müssen, um all den unterschiedlichen Überzeugungen und Bedürfnissen – sowohl euren eigenen als auch jenen, die euch mit der Gesellschaft verknüpften – gerecht zu werden. Er war und ist kreativ. Doch er fühlte, daß Frauen als minderwertig erachtet wurden und daß er gerade wegen seiner besonderen Fähigkeiten sehr verletzlich war; er fürchtete, von anderen lächerlich gemacht und wie andere Frauen als profunder Denker oder philosophischer Neuerer nicht ernstgenommen zu werden.

Der Trance selbst haftet ja ein Flair von Weiblichkeit an, wobei er zweckmäßigerweise übersah, daß es auch ausgezeichnete männliche Trancemedien gibt. Und doch scheute er gleichzeitig davor zurück, Macht auszuüben, den Vorwurf befürchtend, sich eines Übergriffs auf männliche Vorrechte schuldig zu machen.

Nun *(zu mir)*: Du bist kreativ, aber du bist ein Mann. Dennoch sah ein Teil deiner selbst die Kreativität als eine gewissermaßen weibliche Eigenschaft. Ginge sie nun, wie das früher der Fall war, mit Gelderwerb einher, dann wäre die Malerei ein Machtgewinn und von daher für deine amerikanische Männlichkeit annehmbar. Ich verkenne nicht, daß ihr beide im Hinblick auf die herrschende Meinung eurer Zeit durchaus liberal dachtet – nun, um so schlimmer! Du wolltest, nachdem du deinen Brotberuf aufgegeben hattest, deine Kunst nicht vermarkten, weil du das gewissermaßen als Prostitution empfunden hättest – denn dein »feminines Gefühlsleben«, dem du deine Bilder zu verdanken glaubtest, wäre dann im Zeichen der »Rolle des Mannes als Erzeuger und Träger der Macht« verkauft worden.

Die Kunst der alten Meister war weitgehend frei von solchem Nebensinn, weil sie viel praktische Arbeit voraussetzte – die Herstellung der Farben, der Leinwände, der Rahmen und so weiter. Diese Arbeit, die der Vorbereitung des Kunstschaffens diente, leistet nun der Fabrikant, ein Vertreter der männlichen Welt, siehst du, und so bleibt dem Künstler als Mann in eurer Gesellschaft oft nur das, was er als die weibliche Grundlage der Kunst ansieht, auf der er sich ihr natürlich stellen muß.

(22.20 Uhr.) Ich möchte hier klar und deutlich sagen, daß solche Ideen in der Gesellschaft wie Unkraut wuchern und die Ursache zahlloser persönlicher und nationaler Probleme sind. Sie liegen schwerwiegenden Sachverhalten zugrunde und spielen beispielsweise bei dem atomaren Fiasko [von Three Mile Island] und in den Vorstellungen der Wissenschaftler von Machbarkeit und Macht ihre Rolle. Ihr, die ihr beide außerordentlich kreativ seid, erfahrt eure Kreativität – sowohl privat wie auch im Hinblick auf die Welt – im Konflikt mit euren Vorstellungen von Sexualität. Viel davon hängt mit den bedauerlichen Mythen über den schöpferischen Menschen zusammen, von dem erwartet wird, daß er mit der Welt nicht so gut zurechtkommt wie der Durchschnitt der Menschen, der seine Vorlieben und Abneigungen maßlos übertreibt und der, wie bisweilen behauptet wird, von seiner Kreativität geradewegs in den Selbstmord oder in Depressionen getrieben wird. Kaum verwunderlich, wen angesichts solcher Glaubensüberzeugungen nur wenige kreative Menschen den Mut nicht verlieren und nicht aufgeben!

Dies sind in der Tat einige der Gründe, weswegen Ruburt seinem spontanen Selbst mißtraute: weil er es für weiblich und daher für irgendwie minderwertiger als das spontane Selbst des Mannes hielt.

Ihr stoßt da auf eine Menge Widersprüche. Gott gilt als männlich. Die Seele gilt als weiblich. Die Engel sollen männlich sein. Betrachten wir doch einmal den Garten Eden. Der Legende zufolge führte Eva den Mann in Versuchung und ließ ihn vom Baum der Erkenntnis von Gut und Böse essen. *(Pause.)* Damit wird ein Bewußtseinszustand am Punkt der Entwicklung dargestellt, an dem die Menschheit für sich zu denken und zu fühlen begann, an dem sie sich einem fortgeschrittenen Bewußtsein annäherte, in dem sie es wagte, ihre eigenen schöpferischen Kräfte zu entfalten und zu nutzen. *(Pause.)*

Es ist schwierig, das in Worte zu fassen. *(Pause.)* Es war ein Zustand, in dem die Gattung ihrer eigenen Gedanken als ihrer eigenen Gedanken gewahr wurde und ein Bewußtsein vom denkenden Selbst gewann. Dieser Punkt setzte die Schöpferkraft des Menschen frei. Nach euren Begriffen war sie das Ergebnis der Intuition Evas (obwohl Intuitionen, wie ihr wißt, auch Männer haben). Zur Zeit der Niederschrift der diesbezüglichen [biblischen] Schriften hatten die Menschen jenes Kulturkreises bestimmte Zustände der Ordnung, der Machtverhältnisse und Organisationsformen erreicht, und sie wollten den Status quo beibehalten. Intuitive Visionen und Veränderungen als deren Folge waren nun nicht mehr erwünscht. Die Kreativität hatte bestimmten vorgeschriebenen Bahnen zu folgen. So wurde die Frau zum Übeltäter.

Ich habe schon früher Material darüber gebracht *(in persönlichen Sitzungen).* Bis zu einem gewissen Grade bekam Ruburt Angst vor seiner eigenen Kreativität, und dir erging es ebenso. In Ruburts Fall war die Angst größer, bis es ihm manchmal so vorkam, als würdest du, Joseph, wenn er mit seiner Arbeit erfolgreich ist, in ein falsches Licht kommen oder als könnte er zum Fanatiker werden und die bekannten verächtlichen weiblichen Eigenschaften der Hysterie an den Tag legen.

(Mit viel Humor:) Ich hoffe, ihr beiden lernt etwas aus dieser Sitzung. Ende der Sitzung und herzlich einen guten Abend.

(»Danke, Seth. Gute Nacht.«)

(22.35 Uhr. – »Mir war nicht klar, daß er auf all das zu sprechen kommen würde«, meinte Jane, nachdem ich ihr versichert hatte, die Sitzung sei ausgezeichnet gewesen. »Vielleicht habe ich mich deshalb vor der Sitzung so unbehaglich gefühlt: etwas in mir wußte, daß Seth

über uns sprechen würde. Jetzt fühle ich mich erschöpft. Ich könnte umgehend zu Bett gehen, aber ich will nicht ...«

Sie könne es jetzt nicht wirklich beschreiben, meinte Jane, aber sie habe »ein köstliches Gefühl großer Erheiterung« empfunden, als sie den Teil der Sitzung über meine Vorstellungen brachte, daß der Verkauf von Bildern mich zur Prostituierten mache. »Ein gargantueskes Gefühl war das, einfach urkomisch«, fügte sie hinzu.

Sie lachte. »Du bist schon seltsam«, sagte sie. »Einerseits willst du nichts von dir zu Markte tragen, andererseits aber gedenkst du, all diese persönlichen Sitzungen für die Nachwelt zu sammeln, um sie eines Tages der Welt zu unterbreiten. Du bist sehr verschwiegen; du quasselst nicht über unsere Privatangelegenheiten, das *aber würdest du tun ... Ich hingegen sehe uns, wenn ich Achtzig bin und du Neunzig bist, draußen im Hof den ganzen Zauber verbrennen.«*

Jedenfalls waren wir darin einig, daß die heutige Sitzung, privat oder nicht, sehr viel Licht auf das Seth-Material in seiner Gesamtheit geworfen, neue Tiefen des Verständnisses erschlossen und wertvolles Hintergrundmaterial geliefert hat. Übrigens habe ich, ungeachtet meiner Abneigung gegen den Markt, in den letzten Jahren eine ganze Reihe von Bildern verkauft ...)

Sitzung 854, Mittwoch, den 16. Mai 1979

(Jane hat heute ein neues Buch angefangen, und sie ist ganz begeistert, ja beseligt über diese Fortentwicklung ihrer schöpferischen Fähigkeiten. Anlaß dazu war eine scheinbar unbedeutende Begebenheit, doch ein Vorkommnis, das kaum zufällig gewesen sein dürfte.

Heute morgen, als sie am achten Kapitel von »Oversoul Seven and the Museum of Time« schrieb, verspürte sie auf einmal den Impuls, den Raum zu wechseln, um dem grellen Sonnenlicht zu entkommen, das die dünnen Vorhänge vor den gläsernen Schiebetüren ihres Arbeitszimmers im rückwärtigen Teil des Hauses durchflutete. Beim Hinausgehen ergriff sie ein Notizbuch, das, wie sie meinte, ihre Tagebucheintragungen enthielt. Im Wohnzimmer stellte sie dann fest, daß sie statt dessen ihr Notizbuch für »Heroics« in der Hand hatte. Es enthält viele der Anmerkungen zum heroischen Selbst und zu heroischen Impulsen, die sie in den Kapiteln 25 bis 27 ihres 1976 erschienenen Buches »Psychic Politics« erörtert hatte. Außerdem enthält es eine Reihe von Einfällen zur Idee des Heroischen, die sie nach Fertigstellung des Buches niedergeschrieben hatte. »Als ich mir diese Notizen anschaute, wurde mir plötzlich klar, daß ich dieses Buch machen muß – ›Heroics‹ – und daß ich weiter Ausschau halten soll nach dem heroischen Selbst, über das ich in ›Politics‹ geschrieben habe«, sagte sie zu mir beim Mittagessen. »Jetzt ist die Zeit dafür reif.«

Doch ist ihr nicht ganz klar, warum sie »Heroics« gerade jetzt schreiben will. Wir mutmaßten, ihr schöpferisches Selbst wünsche im Hinblick auf den bevorstehenden Abschluß von »Seven«, daß sie ein neues Vorhaben beginnt. Doch vertraut sie einfach ihrer Absicht, und sie hat auch schon ein paar Zeilen für das neue Buch geschrieben. Die Ironie der Sache ist, daß sie mit »Seven« sehr gut im Zuge ist; gestern erst bemerkte sie, daß sie mit der Reinschrift der bisher abgeschlossenen Kapitel beginnen wolle. Aber jetzt hat sie »Seven« beiseitegelegt – für wer weiß wie lange?

Über den Aufbau des neuen Buches ist sie sich noch nicht im klaren, und ob »Heroics« der endgültige Titel sein wird, steht noch nicht fest. »Jedenfalls werde ich eine Menge Lyrik darin unterbringen, Sachen, die sich seit Jahren bei mir angesammelt haben. Mein Gott, der ganze Vormittag war wie verwandelt, als mir die Idee kam! Alles sieht ganz neu aus, wie mit Energie geladen oder so ...«

Ich habe die korrigierten Druckabzüge des »Emir« vor fünfeinhalb Wochen an den Verlag Delacorte Press zurückgeschickt und seither die neuen Sitzungsprotokolle sowohl für »Individuum und Massenschicksal« als auch diejenigen über andere, allgemeine Themen sowie die für uns selbst bestimmten überarbeitet. Zudem habe ich täglich mehrere Stunden gemalt, Träume notiert, ausführende Anmerkungen zu einer Reihe verschiedener Themen geschrieben, Materialien zur Thematik unserer Bücher, die sich angesammelt hatten, in Ordnern untergebracht und neuerdings täglich im Hof unseres Hügelhauses gearbeitet. Beginn der Sitzung um 21.35 Uhr.)

Guten Abend.

(»Guten Abend, Seth.«)

Diktat: Im Grunde *(Pause)* glaubt ein Fanatiker, daß er machtlos ist.

Er hat kein Vertrauen in seine eigene Wesenskraft und in seine Fähigkeit, erfolgreich zu handeln. Die gemeinsame Aktion erscheint als der einzig erfolgversprechende Weg, eine gemeinsame Aktion jedoch, in der jeder einzelne zum Handeln gezwungen werden muß, getrieben von Angst oder Haß, die provoziert und geschürt werden, denn sonst, so fürchtet der Fanatiker, würde nicht ein Schritt in Richtung auf »das Ideal« unternommen werden.

Durch solche Methoden und durch so geschürte Gruppenhysterie wird dem einzelnen Gesinnungsgenossen die Verantwortung für individuelles Handeln abgenommen und an die Gruppe delegiert, wo sie aufgelöst und verallgemeinert wird. Die Sache, was immer diese ist, kann dann jede Menge Verbrechen rechtfertigen, und kein Individuum muß die Schuld allein tragen. Fanatiker haben den Scheuklappenblick, so daß alle Anschauungen, die ihren Absichten nicht förderlich sind, ignoriert werden. Diejenigen jedoch, die ihre Überzeugungen in Frage stellen, werden augenblicklich zu Zielscheiben der Verachtung und der Aggression. *(Pause.)* Ganz allgemein wird in eurer Gesellschaft Macht als ein Attribut des Mannes betrachtet. Kultbewegungen haben öfter männliche als weibliche Führer, und die Frauen bilden meistens das Gefolge, denn man hat sie gelehrt, daß es ihnen nicht ansteht, Macht auszuüben, wohl aber, den Mächtigen zu folgen.

Ich sagte *(in Sitzung 846)*, daß es religiöse und wissenschaftliche Kulte gibt und daß die von Männern kontrollierte Korporation der Wissenschaftler ihre Macht in gleicher Weise gebraucht, wie der männliche Jahwe seine Macht auf einem anderen Schauplatz ausübte, um seine Freunde zu beschützen und seine Feinde zu vernichten. In meinem letzten Buch *(»Die Natur der Psyche«)* sprach ich ziemlich ausführlich über die Sexualität eurer Gattung; hier nun möchte ich näher ausführen, wie einige eurer die Sexualität betreffenden Glaubensüberzeugungen euer Verhalten beeinflussen.

(Amüsiert:) Der männliche Wissenschaftler betrachtet die Rakete als sein persönliches Symbol sexueller Potenz. *(Pause.)* Seinem Gefühl zufolge hat er das Vorrecht, über Macht beliebig zu verfügen. Nun sind viele Wissenschaftler »Idealisten«. *(Pause.)* Sie glauben, daß ihre Suche nach Antworten nahezu jedes Mittel oder Opfer nicht nur ihrerseits, sondern auch seitens anderer rechtfertigt. Sie werden zu Fanatikern, wenn sie die Rechte anderer Menschen gering achten und wenn sie das Leben schänden in dem fehlgeleiteten Versuch, es zu verstehen.*

---

* Vergleichen Sie die Ausführungen der Sitzung 850 und insbesondere auch die Fußnote Seite 251.

Die Frauen begehen einen schwerwiegenden Fehler, wenn sie ihre »Gleichheit« mit den Männern dadurch zu beweisen suchen, daß sie den nationalen Streitkräften beitreten oder *(amüsiert)* ins Schlachtgetümmel ziehen wie irgendein Mann. Die Menschheit wird durch den Krieg allemal herabgewürdigt. Die Frauen haben ein ungewöhnliches Maß an gesundem Menschenverstand dadurch bewiesen, daß sie es unterließen, in den Krieg zu ziehen, und einen auffälligen Mangel an gutem Menschenverstand dadurch, daß sie es zuließen, daß ihre Söhne und Liebhaber in den Krieg zogen. Noch einmal: Das Töten für den Frieden macht euch gerade nur zu besseren Totschlägern; ihr könnt es drehen und wenden, wie ihr wollt. In jedem Krieg entspricht der Fanatismus beider Seiten ihrem Engagement. Mir ist durchaus bewußt, daß der Krieg oft die einzige Lösung zu sein scheint, und zwar wegen jener unglückseligen Glaubensüberzeugungen, die mehr oder weniger weltweit verbreitet sind. Solange ihr diese Glaubenssätze nicht ändert, scheint der Krieg einen gewissen praktischen Wert zu haben – einen illusionären Wert, der durch und durch falsch ist.

Fanatiker machen gern große Worte und sprechen in den höchsten Tönen von Wahrheit, von Gut und Böse und ganz besonders von Vergeltung. Die Todesstrafe ist weitgehend ein Vergeltungsakt einer fanatischen Gesellschaft: Indem man dem Mörder das Leben nimmt, gewinnt weder das Opfer sein Leben zurück, noch werden andere Menschen von solchen Verbrechen abgehalten. Mir ist bewußt, daß die Todesstrafe oft eine praktische Lösung zu sein scheint; auch wollen viele Mörder tatsächlich sterben, und sie werden gefaßt, weil sie die Bestrafung suchen. Viele von ihnen sind – ganz allgemein gesprochen – in die unhaltbare Situation des Verbrechers gekommen, weil sie zutiefst überzeugt sind – wovon ja ihr alle mehr oder minder überzeugt seid –, befleckte Kreaturen zu sein, Zufallsprodukte eines sinnlosen Universums oder von der Erbsünde gezeichnete Geschöpfe eines rachsüchtigen Gottes.

Kriminelle bestätigen diese Glaubensüberzeugungen durchweg in ihrem Verhalten. Ihre »Neigungen« sind genau diejenigen, die ihr alle insgeheim zu haben fürchtet. Wissenschaft und Religion sagen euch, daß ihr, euch selbst überlassen, augenblicklich in primitives Verhalten zurückfallen würdet, von zügellosen Lüsten und Begierden übermannt. Freud und Jahwe haben euch diese Botschaft übermittelt. Der arme Darwin versuchte, das ganze in ein vernünftiges System zu bringen, ist aber kläglich gescheitert.

Fanatiker können keine Toleranz ertragen. Sie erwarten Gehorsam. Eine echt demokratische Gesellschaft stellt das Individuum und die Menschheit vor die größten Herausforderungen und die größten Möglichkeiten, denn sie gestattet den freien Austausch aller Ideen. Sie stellt jedoch wesentlich höhere Anforderungen an ihre Bekenner, denn jeder einzelne muß aus einer Vielfalt möglicher Sicht- und Lebensweisen seine eigene Auswahl treffen, die dann die Grundlage für sein tägliches Leben und Handeln darstellt.

(22.08 Uhr.) Es gibt Verhältnisse und Zeiten, in denen es manchen gewiß so vorkommt, als ob alle Ordnungen hinfällig geworden wären, und so wird der Wunsch nach Rückkehr der alten Obrigkeiten laut. Und es gibt immer Fanatiker, die als Vertreter der endgültigen Wahrheit auftreten und sich einbilden, dem Einzelmenschen die Mühe persönlicher Leistung und Verantwortung abzunehmen. *(Sehr nachdrücklich:)* Individuen können – s i e k ö n n e n – ohne Organisation überleben. Organisationen können jedoch nicht ohne Individuen überleben, und die effektivsten Organisationen sind Gruppierungen von Individuen, deren eigene persönliche Macht in einer Gruppe zum Tragen kommt und die nicht versuchen, in der Gruppe unterzutauchen.

Organisiertes Handeln ist eine vorzügliche Methode, um Einfluß auszuüben, allerdings nur dann, wenn jedes Mitglied Eigeninitiative entwickeln und durch die Gruppenaktivität seine eigene Individualität e r w e i t e r n kann, nicht aber gedankenlos bloß den Diktaten anderer Gefolgschaft leistet. *(Pause.)*

Fanatiker bedienen sich immer der riesigen Kluft zwischen einem idealisierten Heil und einer übertriebenen Version seines Gegenteils. Das idealisierte Heil wird in die Zukunft projiziert, während sein übertriebenes Gegenteil die Gegenwart zu verderben scheint. Das Individuum wird für ohnmächtig gehalten, aus eigenen Kräften erfolgreich auf jenes Ideal hinzuarbeiten.

Solcherart von der eigenen Machtlosigkeit überzeugt, maßt sich der Fanatiker an, sämtliche Mittel seien gerechtfertigt, um sein Ziel zu erreichen. Hinter alledem steht der Glaube, daß das Ideal auf spontane Weise nie und nimmer erreicht werden kann und daß der Mensch, sich selbst überlassen, tatsächlich in jeder Hinsicht nur Schlechtes zustandebringt. Wie denn könnte auch ein verdorbenes Selbst jemals hoffen, spontan irgend etwas Gutes zu bewerkstelligen?

Wir werden sehen. Punkt. Ende das Kapitels. Ende des Diktats.

(Dann lauter:) Ja, Ruburt hat sich wieder aufgemacht. Er ist auf der richtigen Spur. Er hat sein Projekt [für ein neues Buch], und du machst deine Sache gut, und ich wünsche euch beiden einen schönen guten Abend.

(»Gute Nacht, Seth.«)

(22.20 Uhr. »Ich fühle mich richtig gut, und Seth hat gut daran getan, dieses Material abzuschließen«, sagte Jane. »Vor der Sitzung hab' ich mir Sorgen gemacht, was wir wohl Gutes erhalten würden und ob es sich in dieses Buch einfügen ließe oder ob es bloß jahrelang herumliegen würde. Aber dann sagtest du etwas Hilfreiches ...«

»Daß ich mir wegen solcher Befürchtungen nicht mehr den Kopf zerbreche«, wiederholte ich. »Mir ging auf, daß ich nicht die ganze Zeit in Sorgen leben will, also habe ich meine Glaubensüberzeugungen geändert. Ich kann das einfach nicht mehr machen.« Woraufhin Jane lautstark und humorvoll als Seth zurückkam, nach vorn gebeugt und mit weitoffenen, dunklen Augen:)

Du hättest dir Sorgen sowieso nie machen sollen, und er *(Jane)* auch nicht. In den Buchsitzungen wird alles zur Sprache kommen, was zum Thema gehört.

(»Das weiß ich«, sagte ich, als Seth mich durch Janes Augen anstarrte. Dann war er fort.

22.23 Uhr. Aber dieses Wissen, so erklärte ich nun meinerseits ganz vergnügt Jane, würde mich nicht davon abhalten, gelegentlich eine nicht für das Buch bestimmte Sitzung, die ich für besonders gelungen und geeignet halte, in das jeweilige Buchmanuskript einzufügen, das Seth gerade in der Mache hat. Sie lachte.)

Sitzung 855, Montag, den 21. Mai 1979

(Am letzten Donnerstag erhielten Jane und ich vom Verlag Prentice-Hall die Belegexemplare der »Gespräche mit Seth«, der deutschen Übersetzung von »Seth Speaks«. Die Prentice-Hall hatte vor etwas mehr als einem Jahr die deutschsprachigen Rechte an diesem Titel dem Ariston Verlag in Genf, der das Buch im amerikanischen Original entdeckt hatte, überlassen. Doch kannten wir nicht den genauen Zeitpunkt, zu dem das Buch innerhalb der vereinbarten Zweijahresfrist erscheinen würde. Damit liegt nun die erste Veröffentlichung eines Seth-Buches in einer Fremdsprache vor, und wir sind glücklich, fest-

stellen zu können, daß die Übersetzerin, mit der übrigens Jane einige Briefe gewechselt hat, und das Lektorat des Ariston Verlages eine vorzügliche, sorgfältige Arbeit geleistet haben.

Außerdem erwarten wir, daß schon im nächsten Jahr »Seth Speaks« auch in einer holländischen Übersetzung erscheinen wird, wann wissen wir ebenfalls noch nicht genau. Wir hoffen, daß diese beiden Ausgaben zur Veröffentlichung dieses und anderer Seth-Bücher in weiteren Sprachen führen werden.

Beim Abschluß der letzten Sitzung hatte Seth uns gesagt, daß in seinen Büchern »alles zur Sprache kommen wird, was zum Thema gehört«, und ich sagte Jane, daß ich mir vorbehalten würde, besonders gut zu einem Buch passendes Material, auch wenn es nicht einer »regulären« Buchsitzung entstammte, einzufügen, ganz gleich, welches Buch er gerade produziere. Die Gelegenheit, auf solche Weise meine Selbständigkeit unter Beweis zu stellen, ergab sich viel rascher, als ich vermutet hatte, nämlich in der Sitzung von heute abend! So verschiebt das Einfügen dieses Materials Seths erste Sitzung für Kapitel 8 dieses Buches um mindestens eine Sitzung.

Am Ende der 852sten Sitzung erwähnte ich einen Brief, den Jane letzten Monat von einem Professor für Physik erhalten hatte, und daß Seth kürzlich in einer nicht für das Buch bestimmten Sitzung mit einer teilweisen Antwort auf einige der Fragen des Professors durchgekommen war. Heute nachmittag las Jane diesen Brief noch einmal durch und fragte sich, ob sie dazu wohl weiteres Material erhalten würde. Mein hauptsächlicher Grund, die folgenden Auszüge vorzulegen, ist derselbe wie schon bei anderen Gelegenheiten: Seths Material paßt sehr gut zu »Individuum und Massenschicksal«. Auch will ich nicht unabsehbar lange Zeit warten, bis er ähnliche Informationen in ein Buch, und sei es in das vorliegende, einfügt; Jane übrigens auch nicht.

Im allgemeinen erörtert Seth in dieser Sitzung Fragen, die in mehreren Zuschriften zur Sprache kamen. In erster Linie aber ist sein Material die Fortsetzung seiner Antworten auf einige der Fragen des Professors. Und irgendwann werde ich dem Herrn alles, was uns Seth hier an Einsichten vermittelt, per Post zuschicken.

(Flüsternd um 21.15 Uhr:) Mittwoch-Diktat.

Nun: Ruburt hat sich heute gefragt, ob ich mit weiteren Antworten auf den Brief des Wissenschaftlers zurückkommen würde. Während er noch darüber nachdachte, bedeutete ich ihm, daß es tatsächlich schwierig sei, eurem Wissenschaftler eine wirklich umfassende Antwort, wie ich sie verstehe, zu geben, da wir von so unterschiedlichen Sichtweisen herkommen. Zwar könnte ich eine Erwiderung diktieren, die ihn durchaus befriedigen würde, aber sie würde *(Pause)* um so verzerrter sein, je mehr sie auf sein Verständnis zugeschnitten wäre.

Es ist kein Zufall, daß Ruburt nicht über das gängige wissenschaftliche Vokabular verfügt, obwohl ihm intellektuelle Fähigkeiten, auf die sich alle Wissenschaft stützt, nicht minder als seine intuitiven zu Gebote stehen. Schon der Versuch, die Wirklichkeit in wissenschaftlichen Begriffen der heute herrschenden Lehrmeinungen zu beschreiben, hieße, lieber Freund Joseph, ungebührlichen Tribut entrichten an ein Vokabular, das umfassendere Konzepte zwangsläufig verkleinert, um sie seinen engen Kategorien anzupassen. Anders gesagt, solche Versuche vergrößern eigentlich nur die Schwierigkeit des Problems, ein scheinbar objektives Universum zu betrachten und es objektiv zu beschreiben.

Das Universum ist – und ihr könnt euch den Begriff auswählen, der euch am meisten zusagt – eine spirituelle oder geistige oder psychische Manifestation und nicht, wie euer übliches Vokabular nahelegt, eine objektive Manifestation.

Es gibt zur Zeit keine Wissenschaft – keine Natur- oder Geisteswissenschaft – und auch keine Religion, die auch nur annäherungsweise einen begrifflichen Rahmen bereitstellt, der die Dimensionen dieser Art Universum zu erklären oder auch nur indirekt zu beschreiben vermöchte. *(Pause.)* Seine Qualitäten sind psychischer Natur und folgen der Logik der Psyche, und all die physischen Eigenschaften, denen ihr nachforscht, sind nur Reflexe dieser tieferen Gegebenheiten. Auch eignet jedem Atom und Molekül – und jedem nur vorstellbaren Partikel – Bewußtsein. Wenn ihr diese Aussage nicht zumindest als theoretische Grundlage akzeptiert, auf der man weiter aufbauen kann, wird euch mein Material weitgehend bedeutungslos erscheinen.

Diese Feststellung muß tatsächlich die Grundlage für jegliche wissenschaftliche Theorie bilden, die zum Erwerb echten Wissens etwas beizutragen hoffen kann.

(21.30 Uhr.) Da ich ein objektives Vokabular benutzen muß, suche ich ständig nach Analogien. Mit »objektivem Vokabular« beziehe ich mich auf den Gebrauch einer Sprache, der englischen Sprache mit ihren ihr eigenen Wahrnehmungsabschirmfunktionen, die au-

tomatisch funktionieren – wie das bei einer Sprache gar nicht anders sein kann.

Das Universum dehnt sich, wie ich früher sagte, so aus, wie sich eine Idee ausbreitet, und wie in eurer Sicht Sätze aus Wörtern und Abschnitte aus Sätzen aufgebaut werden und wieder jedes Wort, jeder Satz seine eigene Logik und Kontinuität und Evidenz innerhalb dieses Rahmens wahrt, so erscheinen euch alle Teile oder Komponenten des Universums in gleichermaßen zusammenhängender Weise (Gedankenstrich) – das heißt in Kontinuität und Ordnung. Jeder Satz hat eine Bedeutung. Er scheint ganz von selbst eine Ordnung zu bilden, während ihr ihn aussprecht. Seine Ordnung ist offensichtlich. Dieser eine Satz (bitte in Sperrschrift) ist sinnvoll wegen seiner Organisation von Buchstaben und Wörtern oder, wenn er gesprochen wird, wegen seiner Organisation von Vokalen und Silben. Er ist sinnvoll jedoch nicht nur wegen der Buchstaben und Wörter oder wegen der Vokale und Silben, die in ihm verwendet werden, sondern auch wegen all der Buchstaben, Wörter, Vokale und Silben, die er ausschließt.

Ebenso verhält es sich mit eurem Universum. Ihm eignet Sinn, Kohärenz und Ordnung nicht nur wegen der für euch sichtbaren Wirklichkeiten, die offenkundig sind, sondern auch wegen jener inneren Wirklichkeiten, die »unausgesprochen« oder verborgen sind. Ich spreche nicht nur von verborgenen Variablen, wie Wissenschaftler sagen würden, noch sage ich, daß das Universum eine Illusion sei, es ist vielmehr eine psychische Realität, in welcher »Objektivität« das Ergebnis psychischer Kreativität ist. *(Pause.)*

Es ist nicht nur so, daß eure Sicht der Wirklichkeit sich relativ zu eurer Position innerhalb des Universums verhält; es ist auch so, daß das Universum sich tatsächlich entsprechend eurer Position in ihm verändert und daß hier spirituelle oder psychologische Gesetze gelten. Das Universum bringt unterschiedliche Arten der Wahrnehmung, der Organisation und Ordnung hervor, die, obwohl untereinander abhängig, eine jede in ihrer eigenen Domäne gesondert ihre Geltung haben. *(Pause.)* In eurem Wirklichkeitsbereich gibt es keine eigentliche Freiheit *(nachdrücklich)* außer der Freiheit der Ideen, denn eure Ideen gestalten eure persönliche Wirklichkeit wie auch die Wirklichkeit der Massen. Ihr wollt das Universum von außen her erforschen, wollt eure Gesellschaften von außen her untersuchen. Ihr denkt noch immer, daß die innere Welt irgendwie bloß symbolisch und nur die äußere Welt wirklich sei – daß zum Beispiel Kriege sich selbst ausfechten oder mit Bomben ausgefochten werden. Aber immer ist es die psychische Realität, die als die primäre innere Wirklichkeit alles Umweltgeschehen hervorbringt.

Das soll nicht heißen, daß ihr die Natur des Universums nicht bis zu einem gewissen Grade verstehen könnt. Ihr müßt aber wissen: Die Antworten liegen in der Natur eures Geistes, eurer Seele, in der Natur individueller schöpferischer Prozesse, in der Richtung eines Forschens, das Fragen stellt wie: Woher kam dieser Gedanke? Wohin geht er? Welche Auswirkungen hat er auf mich und andere? Wie kommt es, daß ich träumen kann, obwohl es mich niemand gelehrt hat? Wie kommt es, daß ich spreche, ohne die zugrunde liegenden Mechanismen zu kennen? Warum fühle ich, daß ich eine ewige Wirklichkeit habe, nachdem ich doch offensichtlich körperlich geboren bin und körperlich sterben werde?

Unwissenschaftliche Fragen? Ich sage euch, daß dies die wissenschaftlichsten von allen sind. Ein Versuch der Wissenschaft, solches Material in Betracht zu ziehen, könnte Qualitäten echter Intuition zutage fördern, die der Wissenschaft helfen würden, die scheinbar unüberbrückbare Kluft divergenter Ansichten, die uns trennt, zu überschreiten.

(Pause um 21.53 Uhr. Dies war das Ende der Sitzung. Doch kam Seth noch mit einer ganzen Menge persönlicher Informationen für Jane und mich durch und sagte dann, um 22.15 Uhr, gute Nacht.)

8
Von Menschen und Molekülen, von der Macht und dem freien Willen

Sitzung 856, Donnerstag, den 24. Mai 1979

(Fast zwei Monate sind vergangen, seit Unit Nummer 2, einer der beiden Reaktoren des Atomkraftwerks Three Mile Island in Pennsylvanien überhitzt wurde und dicht vor einem katastrophalen Durchschmelzen seiner Uraniumbrennstäbe stand. Die Situation ist so ungeklärt wie eh und je. Das massive Behältergebäude des schadhaften Reaktors ist versiegelt und enthält große Mengen an Gasen, festem Material und Wasser, die hochradioaktiv sind. Das verseuchte Wasser, ungefähr eine Million Liter, steht mindestens zwei Meter hoch im Keller des Gebäudes.

Doch tut sich eine Menge auch außerhalb von Three Mile Island, wo Untersuchungen des Unfalls entweder schon im Gange oder geplant sind. Es wimmelt nur so von Gruselgeschichten über Nuklearpannen im Lande, und die Berichte reichen von unzulänglicher Planung und Kontrolle der Kraftwerke über die angeblich unterbliebene Meldung potentiell gefährlicher Pannen bis hin zu der Tatsache, daß es 1978 in jedem einzelnen der über siebzig Atomkraftwerke in den USA zu mindestens einer unvorhergesehenen längeren Stillegung wegen Betriebsfehlern, wegen mechanischer Ausfälle oder beidem kam. Die zunehmende Abhängigkeit unseres Landes von der Atomenergie wird in Frage gestellt, obwohl diese Energie unsere wachsende Abhängigkeit von ausländischem Erdöl verringern sollte. Man sorgt sich über die fortwährenden radioaktiven Emissionen der Kraftwerke, ihre Anfälligkeit für Sabotageakte, Erdbeben und – was wahrscheinlicher ist – über die mögliche Gefährdung aus der Luft und durch Feuer. Es wird darüber debattiert, wer im Fall teurer atomarer Unfälle zu zahlen hat, wo Prozesse und Gegenprozesse zu führen sind und so weiter. Es wird eine strengere Reglementierung, verschärfte Sicherheitsvorkehrungen und Sanktionen für die Industrie geben. Und die Ironie bei all diesen Bemühungen um erhöhte Sicherheit liegt darin, daß Three Mile Island und die Bevölkerung des östlichen Pennsylva-

nien nicht etwa durch die für Notfälle vorgesehenen Kühlsysteme gerettet wurden, sondern durch reichlich improvisierte Maßnahmen, zu denen die Techniker des Kraftwerks in extremis Zuflucht nahmen, um die Abkühlung des überhitzten Reaktorkerns herbeizuführen.

Was aber Jane und mich zutiefst beschäftigt, ist, abgesehen von der durch die Vorkommnisse von Jonestown und Harrisburg ausgelösten Erschütterung, deren tiefere Bedeutung. Denn diese Ereignisse stehen für die großen Herausforderungen, denen sich die Menschheit in diesem Jahrhundert und weit darüber hinaus gegenübersieht. Wissenschaft und Religion müssen schließlich miteinander zur Aussöhnung kommen, wenn wir fortbestehen und uns weiterentwickeln wollen. Wir begegnen diesen Herausforderungen natürlich nicht nur im nationalen, sondern im weltweiten Maßstab: Das wissenschaftliche Weltbild, das in Three Mile Island seinen Niederschlag fand, steht im Widerspruch nicht nur zum Anspruch der Menschen auf Lebensqualität, sondern auch zur Abhängigkeit der westlichen Welt von den Energiereserven der Länder stark religiöser Prägung, die aus ihrer Antipathie gegenüber anders orientierten Gesellschaftsordnungen kein Hehl machen. Jane und ich hoffen, die ersten Ansätze zu einer Versöhnung von Wissenschaft und Religion in unserer Welt noch miterleben.

Die planmäßige Buchsitzung von gestern abend fiel aus. Wir hatten wie üblich Platz genommen, doch wurde unsere Aufmerksamkeit durch die letzte Episode einer Kurzserie des Fernsehens über die Folgen des Watergate-Einbruchs in Anspruch genommen. * *Während wir den Film verfolgten, erzählte mir Jane von Kommentaren, die Seth zu dieser Affäre lieferte, wobei er sich sehr zu amüsieren schien. Auch schnappte sie von ihm die Überschrift für Kapitel 8 dieses Buches auf: »Von Menschen und Molekülen, von der Macht und dem freien Willen«. Wir beschlossen, die Sitzung auf heute abend zu verschieben.*

---

* Am frühen Morgen des 17. Juni 1972 wurden fünf Männer im Hauptquartier des Demokratischen Nationalen Komitees in Washington D. C., einem als Watergate bekannten Apartment-Hotel-Büro-Komplex, verhaftet. Die Männer standen im Auftrag der »Plumbers«, einer Geheimgruppe, die für das Komitee zur Wiederwahl des republikanischen Präsidenten Richard Nixon arbeitete. Sie hatten den Auftrag, Akten zu fotografieren und die Abhörgeräte zu überprüfen, die im Zuge schon eines früheren illegalen Eindringens im Mai desselben Jahres in den Büros angebracht worden waren. Die Entdeckung dieses Einbruchs führte zu der bekannten Watergate-Affäre, die mit der Abdankung des Präsidenten am 9. August 1974 endete.

Nach dem heutigen Abendessen jedoch beschloß Jane, die Sitzung nicht abzuhalten, weil sie sich so frei und gelöst fühlte. Ein wenig später dann kündigte sie spontan an, daß sie sie doch halten werde – sogar früher. »Ich weiß allerdings nicht, wie lange ich durchhalten werde«, sagte sie. »Seth überschüttet mich geradezu mit allen möglichen Themen ...« Sie beschrieb mir einige davon, doch blieb mir keine Zeit, etwas aufzuschreiben, und ich konnte sie nicht behalten. Sie lachte. Sie war sehr entspannt. Und unversehens, um 20.23 Uhr, hatte sie, mühelos wie nur je, die Sitzung begonnen; ich mußte zügig schreiben, um mit ihrem Vortrag Schritt zu halten.)

Diktat: Nächstes Kapitel, das achte. Ruburt empfing es neulich *(gestern)* abends korrekt: »Von Menschen und Molekülen, von der Macht und dem freien Willen«.

Bevor wir den dritten Teil dieses Buches beenden, der von »Menschen, die Angst vor sich selbst haben«, von Idealismus und Fanatismus und Interpretationen von Gut und Böse handelt, möchte ich noch ein anderes Beispiel erörtern, nämlich die Watergate-Affäre. Gestern abend sahen Ruburt und Joseph eine Verfilmung der Ereignisse von Watergate. Normalerweise wäre eine Sitzung abgehalten worden, aber Ruburt interessierte sich für den Film, und mich interessierten Ruburts und Josephs Reaktionen auf denselben.

Ich sah mir gewissermaßen die Sendung zusammen mit euch beiden an. Genauer gesagt, ich habe mir gestattet, vor allem Ruburts Reaktionen wahrzunehmen, während er den Film anschaute. Aufgrund eines dieser sonderbaren Zufälle, die keineswegs Zufälle sind, wurde zur gleichen Zeit eine weitere Verfilmung derselben Watergate-Saga von einem anderen Sender ausgestrahlt, und zwar die Schilderung der spirituellen Wiedergeburt eines der getreuesten Gefolgsleute des Präsidenten.

Laßt uns kurz die ganze Affäre betrachten und dabei an einige schon früher gestellte Fragen erinnern: Wann wird ein Idealist zum Fanatiker, und wie? Und wie kann der Wunsch, gut zu sein, unheilvolle Folgen zeitigen?

Im Grunde war der Präsident zu dem betreffenden Zeitpunkt und eigentlich zeit seines Lebens ein strenger, unterdrückter Idealist von ziemlich konservativer Religiosität. Er glaubte an das idealisierte Gute, *(laut)* war aber zugleich zutiefst überzeugt von der heillosen Verderbnis des Menschen, einer Kreatur voll Bosheit und Arglist, die von Natur aus mehr dem Schlechten als dem Guten zugeneigt ist. Er glaubte an die absolute Notwendigkeit der Macht, wobei er zugleich überzeugt war, sie nicht zu besitzen. Außerdem glaubte er, das Individuum sei grundsätzlicch außerstande, dem Übel und der Korruption, deren verheerenden Vormarsch er im eigenen Lande und in allen Ländern der Welt sah, entgegenzuwirken. Gleichgültig, wie viel Macht er gewann, ihm schien es, daß andere über noch mehr Macht verfügten – andere Menschen, andere Gruppen, andere Länder –, doch sah er deren Macht als böse an. Denn während er an die Existenz eines idealisierten Guten glaubte, hatte er das Gefühl, daß die Bösen mächtig und die Guten schwach und kraftlos waren.

(20.38 Uhr.) Er konzentrierte sich auf die tiefe Kluft, die zwischen dem idealisierten Guten und dem konkreten, alles durchdringenden Bösen, das in seinen Augen sprunghaft anwuchs, zu bestehen schien. Er sah sich selber als Gerechten und betrachtete diejenigen, die nicht mit ihm übereinstimmten, als Erzfeinde; bis er schließlich das Gefühl hatte, von Korruption umzingelt zu sein und daß jedes ihm verfügbare Mittel gerechtfertigt sei, um diejenigen zu Fall zu bringen, die in seinen Augen eine Bedrohung für seine Präsidentschaft oder den Staat darstellten.

Er war so paranoid wie nur irgendein armer, dem Wahn verfallener Mensch, der allem Augenschein zum Trotz in dem Gefühl lebt, von Kreaturen aus dem Weltraum, irdischen Feinden oder okkulten Kräften des Bösen verfolgt zu werden. Solche armen Menschen sind imstande, in der harmlosesten Begegnung eine furchteinflößende Bedrohung auszumachen. Dieses Gefühl der Bedrohung projizieren sie nach außen, bis es ihnen in jedem Menschen entgegentritt, dem sie begegnen.

Für die Mehrheit der anderen Menschen ist es offensichtlich, daß solche paranoiden Sichtweisen in der realen Massenwirklichkeit keine Grundlage haben. *(Pause.)* Euer Präsident jedoch erhielt damals von allen Seiten Unmengen an Informationen, so daß er von vielen Gruppen und Organisationen Kenntnis hatte, die mit seiner Politik nicht einverstanden waren. Er nahm sie zum Vorwand, wie unter anderen Umständen ein Paranoider den Anblick eines Polizeiautos zum Vorwand des Beweises nähme, daß er von der Polizei oder vom FBI oder von wem auch immer verfolgt werde. Der Präsident fühlte sich bedroht – und nicht nur persönlich bedroht, *(eindringlich)* denn er glaubte das Gute, das er seiner eigenen Vorstellung nach vertrat, gefährdet. Und wieder einmal war, da das idealisierte Gute allzuweit entrückt und schwer erreichbar zu sein schien, jegliches Mittel gerechtfertigt. Seinen Gefolgsleuten im Kabinett und anderswo hafteten mehr oder minder die gleichen Züge an. *(Pause.)*

Niemand ist fanatischer und niemand kann grausamer sein als selbstgerechte Menschen. Ihnen fällt es auch leicht, sich nach derartigen Verirrungen *(wie Watergate)* [religiös] »zu bekehren« und sich auf der Suche nach der »Macht der Gemeinschaft« von neuem auf die Seite der Guten zu schlagen, sich anstelle der Regierung der Kirche zuzuwenden und auf die eine oder andere Weise die Stimme Gottes zu vernehmen.

Wie können denn nun solche von guter Absicht beseelten Idealisten wissen, zu welcher Verwirklichung ihre gute Absicht führt? Wie können sie wissen, ob ihre gute Absicht nicht in der Tat heillose Folgen zeitigt? Und schließlich: Wann wird ein Idealist zum Fanatiker?

Schauen wir es einmal so an: Wenn euch gesagt wird, daß Vergnügen schlecht und Toleranz Schwäche sei und ihr dieser oder jener Heilslehre in blindem Gehorsam folgen müßt, weil sie der einzige Weg sei, der euch zum Heil hinführt, dann habt ihr es höchstwahrscheinlich mit Fanatikern zu tun. Wenn euch gesagt wird, der Zweck rechtfertige jedes Mittel, dann habt ihr es ganz sicher mit Fanatikern zu tun. Wenn euch jemand befiehlt, um der Sache des Friedens willen zu töten, dann habt ihr es mit jemandem zu tun, der von Frieden und Gerechtigkeit nichts weiß. Wenn euch jemand auffordert, euren freien Willen aufzugeben, dann meidet diesen Fanatiker.

Sowohl Menschen als auch Moleküle existieren in einem Feld von Wahrscheinlichkeiten, und ihre Wege sind nicht vorbestimmt. Erst die weitmaschige Wirklichkeit der Wahrscheinlichkeiten bietet die Grundlage zur Entfaltung des freien Willens. Wenn es keine Wahrscheinlichkeiten gäbe und wenn ihr nicht bis zu einem gewissen Grade wahrscheinliches Handeln und Geschehen wahrzunehmen vermöchtet, dann wäret ihr *(eindringlich)* nicht nur außerstande, zwischen ihnen eure Wahl zu treffen, sondern ihr würdet auch die Möglichkeiten freier E n t s c h e i d u n g gar nicht erkennen. Die Frage käme euch gar nicht zum Bewußtsein.

(21.03 Uhr.) Durch eure bewußten Entscheidungen beeinflußt ihr alles Geschehen in eurer Welt. Jedes Massenschicksal – zum Beispiel einer Gruppe, eines Volkes – ist das Ergebnis zahlreicher individueller Entscheidungen. Ihr hättet überhaupt keine Möglichkeit der Wahl,

würdet ihr nicht Impulse verspüren, dies oder das zu tun, so daß eine Wahl euch gewöhnlich dazu nötigt, Entscheidungen zwischen verschiedenen Impulsen zu treffen. Impulse sind Anregungen zum Handeln. Manche werden bewußt, andere bleiben unbewußt. Jede Zelle in eurem Körper (in Sperrschrift) verspürt den Handlungsimpuls sowie die darauf folgende Reaktion und Kommunikation. Man hat euch beigebracht, euren Impulsen nicht zu vertrauen. Eure Impulse helfen euch jedoch, euer natürliches Potential zu entwickeln. Kinder lernen durch ihre Impulse, ihre Muskeln und ihre Verstandes- und Gemütskräfte zu entwickeln, beide in ihrer jeweils einmaligen Art und Weise. Und wie ihr sehen werdet, haben diese Impulse persönlicher Natur doch auch zugleich ihre Grundlage in der allgemeinen Situation der Gattung und des Planeten, so daß »im Idealfall« die persönliche Erfüllung des Individuums automatisch zum Besten der Menschheit beiträgt.

(21.10 Uhr. Jetzt griff Seth anderes Material auf und beendete dann die Sitzung um 21.19 Uhr.

Ich schrieb noch an meinen einführenden Anmerkungen zu dieser Sitzung, als Jane den Raum verließ. Bei ihrer Rückkehr sagte sie, daß sie mir etwas mitzuteilen habe. »Ich denke, es begann mit Seth, aber dann kam ich in einen anderen, veränderten eigenen Bewußtseinszustand wie damals, als ich dieses Traummaterial am Küchentisch auffing – wann war das, letzten März?« *

Jane begann zu diktieren, was sie gerade empfangen hatte. Es war ganz bestimmt nicht Seth, der hier durchkam. Ihre Stimme hielt sich im Konversationston, war jedoch gleichzeitig von einer Bedachtsamkeit, die sich deutlich von ihrer üblichen Sprechweise unterschied. Ich begann um 21.47 Uhr zu schreiben:

»In dem Maße, in dem ihr lernt, euren natürlichen Impulsen zu vertrauen, wecken sie in euch das Gefühl für die Bedeutung eures individuellen Handelns. Euch geht auf, daß euer Handeln tatsächlich von Bedeutung ist, daß ihr auf das, was geschieht, Einfluß nehmt und daß ihr an ganz bestimmten Zeichen erkennen könnt, ob ihr erfolgreich seid. Das Idealziel wird also nicht als nahezu unerreichbar gesehen, weil die Möglichkeit, es zu erreichen, zum Ausdruck gebracht wird. Selbst wenn sich diese Verwirklichung nur Schritt für Schritt vollzieht, könnt ihr doch auf sie als Leistung hinweisen. Früher miß-

---

* Vergleichen Sie die Sitzung 844 vom 1. April 1979.

trauten wir unseren eigenen Impulsen in solchem Maße, daß sie oft in ganz verzerrter Form auftraten.«

Jane sagte: »Bis dahin bin ich gekommen. Jedenfalls geht es darum, daß jeder Mensch versucht, das idealisierte Gute nach besten Kräften in seinem täglichen Leben zu verwirklichen – in seiner Arbeit, seinen mitmenschlichen Beziehungen und so weiter –, und sich dabei an bestimmte Maßstäbe hält, aufgrund deren er selber beurteilen kann, ob seine Handlungen wirklich mit seinen Idealen übereinstimmen oder nicht. Die maßgebenden Kriterien sind diesem Kapitel zu entnehmen. Das ist alles. Eine ganze Menge ist mir zugekommen. Ich weiß nicht einmal, ob alles stimmt, was ich sage.

Oh, da fällt mir etwas ein«, fuhr sie fort. »Erinnerst du dich an den Brief, den wir heute von einem Leser über Umweltverschmutzung erhielten? Ich habe auch darüber etwas aufgefangen: Die eigentliche Frage läuft nicht auf die planetare Umweltverschmutzung oder die nuklearen Abfälle hinaus. Die eigentliche Frage ist die der Glaubensüberzeugungen, die derartige Frevel überhaupt erst aufkommen lassen und die Einstellungen zur Folge haben, die ein idealisiertes Heil, das derartige Risiken wert ist, rechtfertigen. Das heißt, die Menschen verschmutzen die Welt nicht nur aus Profitgier, sondern für den wirtschaftlichen Wohlstand aller. Nur ist es eben so, daß die Mittel, die sie dabei verwenden, sich mit dem Zweck nicht rechtfertigen lassen ...«)

Sitzung 857, Mittwoch, den 30. Mai 1979

(Am Montag abend hatten wir eine persönliche Sitzung. In den einführenden Anmerkungen zur 852sten Sitzung schrieb ich, daß Seth seit der 846sten Sitzung vom 4. April nur an Mittwochabenden Material für dieses Buch diktiert habe. Acht Wochen später hält er sich noch immer an diese »stillschweigende Abmachung«. Sogar die Sitzung letzten Donnerstag abend war vom vorangehenden Abend verschoben worden. Ich legte in eigener Regie Material von zwei Montagabendsitzungen – 853 und 855 – vor.

Jane hatte heute am früheren Abend einiges von Seths Material aufgefangen für den Fall, daß sie die Sitzung abhalten wollte, die dann auch prompt, um 21.28 Uhr, ihren Anfang nahm.)

Guten Abend.

(»Guten Abend, Seth.«)

Diktat: Impulse liefern jeglichen Bewegungsantrieb und motivieren den physischen Körper und die psychische Wesenheit zum Einsatz körperlicher und geistig-seelischer Energie. *(Pause.)*

Sie ermöglichen es dem Individuum, der Welt seinen Stempel aufzudrücken, das heißt in effizienter Weise auf sie einzuwirken und in ihr zu handeln. Impulse eröffnen auch Möglichkeiten der Wahl, die vorher vielleicht nicht ins Bewußtsein gedrungen und daher auch nicht verfügbar waren. Ich habe oft gesagt, daß (bitte skandiert) die Z-e-l-l-e-n künftiges Geschehen vorauswissen und daß der Körper auf der Zellebene eine Fülle von Informationen wahrnimmt, die nicht bewußt erkannt und verwertet werden. Das Universum und alles, was darin enthalten ist, sind eine Komposition zahlloser »Informationen«, die allerdings eigener Bewußtheit fähige Energie sind, und diese Informationen sind – in einer Weise, die sich äußerst schwierig erklären läßt – im ganzen Universum jederzeit latent vorhanden und in jedem einzelnen seiner Teile enthalten.

Die Antriebskraft des Universums und jeden Teilchens oder jeder Welle und somit auch jeden Individuums drückt sich in dem großartigen Drall hin zu schöpferischen Wahrscheinlichkeiten und in der Spannung aus, der überschwenglichen Spannung, die »zwischen« wahrscheinlichen Möglichkeiten der Wahl und wahrscheinlichen Geschehnissen besteht. Das gilt für Menschen wie auch für Moleküle und für all jene hypothetisch postulierten infinitesimal kleinen Teilchen oder Einheiten, von denen sich die Wissenschaftler so gern in Erstaunen versetzen lassen.

Oder um es in Worten landläufiger Umgangssprache zu sagen: Impulse kommen oft aus unbewußtem Wissen. Dieses Wissen wird spontan und automatisch von der Energie, die euren Körper bildet und ihm innewohnt, aufgenommen und so verarbeitet, daß ihr diesem Wissen für euch nützliche Informationen entnehmen und nutzen könnt. Idealerweise entsprechen eure Impulse stets euren ureigensten Interessen – und ebenso den ureigensten Interessen eurer Welt. Offensichtlich herrscht jedoch in eurer Welt ein tiefes, verhängnisvolles Mißtrauen gegenüber inneren Antrieben oder Impulsen vor. Dieses Mißtrauen beherrschte auch schon eure Vergangenheit. *(Pause.)* Impulse sind etwas Spontanes, und man hat euch gelehrt, der eigenen Spontaneität mit Mißtrauen zu begegnen und statt dessen auf Verstand und Intellekt zu bauen – die, nebenbei gesagt, *(amüsiert)* völlig spontan funktionieren.

Wenn ihr euch selbst nicht stört, seid ihr spontan vernünftig; aufgrund eurer Glaubensüberzeugungen hat es aber den Anschein, daß Vernunft und Spontaneität kein gutes Gespann ausmachen.

In psychologischer Hinsicht sind eure Impulse ebenso lebenswichtig für euer Sein wie eure Körperorgane. Sie sind *(eindringlich)* genau so uneigennützig oder selbstlos, wie es eure Organe sind, und es wäre mir lieb, wenn diese Feststellung mehrmals gelesen würde! Und doch ist jeder ankommende Impuls dem Individuum vollkommen angemessen. Im Idealfall würdet ihr, euren Impulsen folgend, der Gestalt – der, wie Ruburt sagt, impulsiven Gestalt – eures Lebens gewahr. Ihr würdet keine Zeit mit der Frage vertun, worin denn eigentlich eure Lebensaufgabe bestehe; denn sie würde sich euch von selbst zu erkennen geben, folgtet ihr nur der Richtung, die euch von euren natürlichen Antrieben gewiesen wird, um aktiv handelnd in der Welt aus eigener Kraft zum Besseren beizutragen. Impulse sind Torwege zu Aktivität und Lebensfreude, zur Entfaltung der geistigen und körperlichen Kräfte, sie sind der Weg eures persönlichen Ausdrucks – der Weg, auf dem euer persönlicher Ausdruck sich mit den Erscheinungen der materiellen Welt überschneidet und ihr diesen euren Stempel aufprägt.

(21.49 Uhr.) Viele Kultbewegungen und viele Fanatiker trachten danach, euch von euren natürlichen Regungen abzuschneiden und deren Ausdruck zu unterbinden. Sie versuchen, das Vertrauen in euer spontanes Sein zu kappen und so eure impulsive Kraft lahmzulegen. Offenstehende Wege, Zugänge zu Wahrscheinlichkeiten werden, einer um den anderen, versperrt, bis ihr – sofern ihr ihren Geboten und Vorschriften folgt – tatsächlich in einer geistig-seelisch geschlossenen Umwelt lebt, in der ihr scheinbar machtlos seid. Scheinbar und schließlich allem Anschein nach habt ihr keinerlei Einfluß auf die Welt, ist euer Streben nach Verwirklichung eurer Ideale von vornherein zum Scheitern verurteilt.

Einiges hiervon haben wir in diesem Buch schon besprochen. Im Fall der Tragödie von Jonestown zum Beispiel schienen die Menschen jeglicher Möglichkeit sinnvollen Handelns beraubt. Die Anhänger der Sekte hatten gelernt, ihre natürlichen Regungen Familienangehörigen gegenüber zu unterdrücken. Sie hatten gelernt, der Außenwelt mit Mißtrauen zu begegnen. Und mehr und mehr wurden infolge der Kluft zwischen fehlgeleitetem Idealismus und einer übertriebenen Version der Schlechtigkeit der Welt alle Möglichkeiten zum Handeln abgeschnitten – alle Möglichkeiten außer einer. Der Suizidwunsch ist oft die letzte Zuflucht verängstigter Menschen, deren natürliche Handlungsimpulse eingedämmt wurden – einerseits angestachelt und andererseits jeder eigenpersönlichen Ausdrucksmöglichkeit beraubt.

Es gibt bei Menschen und Tieren einen natürlichen Impuls zu sterben. Doch unter solchen [wie den hier erörterten] Umständen wird der Wunsch zu sterben zum einzigen Impuls, den das Individuum zum Ausdruck zu bringen vermag, denn dem Anschein nach sind ihm alle anderen Wege des Ausdrucks verschlossen. Es herrscht viel Unverständnis hinsichtlich der Natur der Antriebe oder Impulse, daher werden diese hier ziemlich ausführlich erörtert. Ich bin immer wieder bestrebt, die Bedeutung individuellen Handelns hervorzuheben. Nur das Individuum, jedes einzelne für sich, kann dazu beitragen, daß *(eindringlich)* Organisationen die Verwirklichung von Idealen herbeiführen können. Nur Menschen, die ihrem spontanen Wesen vertrauen und sich der gemeinnützigen Natur ihrer inneren Antriebe sicher sind, können weise genug sein, aus einer Myriade wahrscheinlicher Zukunftsmöglichkeiten bewußt die meistversprechende Zukunft auszuwählen. Die natürlichen Impulse fördern, um es noch einmal zu sagen, nicht nur die ureigensten Interessen der Menschen, sondern auch die Interessen aller anderen Gattungen.

(Nach einer Pause um 22.04 Uhr:) Ich verwende den Begriff »Impulse« dem allgemeinen Sprachgebrauch folgend, und in diesem Sinne haben Moleküle und Protonen Impulse. Kein Bewußtsein reagiert einfach auf Reize, vielmehr folgt es seinem eigenen Impuls, der es zu Wachstum und Selbstverwirklichung drängt. Viele von euch scheinen in Impulsen nichts weiter zu sehen als unberechenbare und vernunftlose Zufallsprodukte einer blindwaltenden Körperchemie, die – die Impulse – in ebenso mörderischer Absicht bekämpft werden müssen wie die Stechmücken, die ihr mit Insektenspray einnebelt.

Durch den Sprühnebel aus dem Insektenspray stirbt oft mehr als nur eine Mücke; er kann weitreichende Auswirkungen und möglicherweise verheerende Folgen haben. Wie dem auch sei: Impulse für chaotisch, sinnlos oder – noch schlimmer – für Beeinträchtigungen einer geordneten Lebensweise zu halten, ist eine wahrhaft gefährliche Einstellung. Es ist eine Fehlhaltung, die viele eurer anders gelagerten Probleme verursacht. Jeder Mensch ist beseelt von dem Wunsch zu handeln, gemeinnützig, *(eindringlich)* u n e i g e n n ü t z i g zu handeln und so der Welt das Siegel des Menschen aufzudrücken. Wenn solche natürlichen Handlungsimpulse über längere Zeit abgelehnt oder unterdrückt werden, wenn sie immer nur auf Argwohn stoßen, wenn ein Individuum im Widerstreit mit seinen eigenen Impulsen lebt und sich deshalb alle Zugänge zu den Möglichkeiten wahrscheinlichen Handelns verbaut, dann kann es geschehen, daß sich die aufgestaute Intensität in einer Explosion den letzten Ausweg bahnt.

Ich spreche hier nicht von *(Pause)* »Repression« im Sinne der Psychologen, sondern von etwas viel Schwerwiegenderem, von einer inneren Grundhaltung, die dem eigenen Sein so wenig Vertrauen entgegenbringt, daß alle natürlichen Impulse nur mehr Verdacht erregen. Das trifft auf viele von euch zu. Ihr versucht, euch gegen euch selbst zu wappnen; natürlich ist das eine nahezu unmögliche Situation. Ihr verdächtigt euch eigensüchtiger Motive, weil man euch gelehrt hat, euren Impulsen zu mißtrauen, und wenn ihr euch dann bei einer unfreundlichen Regung ertappt, fühlt ihr euch geradezu erleichtert, weil ihr euch wenigstens, so scheint es, ganz normal benehmt.

Fühlt ihr euch von guten Absichten motiviert, so schöpft ihr sogleich Verdacht. Bestimmt verbergen sich, so denkt ihr, unter diesem Anschein von Selbstlosigkeit irgendwelche niederträchtigen oder zumindest egoistischen Motive, die ich nur nicht erkenne! Als Volk übt ihr euch darin, eure Impulse ständiger Überprüfung zu unterziehen; doch überprüft ihr nur selten die Früchte eures Intellekts.

Es mag wohl (bitte in Sperrschrift) s c h e i n e n, daß triebhaft-impulsives Handeln in der Gesellschaft überhandnimmt: im Verhalten so mancher Kultanhänger, bedenkenloser Krimineller oder sogar auch vieler Jugendlicher. In Wirklichkeit aber äußert sich in solchem Verhalten die Macht verdrängter Impulse. Ihrer natürlichen Ausdrucksmöglichkeiten beraubt, treten sie einerseits in ritualisierten Verhaltensmustern geballt zutage; andererseits bleibt ihnen in vielen Bereichen jeglicher Ausdruck verwehrt. *(Pause.)*

So mag dieser oder jener Idealist davon überzeugt sein, daß die Welt auf eine Katastrophe zusteuert und daß er nichts tun kann, dies zu verhindern. Da er seine Handlungsimpulse als verwerflich ablehnt und sich somit seiner Fähigkeit, auf andere einzuwirken, selbst beraubt, k ö n n t e es beispielsweise geschehen, daß er »die Stimme Gottes vernimmt«. Diese Stimme wird ihm möglicherweise befehlen, eine Reihe von Schandtaten zu begehen und die Widersacher, die seinem großen Ideal im Wege stehen, zu beseitigen – und es mag ihm und anderen so vorkommen, als folge er einem natürlichen Impuls zu töten und überdies einem inneren göttlichen Gebot.

Ein solcher Mensch könnte beispielsweise Mitglied einer kleinen Kultgemeinde oder Führer einer großen Nation sein, er kann ein Krimineller sein oder ein Nationalheld, der in göttlichem Auftrag zu handeln behauptet. Und noch einmal: Der Drang und der Wunsch zu handeln sind in jedem Menschen so stark, daß sie sich nicht verleugnen lassen, und wenn sie verleugnet werden, dann können sie in pervertierter Form zum Ausdruck kommen. Der Mensch muß nicht nur handeln, er muß auch konstruktiv handeln, und er muß das Gefühl haben, daß sein Handeln im Dienste einer guten Sache steht.

Wenn dieser natürliche Impuls jedoch ständig auf Ablehnung stößt, dann wird jeder Idealist zum Fanatiker. Jeder Mensch aber ist auf seine Weise ein Idealist.

(Nach einer Pause um 22.28 Uhr:) Macht ist etwas Natürliches. Sie tritt zutage im natürlichen Vermögen des Muskels, sich zu bewegen, oder des Auges zu sehen oder des Verstandes zu denken oder in euren Emotionen. In alledem äußert sich die eigentliche Macht, und weder die Anhäufung von Reichtum noch Berühmtheit kann diese natürliche innere Vollmacht dort, wo sie fehlt, ersetzen. Die Macht liegt stets beim Individuum, und vom Individuum muß daher auch alle politische Macht ausgehen. *(Pause.)*

Die Demokratie ist ein äußerst interessantes Regierungssystem und von großer Bedeutung, weil es dem individuellen Bewußtsein so viel abfordert und weil es sich vornehmlich auf den Glauben an die Macht des Einzelmenschen gründen muß. Es spricht für diesen Glauben, daß er sich in eurem Lande gehalten und angesichts der völlig entgegengesetzten Glaubensüberzeugungen von Wissenschaft und Religion soviel Lebenskraft bewiesen hat.

Die Idee [der Demokratie] bringt einen hohen Idealismus zum Ausdruck – *(mit Nachdruck)* einen Idealismus, der zu seiner praktischen Verwirklichung auf politische und soziale Organisationen angewiesen ist, die einigermaßen effizient sein müssen. Versagen diese Organisationen und wird die Kluft zwischen Ideal und Wirklichkeit zu groß, dann tragen solche Umstände dazu bei, daß aus Idealisten Fanatiker werden. *(Lange Pause.)* Menschen, die strikt dem Diktat der Wissenschaft oder der Religion folgen, können von einem Moment auf den anderen die Fronten wechseln. Der Wissenschaftler verlegt sich aufs Tischerücken oder dergleichen; der Grenzen wissenschaftlicher

Erkenntnisse plötzlich überdrüssig geworden, widmet er sich nun mit Hingabe dem, was er für deren Gegenteil oder rein intuitives Wissen hält. So blockiert er nun seine Vernunft ebenso fanatisch, wie er früher seine Intuitionen blockiert hat. Der harte Geschäftsmann, der an die darwinistischen Prinzipien und den Kampf ums Überleben glaubte, der in einer Welt des Wettbewerbs das Recht des Stärkeren zu seinem Ideal des Überlebens erhoben hatte und auch vor Betrug nicht zurückscheute, wird plötzlich zum religiösen Fundamentalisten und versucht, sich jetzt seines inneren Kräftepotentials zu vergewissern, indem er seine zusammengerafften Reichtümer fortschenkt in dem undeutlichen Bestreben, einen natürlichen Idealismus in einer praktischen Welt zum Ausdruck zu bringen.

Wie könnt ihr euren Impulsen Vertrauen schenken, wenn ihr zum Beispiel lest, daß jemand einen Mord beging, weil er einen starken Impuls dazu verspürte oder weil es ihm eine innere Stimme befahl? Würden einige von euch in diesem Augenblick einfach ihren Impulsen folgen – ihren ersten natürlichen Impulsen –, so könnten diese wohl den Anschein erwecken, sie wären grausam oder zerstörerisch.

Wie beeinflussen eure Impulse eure zukünftige Erfahrung? Und wie tragen sie zur Herausbildung der für eine ganze Masse von Menschen maßgebenden Wirklichkeit dieser Welt bei?

(Laut, unvermittelt:) Ende des Diktats.

(22.42 Uhr. Jetzt beginnt Seth mit der Analyse eines sehr lebhaften Traums, den Jane vor kurzem gehabt hatte und in dem ihre verstorbene Mutter vorkam. Er beendete die Sitzung um 22.56 Uhr.

Als ich Jane sagte, sie habe eine großartige, oft leidenschaftliche Sitzung abgehalten, erwiderte sie, daß sie heute morgen eine halbe Seite ganz ähnlichen Inhalts wie Seths Material geschrieben habe.)

Sitzung 859, Mittwoch, den 6. Juni 1979

(Jane hat sich sehr bemüht, ihre Impulse auszumachen, ihnen nachzugehen und sie zu befolgen, seit Seth so nachdrücklich auf diese hingewiesen hat. Sie nimmt vor allem dann Impulse wahr, wenn sie an ihrem neuen Buch »Heroics« arbeitet, wobei sie sich seltsamerweise mit einer Reihe scheinbar widersprüchlicher Impulse bedrängt fühlt. Sie verbrachte den Montag und Dienstag mit dem Lesen von Lyriktexten, die sie geschrieben hatte, noch bevor Sitzungen stattfanden, die wir im

Jahre 1963 aufgenommen hatten, und fragte sich, warum sie statt dessen nicht an ihrem Buch zu arbeiten sich gedrängt fühlte. Und gestern abend entdeckte sie dann den intuitiven Zusammenhang: sie hatte *die ganze Zeit an dem Buch gearbeitet! In »Heroics« wird es nicht darum gehen, wie man irgendein verstiegenes Überselbst erreicht, sondern um die Hemmnisse, die der praktischen Selbstverwirklichung im Wege stehen. Und in dieser alten Lyrik ging es um solche Hemmnisse. »Du kannst dein heroisches Selbst nicht finden, wenn du dem Selbst nicht vertraust, das du hast«, sagte sie zu mir. »Seth hat uns aufgefordert, auf negative Glaubensüberzeugungen zu achten – und plötzlich finde ich mich allenthalben von meinen eigenen umstellt. Und all diese Überzeugungen stehen dem Vertrauen in meine Impulse im Wege. Endlich sehe ich, worauf das Buch abzielt. Ich werde diese Glaubensüberzeugungen für mich* und *für alle, die dieses Buch lesen, durcharbeiten.« – Beginn der Sitzung um 21.14 Uhr.)*

Diktat.

Noch einmal: Man hat euch beigebracht, daß Impulse etwas Verdächtiges sind, Botschaften eines dubiosen Unterbewußtseins, in denen dunkle Anwandlungen und Begierden zum Ausdruck kommen.

Zum Beispiel: Viele von euch schenken der grundlegenden Freudschen These Glauben, der zufolge der Sohn von Natur aus den Vater aus der Liebe der Mutter zu verdrängen trachtet und sich unter der Sohnesliebe für den Vater der mörderische Todeswunsch regt. Das ist abstrus!

Ruburt hat eigene, vor Jahren geschriebene Lyrik gelesen und war entsetzt, Überzeugungen ähnlichen Inhalts in seinen eigenen Schriften zu begegnen. Ehe unsere Sitzungen begannen, folgte er der herrschenden Denkweise, und obgleich ihn deren Grundsätze zum Widerspruch reizten, fand er keine bessere Lösung. Das Selbst in all seiner spektakulären Lebendigkeit war, wie es schien, nur mit Vernunft begabt, um die unabänderliche Tatsache seines eigenen sicheren Untergangs zu erkennen. Eine solche Tragödie auf die lebende Persönlichkeit zu projizieren – welch ein Verhängnis!

Doch werdet ihr zu einer wahren Psychologie erst dann finden, wenn ihr das Selbst in größerem Zusammenhang seht – größer seine Motive, seine Zielsetzungen, seine Bedeutung –, als ihr ihm jetzt zugesteht oder als ihr der Natur und ihren Geschöpfen zugesteht. Viele Handlungsimpulse habt ihr einfach abgewehrt, und andere habt ihr so programmiert, daß sie nur im vorgeschriebenen Rahmen zum Ausdruck kommen dürfen. Solange jemand von euch noch der Freudschen oder Darwinschen Interpretation des Selbst Glauben schenkt, so lange wird er etwaigen Impulsen, sein eigenes Innere zu erforschen, mit Argwohn begegnen, und zwar aus Angst vor dem mörderischen Chaos, das er da möglicherweise aufdecken würde. Das meine ich nicht nur hypothetisch. Zum Beispiel erinnere ich an die Frau, die kürzlich Ruburts Rat erbat. Sie machte sich Sorgen wegen ihres Übergewichts und war deprimiert über ihren, wie sie meinte, Mangel an Disziplin beim Befolgen der Diätvorschriften. Sie hatte einen Psychologen aufgesucht, der ihr sagte, möglicherweise spiele ihre Ehe bei diesem Problem eine Rolle. Die Frau erzählte, daß sie seitdem nicht mehr zu ihm gegangen sei aus Angst, verborgene Impulse, etwa ihren Mann umzubringen oder der Ehe ein Ende zu setzen, in sich zu entdecken; jedenfalls war sie sicher, daß hinter ihrem Gewichtsproblem verhängnisvolle Impulse lauerten. *(Pause.)*

In Wirklichkeit steckte hinter ihrem Problem ein primärer Impuls ganz anderer Art: mit ihrem Mann ins Gespräch zu kommen, ihn um deutliche Zeichen seiner Liebe zu bitten. Warum liebte er sie nicht so sehr, wie sie ihn liebte? Sie konnte sagen, das liege an ihrem Übergewicht, denn schließlich ließ er es an abfälligen Bemerkungen über ihre Körperfülle nicht fehlen – wobei er sich freilich weniger freundlich ausdrückte.

Er konnte seiner Liebe für sie nicht in der Weise Ausdruck geben, nach der sie sich sehnte, da er glaubte, daß Frauen dem Mann die Freiheit rauben, wenn man sie gewähren läßt, und er interpretierte das natürliche Liebesbedürfnis seiner Frau als lästige emotionale Zumutung. Beide glaubten an die Minderwertigkeit der Frau und folgten, ohne es zu wissen, einem der Freudschen Dogmen.

(21.35 Uhr.) Die besprochenen Überzeugungen sind also innig mit eurem Leben verwoben. Der erwähnte Mann verschließt sich seinen Impulsen; meist nimmt er sie, wenn sie ihn zum Ausdruck von Zuneigung oder Liebe zu seiner Frau drängen, nicht einmal wahr.

In Bereichen, in denen ihr eure Impulse abwehrt, bringt ihr euch um Wahrscheinlichkeiten und versäumt es, neue sinnvolle Verhaltensweisen zu entwickeln, die euch ganz von selbst aus euren Schwierigkeiten herausführen würden. Ihr steht der Veränderung im Wege. Doch scheuen viele Menschen vor jeder Veränderung zurück, hat man sie doch gelehrt, daß ihr Körper, ihr Geist und ihr Gemüt oder auch ihre menschlichen Beziehungen, sich selbst überlassen, todsicher zu Schaden kommen werden. Deshalb reagieren Menschen oft auf das Lebensgeschehen, als fehle ihnen jeglicher Antrieb, sich aktiv damit auseinanderzusetzen. Sie leben ihr Leben, als wären sie tatsächlich nicht nur auf ein kurzes, sondern, schlimmer noch, auf ein Leben beschränkt, in dem sie hilflos ihrer Körperchemie ausgeliefert sind – zufällig entstandene Exemplare einer gezeichneten, zutiefst mörderischen Gattung.

Eine andere [befreundete] Frau entdeckte eine kleine wunde Stelle an ihrer Brust. Eingedenk des Trommelfeuers negativer Suggestion – der Bekanntmachungen des Gesundheitsdienstes zur Krebsvorsorge –, das sich als Präventivmedizin ausgibt, ging sie von bösen Vorahnungen erfüllt zum Arzt. Der konnte nichts Besonderes finden, schlug jedoch eine Durchleuchtung vor, »nur um völlig sicherzugehen«, und so wurde ihr Körper im Namen der medizinischen Vorsorge einer unnötigen Strahlenbelastung ausgesetzt.

(Unsere Bekannte hatte keinen Krebs.)

Ich will damit nicht sagen, daß ihr unter solchen Umständen nicht zum Arzt gehen solltet, denn das Gewicht eurer negativen Anschauungen über euren Körper würde euch zu sehr belasten, um eine solche Ungewißheit allein zu ertragen. Doch spricht ein solches Verhalten sehr deutlich von euren *en masse* gehegten Überzeugungen in bezug auf die Verletzlichkeit des Selbst und seiner leiblichen Hülle. *(Pause.)*

Für mich ist es nahezu unvorstellbar, daß irgend jemand von euch ernsthaft den Standpunkt beziehen kann, daß die Existenz eures erlesenen Bewußtseins sich einem Konglomerat von Chemikalien und Elementen verdanken könnte, das von einem zufällig entstandenen und demnächst zum Untergang bestimmten Universum »zusammengewürfelt« wurde. Der Augenschein spricht doch eine ganz andere Sprache: die Ordnung in der Natur; das schöpferische Schauspiel eurer Träume, die euer Bewußtsein in andere Zeiten und Räume projizieren; die Genauigkeit und Zuverlässigkeit eures spontanen Körperwachstums vom Fetus zum Erwachsenen; das Vorhandensein heroischer Züge und die Suche nach Idealen, die sich durch das Leben auch noch des schlimmsten Halunken ziehen – all dies zeugt von dem größeren Zusammenhang, in dem ihr euer Sein habt.

(Pause um 21.51 Uhr, dann laut:) Wenn das Universum so existierte, wie man es euch gelehrt hat, dann würde ich nicht dieses Buch schreiben.

Dann gäbe es keine psychischen Verbindungslinien, die meine Welt und die eure miteinander verknüpfen. Dann gäbe es keine Ausdehnungen des Selbst, die euch erlauben, eine so große psychologische Distanz zu überwinden bis hin zu den Schwellen der Wirklichkeit, die meine geistige Umwelt bilden. Wäre das Universum so strukturiert, wie man es euch gesagt hat, dann wäre die Wahrscheinlichkeit meiner Existenz gleich Null, was euch betrifft. Dann hätte es keine inoffiziellen Wege gegeben, die Ruburt begehen konnte und die ihn von den offiziellen Glaubensüberzeugungen seiner Zeit wegführten. Er wäre niemals dem ursprünglichen Impuls, für mich zu sprechen, gefolgt, und meine Stimme wäre in eurer Welt ungehört geblieben. *(Pause.)*

Die Wahrscheinlichkeit der Existenz des vorliegenden Buches wäre unverwirklicht geblieben. Niemand von euch würde es lesen. Die Welt der Massenwirklichkeit entsteht aus individuellen Impulsen. Sie begegnen einander und gehen ineinander auf und bilden Handlungsebenen.

Ende des Diktats.

(21.57 Uhr. Nun brachte Seth auf meine Bitte hin eine, wie mir scheint, äußerst treffende Interpretation eines Traumes, den ich letzte Nacht gehabt hatte. Wie ich heute morgen zu Jane gesagt hatte, war mir schon klar, daß der Traum im Zusammenhang mit unserer Arbeit am Seth-Material von einiger Bedeutung war, doch gelang es mir nicht, ihn korrekt zu deuten. Ende um 22.15 Uhr.)

Sitzung 860, Mittwoch, den 13. Juni 1979

(Am Montag abend hielten wir eine private Sitzung ab. Gestern abend sagte Jane, daß sie den endgültigen und sehr originellen Titel für ihr neues Buch, nach dem sie so lange gesucht hatte, gefunden habe: »The God of Jane: A Psychic Manifesto«. »Ist das zu gewagt, zu ausgefallen?« fragte sie mich. Ich fand, das sei ein ausgezeichneter Titel, der genau aussagt, worum es geht. *

---

* Jane fand den Titel für ihr neues Buch am frühen Morgen des vergangenen Sonntags, als sie um vier Uhr früh aufgestanden war, um zu frühstücken und einige Notizen für ihr Buch zu machen. Durch den offenen Innenhof lauschte sie den ersten Vogelrufen, die sie ins Freie lockten, um den nebelverschleierten Sonnenaufgang mitzuerleben. Sie war wie verzaubert.

»Niemand außer mir sah, was ich von meinem persönlichen Gesichtspunkt aus an

Wieder einmal war Jane, wie schon fast den ganzen Tag über, völlig entspannt, und zur Abendbrotzeit hatte sie sogar erwogen, die Sitzung zu überspringen. Die Situation hatte aber einen humoristischen Aspekt, denn Seth selbst schien sehr daran gelegen zu sein: Als wir für die Sitzung Platz nahmen, sagte Jane, daß sie von ihm Material zu mehreren Themen erhielt. »Da drüben – links von mir – spricht er über die Beschränktheiten unserer Persönlichkeit. Weshalb würden wir uns denn als beschränkt bezeichnen, wenn wir nicht fühlten, daß mehr im Dasein steckt, als wir für gewöhnlich annehmen?« Das war wieder eine dieser Ideen, die, einmal geäußert, auf der Hand zu liegen scheinen. Jane fing auch etwas von Seths Diktat für heute abend auf. »Aber mir ist ganz gleich, worüber er spricht«, sagte sie, »solange er nur den Anfang macht und mich in Gang hält.«)

(Um 21.19 Uhr flüsternd:) Guten Abend.

(»Guten Abend, Seth.«)

Diktat: Kehren wir nun wieder zu unserer Erörterung der Impulse zurück, im Zusammenhang mit wahrscheinlichen Handlungsweisen. *(Pause.)*

Ihr lebt inmitten von Impulsen. Ihr müßt unzählige Entscheidungen in eurem Leben treffen, müßt eure berufliche Laufbahn, euren Partner, euren Wohnort wählen. Die Erfahrung kann euch beim Treffen solcher Entscheidungen helfen, doch müßt ihr auch dann schon Entscheidungen treffen, wenn ihr noch keine jahrelangen Erfahrungen hinter euch habt.

---

diesem Morgen erblickte«, schrieb sie eine Stunde später. »Ich fühlte mich wie privilegiert, einem Neubeginn der Welt – oder doch meines Zipfels dieser Welt – beizuwohnen. Oder es war, so dachte ich plötzlich, als täte sich mir ein neuer Bereich meiner Psyche auf, umgewandelt in Bäume, Gras, Blumen, Himmel und Nebel ... Mir war, als blickte ich auf den Teil meiner selbst, dem ich unablässig auf der Spur bin – den Teil, der so kläräugig ist wie ein Kind und eins mit seinem eigenen Wissen. Dieser Teil existiert jenseits unserer Sorge über Karriere, Geld oder Ruhm, jenseits aller von Familie, Freunden oder der Welt ganz allgemein gehegten Ansichten und Meinungen. Er ist unsere direkte Verbindung zum Universum ... aus dem wir in jedem Augenblick unseres Lebens entstehen.

So nannte ich diesen Teil meiner selbst in jenem Augenblick ›*The God of Jane*‹ – Janes Gott –, und mir erscheint dies als eine sinnvolle Bezeichnung. So verstanden hat jeder von uns seinen persönlichen ›Gott‹, und ich bin der festen Überzeugung, daß uns das Universum kennt, ganz gleich, wer oder wo oder was wir sind. Ich denke, daß es einen Gott für Mitzi und einen Gott für Billy, für jede unserer Katzen, gibt und daß jeglichem Bewußtsein, ungeachtet seiner jeweiligen Entwicklungsstufe, diese innige Verbindung mit dem Kosmos eignet ...«

Im großen ganzen, ob ihr euch dessen nun bewußt seid oder nicht – denn einige von euch sind es und andere wiederum nicht –, hat euer Leben eine bestimmte psychologische Gestalt. Diese Gestalt wird durch eure Entscheidungen bestimmt. Ihr trefft Entscheidungen aufgrund gefühlsmäßiger Impulse, dies oder jenes zu tun, auf die eine oder die andere Weise aktiv zu werden, motiviert sowohl durch persönliche Impulse als auch aufgrund von Forderungen, die dem Anschein nach von anderen an euch gestellt werden. Dem weiten Feld der zahllosen euch offenstehenden Wahrscheinlichkeiten seid ihr natürlich nicht ohne ein paar Richtlinien ausgesetzt. Andernfalls wärt ihr immer in einem Zustand der Unentschlossenheit. Eure persönlichen Impulse geben euch diese Richtlinien, indem sie euch anzeigen, wie ihr Wahrscheinlichkeiten am besten nutzt, so daß die in euch angelegten Möglichkeiten am vorteilhaftesten zur Geltung kommen und dadurch konstruktiv auch zum Besten der Gesellschaft beitragen.

Wenn man euch lehrt, euren Impulsen nicht zu vertrauen, und ihr glaubt das, so büßt ihr euer Entscheidungsvermögen ein, und ungeachtet der jeweiligen Lebensumstände beschleicht euch ein Gefühl der Machtlosigkeit, weil ihr davor zurückscheut, aktiv zu werden und zu handeln.

Ruburt erhält viel Post von Menschen, die in Entscheidungsnöten sind. So jammert eine solche Schreiberin zum Beispiel: »Ich weiß nicht, was ich tun soll, welche Laufbahn ich einschlagen soll. Ich könnte die Musik zu meinem Beruf machen, da ich musikalisch begabt bin. Andererseits *(Pause)* fühle ich mich zur Psychologie hingezogen. In letzter Zeit habe ich meine Musik vernachlässigt, weil ich so verwirrt bin. Manchmal denke ich auch, ich könnte Lehrerin werden. Mittlerweile meditiere ich und hoffe, daß die Antwort kommen wird.« *(Pause.)* Ein solcher Mensch kann seinen Impulsen nicht genügend vertrauen, um danach zu handeln. Es bleibt bei lauter dem Gewicht nach gleichen Wahrscheinlichkeiten. Die Meditation muß vom Handeln gefolgt werden – und wahre Meditation (bitte in Sperrschrift) ist Handeln. Solche Menschen fürchten sich, Entscheidungen zu treffen, weil sie ihre eigenen Impulse fürchten – und einige von ihnen können durch falsch angelegte Meditation ihre Impulse abstumpfen und konstruktives Handeln geradezu unterbinden.

(21.35 Uhr.) Impulse äußern sich in natürlicher, spontaner, konstruktiver Entsprechung zu den Fähigkeiten, Potentialen und Bedürfnissen der Persönlichkeit. Es sind richtungweisende Kräfte.

Glücklicherweise haben Kinder im allgemeinen zu gehen gelernt, bevor man ihnen beibringen kann, ihre Handlungsimpulse seien etwas Schlechtes. Und glücklicherweise sind die natürlichen Impulse des Kindes, zu forschen, zu wachsen, Erfüllung zu suchen, zu handeln und Macht auszuüben, stark genug, daß sie ihm als das nötige Sprungbrett dienen, bevor noch eure Glaubenssysteme sein Selbstvertrauen zu untergraben beginnen. Ihr habt, da ihr erwachsen seid, den Körper von Erwachsenen. Doch das Muster für jeden Erwachsenenkörper war bereits im Fetus angelegt – der allerdings glücklicherweise den von seinen Impulsen ausgehenden Richtlinien folgte.

(Mit milder Ironie:) Niemand sagte ihm, daß es unmöglich sei, aus einer winzigen Zelle zu wachsen, diese zu einem winzigen Organismus umzuwandeln – und schließlich zu dem komplizierten Wunderwerk eines Erwachsenenkörpers. Was für winzige, spindeldürre, fadenartige, schwache Beinchen ihr alle einmal im Mutterschoß hattet! Jetzt ersteigen diese Beine Berge und schreiten Boulevards entlang, einfach *(sehr eindringlich und gefühlsbetont)* weil sie formbildenden Impulsen folgten! Selbst die Atome und Moleküle eurer Beine wählten sich ihre günstigsten Wahrscheinlichkeiten aus. Ja, diese Atome und Moleküle trafen in einem Sinne, den ihr nicht verstehen könnt, ihre eigenen Entscheidungen insofern, als sie all den zündenden Funken der Handlungsimpulse folgten, die jeglichem Bewußtsein – ganz gleich, wie hoch oder gering ihr es in eurem Denken bewertet – innewohnen.

Bewußtsein ist darauf angelegt, seiner eigenen idealen Entfaltung entgegenzuwachsen, die zugleich der idealen Entfaltung all der Organisationen dient, an denen es beteiligt ist.

Wir kommen also wieder auf das Thema des Ideals und seiner Verwirklichung zurück. Wann und wie wirken sich unsere Handlungsimpulse auf die Welt aus? Worin besteht eigentlich das Ideal, von dem hier die Rede ist, und wie kommt es, daß eure tatsächliche Erfahrung diesem Ideal so wenig zu entsprechen scheint, daß sie euch als schlecht vorkommt?

Ende des Kapitels, und geduldet euch einen Moment.

9
Das Individuum und Ideale, Religion, Wissenschaft und Recht

FORTSETZUNG DER SITZUNG 860, MITTWOCH, DEN 13. JUNI 1979

(Nach einer Pause um 21.45 Uhr:) »Das Individuum und Ideale, Religion, Wissenschaft und Recht« – das ist die Überschrift für unser nächstes Kapitel, das neunte.

Was ist das Recht? Warum habt ihr ein Recht?

(»Recht oder Gesetze?«)

Warum habt ihr Gesetze? Beginnen wir damit. Sind Gesetze dazu da, Leben zu schützen, Eigentum zu schützen, Ordnung zu schaffen, Gesetzesbrecher zu bestrafen? Werden Gesetze geschaffen, um den Menschen vor seiner eigenen Niedertracht und Gemeinheit zu schützen? Kurzum, sind Gesetze dazu da, den Menschen vor seiner grundsätzlich verbrecherischen und sündigen Natur und vor seinem so oft verleumdeten Selbst zu schützen? *(Pause.)* Wenn ihr »vollkommene Geschöpfe« wäret, würdet ihr dann überhaupt Gesetze brauchen? Definieren die Gesetze das, was unannehmbar ist, oder verweisen sie auf irgendwelche undifferenzierte, kaum wahrgenommene positiveren Aspekte? Sind Gesetze ein Versuch, Handlungsimpulsen Grenzen zu setzen? Sind sie Ausdruck der gesamtgesellschaftlichen Definitionen annehmbaren und unannehmbaren Verhaltens?

Worin besteht, nach eurem Verständnis dieser Begriffe, der Unterschied zwischen einem Verbrechen und einer Sünde? Kann der Staat euch für eine Sünde strafen? Sicher kann er euch für ein Verbrechen bestrafen. Ist das Recht als die Summe aller normierten Gesetze vielleicht die Widerspiegelung von etwas anderem – ein Widerschein der dem Menschen innewohnenden Suche nach dem Ideal und seiner Verwirklichung? Wann treten Gesetze in Gestalt leibhaftiger Idealisten auf den Plan? Warum stimmt ihr ein solches Hohngelächter an, wenn die tönernen Füße der Politiker zum Vorschein kommen? *(Pause.)*

Inwiefern betrifft euch das als Individuen? Wir werden mit dem Individuum beginnen.

(Pause um 21.59 Uhr, dann flüsternd:) Jedes Individuum ist ursprünglich von einer guten Absicht beseelt, wie verborgen diese Absicht auch sein mag oder wie verfehlt die Mittel und Wege, die zu ihrer Verwirklichung führen sollen, auch sein mögen.

Wie der Körper von Kindheit an wachsen will, so wollen auch alle Begabungen und Fähigkeiten des Menschen wachsen und sich fortentwickeln. Jeder Mensch hat seine eigenen Ideale, und Impulse bahnen diesen Idealen ihre eigentümlichen, ganz besonderen Entwicklungswege – Wege, die sowohl dem einzelnen wie auch seiner Gesellschaft Erfüllung bringen sollen. Impulse liefern nähere Angaben und konkrete Anstöße. Sie verweisen auf ganz bestimmte Ausdrucksmöglichkeiten, die dem Individuum ein Gefühl für eigenschöpferische Leistung geben und einen großen Schaffensspielraum erschließen, und die von selbst ankommenden Rückmeldungen dieses Ausdrucks lassen den betreffenden Menschen wissen, daß er zur Bereicherung seiner Umwelt beiträgt.

(Nach langer Pause:) Diese natürlichen Impulse werden, sofern sie befolgt werden, ganz von selbst zu politischen und sozialen Organisationen führen, die sowohl die individuelle als auch die gesellschaftliche Entwicklung fördern. Und somit würde dank eurer Impulse ungezwungen eins ins andere fließen, würden persönliches Handeln und Wirken ganz natürlich gesellschaftliche Relevanz gewinnen. Wenn man euch beibringt, eure Eingebungen und Impulse zu hemmen und ihnen zu mißtrauen, dann kommt es in euren Organisationen zur Verstopfung. Alles, was euch dann bleibt, ist das unbestimmte Verlangen, der theoretisch bleibende Wunsch, die Welt zu verbessern. Da ihr der persönlichen Macht eurer Handlungsimpulse beraubt seid – die eigentlich Wegbereiter dieses Idealismus sein könnten, indem sie euch eure persönlichen Fähigkeiten entwickeln helfen –, bleibt euch nur ein unbestimmter, drängender, ja quälender Wunsch, konstruktiv zu handeln, in die gegebenen Umstände ändernd einzugreifen, ohne jedoch irgendeine Möglichkeit zielführenden Handelns zu sehen. So kommt es zu fortwährender Frustration, und wenn ihr sehr an euren Idealen hängt, kann diese Situation euch zur Verzweiflung treiben.

(Pause in einem auch weiterhin kraftvollen Vortrag:) Ihr werdet dann vielleicht beginnen, die Kluft zwischen eurem verallgemeinerten Ideal und den zahlreichen konkreten Beispielen menschlicher Profitgier und Korruption, die euch allenthalben in die Augen springen, übertrieben zu sehen. Und vielleicht beginnt ihr dann auch, euch auf eure

eigenen Schwächen zu konzentrieren, und in eurem Gefühl wachsender Unzufriedenheit mag es euch so vorkommen, als ob die meisten Menschen von etwas getrieben wären, das auf ein völliges Fehlen jeglicher guten Absicht schließen läßt.

Ihr werdet vielleicht entrüstet, empört oder, schlimmer noch, von Selbstgerechtigkeit erfüllt sein, so daß ihr alle diejenigen anzugreifen beginnt, mit denen ihr nicht übereinstimmt, *(sehr nachdrücklich)* weil ihr nicht wißt, wie ihr euren Idealen oder eurer eigenen positiven Absicht sonst entsprechen könnt.

(22.15 Uhr.) Zu versuchen, die Welt zu verbessern, scheint eine unmögliche Aufgabe zu sein, denn allem Anschein nach seid ihr machtlos, und all die nützlichen kleinen Privataktionen, die ihr unternehmen könnt, erscheinen im Kontrast zu eurem verallgemeinerten Ideal so winzig, daß ihr sie verächtlich von der Hand weist, und so versucht ihr erst gar nicht, eure Fähigkeiten konstruktiv einzusetzen. Ihr beginnt nicht bei euch selbst, eurem Leben, eurer Arbeit, euren Angehörigen. *(Lauter:)* Was zum Kuckuck macht das schon für einen Unterschied in der Welt, wenn ich eine bessere Verkäuferin oder Büroangestellte, ein besserer Rohrleger oder Autohändler bin? Was kann der einzelne Mensch schon tun?

Aber genau dort müßt ihr zuallererst anfangen, aktiv zu werden! Dort an eurer Arbeitsstelle und im Kreis eurer Angehörigen und Freunde ist der Schnittpunkt, an dem ihr mit der Welt zusammentrefft. In diesen Beziehungen *(eindringlich)* üben eure Impulse unmittelbaren Einfluß auf die Welt aus. *(Pause.)*

Viele von euch sind davon überzeugt, daß ihr nicht wichtig seid – und wenn ihr alle dieses Gefühl hegt, wird es euch so vorkommen, als ob eure Handlungen in der Welt nichts bewirkten. Ihr werdet eure Ideale absichtlich allgemein halten und euch so vor der Notwendigkeit drücken, diesen Idealen gemäß in der einen Weise zu handeln, die euch offensteht: indem ihr euch und euren Handlungsimpulsen vertraut und die Menschen, die euch im täglichen Leben begegnen, durch euren Eigenwert überzeugt und handelnd beeindruckt.

Die Untaten der meisten Kriminellen entspringen einem Gefühl der Verzweiflung. Viele von ihnen haben hohe Ideale, doch sind dies Ideale, denen sie nie vertraut, nach denen sie nie gehandelt haben. Sie fühlen sich ohnmächtig, und so lassen sie in selbstgerechter Weise ihre Wut und Rachsucht an einer Welt aus, die in ihren Augen nichts als zynisch, habsüchtig und verdorben ist. Sie haben ihre ganze Aufmerksamkeit auf die große Kluft fixiert, die zwischen einerseits ihren Idealvorstellungen vom Menschen und andererseits ihren Vorstellungen vom Menschen, wie er tatsächlich sei, zu klaffen scheint.

Einerseits glauben sie, daß das Selbst schlecht ist, und andererseits sind sie überzeugt, daß das Selbst nicht so sein sollte. Ihre Reaktion ist übertrieben. Die meisten sehen die Gesellschaft als »Feind« des Guten. Bei vielen – natürlich nicht allen – Kriminellen könnt ihr dieselben Eigenschaften finden, die ihr den Helden zuschreibt, nur daß den Helden bestimmte Wege und Möglichkeiten offenstehen, ihrem Idealismus Ausdruck zu verleihen; Kriminelle finden solche Zugänge völlig abgeschnitten.

Ich will nicht etwa die Verbrecher romantisieren oder ihre Handlungen rechtfertigen. Ich möchte bloß darauf hinweisen, daß nur wenige Verbrechen »aus Lust am Bösen« begangen werden, daß es sich vielmehr um verzerrte Reaktionen auf die Unmöglichkeit handelt, tief empfundene Ideale zu verwirklichen.

So kehren wir zu der Frage zurück, was das Ideale, was das Gute seiner Natur nach sei. Wer bestimmt, was richtig und falsch, was recht und unrecht – was gut und böse ist?

Ende der Sitzung, und herzlich einen guten Abend.

(»Vielen Dank, Seth.«)

(22.32 Uhr. Janes Vortrag war, ungeachtet der vermerkten Pausen, oft rasch und leidenschaftlich gewesen. Gegen Ende der Sitzung hatte sie jedoch langsamer zu sprechen begonnen. »Es gibt da noch mehr, aber mir war so, daß ich's nicht zu fassen kriegte«, sagte sie und meinte damit ihren sehr entspannten Zustand, den sie noch immer genoß. »Aber ich nehme dieses Material ganz allgemein wahr, und dann greift Seth es an irgendeiner bestimmten Stelle auf. Ich glaube, die Sitzung heute abend war eine dieser konzentrierten, wo man in kurzer Zeit eine Menge mitkriegt ...«. Ich versicherte ihr, sie habe ihre Sache gut gemacht.)

Sitzung 862, Montag, den 25. Juni 1979

(Am letzten Mittwoch kam es nicht zu der regulären Buchsitzung, da nach dem Abendessen unerwartet Besuch eintraf, der so lange blieb, daß Jane die Sitzung zu überspringen beschloß.

Heute abend gab Jane erneut einem Gedanken Ausdruck, den sie *schon vor einer Woche zu Beginn der 861sten, nicht für das Buch bestimmten Sitzung geäußert hatte: sie glaubt, Seth sei dabei, »Individuum und Massenschicksal« zum Abschluß zu bringen. »Zwar noch nicht in den nächsten zwei Sitzungen, aber er steuert darauf zu. Was er über die negativen Glaubensüberzeugungen, die wir als Individuen hegen und die die Mehrheit unserer Gesellschaft teilt, zu sagen hat oder sagen mag, das hat er gesagt, und er möchte mit seinem* nächsten Buch *anfangen, in dem es darum gehen wird, wie wir in positiver Weise den Ausweg aus unseren Schwierigkeiten finden und eine bessere Welt schaffen können ... Du weißt schon – dieses Material über Werterfüllung, von dem ich dir erzählt habe. Ich habe heute sogar schon mit Buchtiteln herumjongliert, obwohl ich weiß, daß ich das nicht tun sollte.«* *

Jane wollte die Sitzung früher als üblich beginnen. Doch haben wir einen ganzen Teil davon ausgelassen, da Seth noch andere Themen erörterte, bevor er um 21.09 Uhr mit Material für dieses Buch durchkam.)

Nur kurz: Diktat.

Der Rechtsprechung eures Landes zufolge ist jeder Mensch unschuldig, solange er nicht einer Schuld überführt wurde. Im Sinne solcher Gesetzgebung ist also jeder von euch unschuldig, bis ihm ein

---

* Gerade bevor Jane letzte Woche die 861ste Sitzung abhielt, kam seitens Seth einiges die Neugier reizende Material im Zusammenhang mit der Idee durch, daß der Analytiker bei jeder Psychotherapie die hinter den emotionalen Verstrickungen verborgenen guten Absichten und Impulse herausarbeiten sollte. Sie machte sich ein paar Notizen dazu. Es handelte sich, wie sie sagte, um sehr vielversprechendes Material, das dazu beitragen könnte, die landläufigen Methoden der Therapie zu verändern. So wie die Dinge stehen, könnte es sich dabei um ein Buch handeln – Seths nächstes – über »die Therapie der Werterfüllung«. Jane war ganz begeistert von den neuen Ideen, mit denen sie sich selbst konfrontiert hatte.

In der 861sten Sitzung dann – die, wie schon vermerkt, nicht für »Individuum und Massenschickal« bestimmt war – streifte Seth kurz das Material über Ideen und Impulse, das er in den vergangenen Buchsitzungen gebracht hatte, was ihn wiederum dazu führte, sich zu den Notizen zu äußern, die Jane gerade geschrieben hatte. Es klang wirklich so, als habe er sich für ein nächstes Buch entschieden: »Die Therapie der Werterfüllung wird darauf abzielen, den Menschen in Berührung mit seinen grundlegenden Instinkten zu bringen und ihm das Gespür für die impulsiven Antriebe seines Lebens zu vermitteln. Das wird ihm ermöglichen, seine eigene Version des Ideals zu entdekken, indem er es als seinen eigenen Impulsen, Gefühlen und Fähigkeiten innewohnend erkennt, und ihm dabei helfen, annehmbare und praktische Methoden zu finden, um seine natürliche Tatkraft zur praktischen Verwirklichung dieses Ideals einzusetzen.«

Verbrechen nachgewiesen wird. Der Nachweis muß durch Zeugen, durch glaubhaft gemachte Tatumstände und ein glaubwürdiges Motiv erbracht werden.

Aus der Sicht eurer Religion jedoch seid ihr von Geburt an von der Erbsünde gezeichnet: ihr tragt das »Kainszeichen« symbolisch auf der Stirn. Ihr seid Abkömmlinge einer Gattung, die sich gegen Gott versündigte. Von Anfang an verurteilt, müßt ihr euch taufen lassen, gute Werke tun und an Christus glauben oder was der Vorschriften mehr sind, um errettet oder erlöst zu werden.

Anderen Religionen zufolge seid ihr »erdgebunden» infolge der »niedrigen Begierden« eurer Natur, »ans Rad des Lebens gefesselt« und zu endlosen Wiedergeburten verdammt, bis ihr »geläutert« seid. Und wie euch eure Wissenschaften weismachen wollen, seid ihr ein lebendes Konglomerat handfester Stoffe und Chemikalien, hervorgebracht von einem planlosen Universum, das die eigene Existenz lediglich dem Zufall verdankt, und mit einem Leben geschlagen, das dadurch gekennzeichnet ist, daß all die »primitiven und animalischen Triebe« eurer entwicklungsgeschichtlichen Vergangenheit in eurem Innern ständig auf der Lauer liegen, um sich in unbewachten Momenten Ausdruck zu verschaffen und eure Kontrolle zu unterlaufen.

Also ihr, die ihr das lest, betrachtet die Gesetzgebung und Rechtsprechung eures Landes hinfort mit etwas freundlicheren Augen als bisher! Sie schaffen zumindest die legale Grundlage für den Glauben an eure Unschuld, und unbeschadet all ihrer Mängel schützen sie euch vor den fanatischen Aspekten dogmatischer Gesetze jeglicher Religion. Religiösen Gesetzen zufolge geht es, ob nun ein Verbrechen begangen wurde oder nicht, um Sünde, um Erbsünde *(Pause)*, und eure religiösen Glaubensüberzeugungen setzen als selbstverständlich voraus, daß das Individuum schuldig ist, solange nicht das Gegenteil bewiesen wurde. Und wenn ihr tatsächlich kein Verbrechen begangen habt, dann habt ihr zumindest in eurem Herzen gesündigt – wofür ihr natürlich ebenfalls bestraft werden müßt! Alles kann Sünde sein, sei es nun ein Kartenspiel oder eine Übertreibung sexueller Phantasie. Seid ihr sündhafte Kreaturen? Glauben nicht viele von euch daran?

(Lebhaft:) Ihr wurdet geboren mit einem inneren Wissen um euer natürliches Gutsein. Ihr wurdet geboren mit einem inneren Wissen um euer rechtmäßiges Dasein im Universum. Ihr wurdet geboren mit dem Wunsch, eure Begabungen zu entfalten und euch aktiv handelnd

in der Welt zu bewegen. Diese Tatsachen bilden die Grundlage dessen, was ich als das Naturgesetz bezeichnen möchte.

Ihr kamt auf die Welt als Wesen voller Liebe und Mitgefühl. Ihr kamt auf die Welt voller Neugier auf euch selbst und eure Welt. Ihr kamt auf die Welt mit dem Wissen, daß euch ein einzigartiges, tiefinneres Gewahrsein eures Selbst innewohnt, das ungeteilt es selbst ist und das seiner eigenen Erfüllung und der Erfüllung anderer Menschen entgegenstrebt. Ihr kamt auf die Welt als die Verwirklichung des Idealen Suchende. Ihr kamt auf die Welt mit dem Bestreben, zur Lebensqualität beizutragen, indem ihr die euch zuteil gewordenen Anlagen, Fähigkeiten und Begabungen ins Leben einbringt. Diese könnt allein ihr der Welt geben, und so erreicht ihr ein nur euch mögliches Selbstsein und tragt damit zur Werterfüllung auch der Welt bei.

(21.29 Uhr.) All diese Qualitäten und Eigentümlichkeiten sind euch aufgrund des Naturgesetzes gegeben. Als Art seid ihr auf Zusammenarbeit und liebevolles Miteinander angelegt. Eure Mißverständnisse, eure Schandtaten und eure Verbrechen werden, so real sie auch sind, kaum je aus der Absicht begangen, Böses einfach um des Bösen willen zu tun; vielmehr erfolgen sie aus der schwerwiegenden Verkennung der Natur des Guten und der Mittel zu seiner Verwirklichung. In ihrem tiefsten Herzen wissen die meisten Menschen darum. Eure Gesellschaften jedoch, eure Regierungen und Erziehungssysteme haben ihre Grundlagen allemal in einem festen Glauben an die durch nichts zu ändernde Unverläßlichkeit der menschlichen Natur. »Die menschliche Natur ist unverbesserlich!« Eine solche Feststellung setzt als selbstverständlich voraus, daß der Mensch von Natur aus böse, habgierig, ein Raubtier und ein geborener Mörder ist. Ihr handelt in Übereinstimmung mit euren Glaubensüberzeugungen. Ihr werdet zu dem Selbst, für das ihr euch haltet. Eure zu Glaubenssätzen erhärteten individuellen Überzeugungen werden zu den Glaubenssätzen der Gesellschaft, aber das ist ein ständiges Geben und Nehmen.

Wir werden demnächst die Gestaltung einer schöneren Massenwirklichkeit zu erörtern beginnen – einer Wirklichkeit, die erfahren werden kann, wenn mehr und mehr Individuen im Einklang mit der wahren Natur des Selbst leben. Dann wird es nicht mehr so viele angsterfüllte Menschen und weniger Fanatiker geben, und jeder Mensch, der sich im Einklang mit seinem Selbst befindet, wird zu sehen beginnen, wie er das »Ideal« seiner praktischen Verwirklichung zuführt. Der Zweck rechtfertigt nie und nimmer die Mittel.

Ende der Sitzung. Einen schönen guten Abend – und Ruburt *(Jane)* meinen Beifall!

(»Er macht seine Sache gut!«)

Genau das meine ich.

(»Schön. Danke.«)

(21.40 Uhr. Jane sagte, Seth habe in seinem Diktat von heute abend einen Teil der Informationen abgehandelt, die sie vor der dann ausgefallenen Sitzung von Mittwoch abend nonverbal von ihm aufgefangen und über die sie dann geschrieben hatte. »Aber da gibt es noch mehr, worauf er noch nicht eingegangen ist.«)

Sitzung 863, Mittwoch, den 27. Juni 1979

(Jane erhält fünfunddreißig bis fünfzig Briefe pro Woche. Der Posteingang in unserem Hügelhaus ist, wie wir immer wieder feststellen können, erstaunlich gleichmäßig das Jahr hindurch: Wir erhalten zum Beispiel nie in der einen Woche hundert Briefe und in der nächsten keinen oder in einer Woche siebzig und in der nächsten nur zehn Briefe. In bemerkenswerter Weise verteilen unsere »Korrespondenten« ihre Mitteilungen so, daß wir stets etwa gleichviel Post erhalten, und so haben wir Zeit genug, jeden Brief zu lesen. Und jeden Samstag und Sonntag schreibt Jane ihre Antworten, so kurz sie auch oft sein mögen, so daß wir am Montag morgen, wenn ich dem Briefträger den Stapel Briefe hinauslege, für die Eingänge der nächsten Woche vorbereitet sind. Natürlich erfordern nicht alle Briefe eine Antwort, aber wir haben einmal ausgerechnet, daß Jane ungefähr zweitausend Briefe im Jahr beantwortet. Und diese Zahl nimmt in dem Maße zu, wie ihre Werke weiteren Kreisen bekannt werden.)

(Um 21.10 Uhr, wieder einmal im Flüsterton:) Guten Abend.

(»Guten Abend, Seth.«)

Diktat: Wenn ich von Naturgesetzen spreche, dann beziehe ich mich nicht auf die Naturgesetze eurer Wissenschaftler, wie beispielsweise das Gesetz der Schwerkraft – das überhaupt kein Gesetz ist, vielmehr das Sichtbarwerden des Wahrnehmungsmechanismus auf einem bestimmten Bewußtseinsniveau. In dieser Hinsicht ist zu sagen, daß eure »voreingenommene Wahrnehmung« sogar in eure Instrumente eingebaut ist. *(Pause.)*

Ich spreche von den inneren Naturgesetzen, die der Existenz zugrunde liegen. Was ihr Natur nennt, erfließt natürlich eurer speziellen Wirklichkeitserfahrung; doch sind außerhalb dieses Kontexts auch noch andere Arten des Sichtbarwerdens »natürlich«. Die Naturgesetze, die ich zu erklären im Begriff bin, liegen allen Wirklichkeiten zugrunde und schaffen die Grundlage für mannigfaltige Arten von »Natur«. Doch werde ich versuchen, diese in eure Begriffe zu übersetzen.

(Nach langer Pause:) Jedes Wesen erfährt das Leben so, als befinde es sich im Mittelpunkt des Lebens. Das gilt für die Spinne in der Besenkammer ebenso wie für jeden Mann und jede Frau. Dieses Prinzip gilt auch für jedes einzelne Atom. Das Bewußtsein in all seinen Manifestationen tritt ins Dasein, indem es sich im Mittelpunkt des Lebens geborgen fühlt – indem es das Leben durch sich selbst erfährt, indem es durch seine eigene Natur das Leben gewahrt. Es tritt ins Dasein mit einem inneren Drang zur Werterfüllung. Es ist ausgestattet mit einem Gefühl von Sicherheit, von Geborgenheit in seiner Umwelt, zu der es sich in angemessener Weise verhält. Ihm ist der Drang zu Wachstum und Handeln eingegeben, und es ist von dem Wunsch beseelt, sich seiner Welt einzuprägen.

(21.21 Uhr.) Es ist schwierig, den Begriff »Werterfüllung« zu erklären, aber er ist von großer Bedeutung. Offensichtlich hat er mit der Entwicklung von Werten zu tun – nicht mit moralischen Werten, sondern mit Werten, für die euch wirklich die angemessenen Worte fehlen. Bei diesen Werten geht es schlechthin um die Steigerung der Lebensqualität, die das Wesen in seinem Innersten wahrnimmt. Die Qualität eines Lebens soll beispielsweise nicht einfach erlebt und weitergegeben werden, vielmehr soll in schöpferischer Weise zu ihr beigetragen werden, soll sie vervielfacht werden auf eine Weise, die mit Quantität nichts zu tun hat.

In diesem Sinne haben Tiere ein Gespür für Werte, und wenn ihre Lebensqualität so absinkt, daß das Leben unerträglich und nicht mehr lebenswert ist, geht die Gattung ein. Ich spreche nicht vom Überleben des Stärkeren, sondern *(eindringlich)* von der Fortdauer sinnerfüllten Lebens. Das Leben ist Sinn für die Tierwelt. Eines ist vom anderen nicht zu trennen. *(Pause.)*

So will es zum Beispiel recht wenig besagen, wenn ihr feststellt, daß Spinnen instinktiv Netze weben, weil Spinnen Insekten fressen müssen, und daß die beste Netzweberin die überlebensfähigste Spinnenart sein wird. *(Lange Pause, dann humorvoll:)* Es ist gar nicht so einfach für mich, dem klebrigen Gespinst eurer Glaubensüberzeugungen zu entkommen. Jedenfalls stellt das Netz der Spinne auf seine Weise ein verwirklichtes und – wenn ihr mir den Ausdruck verzeiht – auch ein künstlerisches Ideal der Spinne dar. *(Lauter:)* Es setzt die Spinnen in Erstaunen, daß die Fliegen freundlicherweise in diese Netze einfallen. Man könnte sagen, die Spinne wundere sich, daß Kunst so praktisch sein kann.

(Nach einer Pause um 21.30 Uhr:) Und was ist mit der armen, nichtsahnenden Fliege? Ist sie denn so vernarrt in das Spinnennetz, daß sie alle Vorsicht vergißt? *(Flüsternd und trocken:)* Denn freilich sind Fliegen die Opfer solcher verderbenbringender Wundergespinste. Wir haben es hier wirklich mit klebrigem Zeug zu tun.

(Noch immer in Trance schenkte Jane sich etwas Wein ein.)

Zunächst einmal handelt es sich hier um Bewußtseinswirklichkeiten, die anders sind als die euren. Es sind in einem Brennpunkt gesammelte Bewußtseinsausprägungen, deren jede sich im Mittelpunkt des Lebens fühlt; gleichzeitig jedoch identifizieren sie sich auch mit dem Ursprung der Natur, aus dem sie hervorgehen. Zwischen Fliege und Spinne waltet ein Zusammenhang, der sich jedem Erklärungsversuch entzieht, und beide sind dieses Zusammenhanges gewahr – nicht als Jäger und Beute, sondern als individuelle Teilnehmer an natürlichen Vorgängen, die einen tieferen Sinn haben. Beide sind Mitwirkende an einem gemeinschaftlichen Plan der Werterfüllung, in welchem beide Erfüllung finden. *(Pause.)*

Es gibt eine Bewußtseinskommunikation, die eure Wahrnehmung entgeht. Und während ihr an Theorien wie derjenigen vom Überleben des Stärkeren und an der großen Phantasmagorie der Evolution hängt, stellt ihr die Inhalte eurer selektiv eingeschränkten Wahrnehmung der Welt in einer Weise zusammen, die solche Theorien zu bestätigen scheint. So werdet ihr beispielsweise dem im Labor hingeopferten Leben einer Maus keinen Wert beimessen, und auf die Natur werdet ihr mit Klauen und Zähnen ausgefochtene Kämpfe projizieren; was ihr dabei jedoch vollständig überseht, ist das großartige Zusammenspiel aller Beteiligten an dem gemeinsamen Lebensabenteuer, um das es in Wirklichkeit geht. *(Pause.)*

Menschen, die glauben, das Leben habe keinen Sinn, können leicht dem Wahnsinn verfallen. Die etablierten Religionen haben gewaltige Fehler begangen, doch stellten sie wenigstens ein Leben nach dem Tode in Aussicht; sie boten ein Heilsversprechen und bewahrten –

zuweilen ungewollt – die Überlieferung vom Heroismus der Seele. Die Wissenschaften einschließlich der Psychologie sind sowohl durch ihre Aussagen wie auch durch das, was sie zu sagen unterlassen haben, der Feststellung nahegekommen, daß das Leben keinen Sinn hat. Das steht in krassem Widerspruch zu dem jedem Lebewesen innewohnenden biologischen Wissen, von spiritueller Wahrheit ganz zu schweigen. Solche Lehre leugnet die Bedeutung der biologischen Integrität. Sie verwehrt dem Menschen die Wahrnehmung gerade der Lebenselemente, deren er als biologisches Geschöpf dringend bedarf – des Gefühls nämlich, daß er im Mittelpunkt des Lebens steht, daß seine Umwelt ihm einen sicheren Raum zum Handeln bietet, daß er Vertrauen zu sich selbst haben kann und daß seinem Dasein und Handeln ein Sinn zugrunde liegt.

(21.44 Uhr.) Impulse sind Anweisungen zum Handeln, die euch das Leben erteilt. Wenn man euch beibringt, euren Impulsen zu mißtrauen, dann stellt man euch in Gegensatz zu eurer eigenen physischen Integrität. Wenn ihr glaubt, daß euer Leben sinnlos ist, dann werdet ihr nichts unversucht lassen, um ihm Sinn zu geben. Euer Verhalten gleicht dann dem einer Maus in einem Laboratorium der Wissenschaftler; euer grundlegender Lebenselan hat Schaden genommen.

(Nach einer Pause sehr energisch:) Ich bemühe mich bei meinen Feststellungen um Mäßigung, aber ich muß sagen: Eure Psychologie der letzten fünfzig Jahre hat viele Geistesstörungen mitverursacht, indem sie versuchte, den großartigen individuellen Wurf, der in jedem Menschen angelegt ist, auf ein Konglomerat generalisierter chaotischer Impulse und grobstofflicher Chemikalien zu reduzieren – in einem Mischmasch falsch angewandter Freudscher und Darwinscher Denkansätze.

Seelenqualen allerpersönlichster Art wurden auf mehr oder minder unpersönlich-allgemeine Ursachen, die in der »unbewußten« Triebstruktur des Menschen zu suchen sind, zurückgeführt. Akte unbezwinglichen, eigenschöpferischen Ausdrucks wurden als Zeichen eines unausgeglichenen Hormonhaushalts gedeutet – als ein Zug ins Perverse. Ein Genie hat seine Existenz einer Chromosomenaberration oder seinem Vaterhaß zu verdanken. Sinn und Bedeutung des Lebens wurden auf die Zufallsnatur der Gene reduziert. Die Wissenschaftler dachten nach Kriterien des Durchschnitts und ihrer Statistik, und jeder Mensch hatte in die so etablierten Kategorien zu passen.

In einem gewissen Grade haben zu diesen Pervertierungen auch die Kirchen beigetragen: sie wünschten sich zwar jede Menge Sünder, aber vor Heiligen schreckten sie zurück wie vor jedem extravaganten Verhalten, das nicht vom Zwiespalt und von der Sündhaftigkeit des Menschen zeugte.

Zwangsläufig gab es in den Tapetenwänden eurer Zivilisation Risse, und es kamen Menschen mit paranoiden und schizophrenen Zügen dahinter hervor. Die Eigentümlichkeiten der darunter Leidenden wurden gebührend zur Kenntnis genommen. Ein Mensch, der glaubt, daß das Leben keinen Sinn hat und daher sein eigenes Leben sinnlos ist, der will sich eher verfolgt als ignoriert wissen. Selbst die Last der Schuld ist besser zu ertragen, als überhaupt kein Gefühl zu haben. Wenn ein Paranoider fühlen kann, daß er von der Regierung und deren Handlangern oder überhaupt von »gottlosen Mächten« verfolgt wird, dann fühlt er wenigstens, daß s e i n L e b e n w i c h t i g s e i n m u ß : warum sonst würden andere danach trachten, es zu vernichten? Wenn er Stimmen hört, die ihm seine Vernichtung androhen, dann sind diese Stimmen tröstlich, geben sie ihm doch das Gefühl, daß sein Leben einen Wert haben muß.

Gleichzeitig kann der Paranoide seine schöpferischen Fähigkeiten in Phantasien zum Ausdruck bringen, vor denen der Normale fassungslos steht – und diese kreativen Fähigkeiten haben einen Sinn, denn die Phantasien dienen dazu, den Paranoiden seines Eigenwertes zu versichern. Wenn er nach euren Begriffen geistig nicht gestört, sondern gesund wäre, dann hätte er keinen Spielraum für seine schöpferischen Fähigkeiten, die ja immer mit dem Lebenssinn verbunden sind, und im Normalzustand ist der Paranoide davon überzeugt, daß das Leben sinnlos ist. Wenig Gutes kam dabei heraus, wenn Psychoanalytiker den Assoziationen eines solchen Menschen zuhörten. *(Pause.)* Oft hat der als Paranoiker oder als Schizophrener etikettierte Mensch eine derartige Angst vor seiner eigenen Energie, seinen Impulsen und Gefühlen, daß diese von ihm fragmentiert, verdinglicht und als von außen statt von innen kommend gesehen werden.

Vorstellungen von Gut und Böse werden übertrieben und das eine vom anderen abgetrennt. Aber auch darin finden die schöpferischen Fähigkeiten noch eine Möglichkeit zum Ausdruck. Der Betreffende fühlt sich außerstande, sie anders auszudrücken. Solche Menschen haben Angst vor der Wucht ihrer eigenen Persönlichkeit. Ihnen wurde gelehrt, daß der kraftvolle Ausdruck von Energie etwas Ungehöriges und geistig-seelische Eigenmacht unheilvoll ist und daß aus dem Selbst kommende Impulse zu fürchten sind.

Was bleibt einem solchen Menschen dann noch übrig, als diese Impulse – zum Guten wie zum Üblen – nach außen zu projizieren und daher jeden Ausdruck selbständigen Handelns effektiv zu blockieren?

(Nach einer Pause um 22.07 Uhr:) Der Begriff der Schizophrenie wird zu einem alles abdeckenden Sammelbegriff, mit dem die sich Autorität anmaßende Instanz der Psychologie herrschender Lehrmeinung den individuellen Ausdruck persönlicher Sinnhaftigkeit auf eine verallgemeinerte Massenerscheinung reduziert. Die unter Wahnideen, insbesondere unter Verfolgungswahn, Leidenden sind Menschen, die leider unerschütterlich den schlimmsten Abirrungen von Wissenschaft und Religion Glauben schenken. Paranoiker und Schizophrene versuchen, Sinn in einer Welt zu finden, die ihnen als sinnlos dargestellt wurde, und in abgeschwächter Form zeigen sich ihre Tendenzen überall in der Gesellschaft.

Kreativität ist ein dem Menschen innewohnender Drang, der viel wichtiger ist als das, was die Wissenschaft als die Befriedigung der Grundbedürfnisse bezeichnet. In diesem Sinne ist Kreativität das tiefste Grundbedürfnis. Ich spreche hier nicht etwa von irgendeinem zwanghaften Bedürfnis, zum Beispiel Ordnung zu schaffen – was einer Verengung der geistig-seelischen oder der räumlich-materiellen Umwelt gleichkäme –, sondern von einem der Gattung eingeborenen machtvollen Trieb zu schöpferischem Tun und zur Erfüllung von Werten emotionaler und spiritueller Natur. *(Lauter:)* Und wenn der Mensch diese nicht findet, dann werden ihn die sogenannten Grundbedürfnisse, Nahrung, Obdach und sexuelle Befriedigung zu suchen, nicht am Leben erhalten.

Ich will damit nicht bloß sagen, daß der Mensch nicht vom Brot allein lebt. Ich sage damit, daß der Mensch, der in seinem Leben keinen Sinn findet, nicht leben wird, ganz gleich ob er Brot findet oder nicht. Er wird weder die Energie zum Broterwerb aufbringen noch seinen Impulsen zum Broterwerb vertrauen.

Es gibt also Naturgesetze, denen alle Formen des Lebens und alle Wirklichkeiten unterworfen sind – Gesetze der Liebe und Zusammenarbeit –, und das sind die Grundbedürfnisse, von denen ich spreche.

(Flüsternd:) Ende der Sitzung.

(»Schön. Gute Nacht.«)

(22.17 Uhr. »Also das ist seltsam«, sagte Jane, als Seth sich zurückzog. »Es ist erst viertel nach zehn, aber ich fühle, daß das, was er uns gegeben hat, dem Inhalt nach weit über die abgelaufene kurze Zeit hinausreicht. Vor der Sitzung wußte ich, daß er auf Schizophrenie und so weiter eingehen würde, aber er ging über bloße Andeutungen hinaus ...« Tatsächlich war ihr Vortrag oft intensiv und für mein Schreibtempo ziemlich anspruchsvoll gewesen.)

Sitzung 866, Mittwoch, den 18. Juli 1979

(Seit vor drei Wochen die 863ste Sitzung abgehalten wurde, hat Jane nur zwei planmäßige Sitzungen – beide mit anderer als für dieses Buch geeigneter Thematik – und zwei persönliche Sitzungen abgehalten.

Seth zufolge ist die Sitzung von heute abend in den nach 21.52 Uhr erfolgten Äußerungen auch kein Buchdiktat; aber Jane und ich legen das Material hier vor, weil Seth darin auf Fragen zurückkommt, die ich früher in »Individuum und Massenschicksal« gestellt hatte: Welche Rolle spielen beispielsweise Pockenviren im menschlichen Leben? Wie ich in den einführenden Anmerkungen zur 840sten Sitzung schrieb: »Worin besteht die Beziehung zwischen dem Wirtsorganismus und der Krankheit?«

Meine Fragen waren durch einen Artikel hervorgerufen worden, den ich vor ein paar Tagen in einer wissenschaftlichen Zeitschrift gelesen hatte; die Autoren erklärten darin, daß eine signifikante Anzahl von Frauen infolge Kontakts mit dem Sperma von Männern, die sich nicht einer Vasektomie unterzogen haben oder, anders gesagt, nicht sterilisiert sind, Brustkrebs entwickeln kann. Ich fand, wie ich Jane gegenüber bemerkte, den ganzen Sachverhalt und den Gedanken, daß männliche Vertreter unserer Gattung den weiblichen möglicherweise Krebs übertragen könnten, äußerst seltsam. Wir hatten übrigens schon früher von dieser Theorie gehört; jedenfalls müßte eine Übertragung von Krebs auf diesem Wege als eine der verhängnisvollsten Folgen betrachtet werden, die sich aus der sexuellen Vereinigung von Mann und Frau ergeben könnten. Wir waren daher äußerst gespannt, wie Seth die ganze Sache erklären würde, und er gab uns tatsächlich ausgezeichnete Informationen dazu. »Den ironischen Möglichkeiten in unseren Glaubenssystemen sind keine Grenzen gesetzt«, sagte ich zu Jane. »Was, wenn die Forscher als nächstes herausfinden, daß die

Partnerin, also die Frau, ihrerseits in irgendeiner bisher unvermuteten Weise ihrem Partner ein krebserzeugendes Virus übertragen kann?«

Es war an diesem Abend etwas kühler als sonst. Jane war ziemlich still, als wir auf Seth warteten. »All diese Fragen«, sagte sie, als ich sie auf ihr Schweigen hin ansprach, »all diese Dinge, die ich beantworten soll ... ich glaube, ich bin ins Brüten gekommen, weil ich in die Falle gegangen bin, von der Seth spricht: zu denken, daß ich die Welt retten muß ...«

Daraufhin mußten wir beide lachen. Wir kamen überein, daß es da gar nichts zu retten gibt. Die Welt muß nicht gerettet werden. Sie ist durchaus imstande zu überleben, auch wenn sie eine so ungebärdige Spezies wie den Menschen beherbergt. Schließlich, so sagte ich, stelle der Mensch nur eine einzelne Gattung dar, die ihr Sein der lebendigen Erde im Zusammenspiel mit fast unzähligen anderen Gattungen erschafft, und jede Gattung tue von ihrem Gesichtspunkt aus dasselbe. Nicht einmal durch seine destruktiven Verhaltensweisen, erklärte ich, könne der Mensch diese gemeinsame Wirklichkeit in größerem Ausmaß verletzen, ungeachtet solcher potentiellen Fiaskos wie dem von Three Mile Island oder selbst eines Atomkriegs. Insbesondere erinnerte ich Jane an Seths in der 865sten, nicht für das Buch bestimmten Sitzung vom Montag letzter Woche getroffenen Feststellung:

»Glücklicherweise ist die Macht konstruktiven Denkens und Handelns tatsächlich maßgebend in der Natur und in eurer Welt. Andernfalls würdet ihr nicht existieren. Die gemeinschaftlichen Projekte und die kooperativen Unternehmungen biologischer, sozialer, wirtschaftlicher, politischer, künstlerischer und spiritueller Natur, die sich kreuz und quer durch diesen Landkreis von Elmira ziehen, sind einfach phantastisch. Diese Zusammenarbeit vollzieht sich weitgehend unbemerkt, doch hat sie ihre sichere Grundlage in der Stabilität, die ein Kennzeichen allen Lebens ist. Punkt.«)

(21.04 Uhr.) Diktat. *(Pause.)*

Jede Gattung ist mit Gefühlen und Empfindungen ausgestattet, die in ein inneres System der Werterfüllung eingebettet sind. Jede Gattung ist demnach nicht nur an ihrem körperlichen Überleben und der Vermehrung ihrer Einzelexemplare interessiert, sondern auch an der Vertiefung und Entfaltung derjenigen besonderen Anlagen und Eigentümlichkeiten, die für sie kennzeichnend sind.

Was nun diese Erörterung betrifft, so ist zu sagen: Es gibt biologische Ideale, die den Chromosomen eingeprägt sind, aber es gibt auch Ideale, die viel schwieriger zu definieren sind und die gewissermaßen als geistig-seelische Blaupausen für die Entwicklung noch ganz anderer Veranlagungen vorhanden sind. Ich verwende hier das Wort geistig-seelisch in dem wörtlich zu nehmenden Sinn, daß alle Gattungen auch ihre eigenen geistig-seelischen Komponenten haben, im Unterschied zu den euch wohlbekannten physischen Eigentümlichkeiten der Tiere und Pflanzen. Eure herrschenden Meinungen machen euch blind für jeglichen Hinweis auf das tatsächliche Zusammenwirken, das zwischen allen Gattungen besteht. Ich spreche auch nicht von einem zwangsweisen Miteinander – als Resultat eines »Instinkts«, der irgendwie die sozialen Gewohnheiten der Tiere steuert –, denn ihre Gewohnheiten sind sozial und kooperativ.

Ruburt war kürzlich entsetzt zu lesen, daß orthodoxe Wissenschaftler dem Menschen noch immer den freien Willen absprechen. Ihren Anschauungen zufolge ist jegliches Gefühl bewußter Entscheidung in Wirklichkeit die Widerspiegelung der jeweiligen Einstellung des Gehirns. Ich jedoch sage, daß der Mensch im Rahmen seiner Existenz Willensfreiheit hat, (in Sperrschrift) wie auch alle anderen Gattungen Willensfreiheit haben im Rahmen ihrer Existenz.

Das Huhn kann kein Buch lesen. Es kann zu lesen nicht beschließen. Die Pflanze kann nicht beschließen, die Straße hinabzuschlendern. Doch können das Huhn und die Pflanze zu leben oder zu sterben beschließen – ziemlich bedeutende Entscheidungen für jedes Lebewesen. Sie können sich dafür entscheiden, ihre Umwelt zu mögen oder nicht zu mögen und sie ihren individuellen Bedürfnissen entsprechend zu verändern. Es ist in Mode zu sagen, daß sich diese und jene wissenschaftlichen Gesetze auf der mikroskopischen Ebene beweisen lassen, indem man beispielsweise einzelne Partikel weit über den Normalzustand hinaus beschleunigt. Aber ihr ignoriert absichtlich, daß es auch auf der mikroskopischen Ebene Gefühle gibt, und schon gar nicht kommt ihr natürlich zu dem Schluß, daß alle Partikel psychische Partikel mit ihrem ihnen eigenen Streben nach Weiterentwicklung und Werterfüllung sind. Deshalb gehen die Atome Verbindungen miteinander ein, um Materie zu bilden. Sie suchen die Erfüllung ihrer selbst durch Form. Gemeinschaftlich wählen sie die Formen, die sie annehmen werden.

(21.23 Uhr.) Wenn schon der einfachste Partikel mit solchem Stre-

ben begabt ist und Ideale in sich birgt, die nach Erfüllung suchen, wie sollte es dann um den Menschen anders bestellt sein? Ihr seid darauf angelegt, Sinn, Gemeinsamkeit und Liebe zu suchen. Ihr seid darauf angelegt, brillante geistig-seelische und materielle Schöpfungen in Form eurer Künste und Wissenschaften, Religionen und Zivilisationen hervorzubringen. Und selbst die Fehler und groben Entstellungen, die euch dabei unterlaufen sind, selbst sie sind durch euer Bedürfnis entstanden, in eurer persönlichen Existenz und im Leben selbst Sinn zu finden.

Wenn ein Wissenschaftler glaubt, daß das Leben keinen Sinn habe, dann hat er sich einfach mit einer Ideologie gewappnet, die ihm einen zuverlässigen Schutz gegen die Wechselfälle des Lebens zu bieten scheint. Wenn er sagt, das Leben habe keinen Sinn, dann kann er gegebenenfalls nicht enttäuscht werden, denn *(sehr eindringlich)* er hat sich häuslich eingerichtet in einem selbstgesponnenen Kokon, der freilich einen Sinn hat, da er ihn vor seinen tiefsten Ängsten absichert.

Eine Zivilisation, die der Kreativität keinen Spielraum gibt, gefährdet ihren eigenen Bestand. Eine Nation, die begabten Menschen mit Mißtrauen begegnet, statt sie zu fördern, befindet sich, gelinde gesagt, in Schwierigkeiten. Eure Psychologen, die den Akzent auf die »Norm« legen, bringen die Menschen dazu, sich vor ihren individuellen Besonderheiten und Begabungen zu fürchten, weil die Norm der Psychologie schon bloß mit den Konturen der Psyche auch nicht eines einzigen Menschen übereinstimmt. Sie reicht weder an die Höhen noch an die Tiefen menschlicher Erfahrung. Und so bekommen die Menschen Angst vor ihrer eigenen Identität.

Ruburt las heute einen Artikel über begabte Kinder, ihren Hintergrund und ihre Entwicklung. Begabte Kinder passen nicht in das Bild der Psychologie. Begabte Kinder passen nicht in das Bild vom Kind, wie es den Eltern verkauft wird. In Wirklichkeit kommt bei begabten Kindern all die Aufmerksamkeit, geistige Regsamkeit, Wißbegier und Lernfähigkeit zum Vorschein, die aus mancherlei Gründen bei der Mehrheit der Menschen latent bleiben, jedoch der Gattung eingeboren sind. Die Begabten sind keineswegs exzentrische, die Norm sprengende Versionen des Menschen, vielmehr liefern sie einen Hinweis auf seine wahren Fähigkeiten. *(Pause.)*

Eure Gehirne sind nicht leer, sondern gut »geölte Maschinen«, bereit, bei eurer Geburt in wirbelnde Aktivität zu treten. Sie sind ausgestattet mit der Neigung zu lernen, und *(eindringlich)* die Rudimente des Wissens, wie ihr es versteht, sind dem Gehirn eingegeben. In diesem Sinne denkt auch das Gehirn schon vor der Geburt. Es reagiert nicht bloß. Jedes Individuum hat seine eigenen einzigartigen Fähigkeiten. Für manche dieser Fähigkeiten, die sich auf den Umgang mit anderen beziehen, habt ihr nicht einmal Bezeichnungen. Eltern nun neigen leicht dazu, ihre Kinder zu mißbilligen, wenn sie ungewöhnliche Begabungen zeigen. Sie fürchten, daß ihre Kinder nicht mit den anderen auskommen werden. Sie sind beunruhigt, weil ihre Kinder nicht der Norm entsprechen – aber kein Kind entspricht je der »Norm«.

Viele Erwachsene, die ihre eigenen Begabungen auf dem einen oder anderen Gebiet spüren, spielen diese Fähigkeiten herunter, weil sie Angst davor haben, sich von »der Masse« abzuheben, oder weil sie fürchten, sich der Kritik ihrer Mitmenschen auszusetzen. Religion und Wissenschaft haben ihnen gleichermaßen eingeschärft, daß es besser sei, alles Hervorragende zu vermeiden. Doch jeder lebende Mensch birgt in sich ein Merkmal von Größe und, mehr noch, das Verlangen, seine inneren Begabungen optimal zur Reife zu bringen.

Ich spreche nicht von Größe im Sinne von Berühmtheit oder, wie üblich, nur im Hinblick auf künstlerische oder intellektuelle Fähigkeiten, sondern auch im Hinblick auf Menschen mit großem Gefühlsreichtum. Auch spreche ich von noch anderen natürlichen Fähigkeiten wie der Traumkommunikation, dem bewußten Einsatz von Träumen und der Kreativität im Alltagsleben. Es gibt Dimensionen menschlichen Gefühlslebens und psychischer Erfahrung, die euch verborgen bleiben, einfach weil ihr den Radius eurer Aufmerksamkeit so sehr auf die Idee der »Norm« einengt. So muß *(leise)* jede Erfahrung, die sich nicht in das offiziell gebilligte Schema einfügt, als bizarr, exzentrisch und irrelevant erscheinen und von euren Wissenschaften ignoriert werden.

Viele Kinder, die bei ihren Lehrern als zurückgeblieben gelten, sind in Wirklichkeit hochbegabt. Das gleiche gilt für aufsässige Kinder, die überaktiv sind und auf medikamentöse Behandlung gesetzt werden. Ihre Rebellion ist ganz natürlich. Bei autistischen, also krankhaft selbstbezogenen und daher kontaktunfähigen Kindern handelt es sich in vielen Fällen um Menschen, deren sich schon früh die Idee bemächtigt hat, die Welt sei so voll von Unsicherheit, daß man besser gar nicht erst mit ihr kommuniziert, solange die eigenen Bedürfnisse erfüllt werden. Wenn das Kind ernährt, gekleidet und versorgt ist, dann behält es sein Verhalten bei, und das Verhalten selbst dient seinen Bedürfnissen.

(Nach einer Pause um 21.46 Uhr:) Das Kind fühlt, daß es gefährlich ist, sich auf die Welt einzulassen. Nun wird zwar niemand einem Kind die Nahrung vorenthalten, doch kann es nützlich sein, wenn das Kind um Nahrung, vielleicht in Form besonderer Leckerbissen, bitten oder irgendwie zeigen muß, daß es eine Entscheidung getroffen hat. Autistische Kinder haben Angst davor, Entscheidungen zu treffen. Oft wurde das, zumindest teilweise, von den Eltern übernommen, so daß das Kind deren eigene uneingestandenen Ängste zum Ausdruck bringt. Dessenungeachtet kann das autistische Kind hochintelligent sein.

Man könnte sagen, ein solches Kind versinnbildlicht das, was geschieht, wenn ein Individuum sich für wertlos hält, wenn es den eigenen Impulsen nicht vertraut, wenn es verschiedene Möglichkeiten der Wahl eher als Probleme denn als Vorteile auffaßt und es für sicherer hält, seine Begabungen zu verleugnen, anstatt sie zu nutzen. Leben ist Ausdruck.

Ende des Diktats.

(21.52 Uhr.) Ich werde euch eine Antwort geben *(auf meine Frage über die Beziehung zwischen Wirtsorganismus und Krankheit).* Ihr gestaltet selbst eure Wirklichkeit. Das *(humorvoll)* sollte für euch die vollständige Antwort sein, ist es aber offensichtlich nicht.

Erstens einmal, falls krebsträchtiges Sperma in die Gebärmutter einer Frau gelangen würde und sie nicht die Absicht hätte, die Krankheit zu bekommen, würde ihre körpereigene Immunabwehr den Krebs völlig unschädlich machen. Zweitens jedoch – ich beziehe mich hier auf den erwähnten Artikel – kommt das sowieso nicht vor. Ich weiß nicht so recht, wie ich mich ausdrücken soll *(Pause);* doch will ich, so gut ich kann, eine Erklärung versuchen, obwohl diese in mancher Hinsicht den Erkenntnissen der Wissenschaft zu widersprechen scheint.

Auch wenn Wissenschaftler »Krebszellen« finden und auch wenn es den Anschein hat, daß Krebs durch ein Virus verursacht wird, so geht es doch in Wirklichkeit bei dieser Krankheit um eine Wechselbeziehung zwischen dem, was ihr etwa einen Wirtsorganismus und einen Parasiten nennen würdet, und in einem gewissen Maße gilt das für jede Krankheit, auch beispielsweise für die Pocken, obwohl die beiden Krankheiten völlig unterschiedliche Ursachen zu haben scheinen. Eine Wirtszelle wird nicht einfach angegriffen. Sie lädt zum Angriff ein, wobei mir freilich die Konnotationen, die mit dem Wort »Angriff« verbunden sind, überhaupt nicht gefallen. Ich versuche nur, zunächst die euch geläufigen Wörter zu verwenden.

Es ist nicht einfach so, daß eine Zelle plötzlich der Krankheit gegenüber »in ihrer Widerstandskraft erlahmt«. Ich will versuchen, das Ganze so einfach wie möglich zu erklären: Jede Zelle spiegelt einen psychischen Zustand wider. Eine Zelle existiert sowohl als eine selbständige Einheit für sich, wie auch im Verbund mit allen anderen Zellen im Körper. Es gibt unzählige Gemütsstimmungen, psychische Zustände, die sich in fortwährendem Austausch und Wandel befinden, wobei der übergreifende Gesamtzustand die biologische Integrität betrifft (Doppelpunkt): Der Organismus hält zusammen, er erhält seine Funktionen aufrecht und so weiter.

Euer Körper ist *(leise und nachdrücklich)* der physische Spiegel eures psychischen Befindens. Er wird durch die Energie des Universums aufgeladen. Er tritt von Augenblick zu Augenblick ins Dasein. Euer Geist-Seele-Gemüt und euer Körper verdanken sich ein und demselben Ursprung: universeller Energie. Ihr seid mit Vitalität geladen. Ihr müßt einen Sinn in eurem Leben erkennen. Wenn euch, aus welchem Grund auch immer, der Sinn eures Lebens abhanden kommt, dann spiegelt sich das in eurem Körper wider. *(Pause.)* Es ist sehr schwierig, all dies von den vielen Begleitvorstellungen zu trennen, die mit dem Begriff der Krankheit einhergehen, und *(noch immer mit Nachdruck)* ich möchte nicht, daß das Material mißverstanden wird. Krebs beispielsweise wurde in jüngster Zeit geradezu zum Symbol für die Anfälligkeit des Körpers – ein Beweis für das Ausgeliefertsein des Menschen an den Körper. Doch ist Krebs eine Krankheit, die die Menschen haben, wenn sie sterben wollen – wenn sie sich schämen zuzugeben, daß sie sterben wollen, weil dieser Wunsch jeglicher Vernunft zu spotten scheint. Wie können Individuen zu sterben wünschen, wenn die Gattung ums Überleben kämpft?

Ich habe schon früher erwähnt, daß viele Menschen Krebs hatten und sich wieder erholten, ohne überhaupt etwas davon zu merken. Euren Glaubensüberzeugungen zufolge ist es jedoch geboten, unter bestimmten Umständen *(wie den von Jane in der Fußnote Seite 72 f. beschriebenen)* schon im Fall auch nur vager Befürchtungen, daß man

Krebs haben könnte, einen Arzt zu konsultieren, denn es gibt viele unbegründete Befürchtungen, und nur die als unbegründet erkannte Befürchtung schenkt dem Betreffenden symbolisch wie auch körperlich neues Leben.

Was nun den erwähnten Artikel betrifft, so müßten sich die Körperzellen einer Frau bereits auf den Gast vorbereitet haben – vorausgesetzt jetzt, der Parasit sei krebsträchtig und stamme aus dem Sperma des Mannes. Von Angriff könnte da nicht die Rede sein, wohl aber könnte, seitens der Frau, eine gewisse Aufnahmebereitschaft angenommen werden, die der Vorbereitung kommender Veränderungen förderlich ist.

(Nach einer Pause um 22.13 Uhr:) Es kommt zu einer Lebenskrise. Der »Parasit« oder das Virus spielt seine Rolle beim Zustandekommen einer solchen psychisch angesteuerten Verfassung. Es ist eine emotional geladene Verfassung, eine sich zuspitzende Krisensituation. Ich bin mir der quälenden Fragen bewußt, die durch solche Vorgänge aufgeworfen werden, wie auch der Kluft, die zwischen meinen Erklärungen und den täglichen Erfahrungen so vieler Menschen zu bestehen scheint. Tatsache ist jedoch, daß der Tod, wenn er kommt, gewollt ist; er wurde gewählt.

Tatsache ist, daß der Tod auf seine Weise der Kulminationspunkt eines Lebens ist und zu einem neuen Leben und einer neuen Erfahrung führt. Die Zellen wissen dies. Das Herz auch. Die Menschen können nicht zugeben, daß sie zu einem gegebenen Zeitpunkt sterben wollen. Könnten sie die Tatsache ihres eigenen Sterbewunsches akzeptieren, so könnten einige von ihnen sogar ihre Entscheidung rückgängig machen. Und viele tun das auch: Die psychische Verfassung bessert sich, und die Körperzellen sind nicht mehr für den Krebs anfällig.

Frauen, deren Männer sich sterilisieren ließen, erleben oft eine Befreiung von sexuellen Problemen, unter denen sie selber sehr gelitten hatten. Die Angst in diesem Bereich hat sich verringert. *(Lange Pause.)* Gebärmutterhalskrebs kann – wohlgemerkt, er kann – durch die von einer Frau aufgrund ihrer Glaubensüberzeugungen vorweggenommenen Deformationen ausgelöst werden, wodurch es dann zu Deformationen der Wachstumsprozesse selbst kommen kann. In gewisser Weise spiegelt sich in den großen körperlichen Schmerzen, die durch den Krebs – durch manche Arten von Krebs – verursacht werden, die Glaubensüberzeugung der Kranken wider, daß das Leben nichts als

Schmerz und Qual sei. Zugleich gemahnt der Schmerz an Gefühl und Empfindung. *(Pause.)*

Das ist alles für heute abend. Euch beiden herzlichst einen guten Abend.

(»Herzlichen Dank. Gute Nacht.«)

(Die Sitzung fand ihr Ende um 22.23 Uhr.)

Sitzung 867, Montag, den 23. Juli 1979

(Der Abend war sehr feucht, doch kühl nach einem Gewitter am späten Nachmittag. Jane empfand die feuchte Luft, als wir um 20.15 Uhr für die Sitzung Platz nahmen. Sie hatte keine Fragen an Seth; vielmehr erwartete sie, daß er sein Material vom letzten Mittwoch abend in Beantwortung meiner Frage über die Beziehung zwischen Wirtsorganismus und Krankheit fortführen werde. Nach dem Abendessen war ihr »ziemlich deutlich« der Gedanke gekommen: »Es wird kein Diktat. Ich glaube, es liegt wieder eine ganze Menge vor – aber es ist noch nicht ganz hier, weißt du«, sagte sie.

Doch dann kamen um 20.45 Uhr Nachbarn auf Stippvisite, und danach erklärte Jane, daß sich das Material ungeachtet der Kürze dieses Besuchs etwas aus ihrer inneren Wahrnehmung »zurückgezogen« habe. »Also warte ich einfach, bis es wieder auftaucht«, sagte sie. Als das geschah, brachte Seth eine so gelungene Fortsetzung des nicht für das Buch bestimmten Teils der letzten Sitzung, daß wir sie in dieses Buch aufnehmen wollen. Endlich, um 21.28 Uhr:)

Nun: Guten Abend.

(»Guten Abend, Seth.«)

Ich kann in Verlegenheit geraten, und *(mit schiefem Gesicht)* meine Verlegenheit war es, die Ruburt empfand, denn da ist wirklich eine Fülle von Informationen, die ich euch in ganz bestimmter Hinsicht geben möchte. Und doch muß ich mich mit euren gewohnten Denkweisen herumschlagen, die es euch erschweren, bestehende Zusammenhänge zu erkennen.

Wie immer werde ich *(lächelnd)* mein Bestes tun und wenigstens zu Beginn nur Begriffe verwenden, die euch vertraut sind. Mir ist klar, daß die tägliche Erfahrung einigen meiner Ideen zu widersprechen scheint – habt also Geduld mit mir. Ich werde die Idee der Krankheit mit der Idee der Kreativität in Verbindung bringen, denn diese beiden sind eng miteinander verknüpft. *(Pause.)*

Erinnert euch der Analogien, die ich früher gebracht habe, als ich die Landschaft der körperlich-materiellen Erfahrung mit der Landschaft eines Malers verglich – die, obzwar vielleicht düster und unheildrohend, doch ein Kunstwerk sein kann. Tatsächlich ist jeder Mensch ein Künstler: er malt sein eigenes Bildnis in lebender Farbe – ein Bildnis eines Menschen freilich, der nicht bloß in ruhiger Haltung an einem Tisch sitzt, sondern handelt. Ihr, die ihr jetzt lebt, besucht gewissermaßen den gleichen Lehrgang des Lebens. Ihr blickt umher, um zu sehen, wie eure Zeitgenossen mit ihren Bildnissen vorankommen, und ihr findet alle möglichen Varianten: tragische Selbstbildnisse, heroische Selbstbildnisse, komische Selbstbildnisse. Und all diese Bildnisse haben ihr Leben und beeinflussen sich gegenseitig, und indem sie einander beeinflussen, gestalten sie das soziale und politische Massengeschehen eurer Welt.

Diesen Bildnissen kommt ganz offensichtlich eine biologische Wirklichkeit zu. Die Beteiligten malen mit den gleichen Farben – woraus sich eure Ähnlichkeiten ergeben – und mit größter schöpferischer Freiheit; dem Spielraum sind kaum Grenzen gesetzt. So tragen denn die zahllosen Bildnisse, indem jedes einzelne Einfluß auf jedes andere ausübt, mitgestaltend zur psychischen und physischen Realität der Menschheit bei, und so seid ihr auf eine Weise in die Gestaltung einer Unzahl von Bildnissen miteinbezogen. Behaltet einfach diese Analogie im Hintergrund. *(Pause.)*

Diese Bildnisse sind Ausdruck einer angeborenen und so wunderbaren Kreativität, daß sie ganz unwillkürlich entstehen – es ist unwillkürliche Kunst! Die Menschheit ist in schöpferischer Weise ständig damit beschäftigt, alternative Versionen ihrer selbst hervorzubringen. Die übergreifenden Muster bleiben dieselben. Die biologische Integrität wird aufrechterhalten. Bei dem jedoch, was ihr als Krankheit anseht, handelt es sich ebenfalls um kreative Schöpfungen, die auf vielen verschiedenen Ebenen gleichzeitig ihre Wirksamkeit entfalten.

(21.46 Uhr.) Zahlreiche Viren sind für die körperliche Gesundheit lebenswichtig und nehmen nur unter ganz bestimmten Bedingungen jene Charakteristik an, die ihr für todbringend haltet. Der gesündeste Körper beherbergt zahlreiche sogenannte tödliche Viren in, wie ihr sagen könntet, latenter, also in nichtaktiver Form – nichtaktiv von eurem Gesichtspunkt aus, weil sie keine manifesten Krankheitssymptome verursachen. Tatsächlich jedoch helfen sie aktiv mit, die allge-

meine Ausgewogenheit des Körpers aufrechtzuerhalten. In gewisser Weise pendelt sich die Gattung in jedem einzelnen Körper auf einen bestimmten Status quo ein, und doch experimentiert sie auch in schöpferischer Weise mit Zellveränderungen und Chromosomenvarianten, so daß natürlich jeder Körper einzigartig ist. Es gibt alle möglichen Abstufungen in den Wirkungsweisen der Krankheiten. Bestimmte Krankheiten können den Körper sogar kräftigen; indem sie seine volle Abwehrkraft mobilisieren, bewirken sie eine grundlegende Verbesserung seiner Gesamtverfassung. Einige sogenannte Krankheiten könnten unter Umständen das Überleben der Gattung gewährleisten.

(Nach langer Pause, einer von vielen:) Geduldet euch einen Moment ... *(Lange Pause.)* Es ist sehr schwierig zu erklären. *(Pause.)* In gewisser Weise helfen manche Krankheiten, das Überleben der Gattung sicherzustellen – nicht indem sie die Schwachen ausmerzen, sondern indem sie in einer großen Zahl von Individuen jene Voraussetzungen schaffen, die zur Stabilisierung bestimmter Erbfaktoren innerhalb der Gattung notwendig sind, oder um die Gattung mit einer »natürlichen Impfung« gegen eine wahrgenommene größere Gefahr abzusichern.

In den Mikrokosmen der menschlichen Organismen sind immer biologische Experimente im Gang – in dem schöpferischen Bestreben, der Gattung so viel Handlungsspielraum wie nur möglich zu verschaffen. Vergegenwärtigt euch: Euer Körper wird durch eure Gedanken biologisch verändert.

(Nach langer Pause um 22.01 Uhr:) Eure Zivilisation und Kultur wirken sich biologisch auf die Gattung aus. Ich spreche hier nicht in abfälliger Weise von so augenfälligen Zusammenhängen wie etwa der Umweltverschmutzung und so weiter. Dächtet ihr noch nach Kriterien der alten Evolutionslehre, so würde ich sagen, daß eure Zivilisationen und Kulturen tatsächlich das Erbgut der Chromosomen verändern. Noch einmal: Eure Gedanken beeinflussen eure Zellen, und sie können auch die Erbfaktoren verändern. Geduldet euch einen Moment ... Eure Vorstellungen spielen bei euren Krankheiten eine große Rolle, wie ja eure Vorstellungen auch in allen anderen Bereichen eures Lebens von ausschlaggebender Bedeutung sind. Ihr gebt eurem Leben »Gestalt«, indem ihr in eurer Vorstellung diese und jene Möglichkeit erwägt. Ist es Krankheit, wird euer Körper krank. Dabei darf nicht vergessen werden, daß ihr der Krankheit auch gesellschaft-

liche, wirtschaftliche und religiöse Bedeutungen beimeßt. Nicht selten gebt ihr um einer dieser Bedeutungen willen der Krankheit Ausdruck.

Ich sagte euch, daß es in den Mikrokosmen des Organismus eine (bitte in Sperrschrift) starre Ich-Struktur wie die eures Egos nicht gibt. Doch gibt es Identität. Eine Zelle fürchtet nicht den eigenen Tod. Allzuoft hat sich ihre Identität in selbstverständlicher Weise von der körperlichen zur unkörperlichen Wirklichkeit – und von dort wieder zurück – bewegt.

Sie »singt« vor lauter Lebensqualität. Sie wirkt harmonisch mit anderen Zellen zusammen. Sie gliedert sich dem Körper ein, von dem sie einen Teil bildet, und zwar in der höchst kooperativen Weise, daß sie sich dieser Formation gewissermaßen zur Verfügung stellt. *(Pause.)*

Die Träume der Gattung sind äußerst wichtig für ihr Überleben, nicht nur weil das Träumen eine biologische Notwendigkeit ist, sondern auch weil die Menschheit in ihren Träumen Zugang zu tieferen Erfahrungsbereichen der Kreativität hat, so daß die künftig notwendigen Ideen, Erfindungen und Handlungen zur rechten Zeit und am rechten Ort in Erscheinung treten werden. Nach Kriterien der alten Evolutionslehre sage ich ketzerisch, daß der Entwicklungsprozeß des Menschen auch durch seine Träume vorangetrieben wurde.

(22.20 Uhr.) Geduldet euch einen Moment ... Nun weisen viele, ja tatsächlich die meisten Fähigkeiten und Eigenarten, die ihr allein dem Menschen zuschreibt, in unterschiedlichem Maße auch alle anderen Gattungen auf. Doch mit dem Träumen hat es ein Besonderes. Es sind die menschlichen Träume, die weitgehend das bewirkten, was ihr für die Evolution eurer Gattung haltet. *(Eindringlich:)* Ihr habt anders als andere Lebewesen zu träumen gelernt. Ich dachte, dieser Ausspruch würde euch gefallen.

(»Er gefällt mir tatsächlich!«)

Natürlich habt ihr davon geträumt, euch durch Sprachen miteinander zu verständigen, bevor ihr sie erfunden habt. Ihr seid dank der Schöpferkraft und der Inhalte eurer Träume zu dem geworden, was ihr seid; denn andernfalls hättet ihr, sofern überhaupt, nur eine Art mechanistisch-zweckmäßige Sprache entwickelt, die sich mit der einfachsten grobmateriellen Wirklichkeit begnügte: »Da ging ich. Da geht er. Die Sonne ist heiß.« Ihr wärt auf die bloße Feststellung materieller Tatsachen beschränkt geblieben. Ihr hättet *(Pause)* keinerlei

Möglichkeit gehabt *(Pause)*, euch etwas vorzustellen, das nicht schon existierte. Ihr hättet keine Möglichkeit gehabt, euch eine Vorstellung von euch selbst in neuen Situationen zu machen. Ihr hättet kein umfassendes Bild der Jahreszeiten gehabt, denn erst das Träumen bildete das Gedächtnis heraus und verlängerte die Wahrnehmungsspanne im menschlichen Bewußtsein. Es untermauerte die Lektionen des täglichen Lebens, was ausschlaggebend für das Vorankommen des Menschen war.

Der Mensch erwarb sich beispielsweise die durch die tägliche Erfahrung von Generationen geprägte Erkenntnis des periodischen Wechsels der Jahreszeiten keineswegs rein intellektuell. Dafür lebte er zu sehr im Augenblick. Doch träumte er in der einen von den anderen Jahreszeiten, und im Traum sah er sich selbst die Samen von Früchten ausstreuen, wie er es in seinem Alltagsleben dem Wind abgeguckt hatte. Seine Träume erinnerten ihn daran, daß eine kalte Jahreszeit gekommen war und wieder kommen würde. Die meisten Erfindungen kamen euch in Träumen, und es sind, um es noch einmal zu sagen, hauptsächlich eure Träume, die euch von anderen Gattungen unterscheiden.

(22.35 Uhr.) Geduldet euch einen Moment ... Die Kreativität der Menschheit ist auch ein Ergebnis eurer besonderen Art der Traumspezialisierung. Sie läuft hinaus – läuft hinaus – auf einen in sich einzigartigen Daseinszustand, in dem ihr die Elemente der materiellen und nichtmateriellen Wirklichkeit miteinander verbindet. In diesem Zustand befindet ihr euch gleichsam an der Schwelle zwischen den beiden Wirklichkeiten, und ihr habt gelernt, an dieser Schwelle in jeweils kurzen Spannen des Gewahrseins genau all die kreativen Elemente aus der nichtmateriellen Realität zu beziehen, die ihr benötigt. Punkt.

Tiere sind in ihren Traumzuständen in der Regel weniger physisch orientiert. Zwar träumen sie auch von der materiellen Wirklichkeit, aber viel kürzer als ihr. Im übrigen tauchen sie in ihren Träumen in ein Traumbewußtsein anderer Art ein, *(lauter)* das ich zu einem späteren Zeitpunkt erklären zu können hoffe. *(Pause.)*

Ende der Sitzung – doch werde ich mit dem Material fortfahren. Ich wünsche euch herzlich einen guten Abend; wir haben da einen feinen Topf mit metaphysischem Fisch aufgemacht!

(»Großartig! Gute Nacht, Seth, und sei bedankt!«)

(22.42 Uhr. Ich habe nur einige der vielen langen Pausen vermerkt,

die Jane machte, während sie für Seth sprach; tatsächlich hatte sie seit Monaten in keiner Sitzung so langsam gesprochen. »Jetzt verstehe ich, warum ich mich vor der Sitzung so verwirrt fühlte«, sagte sie, »sogar als die anderen da waren. Ich mußte einfach dasitzen und darauf warten, daß alles auf eine neue Weise zusammengesetzt würde. Es war komisch.«

Sie hielt inne. Dann: »Mir scheint, daß gegen Ende der Bücher jeweils neue Themen durchkommen, als wäre schon das nächste Buch in Vorbereitung. Nimm zum Beispiel die Idee von dem Buch, das Seth erwähnte, über Therapie und Werterfüllung und was du heute über Körperbewußtsein gesagt hast. Alles hängt miteinander zusammen.«

Vergleichen Sie die kurzen Hinweise zur Therapie der Werterfüllung in den einführenden Anmerkungen zur Sitzung 862 und die Fußnote auf Seite 296. Heute hatte ich Jane an Seths Ausspruch von vor etwa zwei Jahren erinnert, wonach in seinem Material die Frage des Körperbewußtseins und dessen Rolle noch gar nicht richtig zur Sprache gekommen sei. Seth hatte angedeutet, daß er eine riesige Menge an Material über das Körperbewußtsein vorrätig habe, das er uns jederzeit durchgeben könne. Seitdem bin ich auf dieses Thema neugierig.

Doch als ich nun bemerkte, daß mir das Material von heute abend über das Träumen und die Sprache besonders zusagte, gab Jane zur Antwort: »Ich wollte, du hättest das nicht gesagt. Kaum hast du's nämlich getan, da fühlte ich, wie sich ein ganzer Kreis von Informationen eröffnete, eine Riesenmenge über eine Reihe von Massenträumen, in denen der Mensch der Urzeit das Sprechen erlernte. Die Träume waren wie Glossolalie – du weißt schon, dieses Sprechen in unverständlichen Lauten –, aber die Laute waren sinnvoll, und der Mensch begann zu sprechen ...« Und eine Minute später: »Etwas anderes ist mir gerade eingefallen: Der Urmensch konnte, wenn er mit seinesgleichen zusammen war, auf Gegenstände der Dingwelt hinweisen, um sich verständlich zu machen. Doch Sprechen lernte er erst, als er versuchte, seine Träume zu beschreiben. Sprache war seine einzige Möglichkeit, Mitteilungen über ein Geschehen zu machen, das man nicht sehen konnte. Auf einen Baum konnte er zeigen und dazu grunzen, aber in der Erinnerung eines Traums gab es nichts, worauf er zeigen konnte. Er mußte eine Ausdrucksweise finden, um Unsichtbares zu beschreiben. Auch Erfindungen wurden nur möglich, indem er anderen zu erzählen versuchte, was er in seinen Träumen gesehen hatte.«)

Vierter Teil: Von praktizierenden Idealisten

10

Das Gute, das Bessere und das Beste, Werterfüllung kontra Wettbewerb

Sitzung 868, Mittwoch, den 25. Juli 1979

(Wieder einmal fühlte Jane sich unbehaglich wegen der überaus feuchten Abendluft.

Als wir uns für die Sitzung bereitmachten, meinte ich, daß ich eigentlich ganz froh wäre, wenn Seth einen besonders lebhaften Traum, den ich letzte Nacht gehabt hatte, erläutern würde. Ich hatte ihn mir, wie alle Träume, an die ich mich erinnern kann, beim Erwachen in allen Einzelheiten notiert, und Jane hatte ihn beim Frühstück gelesen. Doch war ich nicht sicher, ob sie mich jetzt hörte. »Ich glaube, Seth wird diesem Buch einen vierten Teil anfügen«, sagte sie, »und er wird ihn ›Von praktizierenden Idealisten‹ nennen. Ich möchte den Titel aber in ›Die Praxis des Idealismus‹ abändern. Sein Titel klingt, als hätte es den schon irgendwo gegeben. Gibt es nicht ein solches Buch? Könnte von einem Politiker geschrieben worden sein, aber ich bin mir nicht sicher ...«

Ich konnte nur erwidern, daß ich von einem Buch mit dem Titel »Von praktizierenden Idealisten« nichts wußte. Dann, um 21.15 Uhr:)

Guten Abend.

(»Guten Abend, Seth.«)

Diktat. *(Vergnügt:)* Vierter Teil: »Von praktizierenden Idealisten«. *(Pause.)* Neues Kapitel, das zehnte: »Das Gute, das Bessere und das Beste, Werterfüllung kontra Wettbewerb«.

Geduldet euch einen Moment ... Die meisten Leserinnen und Leser dieses Buches können sich in irgendeiner Weise als Idealisten betrachten oder von anderen als solche betrachtet werden. Demgegenüber habe ich in diesem Buch auf so manche soziale und politische Wirklichkeiten hingewiesen, die alles andere als ideal sind. Ich habe versucht, euch die Auswirkungen einer Reihe von Glaubensüberzeugungen zu verdeutlichen, die eure persönliche Integrität als Individuen untergraben und ihren verhängnisvollen Beitrag zu den konkreten Mißständen leisten, von denen die Gegenwartswelt gekennzeichnet ist. *(Pause.)*

Nur sehr wenige Menschen – um es noch einmal zu sagen – handeln wirklich aus böser Absicht. All die aufgezeigten Mißstände sind nicht das Resultat gezielter Bemühung, »Ideale« zu sabotieren; vielmehr haben sie ihren Grund darin, daß viele Menschen jegliches Mittel zur Verwirklichung ihrer Ideale für gerechtfertigt halten.

Wenn die Naturwissenschaften euch und eure Gesellschaft zu verraten scheinen, dann deshalb, weil die von ihnen angewandten Methoden ihrer erklärten Absicht durchaus unwürdig sind – so unwürdig und so wenig in Übereinstimmung mit der eigentlichen Aufgabe jeglicher Wissenschaft, daß diese Methoden geradezu von einer niederträchtigen, antiwissenschaftlichen Einstellung zeugen, die ganz unbemerkt bleibt. Das gilt natürlich im besonderen für die Medizin, wenn sich ihre Vertreter in ihrer achtenswerten Aufgabe, Leben zu retten, zu abscheulichen Methoden und ganz und gar unwürdigen Experimenten verleiten lassen, in denen Leben zerstört wird, um möglicherweise eine größere Anzahl von Leben zu retten. *(Pause.)* Oberflächlich betrachtet erscheinen solche Methoden manchmal als zwar bedauerlich, doch notwendig; aber die damit verbundenen Implikationen lassen jeglichen Rechtfertigungsversuch hinfällig werden, denn durch derartige Methoden verlieren die Menschen ihren Sinn für die Heiligkeit des Lebens und maßen sich dann an, bar aller Achtung damit umzuspringen.

Ihr werdet oft angesichts eindeutig verwerflicher Handlungen Nachsicht walten lassen, wenn ihr meint, daß sie im Dienste einer guten Sache begangen wurden. Ihr neigt dazu, nach etwas von Grund auf Bösem Ausschau zu halten und in Kategorien der »Mächte des Guten und des Bösen« zu denken. Ich bin ziemlich sicher, daß viele meiner Leserinnen und Leser von der Macht des Bösen überzeugt sind. Das Böse jedoch existiert in diesem Sinne nicht, und deshalb können sich auch viele offensichtlich idealistisch eingestellte Menschen an verwerflichen Handlungen beteiligen, wobei sie sich einreden, daß der gute Zweck ihr Handeln rechtfertige.

(Nach langer Pause um 21.32 Uhr:) Deshalb fühlen sich Fanatiker in ihrem Handeln gerechtfertigt. Wenn ihr solchem Schwarzweiß-Denken frönt, dann geht ihr schäbig mit euren Idealen um. Jede Handlung, die sich mit einem eurer Ideale nicht vereinbaren läßt, höhlt es von innen her aus. Mehrfach schon habe ich von der Versu-

chung gesprochen, die euch blendet, wenn ihr einerseits Idealisten seid und euch andererseits für unwürdig oder ohnmächtig haltet; die Verwirklichung eurer Ideale erscheint euch dann in solcher Zukunftsferne, daß ihr den Einsatz jeglichen Mittels für gerechtfertigt haltet. Und wenn das geschieht, gereichen die schönsten Ideale den Menschen zum Unglück. Wenn ihr praktizierende Idealisten sein wollt, dann muß jeder Schritt, den ihr auf eurem Weg zum Ziel setzt mit euren Idealen ethisch vereinbar sein.

Das System der freien Marktwirtschaft in eurem Lande entstand aus – ändere, Joseph, das Wort um in »ist verankert« – ist verankert in sonderbaren Grundlagen. Es gründet sich auf den demokratischen Glauben an das Recht jedes einzelnen Bürgers auf ein menschenwürdiges, lebenswertes Leben. Doch verknüpfte sich dies mit darwinistischen Ideen vom Überleben des Stärkeren, also mit dem Glauben, daß jeder einzelne seinen Vorteil auf Kosten anderer suchen müsse, und mit der völlig abwegigen Vorstellung, daß sämtliche Vertreter ein und derselben Gattung im Wettstreit miteinander leben und daß jede Gattung sich im Wettbewerb mit jeder anderen Gattung befinde.

Die »Gesetze« von Angebot und Nachfrage sind Fehlinterpretationen, die dem wenig schmeichelhaften Glauben an die grundlegend habgierige Natur des Menschen zu »verdanken« sind. Mit dem Grund und Boden eures Landes seid ihr in früheren Zeiten umgegangen, als wäre eure Gattung als die »stärkste« berechtigt, auf Kosten aller anderen und auf Kosten von Grund und Boden euer Überleben sicherzustellen. Das Ideal eures Landes im ganzen war und ist vortrefflich: jeder Mensch soll das Recht haben, in Würde ein lebenswertes Leben zu führen. Die Mittel jedoch, mit denen man dieses schöne Ideal verfolgte, haben dazu beigetragen, daß es brüchig wurde. Die in die Praxis umgesetzten darwinschen Prinzipien griffen unseligerweise auf den wirtschaftlichen Bereich und auf die Anschauung vom Menschen als »politischem Lebewesen« über.

(Pause, dann sehr eindringlich:) Die Religion wie auch die Wissenschaft sprachen anderen Gattungen jegliches Bewußtsein ab. Wenn der Mensch – in seinen großzügigeren Momenten – von der »Heiligkeit des Lebens« sprach, dann dachte er nur an das menschliche Leben. Ihr lebt nicht im Wettstreit mit anderen Gattungen, auch lebt ihr nicht in irgendeinem natürlichen Wettstreit mit euresgleichen. Und die Welt der Natur ist in keiner Weise das Ergebnis des Wett-

streits aller Gattungen. Wäre das der Fall, dann gäbe es überhaupt die Welt, die ihr kennt, nicht!

Als Individuen existiert ihr körperlich aufgrund des unvergleichlichen biologischen Zusammenwirkens sämtlicher Gattungen und, auf tieferen Ebenen, aufgrund der Zusammenschlüsse zu Zellverbänden, an denen die Körperzellen sämtlicher Gattungen beteiligt sind. Werterfüllung ist eine ebensowohl psychische wie auch physische Bestrebung, die in jeder Bewußtseinseinheit wirkt und diese zu ihrer eigenen größtmöglichen Erfüllung in solcher Weise motiviert, daß ihre individuelle Erfüllung auch zur optimalen Entwicklung jeder anderen Bewußtseinseinheit beiträgt.* Diese Bestrebung wirkt sich unterhalb wie innerhalb des materiellen Bezugsrahmens aus. Sie ist auch darüber hinaus wirksam. Mir geht es hier aber um das kooperative Zusammenwirken der Natur, in dem das Prinzip der Werterfüllung allen Bewußtseinseinheiten in eurer körperlich-materiellen Welt innewohnt.

(21.54 Uhr.) Infolge eures Glaubens an den Wettbewerb wurde er nicht nur zur Wirklichkeit, sondern geradezu zu einem Ideal. Man bringt den Kindern bei, miteinander zu wetteifern. Das Kind »wetteifert« von Natur aus mit sich selbst *(vergnügt)* in dem Bestreben, bereits erbrachte Leistungen durch noch bessere zu übertreffen. Doch ist der Wettbewerb als Ideal in allen Tätigkeitsbereichen gefördert worden. Es ist gerade so, als müßtet ihr immer erst auf andere blikken, um zu wissen, wie gut ihr eure Sache macht – und wenn man euch beigebracht hat, euch nicht auf eure eigenen Fähigkeiten zu verlassen, dann seid ihr freilich in unverhältnismäßiger Weise auf die Meinungen anderer angewiesen. Natürlich spreche ich nicht von spielerischem Wetteifer, sondern von diesem verbissenen, rigorosen, verzweifelten, manchmal fast tödlich ehrgeizigen Wettbewerbsgeist, in dem sich der Wert eines Individuums danach bemißt, wie viele andere Individuen es beiseitezuschieben vermochte. *(Pause.)*

Das ist die übliche Praxis in der Wirtschaft, Politik, Medizin und anderen Wissenschaften und selbst den Religionen. Deshalb möchte ich nachdrücklich die Tatsache hervorheben, daß das Leben in Wahrheit ein kooperatives Unternehmen ist. So müssen denn auch alle

---

* Vergleichen Sie auch die Erörterung der »Werterfüllung« in der Sitzung 863 (nach 21.21 Uhr).

Schritte, die ihr zur Verwirklichung eurer Ideale unternehmt, auch in sich selbst lebensfördernd sein.

Ende des Diktats.

(22.01 Uhr. Seth erörterte noch meinen Traum von gestern nacht. Ich hätte mir, erklärte er, ein Traumselbst geschaffen, mit dem ich einen ständigen Dialog führen und dabei kreative Ungeduld mit mir selbst zum Ausdruck bringen könne. Mich treibt tatsächlich ein Verlangen nach neuen bildnerischen und schriftstellerischen Projekten, noch während ich das Manuskript für dieses Buch aufschreibe und für die Veröffentlichung vorbereite.)

Ende der Sitzung und herzlichst einen guten Abend.

(Aber ich wollte Seth noch nicht gehen lassen. »Darf ich noch etwas fragen?«)

Bitte.

(»Warum reagiert Jane so empfindlich auf das Sommerwetter?«)

Wie ich schon einmal sagte, betrachtet Ruburt den Sommer als eine Zeit der Ferien und Zerstreuungen. Es ist nicht die beste Arbeitszeit für ihn, und so befürchtet er, nachlässig zu werden. Er sehnt sich nach kühlerem Wetter.

Natürlich reagieren die Menschen in unterschiedlicher Weise auf die Jahreszeiten; von manchen Besonderheiten lassen sie sich anspornen oder bremsen und nutzen so die Jahreszeiten gewissermaßen als Resonanzböden ihrer Seelenstimmungen. Eine Jahreszeit ist mehr, als ihr denkt; sie steht in einer Wechselbeziehung zu allen Menschen. Ruburt genießt den Sommer in vollen Zügen, wobei er die kühleren Stunden als Kontrast zu nutzen weiß.

Ende der Sitzung.

(»Okay. Vielen Dank!«)

Noch einmal, herzlichst einen guten Abend.

(»Danke, dir auch. Gute Nacht.«)

(Ende um 22.14 Uhr.)

Sitzung 869, Montag, den 30. Juli 1979

(Vor genau zwei Monaten erwähnte ich in der 857sten Sitzung, daß Seth dabeiblieb, Material für dieses Buch nur an Mittwochabenden zu diktieren. Mit einer Ausnahme, darunter ein Teil der Sitzung 862, hat

er sich an dieses Verfahren gehalten und die Montagabende anderen regulären oder persönlichen Informationen vorbehalten.

Doch obwohl Seth die 867ste Sitzung vom letzten Montag nicht als Buchdiktat bezeichnete, haben Jane und ich sie hier vorgelegt, weil sich ihr Material über Viren, Krankheit, Gesundheit und biologische Experimente der Thematik von »Individuum und Massenschicksal« ohne weiteres zuordnen läßt. Die Auszüge aus der heutigen Sitzung sind eine Weiterführung jener Darlegungen.

Hiermit folgen die Auszüge der nicht für das Buch bestimmten Sitzung von heute abend.)

(21.28 Uhr.) Eine kurze Anmerkung – denn dies wird eine kurze Sitzung – zu eurem Material über Krankheit: Alle biologischen Organismen wissen, daß das körperliche Leben auf einer ständigen Umwandlung von Bewußtsein und Form beruht. Natürlich sage ich damit, wie ihr das versteht, unter anderem, daß das Leben im Körper durch das Sterben bedingt ist – der Tod erst ermöglicht das Leben. Dieses biologische Wissen wird vom Mikrokosmos eures Organismus zutiefst bejaht. Selbst eure (skandiere das Wort) Z-e-l-l-e-n wissen, daß ihr Sterben für den Fortbestand eurer körperlichen Form notwendig ist.

Diese Vorgänge muten seltsam oder befremdlich nur aus der Sicht eurer bewußten Glaubensüberzeugungen an. Auf die eine oder andere Weise verspüren die meisten Menschen eine Sehnsucht nach dem Tod, bevor sie sterben – eine Sehnsucht, zu der sie sich nur selten zu bekennen vermögen. Auch das Schmerzempfinden ist weitgehend ein Resultat eurer Glaubensüberzeugungen, so daß Schmerzen selbst Krankheiten, die jetzt mit großen Schmerzen verbunden sind, eigentlich nicht begleiten müßten. Und anders, als ihr glaubt, sind auch »tödliche« Viren ebensowenig als »Mörder« zu betrachten wie die Katze, die eine Maus frißt. Die Maus wird sterben, und eine Zelle wird durch das Virus den Tod finden; wie aber solches Geschehen aufgefaßt, welche Bedeutung ihm beigelegt wird, das hängt von euren Glaubensüberzeugungen ab. Im größeren Umkreis der biologischen und spirituellen Wirkungszusammenhänge sind die Viren in der von ihnen wahrzunehmenden Funktion Beschützer des Lebens.

Auf die eine oder andere Weise werden sie stets (in Sperrschrift) herbeigebeten – noch einmal: stets herbeigebeten – in Übereinstimmung mit dem größeren Rhythmus des Seins, in dem körperliches Leben auf immerwährender Umwandlung von Bewußtsein und

Form beruht. Die ersten Kapitel dieses unseres neuesten Buches* werfen Licht auf Beweggründe nichtbiologischer Natur, die unter solchen Umständen zum Tragen kommen.

(21.40 Uhr.) Geduldet euch einen Moment ... Der Tod ist somit eine Phase im Zyklus des Lebens. Ich nahm schon einige Male Bezug auf evolutionäre biologische Experimente** – »evolutionär« nach eurem Evolutionsbegriff. Ihr habt kürzlich über eine Krankheit gelesen, bei der die Haut sich nach anfänglich heftigem Jucken lederartig verändert – eine faszinierende Entwicklung, in deren Verlauf der menschliche Körper versucht, eine lederartige Haut zu bilden, die, würde das biologische Experiment lange genug fortgeführt, hinlänglich geschmeidig wäre, um die Schweißabsonderung und Bewegung zu gestatten, doch derb genug, um sich in einer Dschungelwelt vor den Stichen und Bissen von Insekten und Schlangen, die »noch gefährlicher« als die Krankheit sind, zu schützen.*** Biologische Experimente solcher Art erscheinen ihren Symptomen nach als Krankheiten, da sie mit Beeinträchtigungen einhergehen, die offensichtlich nicht dem Zustand körperlicher Gesundheit entsprechen. (In Sperrschrift:) Bis zu einem gewissen Grade stellt auch Krebs ein evolutionäres, also entwicklungsgeschichtliches Experiment dar.

---

* Vergleichen Sie die ersten drei Sitzungen (801 bis 803) in Kapitel 1.

** Vergleichen Sie die in der Sitzung 867 (nach 21.46 Uhr) enthaltenen Äußerungen.

*** Die von Seth erwähnte Krankheit Onchozerkose wird durch einen Fadenwurm verursacht, einen Parasiten, der durch den Stich der Kriebelmücke übertragen wird. In seinem beiläufigen Hinweis erwähnte Seth nicht, daß diese Wurmkrankheit außer der schaurigen Lederhaut auch Blindheit verursachen kann – daher ihr im Englischen üblicher Name *»river blindness«*, Flußblindheit. Dieses Leiden tritt vor allem in Westafrika auf und befällt dort Millionen Menschen. Vor vier Jahrhunderten wurde es durch Sklaven in die westliche Welt verschleppt und tritt nun beispielsweise in bestimmten Gebieten Südmexikos auf.

Onchozerkose ist nicht tödlich, und der Prozentsatz der an der Krankheit Erblindeten variiert stark. Doch würden wir gern mehr Einzelheiten über die experimentell-evolutionären Aspekte dieser Krankheit erfahren, da wir nicht verstehen, wie ein derart beeinträchtigender Zustand zu etwas Besserem führen könnte. (Vielleicht stellt die Blindheit in diesem biologischen Experiment eine evolutionäre Sackgasse dar.) Wir werden Seth bitten, das noch ausführlicher zu erläutern.

Es sieht tatsächlich so aus, als habe er genügend Informationen über die evolutionären Aspekte von Krankheiten zur Hand, um ein Buch damit zu füllen. Die ganze Idee solcher biologischen Experimente führt uns zu der Frage, wie und in welchem Maße derartige Ansätze bei all den »gewöhnlichen« Krankheiten im Spiel sein mögen, die wir als nichts anderes zu betrachten gewohnt sind denn eben als »Krankheiten«.

Aber solche Vorgänge entgehen allesamt eurer Aufmerksamkeit, weil ihr die sogenannte Entwicklungsgeschichte als abgeschlossen betrachtet. *(Pause.)*

Ich möchte euch gern eine erweiterte Sicht hinsichtlich dieser Vorgänge vermitteln. Im gesamten Plan der Natur – und zwar in allen Bereichen, sogar den sozialen und wirtschaftlichen – hat Krankheit stets eine eigene schöpferische Grundlage. Alle möglichen Geburtsfehler stellen als Abweichungen von der Norm stets wahrscheinliche Versionen der Gattung selbst dar – und sie werden im Gen-Pool des Erbguts aufbewahrt und stehen als ein unerschöpfliches Reservoir von Alternativformen zur Verfügung. *(Pause.)*

Es gibt alle möglichen Arten von Wechselbeziehungen. Mongoloide Kinder zum Beispiel sind Rückerinnerungen an das rein emotionale Erbe des Menschen, das ganz unabhängig von seinen intellektuellen Errungenschaften besteht. Aus diesem Grunde sind sie in industrialisierten Zivilisationen besonders zahlreich zu finden ...

(Pause, dann vergnügt:) In unserem nächsten Buch werden wir versuchen, die Menschen mit dem Bild ihrer wahren Natur als Gattung bekanntzumachen, mit ihrer von allen Glaubenssystemen unabhängigen Existenz. Ich hoffe, dann aufzeigen zu können, daß der Mensch seinen Ursprung in einer inneren Umwelt hat und daß in der »evolutionären Entwicklung« des Menschen Träume die vorwiegende Ursache seiner schöpferischsten Leistungen sind.

Ende der Sitzung, und herzlichst einen guten Abend.

(»Okay, Seth. Gute Nacht.«)

(21.56 Uhr. »Mann, wie er das alles aus mir herausgeholt hat, ist mir schleierhaft!« Jane lachte. Sie hatte sich schon vor der Sitzung sehr entspannt gefühlt. Ihr Vortrag war zügig gewesen. Ich habe einige Teile der Sitzung ausgelassen, die sich nicht auf Krankheit und evolutionäre Experimente beziehen. Jane berichtete, daß sie, als Seth das Material über Onchozerkose brachte, »tatsächlich fühlte, daß die Haut der Menschen sich in eine Art lederige Schutzhülle umzuwandeln begann. Ich weiß nicht, ob ich diese Empfindungen von Seth aufgefangen oder einfach in mir wachgerufen habe, um mit dem Material konform zu gehen.« Doch hatte sie keine Empfindungen im Hinblick auf ihre eigene Haut verspürt.

Seit den letzten fünf Wochen ist Jane gespannt auf Ideen, die Seths neues Buch betreffen, in dem es, wie sie sagt, um »die Therapie der Werterfüllung« geht. Seth hat diese Bezeichnung auch im Zusammen-

hang mit einem weiteren Werk gebraucht. * *Nun scheint es, daß der definitive Titel für sein Buch feststeht – Jane hat ihn in letzter Zeit mehrmals von ihm erhalten: »Träume, ›Evolution‹ und Werterfüllung«.)*

Sitzung 870, Mittwoch, den 1. August 1979

(»Ich warte bloß«, sagte Jane um 21.19 Uhr, nachdem wir etwa eine Viertelstunde früher für die Sitzung Platz genommen hatten. »Nun komm schon, Seth, um Himmels willen!« sagte sie mit ungewollter Komik. »Es macht mich wirklich nervös, wenn ich eine Sitzung nicht einigermaßen pünktlich anfange – ich frage mich, was da für eine Sperre ist, weißt du ...« Dann: »Ich glaube, eben jetzt fühle ich, daß da irgendwelches Material ist, aber es ist noch nicht richtig eingespurt. Ich möchte einfach Diktat ... Ich glaube, ich bin parat ...« Sie war in Trance, bevor sie ihre Brille auf das Teetischchen zwischen uns gelegt hatte. Ihre Augen waren sehr dunkel, als sie mich jetzt als Seth anstarrte. – 21.21 Uhr.)

Nun: Diktat.

Die Blaupausen für »ideale« Entwicklungen existieren innerhalb des Pools an genetischem Wissen und eröffnen der Gattung zahllose Wege zur Erfüllung. Die Blaupausen sind psychisch existent als Ideale, und diese bringen sich selbst dank der Impulse und schöpferischen Anlagen der individuellen Exemplare der Gattung zum Ausdruck.

Eure Athleten zum Beispiel verweisen mit ihrer besonderen Leistung auf bestimmte ideale körperliche Bedingungen und Eigenschaften. Sie verfügen über große Wendigkeit, Ausdauer oder Kraft; diese individuellen Eigenschaften, diese idealen körperlichen Qualitäten *(Pause)* werden zur Schau und unter Beweis gestellt, um den Beifall der anderen zu gewinnen, und verweisen, in welchem Maße immer, auf Fähigkeiten, die der Gattung selbst innewohnen.

(Lauter, nachdem ich Seth gebeten hatte, einen Satz zu wiederholen:) Ich glaube, der Mensch legt heute eine Meile in viel kürzerer Zeit *(um etwa zwölf Sekunden weniger)* zurück, als das vor dreißig Jahren

---

* Vergleichen Sie die Fußnote zu Sitzung 862 (Seite 296) und die abschließenden Anmerkungen zu Sitzung 867.

der Fall war. Hat sich die Geschwindigkeit körperlicher Fortbewegung plötzlich erhöht? Wohl kaum. Vielmehr haben sich die Glaubensannahmen über die Leistungsfähigkeit des menschlichen Körpers verändert, und demzufolge nahm die Laufgeschwindigkeit zu. Tatsächlich kann der Körper schneller laufen, als selbst die gegenwärtige Bestleistung vermuten läßt. Ich möchte damit bloß die Auswirkung von Glaubensüberzeugungen auf körperliche Leistungen zeigen. Nicht alle Menschen wollen Rekordschnelläufer sein. Ihre Kreativität und ihre Ideale können auch in ganz anderen Bereichen zum Ausdruck kommen, doch immer trägt die individuelle Leistung zum Wissen der Gattung bei: Gut, besser, am besten. Ist es schlimm, kein guter Läufer zu sein? Sicher nicht, es sei denn, ihr habt das Laufen zu eurem speziellen Hobby oder gar Leistungssport gemacht; und in diesen Fällen könnt ihr eure Leistung durch Üben verbessern.

Nun gehen eure Ideale, welcher Art auch immer sie sind, ursprünglich aus eurer inneren Erfahrung hervor, und das gilt auch für die Gattung insgesamt. Eure Ideen von Gesellschaft und Zusammenarbeit entstehen aus einem ebenso biologischen wie auch spirituellen Wissen, das euch bei der Geburt mitgegeben wurde. Der Mensch erkannte durch die Beobachtung kooperativen Verhaltens in der Tierwelt die Notwendigkeit des Zusammenschlusses von Individuen zu Gruppen. Eure Zivilisationen sind eure brillanten, kreativen, äußeren Nachbildungen einer sozialen Innenwelt der Zellverbände und der kooperativen Naturvorgänge, die euch das Leben im Körper ermöglichen. Damit soll nicht gesagt sein, daß der Intellekt weniger zählt; dank eurer intellektuellen Fähigkeiten bringt ihr äußere Zivilisationen hervor, die ihrerseits Widerspiegelungen psychischer, spiritueller und biologischer innerer Zivilisationen sind. Immer lernt ihr von der Natur, und immer seid ihr ein Teil derselben.

Euer Forscherdrang, euer Wunsch, außerordentliche Leistung auf jeglichem Gebiet besser zu verstehen, eure Ideale – sie sind spirituell und biologisch schon in euch angelegt. Wenn so manche gesellschaftlichen Umstände, die ich in diesem Buch angeschnitten habe, alles andere als ideal sind, dann könnt ihr als Individuen eine Veränderung dieser Umstände in Gang setzen. Ihr könnt es, indem sich zunächst ein jeder von euch als der Mensch, der er ist, akzeptiert und indem ihr mit Vorstellungen von Unwert und Ohnmacht aufräumt, ganz gleich woher sie stammen, indem ihr beginnt, euren eigenen Handlungsimpulsen Aufmerksamkeit zu schenken und eurer eigenen Führung zu vertrauen. Ihr könnt damit beginnen, wo immer ihr euch jetzt gerade befindet. Punkt.

(21.42 Uhr.) Ihr haltet euch nicht mit den unerfreulichen Verhältnissen in eurer Umgebung auf, sondern ihr unternehmt Schritte in eurem eigenen Leben, um eure Ideale in der euch bestmöglichen Weise zum Ausdruck zu bringen. Dafür gibt es ungezählte Möglichkeiten.

Ganz generell möchte ich sagen, daß ihr zum Arzt gehen solltet, wenn ihr euch wegen eures Gesundheitszustands ernstliche Sorgen macht, denn andernfalls würden euch eure eigenen Glaubensvorstellungen zuviel Angst machen. Aber macht einmal den Anfang mit Beschwerden, die im Grunde harmlos wiewohl lästig sind, und versucht, selber damit ins reine zu kommen. Versucht herauszufinden, was euch plagt und warum. Wenn ihr Kopfweh habt oder eine einfache Magenverstimmung oder chronische, doch nicht ernsthafte Beschwerden wie Stirnhöhlenkatarrh oder Heuschnupfen – denkt daran, daß euer Körper wirklich imstande ist, sich selber zu heilen.

Macht die in meinem Buch »Die Natur der persönlichen Realität« angegebenen Übungen, um die geistigen oder seelischen Ursachen eures schlechten Befindens aufzudecken. Statt bei Kopfweh ein Aspirin zu schlucken, setzt euch hin, atmet ruhig und vergegenwärtigt euch, daß ihr ein Teil, und zwar ein wesentlicher, des Universums seid. Überlaßt euch dem Empfinden eurer Zugehörigkeit zur Natur. Durch eine solche Übung kann ein Kopfweh oft in kürzester Zeit abklingen. Und jede solche Erfahrung hilft euch, mehr und mehr Vertrauen in eure eigenen Körpervorgänge zu gewinnen.

Überprüft eure tägliche Lektüre und die Fernsehsendungen, die ihr euch anschaut, und nehmt euch vor, Verweise auf die Anfälligkeit des Körpers nicht zu beachten. Nehmt euch vor, Veröffentlichungen, die sich im Tonfall der Autorität über die niederträchtigen oder gar »mörderischen« Instinkte der Menschheit ergehen, nicht zu beachten. Unterzieht euch der Mühe, euren Intellekt von diesen hinderlichen Glaubensvorstellungen zu befreien. Versucht es einmal mit euren eigenen Fähigkeiten. Wenn ihr lernt, eurer grundlegenden Integrität als Mensch zu vertrauen, dann wird es euch möglich, eure Fähigkeiten richtig einzuschätzen und sie weder über- noch unterzubewerten. *(Pause.)*

Ihr werdet dann beispielsweise nicht die Notwendigkeit verspüren, eure »Existenz zu rechtfertigen«, indem ihr eine spezielle Begabung übertreibt und euch verbissen einer besonderen Kunst oder Kunstfertigkeit als dem großen Ideal verschreibt, während ihr in Wirklichkeit bloß mäßig begabt seid und die angestrebte Außerordentlichkeit vermissen laßt, die euch erst den überwältigenden Beifall, nach dem ihr trachtet, sichern würde.

Andererseits gibt es viele hochbegabte Menschen, die ihre Begabungen ständig unter den Scheffel stellen und nicht den kleinsten Schritt wagen, um sie zum Ausdruck zu bringen. Habt ihr euch einmal zu eurer Daseinsberechtigung im Universum bekannt, dann habt ihr auch die Ideale, die eurer Natur entsprechen. Sie werden sich ohne große Mühe verwirklichen lassen und sowohl zu eurer eigenen Erfüllung wie auch zur Weiterentwicklung der Gesellschaft beitragen. *(Pause.)*

In euren Impulsen habt ihr eure intimste Kommunikation mit dem inneren Selbst, denn sie sind die spontane Motivation zu aktivem Handeln, auftauchend aus dem eingeborenen Wissen um euch selbst, das euch im Traum gegeben ist. *(Eindringlich:)* Ihr wurdet geboren, weil ihr eurem Impuls zu sein gefolgt seid. Das Universum ist vorhanden, weil es den Impuls zu sein hatte. Es gab keinen kosmischen Rattenfänger, der irgendwo im Außerhalb verführerische Melodien auf einer Zauberflöte spielte, um das Universum ins Dasein zu rufen. Der Drang zum Dasein kam von innen, und dieser Drang wiederholt sich in jedem Impuls, der zum Handeln drängt – im Menschen wie im Molekül. Wenn ihr euren natürlichen Impulsen mißtraut, dann fehlt euch das Vertrauen in den Urgrund eures Lebens, in den Urgrund des Universums und somit in euren eigenen Seinsgrund.

(22.01 Uhr.) Einem Tier käme es nicht in den Sinn, dem Urgrund seines Lebens zu mißtrauen, und einem kleinen Kind auch nicht. Alles in der Natur existiert aufgrund von Vertrauen. Die Eichhörnchen sammeln Nüsse und vertrauen darauf, daß sie im Winter Vorräte haben werden; sie vertrauen darauf, daß die nächste Jahreszeit kommen und auf den Winter der Frühling folgen wird. Eure Impulse kommen aus dem Urgrund eures Seins, und dort herrscht Vertrauen. Sie nötigen euch zum Handeln im Vertrauen darauf, daß jetzt gehandelt werden muß. Doch müssen eure Glaubensüberzeugungen euren Impulsen freie Hand lassen; nur zu oft ersticken sie aber die wunderbare natürliche Spontaneität, die von den Impulsen ausgeht. *(Pause.)*

Wenn ich von Impulsen spreche, werden viele von euch unwillkürlich an Impulse denken, die euch widerspruchsvoll oder gefährlich oder sogar »teuflisch« vorkommen. So könnt ihr aber nur denken, wenn ihr von der grundlegenden Schlechtigkeit eurer Natur überzeugt seid. Es ist euch unbenommen, eure Impulse zu klären, eine Auswahl unter ihnen zu treffen und nur die eurer Auswahl zuzulassen. Doch ihr müßt sie wahrnehmen und ihr Vorhandensein zur Kenntnis nehmen, denn sie werden euch die Erfahrung der wahren Natur eures Wesens erschließen lassen. Das mag in Anbetracht der von euch gehegten Glaubensüberzeugungen für manche von euch eine längere Erkundungsreise bedeuten; denn ihr müßt euch klarmachen, daß Impulse, die ihr jetzt wahrnehmt, aus dem seelischen Druck resultieren, der in eurer Vergangenheit durch all die nicht zur Kenntnis genommenen Impulse verursacht wurde. Doch kommt in euren Handlungsimpulsen der Grundimpuls eures Lebens zutage. Selbst wenn sie euch gelegentlich widerspruchsvoll vorkommen, so werdet ihr doch im großen ganzen sehen, daß sie aufbauend sind und eine deutliche Entwicklungslinie erkennen lassen – euren Weg zur Erfüllung.

(Nach langer Pause um 22.10 Uhr:) Die natürlichen Anlagen eines Menschen zeichnen sich deutlich in der frühen Kindheit ab, da das Kind mehr Freiheit hat, seinen Neigungen zu folgen. Manche Kinder lieben es, mit Wörtern zu arbeiten, andere beschäftigen sich lieber mit Bildern, wieder andere mit Gegenständen. Einige zeigen große Wendigkeit im Umgang mit Gleichaltrigen, während andere einem natürlichen Hang zum Alleinsein und zum Nachsinnen folgen. Wendet den Blick zurück auf euer impulsives Verhalten als Kind und auf jene Beschäftigungen, die euch am meisten zusagten.

Hat ein Kind gerne Bilder gemalt, so muß das nicht unbedingt heißen, daß es später Kunstmaler werden sollte. Ihr allein kennt den Inhalt und die Stärke eurer Impulse – s i n d sie jedoch stark und andauernd, dann folgt ihnen! Sollten einige von euch einfach als Hobby malen, dann wird auch dies ihr Leben bereichern und zu ihrem Weltverständnis beitragen. Drängen euch eure Impulse, eine Beziehung einzugehen, dann laßt euch nicht von der Befürchtung hindern, vielleicht nicht gut genug zu sein. Wesentlich ist, eure Ideale zu erkennen und aktiv zum Ausdruck zu bringen, so gut ihr vermögt; das steigert euer Selbstvertrauen und euer Selbstwertgefühl.

Solches Handeln stellt sicher, daß ihr den Akzent nicht auf die Diskrepanz legt, die ihr zwischen eurer Idealvorstellung und der Wirklichkeit in euch selbst oder in der Gesellschaft zu erblicken glaubt. Viele Menschen wollen die Welt verbessern; doch erscheint ihnen dieses Ideal so erhaben, daß sie glauben, ihm niemals näherkommen zu können, wenn sie nicht etwas ganz Außerordentliches, eine Heldentat vollbringen oder eine politische oder religiöse Machtposition erringen oder einen Aufstand organisieren. Der anvisierte Idealzustand erscheint so fern und unerreichbar, daß unter Umständen schließlich jedes Mittel, egal wie verwerflich, gerechtfertigt zu sein scheint. Wenn ihr die Welt verbessern wollt, dann müßt ihr damit beginnen, euer eigenes Leben zu ändern. Einen anderen Weg gibt es nicht.

Ihr beginnt, indem ihr euch selbst in eurem Wert als Teil des Universums anerkennt und jedem anderen Lebewesen ebenfalls diese Anerkennung gewährt. Ihr beginnt, indem ihr dem Leben in all seinen Formen und Gestalten mit Ehrfurcht begegnet. Ihr beginnt, indem ihr euer Denken euren Mitmenschen, eurem Land, eurer Familie und euren Arbeitskollegen gegenüber ändert. Und wenn das Ideal, »deinen Nächsten wie dich selbst zu lieben«, euch unerreichbar zu sein scheint, so werdet ihr es *(lauter)* wenigstens auf jeden Fall unterlassen, euren Nächsten zu töten – und euer Nächster ist jeder andere Mensch auf diesem Planeten!

Tatsächlich könnt ihr euren Nächsten nicht lieben, solange ihr euch selbst nicht liebt. Und wenn ihr glaubt, daß ihr euch selbst nicht lieben dürft, dann seid ihr in der Tat außerstande, irgendeinen anderen Menschen zu lieben.

Zunächst einmal werdet ihr eure Existenz im Zusammenhang der Natur anerkennen, und damit euch das möglich wird, müßt ihr die immensen Verflechtungen und kooperativen Prozesse erkennen, die jegliche Gattung mit jeder anderen verbinden. Wenn ihr eure Vorrechte als Individuum in eurem Land wirklich geltend macht, dann könnt ihr im täglichen Leben weitaus mehr Macht als bisher ausüben. Jedesmal, wenn ihr eure eigene Daseinsberechtigung bekräftigt, helft ihr auch anderen. Eure psychische Verfassung ist Teil der psychischen Atmosphäre des Planeten.

Ende des Diktats.

(22.27 Uhr. Jetzt kam Seth mit einigen Passagen Material für Jane durch, das hier ausgelassen ist. Dann, um 22.31 Uhr:)

Eine Anmerkung: Eure äußeren Zivilisationen spiegeln und reflektieren die großen zellularen Zivilisationen, so daß ihr versucht, deren Ordnung und Kreativität in der Außenwelt zur Darstellung zu bringen.

Viele – genaugenommen alle – technischen Fortschritte sind eigentlich Interpretationen der inneren Mechanismen der Natur im Zuge eurer Bemühungen, die inneren Wirklichkeiten der Natur in der Dingwelt zu reproduzieren. Schon früher habe ich viel von Zivilisationen gesprochen. Aber es ist nahezu unmöglich, Intimzivilisationen, die beispielsweise auf der Grundlage von Duftqualitäten, Temperaturvarianten, Farbalphabeten oder Druckabstufungen beruhen, in Worten zu beschreiben; sie sind zwar wohlorganisiert, doch verbaler Darstellung ganz unzugänglich. Ihr müßtet über zusätzliche Mittel verfügen, nonverbale, um einem Verständnis solcher Naturgeheimnisse näherzukommen.

Was immer ihr euch in eurem Leben wünscht, ist im Rahmen eurer psychischen Natur zu verwirklichen möglich, sofern ihr nur versteht, daß dem so ist.

Habt ihr Fragen?

(»Nein.« Eigentlich hatte ich doch Fragen – sogar eine ganze Menge, insbesondere in bezug auf Themen, über die ich in letzter Zeit geschrieben hatte; aber ich war müde, und so ließ ich das Fragen sein. Nach ein paar Kommentaren zu Janes und meinen Glaubensüberzeugungen sagte Seth um 22.40 Uhr gute Nacht.

»Du hast deine Sache gut gemacht«, sagte ich zu Jane. Ihr Vortrag war meist zügig gewesen und offensichtlich tief empfunden. Mehr als einmal hatte ich sie wie heute abend ausgezeichnetes Material bringen sehen, obwohl sie vor der Sitzung irgendeinen Einwand vorgebracht hatte, sie abzuhalten.

»Ja. Heute abend habe ich es einfach gemacht, damit es gemacht wird«, sagte Jane. »Ich habe jetzt Sitzungen zu Zeiten, die ich früher überhaupt nicht in Betracht gezogen hätte. Ich hatte schon vor der Sitzung Themen aufgefangen, aber ich habe keine Ahnung, was er dann in der Sitzung gesagt hat – ich kann mich an nichts erinnern. Aber gut war's doch, hm?«)

Sitzung 872, Mittwoch, den 8. August 1979

(Die 871ste Sitzung vom Montag abend war nicht für »Individuum und Massenschicksal« bestimmt.)

(Um 21.15 Uhr, flüsternd:) Guten Abend.

(»Guten Abend, Seth.«)

Diktat: Es mag einigen Leserinnen und Lesern so vorkommen, als habe die Thematik dieses Buches *(Pause)* nur sehr wenig mit einer Erörterung der spezifischen Entwicklung psychischer Fähigkeiten zu tun. Ich weiß, daß Ruburt viele Zuschriften mit der Bitte um Darlegung geeigneter Methoden zur Entwicklung besonderer psychischer Fähigkeiten bekommt. Auf seine Weise jedoch ist dieses Buch tatsächlich darauf angelegt, die Entwicklung solcher Fähigkeiten zu fördern, denn was ihrer Entfaltung im Wege steht, ist nicht ein Mangel an Methoden. Vielmehr stehen dem »psychischen Fortschritt« jene sehr negativen Glaubenshaltungen im Wege, auf die ich euch immer wieder hinweise.

Viele von euch halten unentwegt Ausschau nach einem scheinbar entrückten inneren Selbst, dem ihr euer Vertrauen entgegenbringen und das ihr um Hilfe und Unterstützung bitten könntet, und mittlerweile mißtraut ihr unentwegt dem wohlbekannten Selbst, mit dem ihr so engen Kontakt habt. Ihr zieht unter diesen Aspekten des Selbst ganz unnötige Trennlinien.

In manchen Zuschriften heißt es: »Mir ist klar, daß ich zu selbstbezogen bin.« Zahlreiche Schulen für spirituelle Entwicklung lehren euch, »dem Wirrsal eurer Impulse und Begierden zu entsagen« und das Selbst beiseitezuschieben, dessen größere idealisierte Version ihr so inständig sucht. Zunächst einmal ist das Selbst, das ihr seid, ewigwechselnd und niemals statisch. So gesehen gibt es ein inneres Selbst, aber dieses innere Selbst, das der Ursprung eures gegenwärtigen Daseins ist, spricht durch eure Impulse. Sie sind es, welche die inneren spirituellen und biologischen Antriebe zu eurer (bitte in Sperrschrift) bestmöglichen, idealen Entwicklung liefern. Ihr müßt dem Selbst vertrauen, das ihr jetzt seid!

Wollt ihr im tiefsten Sinn euch selbst erkennen, dann müßt ihr mit euren eigenen Gefühlen, Empfindungen, Wünschen, Absichten und Impulsen den Anfang machen. Spirituelles Wissen und Weisheit der Seele ergeben sich ganz natürlich aus dem inneren Einssein mit sich selbst.

Noch einmal: Impulse sind von Natur aus gut, sowohl in spiritueller wie in biologischer Hinsicht. Sie entstammen ja dem Bezugssystem 2, dem inneren Selbst: sie haben ihre Grundlage in dem großen inneren Kommunikationsnetz, das alle Gattungen auf eurem Planeten miteinander verbindet. *(Pause.)* Es sind die Impulse, die euch den natürlichen Antrieb zum jeweils gebotenen Verhalten liefern. So mag euch beispielsweise eine Reihe von Impulsen zu körperlicher Tätigkeit anspornen, während andere, scheinbar gegensätzliche Impulse euch zu besinnlicher Stille führen, so daß insgesamt mehr oder weniger ein Gleichgewicht gewahrt bleibt.

Manche Menschen verspüren nur – oder fast nur – Impulse des Ärgers oder der Wut, weil sie ihre natürlichen Impulse, in denen sich Liebe äußern möchte, zu unterdrücken pflegen. Wenn ihr nun beginnt, euch selbst Vertrauen entgegenzubringen, wird euch zunächst einmal klar, daß ihr eurem Selbst und euren Impulsen bisher nicht vertraut habt: ihr hieltet Impulse für etwas Gefährliches, Destruktives, vielleicht sogar schlechthin Böses. Wenn ihr nun also beginnt, Selbstvertrauen zu lernen, dann nehmt ihr zunächst einmal eure Impulse zur Kenntnis. Ihr probiert sie gewissermaßen an und schaut, ob sie euch passen. Ihr räumt ihnen eine gewisse Freiheit ein und seht zu, wohin sie euch führen. Findet ihr Antriebe, die darauf hinauslaufen würden, andere geistig-seelisch oder gar körperlich zu verletzen, oder die euren gegenwärtigen Glaubensüberzeugungen strikt zuwiderlaufen, so folgt ihr ihnen nicht – aber ihr nehmt sie zur Kenntnis. Ihr versucht auf jeden Fall, solche aggressiven Impulse tiefer auszuloten. Und immer werdet ihr auf unterdrückte Impulse gegenteiligen Inhalts stoßen; auf Impulse, die vom Wunsch geladen sind, geliebt und verstanden zu werden – ein Idealzustand, der euch einfach unerreichbar erscheint. Deshalb unterdrückt ihr diese tieferen Impulse und überlaßt euch denen an der Oberfläche. So lebt ihr dann euren Ärger, eure Wut aus ...

Wenn ihr solchen irritierenden Anwandlungen auf den Grund geht, werdet ihr entdecken, daß unter der Decke eures durch komplizierte innere Prozesse gesteuerten Verhaltens immer auch Angst im Spiel war, die euch davon abhielt, in positiver Einstellung die sprichwörtlichen »kleinen Schritte« auf den von euch gewünschten Idealzustand hin zu wagen. Eure natürlichen, mit den Eingebungen eures Selbst übereinstimmenden Impulse führen euch auf den völlig natürlichen Weg zu schöpferischer Erfüllung, zur Erweiterung eures Bewußtseins, zu psychischen Exkursionen und zu bewußtem kreativem Träumen.

(Durchweg eindringlich um 21.40 Uhr:) Keinerlei Methode wird euch helfen, wenn ihr vor der Natur eures wahren Seins Angst habt. Die meisten von euch verstehen, daß das All-Eine in ihnen ist, daß Gott in seiner Schöpfung, in der Materie gegenwärtig ist und daß

»Er« nicht bloß als kosmischer Direktor irgendwo außerhalb der Realität amtiert. Ihr müßt nun verstehen, daß auch das spirituelle innere Selbst in gleicher Weise innerhalb eures Ich als gleichsam eures körperlichen Selbst existiert. Das innere Selbst ist weder weit entrückt noch irgendwie geschieden von euren tiefinnersten Wünschen und Anliegen, vielmehr teilt es sich in jeder noch so geringfügigen Lebensäußerung, in jedem Streben nach Verwirklichung eines noch so unscheinbaren Ideals mit.

Dieses Gefühl der Spaltung innerhalb des Selbst jedoch nötigt euch zu glauben, daß es einerseits ein entrücktes, spirituelles, weises, intuitives inneres Selbst gibt und andererseits ein verwirrtes, bedrücktes, spirituell unwissendes, minderwertiges, bloß körperlich ausgerichtetes Selbst, nämlich das Ich, mit dem ihr euch identifiziert. Zudem glauben viele von euch, daß das Ich, das »Körperselbst«, von Natur aus schlecht sei und daß seine Impulse, gäbe man ihnen nach, dem Allgemeinwohl schnurstracks zuwiderlaufen und den tieferen spirituellen Einsichten in die innere Wirklichkeit ins Gesicht schlagen würden. Das innere Selbst wird dann so sehr idealisiert und entrückt gesehen, daß allein durch die Kontrastwirkung das Körperselbst noch unwissender und nichtswürdiger erscheint.

Vor dem Hintergrund derartiger Glaubensüberzeugungen erscheinen die Entwicklung psychischer Fähigkeiten, die Entfaltung der Fähigkeit innerer Wahrnehmung, die Möglichkeit, spirituelles Wissen zu erlangen oder auch nur ein vernünftiges Leben zu führen, als unerreichbare Ideale. Es gilt daher, euer eigenes Wesen gebührend zu feiern und euren Eingebungen und Impulsen als den natürlichen Vermittlern zwischen unkörperlichem und körperlichem Selbst Achtung zu erweisen. Kinder erlernen den aufrechten Gang, indem sie ihren Impulsen vertrauen, und indem ihr euren Impulsen vertraut, könnt ihr lernen, zu euch selbst zurückzufinden. *(Pause.)*

Ende des Diktats.

(21.49 Uhr.) Geduldet euch einen Moment ...

Bewußtsein ist das Primäre, das vor aller körperlichen Form existiert. Bewußtsein ist das Primäre, das vor dem materiellen Universum existiert hat. *(Lange Pause.)* Bewußtsein ist das Primäre, das vor all seinen Manifestationen existiert hat.

Der Lebensimpuls zu sein, hat in jeder euch verständlichen Hinsicht weder Anfang noch Ende. Eure körperlich sichtbaren Gattungen sind Manifestationen innerer Gattungen des Seins, sind kreative, aus dem Bewußtsein entstandene Gruppierungen – materielle Sichtbarwerdungen, von Bewußtsein durchströmt. So also entstand die Welt und entstanden die Gattungen und Arten in einem Entstehungsprozeß ganz anderer Art, als gemeinhin vorgestellt wird, einem Prozeß, der wissenschaftlich nicht verifizierbar ist – schon gar nicht innerhalb der engen Grenzen, in denen die Wissenschaft sich eingeschanzt hat.

Die Urbilder der Erde und ihrer Geschöpfe waren, bevor sie körperlich-materiell vorhanden waren, ebenso wirklich wie jetzt, und sehr viel wirklicher als beispielsweise ein von dir, Joseph, geplantes Bild. Das Universum mit seinen Planeten und Lebewesen war – in eurer Terminologie – immer schon objektiv vorhanden. Alle Gattungen und Arten existierten, so wie sie sind, schon immer in ihren Urbildern. *(Pause.)*

Ich finde diese Analogien wenig befriedigend, aber manchmal sind sie alles, was ich zur Verfügung habe, um Sachverhalte auszudrücken, die so sehr außerhalb normaler Wissensvermittlung liegen. Es ist, als ob die Erde mit der Vielfalt ihrer Gattungen und Arten vollständig existierte *(sehr eindringlich)* als ein multidimensionaler kosmischer Bildgrund, der als Ganzes nach und nach in Erscheinung trat. Die Vögel sind nicht aus Reptilien entstanden. Sie waren schon immer Vögel. Sie brachten auf der Suche nach einer bestimmten Form eine bestimmte Art von Bewußtsein zum Ausdruck. Körperlich trat die Art – traten alle Gattungen und Arten – in ähnlicher Weise auf den Weltplan, wie wenn, so könnt ihr es euch vorstellen, die Elemente eines äußerst komplizierten Traumes plötzlich körperlich-materielle Formen annähmen. Die Bilder waren im Bewußtsein vorhanden, und in einem »Aufblitzen kosmischer Inspiration« nahmen sie plötzlich sichtbar werdende Formen an.

Insofern ist die biblische Deutung der Weltentstehung durchaus zutreffend. Das Leben war gegeben; es war frei, sich seinen charakteristischen Bedingungen entsprechend zu entfalten. Der Planet war vorbereitet und wurde mit Leben beschenkt. Das Bewußtsein gestaltet die Formen, und so existiert das Leben innerhalb des Bewußtseins von Anfang an und in alle Ewigkeit. Es gab keinen Punkt, an dem Moleküle oder Atome plötzlich Leben annahmen, denn ihnen war immer schon Bewußtsein zu eigen, das die Voraussetzung allen Lebens ist. Um es mit euch verständlichen Worten zu sagen: Alles Leben, das ihr wahrnehmt, trat mehr oder minder *(gestikulierend)* gleichzeitig in Erscheinung, weil die Bewußtseinsmuster oder Urbilder einen Kulminationspunkt erreicht hatten. Ihre Vitalität war stark genug, um ihnen Differenzierung und Kooperation im Rahmen der Materie zu ermöglichen.

(Nach einer Pause um 22.07 Uhr:) Ich weiß, dem Anschein nach sind etliche Gattungen und Arten ausgestorben, aber ruft euch die Wahrscheinlichkeiten ins Gedächtnis zurück und versteht, daß jene Gattungen und Arten sich einfach den Planmustern wahrscheinlicher Erden entsprechend »weiterentwickelten«. Bedenkt immer: Ihr habt es nicht mit einer einspurigen Entwicklung alles Materiellen zu tun, sondern mit einer unvorstellbaren Kreativität, in deren Urgrund sämtliche Versionen eurer Erdenwelt existieren, deren jede sich ihrer irdischen Natur vollkommen sicher ist. Es gibt da eine ganz unvorstellbare Mannigfaltigkeit. In bestimmten Trancezuständen oder mit der Hilfe gezielter Träume mag es euch bisweilen gelingen, einen flüchtigen Blick auf die komplexen inneren Zusammenhänge zu werfen, auf das Netzwerk der Verflechtungen, die eure offiziell beglaubigte eine Erde mit anderen wahrscheinlichen Erden verbinden. Ihr selbst wählt immer wieder eure Zeit und euren Brennpunkt in der Welt der Materie, aber eure innere geistig-seelische Wesenheit weiß um viele scheinbar mysteriöse Parallelentwicklungen, von denen die Gattung betroffen ist.

Sogar (du solltest das Hauptwort skandieren) die Z-e-l-l-e-n sind hinlänglich losgelöst von Zeit und Raum, daß sie eine ganz individuelle Gestaltung des Seins in der Gegenwart aufrechtzuerhalten vermögen und zugleich durchdrungen sind von jenem größeren »Wissen« um das, was ihr als die Vergangenheit der Erde betrachtet. In einem umfassenderen Sinne findet die Erschaffung der Erde und all ihrer Lebewesen in jedem Augenblick statt. Ihr fragt euch, was dem ersten Ei oder Samen Leben eingab, und meint, daß durch die Beantwortung dieser Frage die meisten anderen beantwortet wären; denn das Leben, so sagt ihr, wurde von jenem Punkt an einfach weitergegeben.

Aber woher erhält das Ei oder der Samen jetzt Leben, wie wird es in Gang gehalten, woher kommt diese Energie? Die Urknalltheorie *(als Erklärung der Entstehung des Universums)* vermittelt euch die Vorstellung einer ungeheuren Explosion von Energie, die irgendwie zu Leben wird, sich aber irgendwann aufbrauchen muß – und wenn dem so wäre, dann müßte das Leben immer schwächer werden; das aber ist nicht der Fall. Ein Kind ist heute ebenso frisch, vital und neu wie ein Kind vor fünftausend Jahren, und ebenso frisch und neu ist jeder Frühling.

Was gibt den Bausteinen der Stoffwelt jetzt Leben? Das ist die bessere Fragestellung. Alle Energie ist nicht nur mit Bewußtsein ausgestattet, sondern sie ist der Ursprung aller Bewußtseinsorganisationen und aller körperlich-materiellen Formen. *(Lange Pause.)* Es gab einen Tag, an dem – in bezug auf ihre Verkörperung in der Materie – die träumende Welt, wie ihr sagen würdet, plötzlich zur vollen Wirklichkeit erwachte. Der Planet ist Besuchsort vieler Wünsche. Geistig-seelische Reisen finden statt, psychische Landschaften und Bauten entstehen, Traumzivilisationen – die dann verwirklicht werden.

Ende der Sitzung. Vieles blieb ungesagt.

(»Ja.«)

Euch beiden meine herzlichsten Grüße – und bitte, Ruburt, sei der Macht des Denkens immer gewärtig.

(»Okay. Gute Nacht.«)

(22.30 Uhr. »Ich weiß nicht, wo zum Teufel ich heute abend gewesen bin«, sagte Jane. »Ich hätte ebensogut ohne Körper sein können, so weit weg war ich. Ich habe bloß gespürt, daß er nach Analogien suchte, um die Aussagen über die Evolution zu verdeutlichen. Was wirklich bei mir ankam, ist die Tatsache, daß uns noch die Begriffe fehlen für etwas, das unserer gewohnten Wirklichkeit so fremd erscheint – ganz gleich, wie sehr wir uns darum bemühen, selbst du und ich. Aber das meine ich nicht irgendwie persönlich.

Ich deute das Gefühl, das mir kam, so, daß Bewußtseinsfragmente von der Erde träumten und sie besuchten, und dann wachte ein Teil darin auf und wurde zu ihr, während alles, was sie brauchte, schon vorhanden war ...«

»Bist du dir darüber im klaren«, warf ich ein, »welche Glaubenstransformationen stattfinden müßten, bevor dieses Material von der Elite dieser Welt auch nur in Betracht gezogen, geschweige denn akzeptiert würde? Für den Wissenschaftler, der an die Stammesgeschichte der Evolutionslehre glaubt, würde eine Welt zusammenbrechen.«

Meine Bemerkung erinnerte Jane an einen Gedanken, der sie heute nachmittag beschäftigt hatte, nämlich daß die Wissenschaft jede Information, gleich woher sie stammt, zumindest in Betracht ziehen sollte. Dann fing sie von Seth auf, daß man ihre Art Information je-

denfalls als »Nichtinformation« betrachten und somit ignorieren würde.

Aber das bekümmerte uns nicht, denn allem Anschein nach hatte Seth mit seinem heutigen Material über die Evolution sein nächstes Buch »Träume, ›Evolution‹ und Werterfüllung« vorbereitet.)

Sitzung 873, Mittwoch, den 15. August 1979

(Seit ihrer 872sten Buchsitzung vom Mittwoch hat Jane zwei weitere Sitzungen abgehalten. Doch beide sind persönlicher Natur und fanden Sonntag und Montag abend statt.

»Ich will dir etwas sagen«, meinte sie, als wir für die heutige Sitzung Platz nahmen, »ich habe nicht die geringste Idee im Kopf ... ich warte bloß. Komm schon, Seth!« Immerhin wußten wir, daß Seth »Individuum und Massenschicksal« bald abschließen würde, da er in den letzten Sitzungen bereits eine Art Zusammenfassung gebracht hat.

Gestern ist Jane von einem Raum in den anderen umgezogen, wobei uns zwei Freunde halfen, die Möbel umzuräumen; und so ist jetzt das Wohnzimmer des Hügelhauses ihr Arbeitszimmer geworden, und ihr ehemaliges Arbeitszimmer an der rückwärtigen Nordseite des Hauses dient jetzt als Wohnzimmer oder, sagen wir einmal, als gemütliche Fernsehbude. Das neue Arrangement wirkt sehr behaglich. Jane war in letzter Zeit etwas rastlos und brauchte eine Veränderung. Unsere Freunde spürten das, und es gelang ihnen, den Raumwechsel zu einer Art Miniferien für sie zu gestalten.

Vor über zwei Jahren beschrieb ich in den einführenden Anmerkungen zu Sitzung 801 und zu Sitzung 805 unseren Entschluß, dem Haus einen Arbeitsraum anzufügen. Nun hatten alle vier Beteiligten großen Spaß bei dem Umzug – denn die Freunde, die Jane und mir gestern halfen, die Möbel umzuräumen, sind die Inhaber, Vater und Sohn, des Bauunternehmens, das damals den Anbau bewerkstelligte.)

(Um 21.31 Uhr, flüsternd:) Guten Abend.

Diktat, in eurer gemütlichen neuen Bude.

Man könnte sagen, daß ihr, sofern ihr wahre Idealisten bleiben wollt, (bitte sperren) praktizierende Idealisten sein müßt. Ihr müßt kleine, praktische Schritte unternehmen, auch wenn ihr viel lieber mit Riesenschritten vorwärts stürmen würdet – auf jeden Fall aber müßt ihr euch handelnd in Richtung eurer Ideale voranbewegen. Andernfalls werdet ihr euch enttäuscht oder ohnmächtig fühlen oder aber zu der Überzeugung gelangen, daß der erstrebte Idealzustand sich nur durch drastische und höchst unideale Methoden erreichen lasse. *(Pause.)*

Alles Leben trachtet immer und überall nach der Verwirklichung des Idealen, sei es nun biologischer oder sei es geistig-seelischer Art. Dieses Streben gibt dem Leben seine natürliche Würze, macht es anregend und auch dramatisch. Wenn ihr eure Begabungen, ganz gleich welcher Art, entwickelt und wenn ihr euer Selbstsein erforscht und erweitert, dann erfüllt sich euer Dasein mit Sinn, mit Schaffensdrang und Lebensfreude – und ihr leistet einen Beitrag zur Weiterentwicklung der Gesellschaft und der Gattung.

Es hilft euch nicht, zu sinnieren und euren Wunschvorstellungen nachzuhängen oder euch in Gedanken auszumalen, wie schön es wäre, das Ziel erreicht zu haben, wenn ihr davor zurückscheut, den aus euren Überlegungen und Vorstellungen entspringenden Impulsen entsprechend zu handeln. Wenn ihr nicht tatkräftig Schritte in Richtung auf den von euch als ideal vorgestellten Zustand hin unternehmt, dann fehlt eurem Leben der innere Ansporn. Ihr werdet deprimiert. Ihr lauft Gefahr, kontraproduktive Idealisten zu werden – Leute, die beispielsweise bei der Betrachtung von Naturkatastrophen eine heimliche Genugtuung finden. *(Pause.)* Eure ganze Aufmerksamkeit wird sich dann auf derartige zerstörerische Vorgänge richten. Oder ihr beschäftigt euch vornehmlich mit dem Weltuntergang. Auf jeden Fall aber werdet ihr von einem Gefühl persönlicher Frustration angetrieben, vielleicht sogar unterschwellig schwelender Rachsucht, wenn ihr euch mit Vorliebe die Zerstörung einer Welt ausmalt, die euren Idealvorstellungen so wenig entspricht.

Die in diesem Buch erörterten beklagenswerten Erfahrungen können euch erspart bleiben, wenn ihr nur versteht, daß alles Umweltgeschehen nicht zufällig ist. Alles Geschehen nimmt seinen Ursprung im Bewußtsein, und auf den tiefsten Ebenen der Kommunikation ist keine Nachricht geheim, ob ihr sie nun aufgrund eurer technologisch perfekten Apparaturen empfangt oder nicht. Aufgrund eurer Glaubensüberzeugungen und Wünsche – der ganzer Massen, zu denen jedes Individuum beiträgt – kommen all die Vorkommnisse zustande, deren Zeugen ihr im Alltag oder am Fernsehschirm seid. Wenn ihr eure Welt verändern wollt, dann müßt ihr zuerst eure Glaubensannahmen und eure Erwartungshaltung ändern. Würden alle, die dieses Buch lesen, ihre Einstellung ändern, dann wäre schon morgen, ohne daß ein einziges Gesetz geändert würde, schon vieles in der Welt zum Besseren verändert. Die neuen Gesetze würden dann folgen.

(Nach langer Pause um 21.48 Uhr:) Eine neue Gesetzgebung folgt immer einem Wechsel der Glaubensüberzeugungen, und nicht umgekehrt.

Geduldet euch einen Moment ... Es gibt keine Zivilisation, keine Systeme der Wissenschaft, keine Kunst, keine Philosophie, die nicht ihren Ursprung im Geistigen hätten. Wenn ihr euch äußerlich zu Ideen bekennt, mit denen ihr innerlich nicht übereinstimmt, dann verratet ihr eure Ideale und schadet sowohl euch selbst als auch der Gesellschaft insofern, als ihr sowohl euch als auch die Gesellschaft um den Gewinn betrügt, der sich aus eurem eigenen Verständnis ergeben würde. Jeder Mensch ist ein Idealist. Ich will euch nur helfen, euren Idealismus abzuklären und Schritt für Schritt im Alltagsleben zu praktizieren.

Jeder lebende Mensch ist Mitgestalter am lebendigen Abenteuer der Zivilisationen, der Kulturen, deren Augenzeugen in eurer Zeit ihr seid. Wenn ihr euer Bestes in eurem eigenen Leben tut, dann tragt ihr wahrhaftig dazu bei, die Qualitäten allen Lebens zu verbessern.

In dem Maße, wie ihr lernt, eurem Selbst zu vertrauen und euren Eingebungen und Impulsen mehr Spielraum zu geben, werdet ihr entdecken, wie eng sie mit euren Idealvorstellungen vom Leben verknüpft sind. Es wird euch aufgehen, daß diese spontanen Antriebe eures Wesens, eurer Natur ebenso grundlegend, gut und lebensfördernd sind wie die stofflich-physikalischen Elemente der Erde, die den Nährboden für alles biologische Leben bilden. Darüber hinaus jedoch entstammen diese Antriebe dem Urgrund, aus dem alles Leben hervorgeht.

(21.59 Uhr.) Geduldet euch einen Moment ... Ich hoffe, ihr werdet nach all dem Gesagten eure Impulse nicht länger als Störquellen und Unruhestifter betrachten. Eure Impulse sind Teil der unerhörten Dynamik des Daseins. *(Pause.)* Euer Selbst, dem eure Impulse als Anteil der Persönlichkeit entstammen, ist sich aller in dieser Welt ablaufenden Vorgänge gewahr. Ihr seid miteinbezogen in ein kooperatives Unternehmen, in dem euren Eingebungen und Impulsen, auch den geringsten, wesentliche Bedeutung zukommt, da sie mit allen anderen

Vorgängen innig verflochten sind. Es steht in eurer Macht, euer Leben und die Welt zum Besseren zu verändern, doch müßt ihr zunächst eure Ideale wie auch die zu deren Verwirklichung angemessenen Methoden neu bestimmen. Wissenschaft und Religion haben, eine jede für sich, zur Entwicklung des Menschen beigetragen. Doch müssen auch sie ihre Ideale und ihre Methoden neu bestimmen. *(Pause.)*

Eigentlich steht und fällt alles mit dem Menschen. So gibt es wissenschaftlich und so gibt es religiös eingestellte Menschen. Die Kategorien von Religion und Wissenschaft wären an und für sich bedeutungslos ohne die Individuen, die ihnen Bedeutung beimessen. In dem Maße, wie diese Menschen ihre Sicht der Wirklichkeit erweitern, müssen auch Wissenschaft und Religion umfassender werden. Ihr solltet beherzt euren Idealen entgegenstreben und dabei vor allem darauf achten, daß jeder Schritt auf eurem Weg in Übereinstimmung mit euren Idealen vollzogen wird.

Als praktizierende Idealisten wißt ihr, daß ihr nicht im Namen des Friedens töten könnt; tut ihr das, so bringen eure Methoden unweigerlich eure Ideale zu Fall. Die Heiligkeit und die Unantastbarkeit des Lebens und des Geistes sind ein und dasselbe. Ihr könnt nicht den Körper verdammen, ohne im Grunde auch die Seele zu verdammen. Ihr könnt nicht die Seele verdammen, ohne im Grunde auch den Körper zu verdammen.

Ich wünschte aufrichtig, ihr alle wäret praktizierende Idealisten, und wenn ihr es seid, dann werdet ihr ganz von selbst den Überzeugungen der anderen Menschen mit Toleranz begegnen. Ihr werdet, hoffe ich, die Freundlichkeit nicht vergessen. Ihr werdet den Menschen ein gesundes Mitgefühl entgegenbringen und die Welt nicht ohne Humor betrachten, und ihr werdet immer nach dem grundlegenden guten Willen des Menschen Ausschau halten. Ihr werdet ihn finden. Er war schon immer da. Ihr werdet auch euren eigenen grundlegenden guten Willen entdecken und sehen, daß er hinter all euren Handlungen gestanden hat – *(mit freundlicher Ironie)* selbst hinter denen, die der Verfolgung eurer persönlichen Ideale am wenigsten dienlich waren.

Der Zweck rechtfertigt nicht die Mittel. Wenn ihr diese Lektion des Lebens beherzigt, dann wird euer guter Wille euch erlauben, in eurem persönlichen Lebens- und Erfahrungsbereich und in euren Beziehungen mit anderen Menschen effektiv und kreativ zu handeln. Eure gewandelten Glaubensüberzeugungen werden die geistig-seelische Atmosphäre eurer Umgebung, eures Volkes, ja der Welt verändern.

(Nach langer Pause um 22.13 Uhr:) Geduldet euch einen Moment ... Ihr müßt dem Selbst begegnen, das ihr jetzt seid. Eure Impulse anerkennen. Ihren Sinn erforschen. Euch auf euch selbst verlassen. Ihr werdet weit mehr an Tatkraft, Leistungsvermögen und Vortrefflichkeit in euch finden, als ihr vermutet.

Ende der Sitzung. Ende des Kapitels. Hol, Joseph, unserem Freund ein paar Zigaretten.

(Nachdem ich das besorgt hatte, um 22.16 Uhr:) Ruh deine Hand aus.

(Nach neuerlicher Pause um 22.17 Uhr, mit geschlossenen Augen:) Um es noch einmal zusammenzufassen: Ihr seid Individuen, doch ein jedes von euch gestaltet einen Teil der Weltwirklichkeit. Bewußt nehmt ihr gewöhnlich nur eure eigenen Gedanken wahr, doch diese Gedanken verschmelzen mit den Gedanken aller anderen Menschen auf der Welt. Ihr wißt, was Fernsehen ist. In euch jedoch tragt ihr ein Bild der Weltnachrichten, das sich aus Signalen zusammensetzt, die von den (skandiert bitte) Z-e-l-l-e-n übermittelt werden, aus denen die gesamte belebte Materiewelt besteht. Wenn ihr in euch Impulse zu handeln verspürt, so sind das natürlich eure eigenen Impulse; doch euer Handeln ist Teil des Handelns der Welt. Innere Systeme sorgen wie eine Art Nervensystem weltweit für ständige Kommunikation. Wenn ihr den Gedanken, daß der Mensch ein Geschöpf ist, das grundsätzlich gut ist, als Tatsache akzeptiert, dann gebt ihr der Natur eures Seins die Möglichkeit, sich frei und natürlich zu entfalten – und diese Natur entfaltet sich über eure Impulse und steht in keinem Widerspruch zu ihnen.

Es gibt kein Geschehen auf der Erde, bei dem nicht jedes einzelne Individuum aufgrund des Inhalts seiner Gedanken und Gefühle, seiner Glaubensüberzeugungen und Erwartungen seine Rolle gespielt hätte, und sei sie noch so klein.

Es gibt keine Entscheidungen öffentlichen Rechts und keine Vorgänge der kleinen und großen Politik, an denen ihr nicht in gleicher Weise Anteil habt. Ihr seid im Innersten mit sämtlichen Ereignissen eurer Epoche verbunden, die später Geschichte sein werden. *(Lange Pause.)*

Ihr habt auf eure Weise daran mitgewirkt, einen Menschen auf den Mond zu schicken, ganz gleich ob ihr an dem konkreten Vorgang selbst beteiligt wart oder nicht. Ihr könnt jetzt an einem anderen Entdeckerabenteuer teilnehmen: Die Zivilisationen und Organisationen der Menschheit werden eine neue Richtung nehmen, wenn sie die grundsätzlich gute Gesinnung und die Ideale des Menschen widerspiegeln. Ihr könnt dazu beitragen, indem ihr darauf achtet, daß jeder eurer Schritte den idealen Zielen, die ihr euch gesetzt habt, »in idealer Weise entspricht«. Es liegt an euch, euch an die dementsprechenden Methoden zu halten.

Tut ihr das, so wird euer Leben von spontaner Kreativität, Begeisterung und Schaffensfreude erfüllt sein, und diese Lebensqualitäten übertragen sich in die Außenwelt der Gesellschaft, der Politik, der Wirtschaft und auch der Wissenschaft. Das ist eine Herausforderung, die es wohl wert ist, angenommen zu werden – eine Herausforderung, die, so hoffe ich, jede Leserin, jeder Leser annehmen wird. *(Pause.)* Praktizierende Idealisten ... *(Pause.)* Geduldet euch einen Moment ... Wenn alles gesagt und getan ist, dann gibt es nichts hinzuzufügen.

Ich wünsche jedem einzelnen von euch Erfolg bei diesem Unternehmen!

Ende des Buches. *(Lauter:)* Ende der Sitzung.

(»Danke.«)

Ich habe die abschließenden »Verlautbarungen« gesondert gebracht, da ich dachte, sie würden auf diese Weise besser zur Wirkung kommen. *(Humorvoll:)* Und ich wünsche euch beiden praktizierenden Idealisten herzlichst einen guten Abend.

(22.36 Uhr. In diesem liebenswürdigen Tonfall brachte Seth »Individuum und Massenschicksal« zum Abschluß. Bis zum Ende blieb er bei seiner Gewohnheit, Buchdiktat am Mittwoch abend zu bringen. Zwar hatten Jane und ich damit gerechnet, daß er demnächst den Schlußpunkt unter seine Arbeit setzen würde; doch als dann der Augenblick kam, empfanden wir dennoch ein gewisse Überraschung, eine gewisse nostalgische Enttäuschung: etwas, das zu unserer wöchentlichen Routine gehört hatte, würde nicht mehr da sein.

»Ich fühle mich immer ganz komisch, wenn er ein Buch abschließt«, meinte Jane. »Es kommt mir immer unglaublich vor. Zugleich aber möchte ich alles durchfliegen und sehen, wie alles herausgekommen ist ...«

»Na schön«, sagte ich, um sie aufzuziehen, »dann solltest du dich beeilen, er hat bekanntlich schon sein nächstes Buch geplant – über

Träume, Evolution und Werterfüllung – weißt du doch! Aber ich glaube, ich muß mich in acht nehmen«, fügte ich hinzu. »Wenn du und dein Geselle früher als gedacht damit anfangen solltet, säße ich ganz schön in der Tinte!« Etwas verzagt dachte ich an all die Arbeit, die mir noch zu tun blieb, um das Manuskript dieses Buches für die Veröffentlichung vorzubereiten.

Und tatsächlich werden wir beide auch weiterhin so viel zu tun haben wie eh und je. Jane will im nächsten Monat ihre Einführung zu diesem Buch schreiben, wenn sich der Sommer seinem Ende nähert. Mittlerweile ist sie mit ihrem jüngsten eigenen Buch, »The God of Jane: A Psychic Manifesto«, beschäftigt, das sie vergangenen Mai unter dem Titel »Heroics« begonnen hatte. Sie hat inzwischen die ersten Entwürfe für etliche Kapitel des Buches geschrieben und hat den größeren Teil der noch verbleibenden Kapitel geplant, wobei sie freilich an jeder Stelle ihrer Arbeit jederzeit Abänderungen vornehmen kann. Nun erinnerte sie mich daran, daß sie in »God of Jane« viele Dinge im Anklang an Themen geschrieben habe, die Seth in »Individuum und Massenschicksal« bringt. Janes Herausgeber, Tam Mossman, hat noch nichts von ihrem neuen Buch gesehen, obgleich er aufgrund einer Serie längerer Telefongespräche schon wohlvertraut damit ist. Jane denkt, daß sie die Verlagsverträge vermutlich gegen Ende des Jahres, das heißt noch vor Weihnachten, wird unterzeichnen können. Und ihr dritter Seven-Roman, »Oversoul Seven and the Museum of Time«, wartet auch noch auf seine Fortsetzung.

Während ich mit meiner Arbeit an diesem Buch fortfahre, werden wir natürlich die Sitzungen für Seths »Träume, ›Evolution‹ und Werterfüllung« abhalten. * *Ein Ziel, das ich mir persönlich für die Arbeit an den Seth-Büchern gesteckt habe und das ich sehr schwer zu erreichen finde, besteht darin, den mit den Buchveröffentlichungen verbundenen Arbeitsrückstand aufzuholen, so daß ich meine Aufmerksamkeit in erster Linie dem jeweils im Entstehen begriffenen Seth-Buch widmen kann. Das wäre freilich ein Luxus für mich. In meinen Anmerkungen zu dem hier jetzt vorliegenden Buch habe ich gezeigt, wie kompliziert es manchmal bei Jane und mir zuging, wenn ich mehrere Projekte gleichzeitig über lange Zeitstrecken hinweg jonglieren mußte.*

---

* Dieses zweibändige Werk wird voraussichtlich im Frühjahr 1990 im Ariston Verlag erscheinen.

Übrigens wissen wir noch immer nicht, wann die holländische Ausgabe von »Seth Speaks«, die vom Verlag Ankh-Hermes veröffentlicht werden soll, erscheinen wird. Aber wir wissen, daß unsere gute Freundin Sue Watkins zur Zeit an Kapitel 15 der »Conversations with Seth« arbeitet, dem Buch, das sie über Janes ASW-Kurse schreibt. Ich weiß auch, daß unsere sieben Monate alten Kätzchen, Billy der Zweite und Mitzi, durch das Haus toben, während ich diese Anmerkungen schreibe.

Bei all unseren persönlichen Aktivitäten sind Jane und ich uns der kulturellen, wissenschaftlichen, künstlerischen und wirtschaftlichen Aspekte der Welt, in der zu leben und zu arbeiten wir gewählt haben, sehr deutlich bewußt. Im Augenblick ist uns besonders bewußt, wieviel Gutes Menschen unserer Welt in jeder Minute eines jeden Tages für uns und Millionen andere bewirken. Allerdings sind die durch den Unglücksfall im Kernkraftwerk Three Mile Island entstandenen Probleme noch keineswegs gelöst.

Wie Jane und ich aus einer Vielzahl von Berichten der letzten Zeit herauslesen, werden noch »mehrere Jahre« verstreichen, ehe die wissenschaftlichen Experten das Areal endgültig als vollständig entseucht erklären können, nach wer weiß welch enormem finanziellem Aufwand, denn bei diesem Säuberungsprozeß erfordert jeder Schritt höchste Sicherheitsvorkehrungen.

Übrigens freue ich mich, daß dieses Buchdiktat sein Ende fand, als der Sommer seinen Höhepunkt überschritt und sich dem Herbst zuneigte. Und da fiel es mir ein! Natürlich! Der Wechsel der Jahreszeiten bedeutete, daß die Wildgänse südwärts fliegen würden. Ich freue mich schon jetzt auf ihre Wanderzüge, diese seit undenklichen Zeiten sich vollziehende große Bewegung, die für mich besondere Bedeutung annahm, seit wir vor über vier Jahren in das Hügelhaus umgezogen sind.

Indem ich diesen Gedanken anklingen lasse, möchte ich Janes und meine Arbeit stärker mit dem Naturgeschehen in Beziehung setzen, vor dessen unerhörter schöpferischer Fülle alle Technologie verblaßt. Können wir jemals auch nur annäherungsweise erfassen, was die Natur für uns verkörperte Geschöpfe wirklich bedeutet? Für mich jedenfalls ist, ohne mich jetzt auf eine Erörterung der unbegreiflichen, allumfassenden Originalität des All-Einen einzulassen, die Natur die primäre Grundlage, der wunderbare Lebensraum für alle Lebewesen. Und das Staunen, das mich jedesmal ergreift, wenn zweimal im Jahr die Wildgänse über unser Hügelhaus hinwegziehen, vermittelt mir eine Ahnung vom unergründlichen Mysterium der Natur.

Ich kann mir nichts Besseres vorstellen, als im Bild dieser Zugvögel meine Arbeit an »Individuum und Massenschicksal« abzuschließen.)

Namen- und Sachregister